WIR IN SALZBURG I

WIR IN SALZBURG I

Berichte aus Stadt und Land.
Herausgegeben von Ernst Schmiederer

Mit Bildern von Marco Büchl
und einem Vorwort von Ludwig Laher
Redaktion Oliver Poschner & Ernst Schmiederer

Leben. Schicksal. Möglichkeiten.

AK SALZBURG

LAND SALZBURG

edition
IMPORT/EXPORT

STADT : SALZBURG

Dr. Ernst Schmiederer ist Journalist und Autor. Er betreibt das blinklicht media lab, leitet die Interkultur-Plattform importundexport.at und den Verlag edition IMPORT/EXPORT. Er ist Initiator und Projektleiter der Reihe WIR. BERICHTE AUS DEM NEUEN OE.

Editorische Notiz:

Die in diesen beiden Bänden gedruckten Texte wurden ursprünglich handschriftlich verfasst. Im Rahmen von jeweils zwei Schulstunden dauernden Schreib-Workshops wurden die Autorinnen und Autoren durch ein Team des Blinklicht Media Lab (diesfalls Marco Büchl, Oliver Poschner sowie der Herausgeber) in einem Segment von etwa 30 Minuten an das Schreiben der eigenen Geschichte herangeführt. In der anschließenden Schreibphase – etwa 40 bis 50 Minuten lang – wurden die Geschichten von den Autorinnen und Autoren selbstständig mit Bleistift, Kugelschreiber oder Füllfeder in ein von Blinklicht bereitgestelltes liniertes A5-Heft geschrieben.

Die ersten Texte sind in drei Workshops entstanden, die auf Initiative des Herausgebers im Juni 2015 in Hallein organisiert wurden – und zwar in zwei 4. Klassen der Neuen Mittelschule (NMS) Hallein-Stadt sowie in einer Klasse der Polytechnischen Schule (PTS) Hallein. In einer Kooperation mit der Arbeiterkammer Salzburg, dem Referat Jugend, Generationen, Integration des Landes Salzburg und der Kulturabteilung der Landeshauptstadt Salzburg wurde sodann eine Stadt und Land Salzburg umfassende Workshop-Reihe aufgesetzt. In drei Durchgängen – im April, Mai und Oktober 2017 – wurden in 13 Schulen und Bildungseinrichtungen in Salzburg, Hallein, Bischofshofen, St. Johann im Pongau sowie in St. Gilgen rund 20 Schreib-Workshops angeboten. In Summe sind dabei die hier veröffentlichten 376 Texte entstanden.

Nach Abschluss der Workshops wurden die Texte von Oliver Poschner und Marco Büchl gescannt, archiviert und wortgetreu transkribiert. Für die Publikation mussten einige Geschichten leicht gekürzt werden. Die Orthografie wurde im Sinne einer besseren Lesbarkeit vorsichtig begradigt – als Zielvorgabe galt, dass Rechtschreib- und Grammatikfehler zwar korrigiert werden, der ursprüngliche Tonfall aus Gründen der Authentizität dabei aber weitestgehend erhalten bleiben soll. Das Lektorat besorgte Oliver Poschner. Während der Workshops fotografiert hat Marco Büchl. Für Gestaltung und Herstellung der Bücher sorgte einmal mehr Michael Bergmeister.

Eingebettet sind die hier vorliegenden Berichte aus Stadt und Land Salzburg in unser Projekt WIR. BERICHTE AUS DEM NEUEN OE, bei dem – in Vorarlberg, Oberösterreich, Kärnten und Wien – bis heute mehr als 3.000 Geschichten von jungen Menschen im Alter zwischen 14 und 25 Jahren gesammelt und dokumentiert werden konnten. Die medienpädagogische Grundlage der Workshops hat Sigrid Pohl für das Blinklicht Media Lab entwickelt.

Für die Gesamtkonzeption des Projekts sowie für das Entstehen der vorliegenden Salzburg-Bände und demzufolge auch für allfällige Fehler übernimmt der Herausgeber die Verantwortung.

Ernst Schmiederer — Hallein und Wien, im Februar 2018

In der edition IMPORT/EXPORT erschienen:

2013:
WE ARE FROM AUSTRIA. Berichte aus Oberösterreich.
WIR SCHAFFEN DAS! Berichte aus Vorarlberger Berufsschulen.

2014:
WIR IN WIEN. Berichte aus Margareten und der Donaustadt.
WER WIR SIND. Berichte aus der Landstraße, der Josefstadt und Rudolfsheim-Fünfhaus.
WAS WIR WISSEN. Berichte aus den Wiener Berufsschulen Apollo-, Castelli- und Längenfeldgasse.

2015:
WIR WOLLEN. WIR KÖNNEN. WIR WERDEN. Berichte aus dem AMS.
WIE WIR LEBEN. Berichte aus Favoriten, Simmering und Hietzing.
WOHER WIR KOMMEN. Berichte aus Ottakring, Floridsdorf und der Inneren Stadt.
WOHIN WIR GEHEN. Berichte aus der Landstraße und aus Rudolfsheim-Fünfhaus.
DAS PARLAMENT DER UNSICHTBAREN. Pierre Rosanvallon,
herausgegeben vom Institut für die Geschichten der Gegenwart.

2016:
WIE WIR SCHREIBEN. Ein Handbuch des autobiografischen Schreibens.

1. Auflage 2018

Umschlag-, Buchgestaltung und Herstellung: Michael Bergmeister
Lektorat: Oliver Poschner
Kreativdirektion WIR: Ulf Harr
Gesetzt aus der Replica und ITC Lubalin Graph
ISBN 978-3-903108-02-8

Gedruckt mit Unterstützung der Arbeiterkammer Salzburg, des Landes Salzburg und der Stadt Salzburg.

www.importundexport.at
www.wirberichten.at
www.blinklicht.at
www.gegenwart.org
www.leisestimmen.at
info@wirberichten.at

Projektteams:

BHAK/BHAS St. Johann im Pongau:
Angelika Breymann, Elisabeth Höller

Christian-Doppler-Gymnasium:
Angelika Klaffenböck, Sabine Ratzer, Dietmar Rudolf, Anton Stefan

Landesberufsschule 6:
Josef Aufleger, Birgit Kiener, Melitta Rautenbacher

NMS Liefering:
Elisabeth Jeßner, Angelika Koppenwallner, Regina Oedl, Anita Werdenig, Inge Zwickelhuber

NMS St. Johann im Pongau:
Renate Egger, Birgit Höll, Herbert Moldan

NMS/HS Hallein-Stadt:
Brigitte Kogler, Bettina Pann, Karl Schöberl

Polytechnische Schule Hallein:
Johanna Fink, Michael Pann

Polytechnische Schule Salzburg:
Anja Weißböck, Günther Wimmer

Polytechnische Schule St. Johann im Pongau:
Bruno Eder, Hubert Illmer, Wolfgang Lechner

Produktionsschule STEP4 (ibis acam Bildungs GmbH):
Gabriele Schiefer, Karin Weber (Bischofshofen); Christian Keuschnigg (Hallein); Cecilia Herm, Maria Thalmaier, Petra Traintinger (Salzburg)

Rettet das Kind Salzburg:
Johannes Altmüller (St. Gilgen); Markus Manzinger (Salzburg)

blinklicht media lab:
Marco Büchl, Sigrid Pohl, Oliver Poschner, Ernst Schmiederer

edition IMPORT/EXPORT:
Michael Bergmeister, Ernst Schmiederer

Berichte von:

Anja Ackerl
Sonja Ackerl
Laurent Ahmeti
Shapeer Akseer
Mertcan Aksu
Mehmet Alan
Nedžad Alić
Nour Alissa
Rania Al-Samerrai
Jakob Ammerer
Zoé Arentsen
Marlene Arnold
Ayse Aslan
Alper Ates
Gülben Atici
Daniel Bachl
Miriam Bär
Simran Bailwa
Elvedin Balija
Anamarija Barišić
Lisa Baumgartner
Melisa Begić
Mesut Begzati
Julian Beran
Florian Berger
Sebastian Bergmann
Ursula Bergmüller
Belmedin Beslagic
Chiara Bielang
Iman Bisultanova
Marvin Blum
Valentino Bonde
Darco Borisevic
Sandro Brandauer
Melina Breuß
Sarah Budimovic
Samet Bulakli
Alexandra-Tea Bulos
Florian Burger
Josef Campestrini
Domenique-Marcel Campos
Aylin Canbaz
Aybüke Cavas
Aida Cehic
Lin Zhi Chen
Elvina Cinac
Nico Cordes
Chiara Dächert
Quirin Dandl
Raul Danila
Hatice Demirtas
Cynthia Dionela
Dogukan Dis
Lejla Dizdarevic
Teresa Dobner
Yigit Dogan
Annemarie Dopf
Gizem Duman
Alpcan Durmus
Gaye Durmus
Celina Eder
Magdalena Eder
Philipp Eder
Alexander Egger
Simone Egger
Eberhard Egner
Dalia Eisl
Daniel Engel
Sarah Ennemoser
Anna Entfellner
Lea Erbschwendtner
Berkay Eroglu
Tamara Ertl
Abdullah Eskil
Manuel Espernberger
Nicole Evtimov
Qaraib Rahman Faizi
Adnan Fajković
Tina Feichtenschlager
Alexandra Fischer
Magdalena Flöckner
Darijo Floranovic
Lukas Freiberger
Benjamin Fritzenwallner
Andjelo Gajić
Maja Galić
Bledian Gashi
Erëza Gashi
Miriam Gastager
Marlene Gehwolf
Sophie Gerstbauer
Ranko Gigić
Kathrin Girlek
Sebastian Götzinger
Benjamin Grabmayr
Vanessa Gräfischer
Anita Grgic
Anna Grigorovjan
Patrick Grössenberger
Aaron Gruber
Sandro Gruber
Verena Gruber
Zeynep Güleroglu
Abbas Habibi
Haris Hadzalic
Michael Haiml
Hasnija Halkić
David Harasser
Milena Harutunyan
Daniela Hasewend
Hermann Hausbacher
Julia Hechenberger
Jessica Helm
Denise Hemetsberger
Dominik Hirczy
Laura Hödl
Hannah Hofer
Elena-Anna Hoffmann
Tobi Höhenwarter
Dominik Höll
Kevin Höll
Chiara Christina Hollaus
Anna Höller
Sarah Höller
Franz Höllwart
Matthias Holzmann
Nikola Holzmann
Lukas Hörmann
Daniel Huber
Thomas Huber
Tabea Hübl
Nikola Huss
Ardian Ibishi
Sefatullah Ibrahimkhel
Aminat Idalova
Sigrid Ihninger
Srdjan Ilincic
Tolunay Isler
Vait Ismaili
Felix Itzlinger
Majda Jahić
Sanina Jeina
Adrijana Jokić
Filip Joldžić
Amanda Jovanovic
Julia Kaindl
Kerim Kamat
Ugur Kandemir
Umut Kandemir
Jasmin Kantner
Gamze Karabulut
Haci Karadag
Zümra Karademir
Tolga Karadeniz
Deniz Karakaya
Safi Karimi
Irem Kavak
Gamze Keklik
Gizem Keklik
Hasim Keles
Katharina Kellner
Nadile Kiran
Emir Kirmanoglu
Maximilian Kirnbauer
Carina Klabacher
Christina Klappacher
Martin Klausner
Xenia Knailinger
Eva Kobalek
Dilara Köse
Victoria Kostadinova
Sarah Kotay
Jaden Kovacevic
Christian Kranzinger
Stefan Krenn
Fabian Kreuzberger
Sapna Krishan
Lisa Krismer
Josipa Krizanac
Lena Kronberger
Christoph Krug
Moriz Krug
Lisa Kühleitner
Orges Kuqi
David Kurz
Paul Labacher
Angela Lackner
Daniel Lam Si Dan
Daisy Laskowski
Patrick Lassacher
Indrit Latifi
Aleksandra Lazić
Stefanie Lederer
Marlene Leitner
Sandro Lettmann
Daniel Licinar
Chiara Lidl
Niklas Lienbacher
Lukas Lindner

Lukas Linner
Max Lintschinger
Emma Lohninger
Loriola Lokay
Seda Magamadova
Mohamed Ahmed Mahad
Sami Mahouachi
Amelie Manescu
Fabian Masser
Gabriela Matkić
Magdalena Micheu
Ramazan Mirzadi
Markus Mišić
Aleks Mitrović
Khadri Mobin
Hamza Mohammad
Amir Abbas Mohammadi
Nosrat Mohammadi
Mohammad Reza Mohebi
Mahdi Mosavi
Jakob Mösenbacher
Daniel Moser
Martin Mühlberger
Hassan Musawi
Spartak Musheghyan
Albiona Mustafa
Johanna Nadegger
Sarah Nadegger
Theresa Nadegger
Leo Nagler
Rohullah Nazari
Feroz Nooragah
Ali Reza Noori
Kevin Nowak
Hannah Oberhuber
Martina Obermaier
Hannah Öhlinger
Hazal Öksüz
Kristin Oppeneiger
Vanessa Ortner
Nelson Osama
Elif Özcelik
Hilal Öztürk
Meltem Öztürk
Denis Pandzic
Elvis Pandžić
Alma Pasic
Ernes Pašić
Peter Pettinger
Anna Pichler
Tanja Pirchner
Patrick Plank
Jacqueline Pleml
Verena Plettenberg
Fuat Poyraz
Tamara Pranzl
Valentina Predojevic
Lukas Pribil
Lukas Prokop
Lisa-Maria Puntigam
Carina Putz
Mohammad Qadampur
Nessar Ahmad Quraishi
Aleksa Radivojevic
Mumtahena Rahman
Naile Ramabaja
Sarah Reicher
Patrick Reiter
Verena Resch
Elisabeth Rettenbacher
Lena Rettenegger
Drilan Rexhepi
Hannah Rieder
Marcel Rieder
Leah-Victoria Rohrmoser
Pascal Roider
Sebastian Rosenauer
Florian Rosenlechner
Lisa Maria Russegger
Nasar Sadat
Said Hashmat Sadat
Azis Saidian
Edvin Salihodzic
Nazira Samim
Claudia Santner
Maria Saponaro
Daniela Schäfer
Sigrid Schäfer
Claudia Martina Schartner
Nemanja Scheurer
Marcus Scheutz
Simon Schilchegger
Franka Schindlmeier
Sarah Noemi Schmidlechner
Michael Schöberl-Lövquist
Andreas Schorn
Sonja Schwaighofer
Sinan Sehić
Helmut Seibt
Afrdita Selimi
Salih Sentürk
Elor Shallti
Antonio Šimić
Tajana Šimić
Teodora Šipka
Julian Sommereder
Jonas Spechtler
Patrizia Stadler
Jakob Steinlechner
Johann Strauß
Maximilian Strobl
Peter Strobl
Abdifitah Sufi
Ikra Suldan Mohamed
Sanela Sušić
Gramoz Syligi
Marc Symenouh
Martin Szoladi
Mariana Tadić
Vanessa Tano
Quehenberger
Romana Thoma
Alicia Thurner
Hannah Thurner
Kristina Tirnanic
Antonija Tokić
Kadir Zafer Toyran
Cindy Tran
David Tran
Bileg Tsogtgerel
Ibragim Tutaew
Simon Valtiner
Iva Vidović
Elena Viehhauser
Erik Vogl
Vanja Vućanović
David Wallinger
Bernhard Wallner
Alexander Weichenhain
Kevin Weinberger
David Weiß
Elisabeth Weiß
Noah Weiß
Katrin Weissacher
Christopher Wich
Danielle Widlroither
Andreas Wimmer
Martina Wimmer
Stefan Wimmer
Kevin Windischbauer
Lydia Winkler
Martin Winkler
Isabella Wohlesser
Nicole Woldrich
Natalia Wollinger
Arisa Michelle Wrana
Sebastian Wurzenberger
Mert Yalcin
Sara Yazici
Muhammed Yildiz
Aytül Yilmaz
Emir Yilmaz
Osman Yilmaz
Serim Yilmaz
Maurice Zabel
Aliakbar Zamani
Umejr Zekiri
Michael Zimmermann
Nikola Živković
Anna-Maria Zlatic
Viktoria Zlatic

„Ich will so lange leben, bis ich sterbe."

Ein Vorwort von Ludwig Laher

Zeit meines Autorenlebens empfand ich es als wesentlich spannender, Geschichten auf der Straße aufzulesen, anstatt sie zu erfinden. Hinter meinen Gegenwartsromanen stehen, um fiktionale Elemente ergänzt, echte Menschen aus Fleisch und Blut, mit denen ich je mehrmals lange, intensive Gespräche führen durfte. Mit manchen davon habe ich noch heute Kontakt.

Voraussetzung für solche Unterfangen ist eine grundsätzliche Lust aufs Zuhören. Es geht darum, Gesprächspartnern das Gefühl zu geben, worüber sie zu berichten haben, sei wichtig, zumindest allemal wert, in Worte gekleidet zu werden. Ich verdiente mir meine Sporen in den 1980ern, als ich für Ö1 sorgfältig gearbeitete Hörbilder gestaltete. Sorgfältig gearbeitet, das heißt möglichst wenig verbindender Text, stattdessen eine Komposition aus O-Tönen, die eine Geschichte entwickeln, weitertreiben, darüber reflektieren, andere Sichtweisen anbieten, einander zuweilen dementieren. Natürlich, der Komponist war ich, ich gab dem Ganzen ein Gesicht, eine Richtung. Aber da war viel Platz für ungefilterte Äußerungen, auch für solche, die dem Gestalter der Sendung gegen den Strich gingen.

Um und Auf für ein Gelingen der jeweiligen Produktion war die Zurückhaltung dessen, der etwas erfahren will. Ziel war es, Menschen zu motivieren, möglichst ohne meine Zwischenfragen oder Einwürfe Erlebtes zu schildern, Meinungen zu vertreten, Gedanken zu entwickeln, sich klar werden zu dürfen. Deswegen war es mir darum zu tun, mein Interesse, mein Wissenwollen lediglich durch unaufdringliche, gleichwohl aktive Präsenz zu vermitteln, durch Blicke etwa, durch Kopfnicken, durch Zeitnehmen für die Sache.

Die meisten sind es nicht gewohnt, einem fremden Gegenüber über ihr Leben, ihre Probleme, ihre Freuden, ihre Liebhabereien oder ihre Haltungen wirklich Bescheid zu geben. Dass das auf den folgenden Seiten so häufig und teilweise so intensiv, so intim geschieht, spricht einerseits für das methodische Geschick der für das Projekt Verantwortlichen, andererseits für den großen Bedarf. „Es tut gut, sich von der Seele zu reden, was einen belastet", heißt es wörtlich am Ende der detaillierten Schilderung einer konfliktträchtigen Mutterbeziehung. Ein Buch wie das vorliegende hat einen ganz anderen Charakter als die typische Kommunikation unter Facebook-‚Freundinnen und -freunden' oder in den meisten anderen mehr oder weniger sozialen Internetforen.

Junge Leute treten hier, weitgehend anonym zwar, vor ein Lesepublikum und dürfen monologisieren. Niemand will etwas Bestimmtes hören, niemand unterbricht sie, fordert eine bestimmte Wörteranzahl, die – wie es im Schulleben üblich geworden ist – bei Unter- oder Überschreiten Abzüge in der Notenfindung zur Folge hat, weil das Wie, die Fertigkeit, die Kompetenz, Vorgaben zu entsprechen, mehr zählt als das Was, der Inhalt. Die einen haben kaum etwas zu sagen, andere wollen so gut wie nichts preisgeben, wieder andere sprudeln nur so und scheuen sich auch nicht davor, äußerst Unangenehmes an- und auszusprechen: Flucht vor dem Krieg und vor der Gesetzlosigkeit in gescheiterten Staaten, Gewaltexzesse in der Familie, Alkoholismus und Spielsucht der Eltern, Scheidungen, Erkrankungen und Todesfälle, Drogen, Kleinkriminalität, Mobbing sowie chronisch gewordene psychische Probleme bis hin zu Suizidversuchen samt ihren möglichen Ursachen. Von derlei Tiefschlägen Verschonte betonen dagegen nicht selten, wie glücklich sie sind, von Dankbarkeit ist immer wieder die Rede und von erwiderter Zuneigung, in der Familie, in Partnerschaften, durch das Lieblingstier. Sehnsucht steht neben Zufriedenheit, Aggression neben Gelassenheit, Arroganz neben Bescheidenheit, Glück neben Elend.

Die einen fühlen sich beheimatet, geerdet, die anderen wild hin- und hergeworfen. Es ist wenig verwunderlich, dass besonders Jugendliche mit Migrationshintergrund oft nicht recht wissen, wo sie dazugehören, dazugehören wollen, sollen. Bei jenen erstaunlich vielen, die ernsthaft erwägen, später in das Land ihrer Eltern, ihrer Vorfahren überzuwechseln, lassen sich die unterschiedlichsten Gründe dafür zumindest durchspüren: Verwurzeltsein in kulturellen Traditionen, die hierzulande wenig Anklang jenseits bestimmter Communitys finden, persönlich empfundene Ablehnung durch die österreichische Mehrheitsgesellschaft, ein in den letzten Jahren verstärkt populär gewordener Nationalismus als scheinbar identitätsförderndes Lebenselixier sind nur einige davon.

Etlichen (naturgemäß männlichen) Jugendlichen fließt das Testosteron nur so aus der Feder, das Streben nach platzhirschartiger Präsenz. Andere stellen sich selbst in den Schatten, werden kaum greifbar, bleiben blass. Manche wirken, meist schrecklichen Lebensschicksalen geschuldet, weit älter als die Zahl ihrer Jahresringe. Das bunte, aufschlussreiche Textkaleidoskop lehrt uns in jedem Fall überzeugend, dass Fortuna ihr Füllhorn alles andere als gleichmäßig über die Kinder dieses Planeten ausgießt.

Apropos lehren: Die Buchreihe WIR. BERICHTE AUS DEM NEUEN OE dreht den gängigen Lehrspieß um. Jugendliche, gewöhnlich als Auskunftspersonen, als Themensetzer wenig gefragt, lassen alle, die sich auf ihre Texte einlassen, ganz ohne ausgefahrenen Zeigefinger in die Lehre gehen. Zumindest mittelbar werden Leserinnen und Leser mit den immensen Herausforderungen konfrontiert, denen sich diese Generation gegenübergestellt sieht, ohne viel Chance auf echte Partizipation und verbesserte Rahmenbedingungen für ihre Existenz.

Oft heißt es, Solidarität und gemeinschaftliches Wollen spielten bei den Kids heutzutage eine vergleichsweise untergeordnete Rolle. Natürlich kämpfen nicht wenige für sich allein, sehen die anderen vornehmlich als Konkurrenz, als Bedrohung: „Ich habe nie jemanden gebraucht, der mir weiterhelfen muss, denn ich weiß, dass fast keine Freundschaft echt ist und dass fast alles eine Lüge ist. Ich weiß jetzt, wie man sich Problemen stellt. Ich weiß, wie man aus dem Dreck rauskommt oder wie man etwas kriegt, was man möchte." Aber die Aussagen der meisten stehen eindeutig gegen die Ellbogengesellschaft und honorieren Zuwendung, Hilfe, bloßes Dasein für andere häufig mit berührenden Worten. Gesellschaftliche Defizite werden durchaus erkannt, machen nicht selten Angst, nur kann sich kaum ein junger Mensch jenseits des allerprivatesten Umfelds vorstellen, für gemeinschaftliche Interessen einzutreten.

Viele sind sich der Ursachen für das, was ihnen abgeht, wehtut, womit sie zu kämpfen haben, vollkommen bewusst. Vor ihren Analysen, ihrer Reife, ihren Versuchen, etwa Elternteilen, von denen sie sich alleingelassen oder schlecht behandelt fühlen, trotz allem Gerechtigkeit widerfahren zu lassen, kann man nur den Hut ziehen. Und doch scheinen ihnen Auswege verbaut, scheinen Bezugspersonen unwillens oder außerstande mitzuhelfen, den verfahrenen Karren miteinander aus dem Dreck zu ziehen. Manchmal würde es wohl ausreichen, erfahrene Mediatoren beizustellen.

Nur ganz wenige sind bewusst darauf aus, sich vor der Öffentlichkeit als Widerlinge zu inszenieren, aber auch *fishing for compliments,* bewusstes Sympathieheischen kommt kaum vor. Genau das macht die große Mehrheit der Beiträgerinnen und Beiträger so sympathisch.

Erstaunlich, dass manche sich der elementaren Widersprüche ihrer eigenen Argumentation gar nicht bewusst sind: „Ich hoffe, dass die Menschen es endlich kapieren, wie sie mit ihrer Umwelt umgehen sollten. Schließlich ist es unsere Zukunft und unsere Erde, die die heutige Jugend bewohnen soll. Außerdem kann ich dann kein Haus bauen, wenn alles zugebaut ist." An dieser Stelle etwa wäre anzusetzen, nicht in diesem Buch, dessen große Leistung in der nahezu kommentarlosen Präsentation der Beiträge besteht, sondern im wirklichen Leben, zuvorderst in der Schule, der freilich dermaßen viel aufgebürdet wird, dass die Lehrerinnen und Lehrer für zentrale Bereiche wie das soziale Lernen kaum Zeit aufwenden können.

Junge Leute ernst zu nehmen bedeutet in einem ersten Schritt, ihnen ohne Einschränkung die Möglichkeit einzuräumen, frisch von der Leber weg über alles zu reden, was ihnen auf dem Herzen liegt. Dann aber ginge es in vielen Fällen darum, aufgeworfene Themen, (Vor-)Urteile und Widersprüche in einen produktiven Prozess der Auseinandersetzung überzuführen, und sei es zunächst nur, indem man nachfragt.

Du möchtest dir ein eigenes Haus bauen und fürchtest, es nicht zu können, weil die anderen mit der Umwelt, unserer Erde rücksichtslos umgehen und alles zugebaut haben werden, bis du an der Reihe bist? Was für eine Logik steckt da dahinter? Sollst du dürfen, was du anderen zum Vorwurf machst? Warum eigentlich?

Du möchtest zum türkischen Militär, weil du für dein Land kämpfen willst? Dazu braucht man aber einen Krieg oder Ähnliches. Bist du also aufs Kriegführen aus und wenn ja, wieso?

Du schreibst unvermittelt und scheinbar zusammenhanglos den Satz: Alle hassen den Verräter, doch lieben den Verrat. Was willst du uns damit eigentlich sagen?

Eine ganze Reihe von Burschen und Mädchen stellt selbst die entscheidenden Fragen, auch solche, die ans Eingemachte gehen. Derlei darf man wohl als ein Angebot zum Dialog bis hin zum Hilfeschrei in extremen Fällen verstehen: Bin ich anders? Wie schaut denn so ein „Ausländer" aus? Warum wurde ich zur Außenseiterin? Wieso muss man sich denn immer überall anpassen? Wie soll man sich einer schwer Depressiven gegenüber verhalten?

Wenn ich das Gefühl habe, eine große Prosa ist mir gelungen, ist das schön. Noch schöner allerdings ist es, wenn die echten Menschen, die hinter meinen Romancharakteren stehen, durch die gemeinsam verbrachte Zeit und das Eintauchen in ihre Geschichte, durch mein Nachfragen und ihr eigenes Weiterspinnen hinterher einen Schritt weiter sind. Und was ich selbst alles aus diesen Begegnungen verstehen gelernt habe, lässt sich nicht annähernd in Worte fassen. Zuweilen gelingt es mit vereinten Kräften sogar, im wirklichen Leben bedrückende Hindernisse aus dem Weg zu räumen.

Als gelungen kann ich ein Romanvorhaben dann empfinden, wenn ich es schaffe, eine Story so zu erzählen, dass sie ganz nah an einzelnen Menschen bleibt und gleichzeitig doch die gesellschaftliche Verfasstheit, die Strukturen, in die wir, ob wir wollen oder nicht, eingebettet sind, zum Thema macht. Und das möglichst unaufdringlich.

Bücher wie dieses leisten dasselbe. Sie sind mehr als die bloße Summe ihrer einzelnen Bestandteile. Ihnen lassen sich aufschlussreiche Befunde über die Verfasstheit dieses Österreich, dieses Salzburg entnehmen, und zwar aus dem Blickwinkel derer, die bald einmal das Ruder übernehmen werden (müssen). Am eindringlichsten ist für mich die Erkenntnis, dass alle reaktionären Versuche, Menschen wegen ihrer Herkunft oder Religion erneut von vornherein in gute und schlechte einzuteilen, in die unsrigen und die fremden, Diskriminierung zu schüren, wo es nur geht, und Zwietracht in die Köpfe einzupflanzen, nach gründlicher Lektüre dieses Buches diskreditiert, überzeugend enttarnt sind. Enttarnt als böswillige Verkennung des Umstandes, dass wir es in erster Linie mit grundsätzlich ähnlich gestrickten Menschen zu tun haben, ganz gleich, ob sie türkische, vietnamesische oder Tiroler Wurzeln haben, ganz gleich, welchen Gott sie anbeten oder überwunden haben. Überall gibt es, no na, Schlitzohren, Durchschnittszeitgenossen und wunderbare Menschen. Hören wir hin, hören wir zu.

In diesem Buch steht ein Satz, den ich sofort notieren musste. Aus dem Kontext erschließt sich, dass er wahrscheinlich gar nicht so gemeint war, wie ich ihn verstehen wollte. Im Gegenteil: Die Fünfzehnjährige, die ihn zu Papier brachte, ist desillusioniert von den widrigen Umständen, unter denen sie aufwachsen muss. Künstlerin würde sie gerne werden, aber die Mutter besteht darauf, dass sie Friseurin wird. Ihre Brüder sind den Eltern gegenüber respektlos und der Schwester gegenüber ignorant, arbeiten nicht, trotzdem zählen sie für die Mutter weit mehr als die Tochter. Der Vater ist spielsüchtig, betrügt seine Frau. „Ich will eigentlich nur Geld verdienen und so lange leben, bis ich sterbe. Ich hab auch keine Freunde, weil ich sehr verschlossen bin, und eigentlich habe ich nie jemandem so viel anvertraut, wie ich hier geschrieben habe."

Ich sehe Leserinnen und Leser schmunzeln und der jungen Frau auf die Schulter klopfen: Keine Bange, dein Wunsch, bis zu deinem Tod zu leben, wird garantiert in Erfüllung gehen. Aber nicht nur die Summe kann mehr sein als die einzelnen Teile, auch ein Text kann klüger, vielschichtiger sein, als seine Urheberin es beabsichtigte. Mir vermittelt er nämlich, dass das gewesene Kind *leben* möchte, bis es stirbt. Leben und nicht vegetieren.

Dr. Ludwig Laher ist Schriftsteller und lebt in St. Pantaleon im Grenzgebiet Bayern/Salzburg/Oberösterreich sowie in Wien.

Wovon zu berichten ist: Leben. Schicksal. Möglichkeiten.

Eine Einführung von Ernst Schmiederer

Wer bin ich? Im Salzburger Landeskrankenhaus zur Welt gekommen. In Hallein klein gewesen und groß geworden. Fünf Jahre lang mit dem Bus zur Schule nach Salzburg gefahren. In Glasenbach, Siezenheim, Riedenburg grundwehrgedient. In Innsbruck studiert, in Salzburg auch. Immer Halleiner geblieben. In Bremen studiert. In Hamburg hospitiert und fremd gewesen. Dabei vom Halleiner zum Salzburger zum Österreicher geworden. In Wien Journalist geworden. Gereist. Nach Amerika gegangen. Austrian geworden, European. Mann einer Wienerin und Vater von Wienern geworden. Nach und nach selbst zum Wiener geworden. Und dabei auch noch Halleiner, Salzburger, Europäer geblieben. Immer wieder nach Hallein und Salzburg gekommen. Zuletzt auch, um eben dort, wo ich herkomme, an diesem Buch zu arbeiten, in dem es um all das geht: Wir in Salzburg. Wer sind wir? Woher kommen wir? Wohin gehen wir?

Das Schicksal hat es gut mit mir gemeint. Mir boten sich Möglichkeiten und Chancen zuhauf. Die Hürden, die gelegentlich im Weg standen, waren, retrospektiv gesehen, großteils überwind- oder umgehbar. Gut gelebt? Meistens schon. Glück gehabt? Meist ja. Und jetzt? Wer will ich werden? Werde ich am Ende des Lebens sagen können, es war ein gelungenes?

Den Gedanken, dass die Reise unseres Lebens auf zwei interagierenden Faktoren basiert, hat uns der große Soziologe Zygmunt Bauman hinterlassen: dem Schicksal einerseits und den von ihm ermöglichten realistischen Optionen andererseits. Dieses „Set", sagte er, lässt sich nicht überspringen. „Aber verschiedene Leute werden eine unterschiedliche Wahl treffen, und das ist eine Frage des Charakters. Deshalb hat man zur selben Zeit Anlass zu Pessimismus und Optimismus. Pessimismus, weil es unüberwindbare Grenzen der Möglichkeiten gibt, die einem offenstehen. (...) Optimismus, weil man, im Unterschied zum Schicksal, an seinem Charakter arbeiten kann."*

Wie präzise Bauman damit den Lauf des Lebens seziert, zeigen auch die Texte der 376 jungen Menschen, die in diesen beiden Bänden nun gedruckt vorliegen. Schicksal allüberall. Aber dann eben Möglichkeiten zuhauf, Chancen. Und Hürden. Ungerechtigkeiten. Ungleichheiten. Die ganze Bandbreite.

„Das erste Mal auf Skiern stand ich mit 2 Jahren", berichtet der Gymnasiast Marcus: „Seitdem nutze ich jeden freien Tag im Winter, um diesen Sport auszuüben. Ich liebe einfach alles daran." Während in derselben Salzburger Schule – vielleicht gar am Tisch neben Marcus, beim Schreiben womöglich Ellbogen an Ellbogen – Mumtahena sich daran erinnert, „ein paar Monate in einem christlichen Kindergarten, Kirche und Zeug, all inclusive" verbracht zu haben: „An sich klingt das nicht sonderlich aufregend, aber wir sind (sehr) gläubige Muslime."

Jede dieser Geschichten gewährt also Einblick in ein Leben. In Summe erzählen diese Geschichten aber auch von den Möglichkeiten des Zusammenlebens, vom aktuellen Stand des gesellschaftlichen Zusammenhalts, auch von Schwachstellen, die schnell Bruchstellen werden können. „Warum kannst du so gut Deutsch", wird die 15-jährige Sarah oft gefragt, „warum

---

* Zygmunt Bauman: *Das Vertraute unvertraut machen.* Ein Gespräch mit Peter Haffner. Hamburg, 2017

schaust du nicht aus wie ein Ausländer?“ Sarah, die mit diesen zwei Sätzen nicht nur aus ihrem Leben, sondern eben auch über das Leben in Salzburg erzählt, fragt sich in solchen Momenten eher ratlos: „Wie schaut denn so ein ‚Ausländer‘ aus?“

Insofern diese Textsammlung unsere Gegenwart dokumentiert, hält sie natürlich auch auf solche Fragen angemessen vielfältige Antworten bereit. In diesem Sinn meine Empfehlung: Lesen! Denn auch Lesen ist Arbeit am Charakter.

Das Projekt:

Die Schreib-Workshops des Blinklicht Media Lab werden seit 2011 in Schulen (mittlerweile in fast allen Typen) sowie in zahlreichen anderen Bildungsinstitutionen (anfangs vor allem in Produktionsschulen, seit einiger Zeit auch etwa in Volkshochschulen und im Jugendcollege der Stadt Wien) angeboten. Jahr für Jahr entstehen dabei im Schnitt rund 500 BERICHTE AUS DEM NEUEN OE. Daraus sind bisher elf Bücher entstanden, allesamt erschienen in der edition IMPORT/EXPORT.

Eingeleitet werden die Workshops mit dem Angebot eines Tauschgeschäfts: Jede Autorin, jeder Autor bekommt ein Buch mit 240 Geschichten von Menschen, die Grenzen überschritten haben und davon in der Ich-Form berichten *(IMPORT/EXPORT: Lauter Ausländer/Noch mehr Ausländer)*. Im Gegenzug geben die Jugendlichen ihre Hefte ab und die Geschichten damit zur Publikation frei.

Tief beeindruckend sind oft jene ersten Minuten des Schreibens, in denen eine ganze Workshop-Gruppe in den Flow kommt: die Köpfe nach vorne geneigt, die Blicke auf die Hefte gerichtet; auf die eben noch unberührten Seiten fließen erste Worte; anfängliches Zaudern verebbt, der Geräuschpegel sinkt auf ein Minimum; ein Anfang ist gemacht. Nun geht es Satz um Satz tiefer in die Geschichte. In der Ich-Form erzählen die Schreibenden so aus ihrem Leben. Was in diesen Minuten passiert, lässt sich mit einer Passage aus dem *Tagebuch 1946–1949* von Max Frisch treffend illustrieren: „Man hält die Feder hin, wie eine Nadel in der Erdbebenwarte, und eigentlich sind nicht wir es, die schreiben; sondern wir werden geschrieben. Schreiben heißt: sich selber lesen.“

Das Team:

Nichts von alledem, was auf den folgenden Seiten zu lesen ist, wäre entstanden, hätten uns nicht Pädagoginnen und Pädagogen vertrauensvoll ein paar Stunden ihrer kostbaren Unterrichtszeit überantwortet. Dafür sei allen an dieser Stelle ausdrücklich gedankt. Für die Initialzündung bedanke ich mich bei Margot Wieser vom Wiener Stadtschulrat. Sie hat Bettina Pann, die Direktorin der Neuen Mittelschule Hallein-Stadt, auf unsere Arbeit aufmerksam gemacht. Deren Einladung, an ihrer Schule Schreib-Workshops zu halten, war der Startschuss für das Salzburg-Projekt – und hat mir persönlich eine Brücke in die Vergangenheit gebaut: die ersten Berichte für dieses Buch sind so ausgerechnet in jenem Gebäude entstanden, in dem ich, noch unter dem Porträt von Bundespräsident Franz Jonas, die Hauptschule absolviert habe.

Meinen Vorschlag, um dieses frühe Textkorpus herum ein Buch mit Berichten aus Stadt und Land Salzburg zu entwickeln, hat Wolfgang Schick, Leiter des Referats Jugend, Generationen, Integration im Land Salzburg, engagiert aufgenommen. Ohne ihn, ohne Hilla Lindhuber, die in der Salzburger Arbeiterkammer die Abteilung für Bildung, Jugend und Kultur leitet, und ohne Erich Fritzenwallner, der in der Kulturabteilung der Stadt für Literatur zuständig ist, wäre das Projekt in dieser Form nicht realisierbar gewesen. Dafür bedanke ich mich herzlich bei den drei Genannten persönlich, aber auch bei ihren jeweiligen Dienststellen und all jenen dort, die das Entstehen dieser Berichte durch Buchankäufe und Workshop-Finanzierungen wesentlich unterstützt haben.

Im Zuge unserer Workshop-Reisen durch Stadt und Land Salzburg konnten wir in allen von uns besuchten Bildungsinstitutionen Spuren in den Bibliotheken und Büchereien sowie in den Bücherregalen der Lehrerinnen und Lehrer, der Autorinnen und Autoren hinterlassen. Neben den oben erwähnten IMPORT/EXPORT-Bänden, die dank großzügiger Ankäufe durch Institutionen und Privatpersonen auch zur Basis unserer Workshops und unserer Tauschgeschäfte wurden, konnten wir SIXPACKS mit den BERICHTEN AUS WIEN, unser *Handbuch des autobiografischen Schreibens* sowie das von Pierre Rosanvallon verfasste Manifest des autobiografischen Schreibens, *Das Parlament der Unsichtbaren*, als Geschenke überreichen. Für den Ankauf dieser Pakete und für den Auftrag, diese gezielt so in Verkehr zu bringen, dass damit im Sinne unseres Projekts biografisch gearbeitet werden kann, danke ich dem – damals jeweils so genannten – Bundesministerium für Bildung (BMB) bzw. Bundesministerium für Bildung und Frauen (BMBF).

Dem Kern-Team im Blinklicht Media Lab, das mich bei allen Workshop-Tourneen durch Stadt und Land Salzburg begleitet hat, möchte ich auch an dieser Stelle danke sagen: Marco Büchl dafür, dass er in seiner Doppelrolle als Fotograf und Archivar mit seinem guten Blick für die Bild-Dokumentation sorgte und mit seiner Genauigkeit in der Verwaltung der Hefte und Texte zu jeder Zeit den Überblick über das Gesamtprojekt behält; Oliver Poschner dafür, dass er neben der Transkription dieser 376 – mitunter durchaus herausfordernden – Handschriften auch die anschließenden Korrektur- und Redaktionsarbeiten wie schon so oft präzise, vor allem aber auch liebe- und verständnisvoll erledigt hat; Sigrid Pohl schließlich dafür, dass wir auf ihrem medienpädagogischen Erfahrungsschatz, der auch im *Handbuch des autobiografischen Schreibens* dokumentiert ist, in unseren Workshops aufbauen können.

Dass Ludwig Laher, der selbst einst in einem Salzburger Gymnasium als Lehrer tätig war, diese Ausgabe nun mit einem Vorwort schmückt, freut mich doppelt. Er kennt, erstens, als Lehrer das Habitat, in dem wir unsere Berichte sammeln, aus eigener Anschauung. Zweitens, und wichtiger noch: als Schriftsteller treibt auch ihn, selbst wenn er Romane schreibt, immer die „grundsätzliche Lust aufs Zuhören", auch er verdankt seine Geschichten „echten Menschen aus Fleisch und Blut".

Über all die Jahre, in denen diese BERICHTE AUS DEM NEUEN OE nun schon wachsen, sorgen neben meiner Familie auch Freundinnen und Freunde mit Zuspruch, Interesse und tatkräftiger Unterstützung dafür, dass die Arbeit daran einigermaßen konsequent fortschreiten kann. Insbesondere danke ich in diesem Sinne Patricia Kahane, Harald Krassnitzer und Michael Bergmeister.

Zuletzt sollen nun aber jene in das Scheinwerferlicht gerückt werden, um die es hier geht: die Autorinnen und Autoren dieser Berichte.

„Sprechend und handelnd schalten wir uns in die Welt der Menschen ein, die existierte, bevor wir geboren wurden", schreibt Hannah Arendt in ihrem Buch *Vita activa oder Vom täglichen Leben*: „Diese Einschaltung ist wie eine zweite Geburt, in der wir die nackte Tatsache des Geborenseins bestätigen, gleichsam die Verantwortung dafür auf uns nehmen." Dass sich diese 376 jungen Menschen mit der Erzählung ihrer Lebensgeschichten eingeschaltet, also lesbar, hörbar, sichtbar gemacht haben, lässt mich optimistisch bleiben, was unser aller gemeinsame Zukunft betrifft. Dafür ein großes DANKESCHÖN!

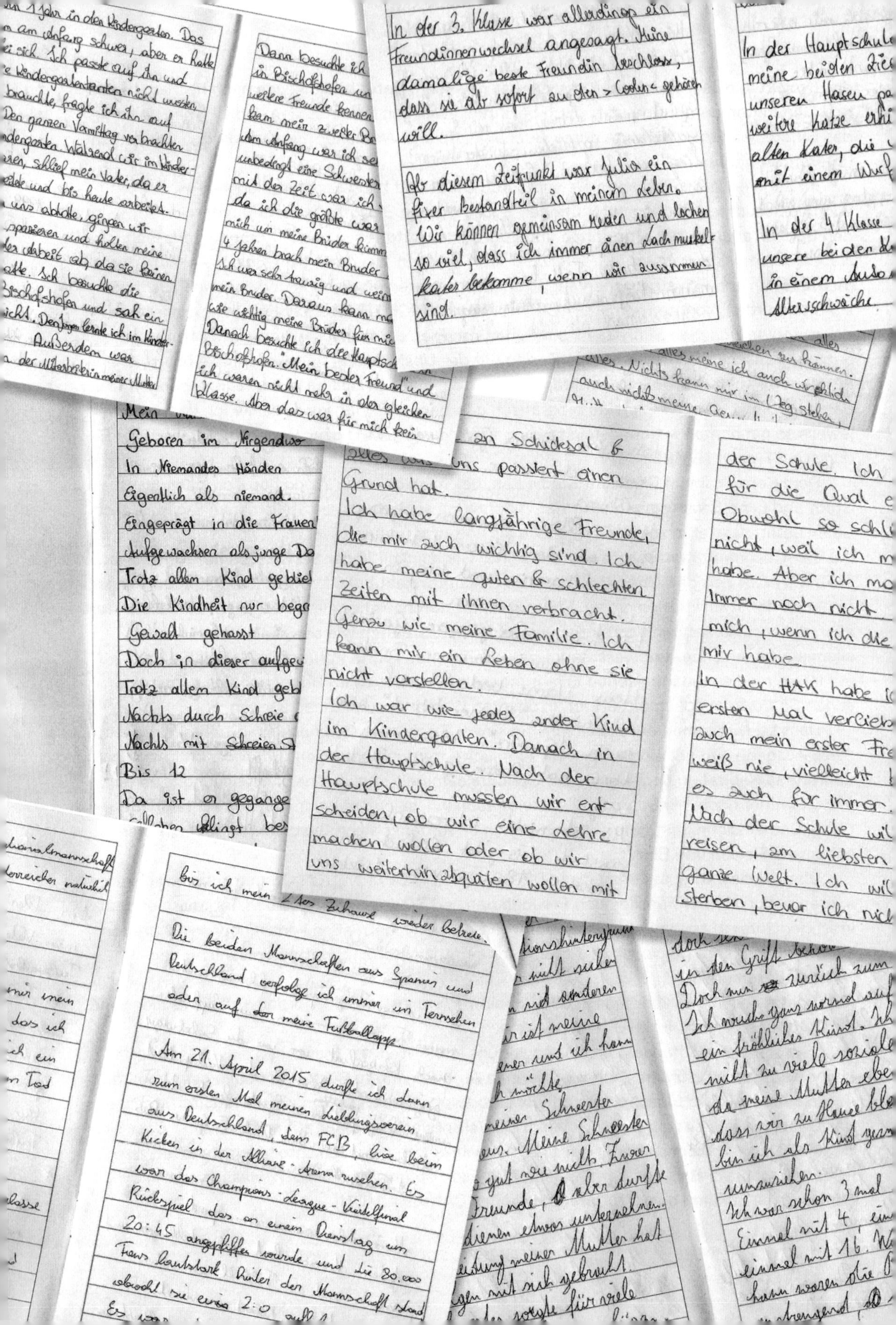
In der 3. Klasse war allerdings ein
Freundinnenwechsel angesagt. Meine
damalige beste Freundin beschloss,
dass sie ab sofort zu den »Coolen« gehören
will.
Ab diesem Zeitpunkt war Julia ein
fixer Bestandteil in meinem Leben.
Wir können gemeinsam reden und lachen
so viel, dass ich immer einen Lachmuskel-
kater bekomme, wenn wir zusammen
sind.
Dann besuchte ich
in Bischofshofen
Danach besuchte ich die Hauptschule
Bischofshofen. „Mein bester Freund" und
ich waren nicht mehr in der gleichen
Klasse. Aber das war für mich kein
In der Hauptschule
meine beiden
unseren Hasen
weitere Katze
alten Kater, die
mit einem Wurf
In der 4. Klasse
unsere beiden
in einem Auto
Altersschwäche
Geboren im Nirgendwo
In Niemandes Händen
Eigentlich als niemand.
Eingeprägt in die Frauen
Aufgewachsen als junge
Trotz allem Kind geblieben
Die Kindheit nur begr
Gewalt gehasst
Doch in dieser aufge
Trotz allem Kind gebl
Nachts durch Schreie
Nachts mit Schreien
Bis 12
Da ist er gegange
an Schicksal &
alles was uns passiert einen
Grund hat.
Ich habe langjährige Freunde,
die mir auch wichtig sind. Ich
habe meine guten & schlechten
Zeiten mit ihnen verbracht.
Genau wie meine Familie. Ich
kann mir ein Leben ohne sie
nicht vorstellen.
Ich war wie jedes ander Kind
im Kindergarten. Danach in
der Hauptschule. Nach der
Hauptschule mussten wir ent-
scheiden, ob wir eine Lehre
machen wollen oder ob wir
uns weiterhin abquälen wollen mit
der Schule. Ich
für die Qual
Obwohl so schl
nicht, weil ich
habe. Aber ich
Immer noch nicht
mich, wenn ich die
mir habe.
In der HAK habe
ersten Mal verlieb
auch mein erster
weiß nie, vielleicht
es auch für immer.
Nach der Schule wil
reisen, am liebsten
ganze Welt. Ich wil
sterben, bevor ich nich
Bis ich mein 2tes Zuhause wieder betrete.
Die beiden Mannschaften aus Spanien und
Deutschland verfolge ich immer im Fernsehen
oder auf der meine Fußballapp.
Am 21. April 2015 durfte ich dann
zum ersten Mal meinen Lieblingsverein
aus Deutschland, dem FCB, live beim
Kicken in der Allianz-Arena zusehen. Es
war das Champions-League-Viertelfinal
Rückspiel das an einem Dienstag um
20:45 angepfiffen wurde und die 80.000
Fans lautstark hinter der Mannschaft stand
obwohl sie eine 2:0
Ich wurde ganz normal auf
ein fröhliches Kind.
nicht zu viele soziale
da meine Mutter
dass wir zu Hause
bin ich als Kind
Ich war schon 3 mal
Einmal mit 4,
einmal mit 16.

dasselbe Saukaff...? Nein! Jeder dieser Orte hat seinen eigenen Charme und seine eigenen Besonderheiten, vor allem in der Kirche. Fragen Sie einmal einen Annaberger, was er von Lungötz hält, „Nicht viel. Die Hälfte davon gehört sowieso der Firma Kaindl." Ich muss allerdings sagen, dass ich zu den Glücklichen gehören darf und
Mit 3½ Jahren war ich plötzlich nicht mehr der Star unserer Familie, denn ich bekam einen kleinen Bruder, oder wie ich ihn nenne: meine kleine Nervensäge. Man sagt ja, dass, wenn sich zwei Geschwister immer streiten, sie sich im Erwachsenenleben gut verstehen. Najo, wir werden sehen, was die Zukunft bringt, der Anfang war sehr viel=
wurde es. Ich konnte nie länger als 1 Stunde normal sitzen oder stehen ohne die unerträglichen Schmerzen. Seit ich 12 Jahre alt war, musste ich mich mit diesem Thema befassen. 1 Jahr lang musste ich ein Plastik-Korsett tragen und das 23 Stunden am Tag.
meine Eltern wollten nicht, denn wie soll ich mein Lebenlang mit den 2 Stangen und 16 Schrauben leben? 2 Jahre lang bin ich zur Physiotherapie gegangen, ich habe es gehasst. So war für mich einfach nur schlimm.
dazu, die sich zu einem Bild des Kampfes formen. Als meine Familie in Österreich Aufenthaltsgenehmigung
einschränke, doch heute kann ich sagen es war nicht so sie hatte eher Angst, vorm alleine sein und das waren wir im Pongau meine ersten richtigen Freunde hatte ich in der
nicht mehr genau sagen wie diese Zeit war. Doch dieser Osterdienstag prägt mein Leben bis heute, wir warteten im Gasthaus meiner Tante auf meine Großeltern, da ich sie noch sehen wollte bevor ich wieder zurück nach Salzburg musste. Zuerst kam meine Oma herein, sie weinte, keiner wusste zuerst warum, doch
meiner Mutter herausgebrochen ist. Nach diesem hochkarätigen Ereignis wurde ich im Herbst 2002 auch schon in den Kindergarten gesteckt. Jedes Mal, wenn mich meine Mutter dorthin gefahren hat, freute ich mich sehr auf die Zeit mit meinen Kindergärtnerinnen. Doch auch jedes Mal, wenn mich meine Mutter in der Garderobe wieder verließ, kullerten mir die Tränen über meine roten Wangen. Es war für mich immer der schwierigste Moment, wenn meine Mutter wieder nach Hause fuhr.
wir uns drinnen irgendwo in eine Ecke zurück und spielten mit kleinen Lastwägen und Autos. Nachdem diese 3 lustigen, aber manchmal auch anstrengenden Jahre zu Ende waren, hielt ich zum ersten Mal meine Schultüte in der Hand. Ich werde für dieses Jahr die Vorschule besuchen. Am Ersten Schultag stand ich voller Stolz mit einer Tüte da, die fast so groß war wie ich.

Benjamin, 15

Ich habe kein Hobby

Bis zu meinem zweiten Lebensjahr habe ich nur geschrien. Tag und Nacht. Ich weiß zwar nicht mehr so genau, warum, aber wahrscheinlich hatte ich Hunger, denn ich bin der verfressenste Mensch, den ich kenne. Egal, ob ich satt bin oder nicht, Essen ist meine Lieblingsbeschäftigung. Im Laufe der Zeit entwickelte ich mich wie ein gewöhnliches Baby, bis darauf, dass ich lange nicht gehen und laufen konnte. Ab meinem fünften Lebensjahr kann ich mich ganz fern erinnern, was ich so gemacht habe. Damals war alles ganz anders, unser Garten zum Beispiel ähnelte einem Schrottplatz, mein Zimmer war noch klein und mit lauter Spielsachen vollgestopft, und außerdem wurde ich ganz anders behandelt. Abgesehen von den vielen schönen Momenten gab es auch einige Momente, wo ich behandelt wurde, wie wenn ich etwas Schlechteres wäre, aber ich glaube, so gehen Erwachsene immer mit Kindern um, weil diese noch nicht viel können und noch viel lernen müssen.

Ich habe von Anfang an gedacht, ich muss mir das unbedingt im Kopf behalten, damit ich meine Kinder besser behandle.

Aber abgesehen von diesen Kleinigkeiten hatte ich eine wunderbare Kindheit. Ich war immer draußen im Wald und so was wie Handys oder Computer gab es für mich gar nicht.

Als ich gerade einmal 5 Jahre alt war, bekam ich einen kleinen Bruder. Damals war ich noch zu klein, um richtig auf ihn zu achten, und daher entwickelte es sich so, dass ich fast nur am Streiten war mit ihm. Das hat sich jetzt wieder gebessert, ich verstehe mich super mit meinem Bruder und könnte mir keinen besseren wünschen. Ich weiß nicht mehr, mit wie vielen Jahren ich in die Volksschule gekommen bin, aber ich habe sie gut überstanden und es war nichts Besonderes. Noch ein ganz wichtiges Merkmal von mir, ich habe kein Hobby, bin in keinem Verein und habe keine Verpflichtungen, außer in die Schule zu gehen. Ich bin ein freier Mensch und mache nur das, was ich möchte.

Als ich schließlich in die Hauptschule kam, fühlte ich mich wie einer der Großen. Das waren 2 großartige Jahre, bis ich in die 3. Klasse kam. Das waren die zwei schlimmsten Jahre meines Lebens. Es gab einen Lehrer, den ich überhaupt nicht mochte, und er mich auch nicht. Es war dann so, dass ich von ihm angezeigt wurde, ohne dass ich großartig etwas gemacht habe, aber schlussendlich ist das Verfahren eingestellt worden. Tja, das habe ich auch überstanden und jetzt bin ich in der PTS St. Johann. Ein großartiges Jahr, ich habe alles, was ich brauche und will: gute Noten, Geld, Moped, einfach alles. Im Sommer werde ich den Beruf Zimmerer lernen und bei dem werde ich auch bleiben. Mehr Pläne für die Zukunft habe ich nicht, weil ich ein sehr spontaner Mensch bin.

Ayse, 24

Gutes Umfeld, gute Freunde

Meine Wurzeln liegen ursprünglich in der Türkei. Ich bin in Österreich geboren, in die Türkei fliege ich selten. Bin sehr zufrieden mit Österreich, hab ein gutes Umfeld, gute Freunde, bin auch hier in die Schule gegangen (Kindergarten, Vorschule, Volksschule und Hauptschule). Vor kurzem habe ich meine Lehrzeit beendet, zurzeit bin ich in einem Vorbereitungskurs für die LAP. Ich möchte sie schaffen, weil ich später mal selbstständig sein möchte und mein eigenes Leben führen möchte. Vielleicht irgendwann einmal eine Familie gründen.

Ich bin eine ausgelernte Großhandelskauffrau, bei der Metro C & C. Diesen Beruf habe ich mir ausgesucht, weil ich da automatisch drei Ausbildungen habe, das heißt Großhandel, Einzelhandel und Bürokauffrau. Großhandel ist ein Großbetrieb, das heißt, da ist es nicht wie z. B. im Spar, Billa und Unimarkt, denn im Großhandel, wie der Name schon sagt, gibt es Kistenware, alles in großen Mengen, da gibt es mehrere Abteilungen, man muss mit dem Firmentelefon arbeiten. Die Metro nimmt jedes Jahr Lehrlinge auf, und es ist echt ein sehr guter Job, weil man sehr viele Chancen hat.

Ich kann den Leuten, die eine Ausbildung suchen, die Metro wirklich empfehlen, weil man dann drei Berufe hat, und das ist sehr nützlich für die Zukunft.

Ich habe 6 Geschwister, 3 Jungs, 3 Mädels. Wir sind eine Großfamilie, der Älteste ist Kerim, seit 1,5 Jahren lebt er in Wien und ist Tanzlehrer (Hip-Hop/Freestyle), dann kommt Emrah. Er ist 25 Jahre alt, danach komme ich. Habe Ende Dezember aufgehört zu arbeiten, weil ich mich in der neuen Abteilung mit den Leuten nicht verstanden habe, und deswegen bin ich jetzt im ibis-acam-Kurs. Nach mir kommt die Melek, 20 Jahre, danach kommt die Merve, 18 Jahre, und der Jüngste ist der Muhammed Ali, 16. Bei uns lebt jeder noch bei den Eltern, bis auf den Kerim.

Magdalena, 16

Man lernt, mit Männern umzugehen

Eigentlich führe ich ein ganz normales, konservatives Leben. Ja, das mit konservativ meine ich ernst, ich wurde so erzogen und will mich dafür auch nicht rechtfertigen müssen.

Mit 3 Jahren kam ich in den Kindergarten. Es ist eine Zeit, an die ich gerne zurückdenke, weil sie so unbeschwert war. Als Kind denkt man über so vieles noch nicht nach. Wie gesagt, ich war gern im Kindergarten. Das war auch der Grund, warum ich dort nicht wegwollte. Ich durfte ein Jahr länger bleiben und wurde erst mit 7 Jahren eingeschult. Nach einem Semester in der 1. Klasse verbrachte ich das 2. Semester in der 2. Klasse. Ich konnte nach dem Kindergarten schon schreiben, lesen und rechnen, nur das Einmaleins und die Schreibschrift musste ich nachlernen. Ich war immer das Lieblingsenkelkind, weil ich das einzige war. Und dann kam meine Cousine auf die Welt, und ich versank in der Eifersucht. Plötzlich drehte sich alles um das kleine Baby, und ich war zur Nebensache geworden. Das muss man in der Volksschule erst mal wegstecken. Nach der Erstkommunion begann ich zu ministrieren, eine Tätigkeit, die ich auch heute noch ausübe. Im Ort gibt es fast kein Begräbnis ohne mich, das ist fast mein Zweitjob neben der Schule.

Mit 10 Jahren kam ich ins Gymnasium. Das war für mich von vornherein klar, hatte ich doch die Volksschule mit Schnitt 1,0 abgeschlossen. So ein makelloses Zeugnis will man natürlich halten. Das schaffte ich die ganze Unterstufe durch. Danach stellte sich die Frage: wechseln oder bleiben? Ich entschied mich fürs Bleiben. Ob das die richtige Entscheidung war, weiß ich bis heute nicht. Aber ich versuche nicht nur, gute Noten zu haben, sondern auch, mich zu engagieren. Sowohl innerhalb als auch außerhalb der Schule.

Man sagt ja vielen jungen Leuten nach, dass sie faul sind und sich für nichts interessieren.

Das stimmt bei mir nicht. Ich bin heuer zum dritten Mal bei der Schulsprecherwahl angetreten. Das erste Mal bin ich komplett gescheitert, das zweite Mal (in der 6. Klasse) wurde ich Stellvertreter. Heuer bin ich 4. geworden und darf im Frühling nachrutschen. Den Hang zur Politik habe ich auch vererbt bekommen. Meine Mutter war Nationalrätin, jetzt ist sie Bundesrätin. Und da der Apfel nicht weit vom Stamm fällt, bin ich auch der Partei beigetreten.

Mein Vater war 20 Jahre lang Feuerwehrkommandant. Und so etwas färbt – wie die Politik meiner Mutter – ab. Mit 11 Jahren habe ich mich getraut, zur Feuerwehrjugend zu gehen. Getraut deshalb, weil ich über weite Teile meiner vierjährigen Mitgliedschaft das einzige Mädchen war. Aber man lernt, mit Männern umzugehen. Bei der letzten Florianifeier wurde ich dann in den aktiven Feuerwehrdienst überstellt, seitdem darf ich auch bei Einsätzen mitfahren. Die kommen einem auch immer mal wieder dazwischen.

Seit ich 16 bin, fühlt sich alles irgendwie anders an. Ich gehe heuer das erste Jahr freiwillig in die Schule und fühle mich irgendwie erwachsener. Ich versuche, meine Zukunft zu planen und zu hoffen, dass mir nichts, vor allem nichts Negatives, dazwischenkommt.

Lukas, 15

Ich war so faul

Seit 15 Jahren lebe ich am Dürrnberg mit meiner Mutter, meiner Schwester und meinen Großeltern. Wir wohnen im 1. Stock, meine Großeltern im Erdgeschoß. Mein Vater wohnt, seit ich drei war, in Oberösterreich. Mit fünf Jahren lernte ich Rad fahren, schwimmen und Ski fahren. In diesem Jahr war ich auch zum ersten Mal in Kroatien. Als ich sechs war, kam meine Schwester zur Welt, und als sie vier Monate alt war, erfuhren wir, dass sie Krebs hatte. In dieser Zeit war ich meistens bei meinen Großeltern. Meine Schwester hat die Krankheit Gott sei Dank gut überstanden. Im selben Jahr kam ich auch in die Volksschule. Ich war eigentlich ein guter Schüler, aber ich war so faul. Ich war und bin immer noch viel draußen und mit meinen Freunden unterwegs.

Mit 10 Jahren kam ich ins Gymnasium in Hallein. Dort hatte ich richtig viel Spaß mit den Kollegen, aber lernen wollte ich einfach nicht so wirklich, also entschloss ich mich mit 15, ins Poly zu gehen und anschließend eine Lehre als Zimmerer zu machen.

Ich fahre jedes Jahr nach Kroatien und bin eigentlich ein Urlaubsmensch.

Anfang dieses Jahres machte ich den Mopedführerschein und ging zur Feuerwehr in Dürrnberg. Am liebsten helfe ich meinem Opa bei Holzarbeiten und beim Rasenmähen. Ich arbeite sehr gerne und helfe auch meinem Onkel, der gerade baut, am Bau.

Auf die Lehre, die ich am 20. 7. beginne, freue ich mich schon sehr. In Zukunft möchte ich in Dürrnberg bei den Krampussen mitlaufen und mit 18 den Autoführerschein machen. Seit ich mit 14 zum ersten Mal in Kroatien segeln war, bin ich so begeistert davon, dass ich später auch den Segelführerschein machen will. Mein Leben ist sehr schön und ich bin sehr zufrieden damit.

Sarah, 15

Wie schaut denn so ein „Ausländer“ aus?

Ich wurde in Österreich geboren. Gebürtig ist meine Familie aus Bosnien. Ich habe auch türkische Wurzeln. Eine meiner Stärken ist, dass ich viele Sprachen sprechen kann, wie zum Beispiel Deutsch, Englisch, Französisch, Türkisch und Bosnisch. Ich habe schon ein paar Mal miterlebt, wie jemand mich aufgrund meiner Herkunft anders behandelt hat. Viele sagen, ich würde wie eine Österreicherin aussehen, aber wenn sie dann meinen Nachnamen hören, schockiert sie das. Dann kommen die typischen Fragen, wie: „Warum kannst du so gut Deutsch“, „Wieso schaust du nicht aus wie ein Ausländer?“ Da frage ich mich selber: Wie schaut denn so ein „Ausländer“ aus?

Dieses Jahr ist für mich ein ganz spezielles Jahr. Der Grund dafür ist, dass ich eine Ausbildung angefangen habe. Dazugekommen sind neue Mitschüler, Arbeitskollegen und viel Stress. Ehrlich gesagt, hätte ich mir das alles viel einfacher vorgestellt. Am Anfang war es ziemlich schwer für mich, mit allem klarzukommen, weil ich 1 Monat später mit der Lehre begonnen habe. Die Entscheidung, eine Lehre zu machen, war sehr spontan, jedoch im Nachhinein gut mit meinen Eltern überdacht. Ich würde jedem raten, diesen Weg zu gehen, wenn man Verantwortung über sein eigenes Leben haben will. Man lernt das Geld und die Zeit viel mehr zu schätzen. Natürlich vermisse ich die alten Gewohnheiten an der Schule, wie zum Beispiel das gemeinsame Lernen. Hier an der Berufsschule ist man in vielen Fällen auf sich alleine gestellt. Das hat positive wie auch negative Seiten.

Ich freue mich sehr auf meinen ersten Lohn, weil ich meiner Mutter etwas von meinem hart verdienten Geld abgeben möchte.

Weitere Geschenke wären z. B., für meine Oma aus Bosnien 1 kg Kaffee vom ersten Lohn zu kaufen. Ich weiß, dass Geschenke keine große Rolle spielen, jedoch will ich mein Glück mit meiner Familie teilen.

Dogukan, 17

So ein geiles Gefühl

Mein Leben begann 1999 in Schwarzach. Als meine Mutter mich sah, strahlte sie wie die Sonne, und mein Vater sagte zu mir: „Das ist mein Junge." Als ich 2 Jahre alt war, zogen wir nach Werfen. Mit 3 Jahren kam ich in den Kindergarten. 2 Wochen später starb meine Oma an Krebs und mein Opa in einem Verkehrsunfall mit einem Traktor. Im Kindergarten habe ich die beste Kindergartentante gehabt, sie hieß Anna. Mit 6 Jahren kam ich in die Volksschule Werfen. Da waren wir die schlimmste Klasse, die unsere Lehrerin je gehabt hat. Mit 10 Jahren kam ich in die Hauptschule Werfen. Mit 14 Jahren habe ich mir zum ersten Mal was gebrochen, am Fuß. Das war die schlimmste Zeit. Meine Freunde gingen alle Fußball spielen und ich musste zuhause bleiben. 3 Wochen später gingen wir mit der Schule wandern und ich habe zum ersten Mal „Flying Fox" probiert. Das war so ein geiles Gefühl. Mit 20 Jahren möchte ich schon arbeiten, ein Haus haben und eine wundervolle Familie. Mein Lieblingshaustier muss auf jeden Fall dabei sein, der Hund.

Meine 2 Hunde sollten ein Rottweiler sein und ein amerikanischer Pitbull.

Meine Eltern kommen alle beide aus der Türkei, meine Mama aus Ordu und mein Vater aus İzmit. Am 19. April kam die letzte Schwester auf die Welt. Als ich sie sah, war ich der glücklichste Mensch der Welt. Als sie 4 Jahre alt war, habe ich sie beim Spielen auf dem Sofa versehentlich runtergeschmissen, und sie hat sich die Hand gebrochen. In den Sommerferien fahr ich immer mit dem Auto in die Türkei, wir fahren 1 Tag und 9 Stunden. Als meine Oma gestorben ist, hat die Nachbarin von meiner Oma meinen Vater 4 Jahre großgezogen. Mit 22 Jahren werde ich in die Türkei fahren und das Bundesheer besuchen.

Anonym, 16

Ich komme immer wieder stärker zurück

Meine Eltern sind aus einem ungerechten Krieg geflohen. Sie wurden wegen ihres Glaubens verjagt. Die JNA (Jugoslawische Volksarmee), die hauptsächlich aus Serben bestand, wollte die Ablösung Bosniens verhindern. Lange Rede, kurzer Sinn, die JNA hatte all die Ausrüstung des früheren Jugoslawien, also hatten die Muslime kaum eine Chance. Nichtsdestotrotz kämpften meine Helden. Meine Helden. Jeder bosniakische Kämpfer, der gefallen oder nicht gefallen ist, ist ein Held. Mein Vater ist durch Zufall ein Jahr vor dem Krieg nach Österreich gekommen. Auch wenn seine Heimatstadt Cazin sich im etwas sichereren Gebiet befand, war sie noch lang nicht sicher. Bomben fielen Tag für Tag. Er schaute, dass er irgendwie seine Eltern über die Grenze bekommt. Für alle Fälle. Gegen eine große Geldsumme ließen die Serben sie bei der „Serbischen Krajina" (heute nur kroatisch) in der Nähe von Velika Kladuša über die Grenze. Mein Vater war anfangs alleine mit seinem Bruder, sie arbeiteten bei einem Verwandten. Und sie schliefen auf den Armlehnen von zwei zusammengeschobenen Lederstühlen. Bis er dann meine Mutter kennenlernte.

Meine Mutter floh unmittelbar am Anfang des Krieges. Sie erzählt mir oft, wie erschreckend alles war. Aber ich konnte es mir nie so richtig vorstellen. Die Schüsse von Bergen herab. Ihr Heimatort war unmittelbar neben den Serben. In der Nähe von Srebrenica, wo das Massaker stattfand. Visegrad war auch nicht weit weg und wurde sofort eingenommen.

Meine Mutter und ihre Familie mussten also fliehen, um nicht zu Genozid- oder Vergewaltigungsopfern zu werden.

Ihr Fluchtweg war sehr, sehr schwer. Sie haben es noch irgendwie geschafft. Sie waren ohne ihren Vater unterwegs, da dieser schon in Österreich arbeitete. Gott sei Dank war der Bruder auch schon in Österreich, sonst hätten sie ihn bei einer Buskontrolle verloren, da alle militärfähigen Jungs von den Kroaten abgeführt worden sind. Meine Oma hat es alleine und ohne Mann an der Seite geschafft, sich selbst und 3 Töchter zu retten. Dann fanden sich meine Mutter und mein Vater über einen Verwandten. Meine Mutter war ein sehr zurückgezogenes Mädchen. Mein Vater war eher ein „Player"-Typ. Aber meine Mutter ließ ihn abblitzen. Dennoch liefen sie sich hin und wieder über den Weg, obwohl mein Vater in der Zwischenzeit auch andere Frauen neben sich hatte. Zum Schluss kamen sie trotzdem zusammen, heirateten, und dann kam eines der schönsten Kinder zur Welt, also ich.

Wird auch Zeit, dass wir zu mir kommen. Geboren in Kuchl. Eine sehr billige Einzimmerwohnung neben den Gleisen und einer Diskothek. Zahlreiche Male hatte ich Riesenangst, wenn der Güterzug vorbeiratterte oder wenn es draußen eine Schlägerei gab. Nahezu ein Kindheitstrauma. Mein Vater war nicht grad der beste Erzieher. Ich liebte es, zu tanzen. Oft hab ich Videos von mir beim Tanzen gesehen, und wenn ich dann Richtung Vater wollte, schubste er mich mit seinen Füßen zurück, und ich versteckte mich hinter meinen Handflächen. Meine Mutter hingegen war überfürsorglich, was mir auch jetzt noch massiv auf die Nerven geht.

Letztendlich zogen wir nach Salzburg. Es war Zeit, den Kindergarten zu besuchen. Es war das pure Grauen, dort alleine bleiben zu müssen. Erst gab's keinen Platz, also ließ mich mein Vater vor der Tür stehen, und so wurde der Platz dann gemacht. Sie hätten mich nicht alleine draußen stehen lassen wie mein Vater. Es war ein Leiden, Tag für Tag meine Mutter bzw. meinen Vater zu sehen, wie sie den Kindergarten verlassen und ich alleine bleibe. Tag für Tag Tränen und Geschrei. Irgendwann war das dann auch vorbei, und die Volksschule begann. Sie verlief ohne jegliche Probleme. Im 8. Lebensjahr begann auch meine Fußball-"Karriere". Es lief gut, und mein Vater feuerte mich immer an. Aber er tat das nicht unbedingt, weil er dachte, aus mir wird was, sondern, was ich bis vor kurzem nicht wusste, damit ich mich in den Fußball verliebe und somit jeglichem Drang zu Ungesundem wie Alkohol, Nikotin und Drogen entkomme. Natürlich sollte ich auch vermeiden, fett zu werden. Sein Plan hat echt funktioniert. Dennoch war ich sehr schüchtern. Mein Trainer, ein Serbe/Kroate, konnte mich überhaupt nicht leiden. Also brach ich mit 12 ab, weil er mich immer am meisten hetzte, also zum Laufen, Liegestütze usw. Ich hatte einfach Angst, zum Training zu kommen. Ja, ich war ein bisschen fetter. Ich machte ein Jahr lang gar keinen Sport. Mein Vater stresste das ganze Jahr lang und ich begann schweren Herzens bei dem nächsten Verein. Das war sozusagen der Stadtrivale in den unteren Klassen. Das war ein sehr wichtiger Schritt in meinem Leben.

Ich nahm ab, baute Muskelmasse auf, gewann an Selbstvertrauen und scheute mich nicht, bei Minusgraden neben der Salzach zu laufen. Es machte eine stärkere Persönlichkeit aus mir. Ich wurde komplett verändert. Noch dazu deklassierten wir meinen Ex-Verein. Ich wurde stärker und stärker, bis ich mit 15 bei den Erwachsenen in der 1. Landesliga-Reserve landete. Das schafft nicht jeder so einfach. Jedoch verletzte ich mich sofort bei meinem ersten Spiel. Nach der ersten Diagnose waren eine OP und eine monatelange Pause nötig. Ich war komplett geschockt. Gerade mein Ziel erreicht, und schon ist alles im Keller. Gott sei Dank wurde in der zweiten Untersuchung festgestellt, dass es „nur" eine Meniskusquetschung war und „nur" zwei Monate Pause nötig waren. Ich hab auch jetzt, ein Jahr später, immer wieder Knieschmerzen, aber ich gebe nie auf und komme immer wieder stärker zurück. Ich muss ehrlich sein, ich habe alles meinem Vater zu verdanken. Er ist mein größter Fan und ist immer für mich da. Wenn es nach meiner Mutter ginge, hätte ich schon längst aufgehört und wäre möglicherweise noch fetter geworden und Nikotin oder Alkohol mein bester Freund.

Majda, 14

Ich bin die Klassenmutter

Ich bin in Salzburg geboren, aber meine Eltern kommen ursprünglich aus Bosnien und Herzegowina. Meine Geschwister starben leider bei der Geburt, ich hätte jetzt eine ältere Schwester und einen älteren Bruder. Ich bin in Salzburg aufgewachsen. Meine Familie in Bosnien besuche ich immer in den Ferien. Leider habe ich meine Oma mit 5 Jahren verloren. Ich kann mich nicht wirklich an sie erinnern, seit diesem Tag verbringe ich mit den Menschen, die mir was bedeuten, sehr viel Zeit, damit ich sie nie vergessen kann. Als Kind waren meine Eltern nicht wirklich da für mich. Ich bin eher von meiner Tante und ihrer Tochter, meiner Cousine, erzogen worden, sie waren immer da für mich, wenn ich sie gebraucht habe, und sind es noch immer. Meine Tante wurde eher wie eine zweite Mutter für mich und meine Cousine wie eine Schwester. Deswegen ist die Beziehung mit meinen Eltern etwas angespannt und bröckelnd. Ich kann ihnen nicht verzeihen, dass sie mich im Stich gelassen haben, als ich sie am meisten brauchte. Ich hatte immer das Gefühl, sie würden mich abschieben. Sie gaben mich zu meiner Tante, Nachbarn, Freunden, nur damit sie nicht für mich sorgen müssen. Ich kam sehr früh in die Krabbelstube.

Ich war immer die Erste, die kam, und die Letzte, die ging. Manchmal vergaßen sie mich sogar.

Ich habe die Schuld immer bei mir gesucht. Ich habe nicht das Gefühl der Liebe gehabt. Unter diesen Folgen leide ich noch heute, ich habe Angst, meine Gefühle zu zeigen, weil ich glaube, wenn ich das mache, dass die Menschen um mich herum mich verletzen werden, so wie es meine Eltern gemacht haben.

An meine Kindheit kann ich mich nicht wirklich erinnern. Meine Eltern und ich sind immer gerne nach Bosnien gefahren. Am liebsten wäre ich für immer dort geblieben, und ich habe immer geweint, als wir zurück nach Salzburg gekommen sind. Als ich in die Volksschule kam, sollte ich nicht von Anfang an in die erste Klasse, sondern in die Vorschule, weil ich so schüchtern war, aber dann haben sie ihre Meinung geändert, und ich kam in die erste Klasse. In der Volksschule ging es mir sehr gut, ich hatte viele Freunde und war sehr glücklich. In die Hauptschule bin ich mit vielen aus meiner alten Klasse gekommen. Fast jedes Jahr sind neue Kinder in die Klasse gekommen. Ich habe sehr schnell neue Freunde gefunden und dafür bin ich dankbar, weil sie jetzt zu meinen besten Freunden gehören. In der Klasse sagt jeder, ich bin die Klassenmutter, weil ich auf alle aufpasse und schaue, dass sie keinen Blödsinn machen. Nach meinem Abschluss möchte ich ins BORG Nonntal und meine Matura machen, aber am wichtigsten ist mir, mit meinen Freunden in Kontakt zu bleiben. Nachdem ich die Matura gemacht habe, möchte ich studieren, am liebsten in Wien, aber was, habe ich noch nicht entschieden. Außerdem will ich ein Auslandssemester machen und einen guten Abschluss haben, aber mein allergrößter Traum ist es, die Welt zu bereisen und Neues zu sehen, vielleicht mach ich das auch mal. Ich möchte auch heiraten, einen guten Job und Kinder haben, einfach glücklich sein und eine glückliche Familie haben. Wenn ich das alles erreicht habe, werde ich glücklich sterben.

Mertcan, 15

Sie wollten Schwein essen

Meine Eltern sind beide aus der Türkei. Mein erstes Erlebnis war der Kindergarten. Meine ersten Freunde, die bis heute noch wie Brüder für mich sind. Mit 4 Jahren konnte ich schon Fahrrad fahren und hab dann in der Volksschule die Prüfung bestanden. In der Hauptschule ist sehr viel passiert. Ab der ersten Sekunde mochte ich meine Kollegen nicht. Außer ein paar von denen. Ich wurde sozusagen gemobbt, da ich der einzige Moslem war. Sie haben mich beleidigt, weil sie in Kochen Pute hatten wegen mir. Sie wollten Schwein essen, aber das darf ich nicht. Und Ende der 3. Hauptschule habe ich mit YouTube angefangen. Sie haben Fotos von mir in der ganzen Schule aufgehängt und meine Nummer daruntergeschrieben. Ich heiße auf YouTube „It's Mertcan Time" und sie schrien das jeden Tag hin und her. Es gab nur eine Person, die mich aufgemuntert hat. Seit dem 20. 4. 2014 bin ich verrückt nach ihr.

Ich will sie anonym halten, aber ihr Name fängt mit einem „Y" an.

Sie ist die einzige Aufmunterung, wenn es mir schlecht geht. Meine Eltern sind wegen der Kultur sehr streng. Aber mehr dazu will ich nicht schreiben.

Zurzeit bin ich in der Polytechnischen Schule in St. Johann im Pongau. Im Gegensatz zu der Hauptschulklasse liebe ich meine Klasse. Mein Klassenvorstand ist der netteste Lehrer meiner Schulkarriere. Nach der PTS will ich nicht mehr auf eine Höhere Schule gehen, weil ich mein eigenes Geld verdienen will. Dann, zwischen 23 und 25, werde ich heiraten, und nachdem ich eine Familie aufgebaut habe, werde ich in die Türkei ziehen.

Anonym, 15

Deshalb sollte man sich nicht verändern

Ich komme aus dem Salzburger Land. Ich wohne seit meiner Geburt dort und bin sehr glücklich, am Land zu wohnen. Ich hatte eine schöne Kindheit mit meinen 3 großen Geschwistern. Die Volks- und Hauptschule habe ich dort besucht. Nach der Hauptschule habe ich mich dazu entschieden, in eine Berufsbildende Höhere Schule zu gehen. Von Beginn an habe ich mir die Frage gestellt: „War das die richtige Entscheidung?" Und vor allem: „Bist du so glücklich?" Oft wurde ich wegen den harmlosesten Dingen verspottet und ausgelacht. Ohne Grund wurde ich beschimpft von einigen Mitschülern. Doch da dies nicht zum ersten Mal passierte, wusste ich, wie ich damit umzugehen hatte. Nach einem Jahr in dieser Schule entschied ich mich dazu, eine Lehre zu beginnen. Klar hatte ich Angst, meinen Alltag hinter mir zu lassen, doch durch meine vertrauten Freunde schöpfte ich neuen Mut.

Als ich mit ca. 12 Jahren begann zu reiten, fand ich meine Leidenschaft. Ich lernte neue Menschen kennen, die nun zu meinen besten Freunden geworden sind. Doch die allerwichtigste Freundschaft ist für mich die zu meinem Pflegepferd.

Viele meiner alten Freunde sagen abwertend Sachen wie: „Ist doch nur ein Pferd, geh lieber mal feiern!"

Klar ist so ein Hobby zeitaufwendig, aber keine Stunde ist verschwendet, wenn man das tut, was man selbst am liebsten macht. Oder? Ich habe in meinen 15 Lebensjahren schon sehr viel erlebt in Bezug darauf, ob man das machen soll, was man selber möchte, oder ob das besser ist, was alle machen, um die Aufmerksamkeit auf sich zu lenken und beliebt zu sein. Doch wenn man darüber nachdenkt, ist die Antwort ganz klar! Jeder Mensch hat Talente für Dinge, die er besser kann als andere. Deshalb sollte man sich nicht verändern. Als ich 8 Jahre alt war, begann ich, Querflöte zu spielen, weil ich unbedingt so sein wollte wie meine Schwester. Nach 4 Jahren habe ich dann bemerkt, dass dieses Hobby nicht wirklich meine Leidenschaft ist, deshalb habe ich diesen Teil meines Lebens wieder aufgegeben.

Derzeit mache ich eine Lehre als Bürokauffrau, doch ob das der Beruf für mein restliches Leben ist, ist noch nicht klar. Möglicherweise mache ich nach meiner Lehre noch eine Zusatzausbildung zu meinem (Kindheits-)Traumberuf.

Berkay, 15

Ich ließ mir alles gefallen

Mit 4 kam ich in den Kindergarten, hatte dort meine ersten Freunde und meine allererste Liebe, haha. Alles lief normal bis zu meinem 5. Geburtstag, da flog ich vom Sessel, und mir rutschten alle Zähne raus. Meine Mutter wusste nicht, was sie tun sollte, und drückte sie deswegen mit der offenen Handfläche wieder hinein. Dann ging's wieder.

In meinem 6., 7. Lebensjahr trennten sich unsere Wege, von mir und meiner ersten Liebe. Ich kann mich noch erinnern, als meine Eltern mich abholen kamen, sagte sie andauernd: „Ich heirate Berkay, sonst niemanden, er gehört mir", haha. Dann ging mein Leben weiter. In meiner Volksschulzeit passierte eigentlich nichts. Meine Noten waren gut, und mit 10 Jahren brach ich mir dann das Handgelenk in der Schweiz. Bemerkte es jedoch erst 2 Monate später. In der 4. Klasse Volksschule hatte ich beim Endzeugnis einen 3er, deswegen trat ich zur Aufnahmeprüfung für ein Gymnasium an. Ich bestand sie nicht. Ab da ging dann alles bergab. Ich kam ungewollt in die NMS Schlossstraße. Die Kinder dort merkten schnell, dass ich, wie soll ich sagen, viel milder als sie war. Ich ließ mir alles gefallen, und das war der Fehler. Die Kinder nutzten das aus, von Tag zu Tag wurde es schlimmer. Es fing an mit leichtem Schubsen und Beleidigen. Ich unternahm nichts. Das führte dazu, dass keiner mich mehr als einen Menschen ansah, sondern als nichts, sogar noch weniger als nichts. Ich kam jeden Tag mit blauen Flecken nachhause. Hielt trotzdem meinen Mund. Ich brauchte Aufmerksamkeit, deswegen fing ich an, die Lehrer zu verarschen, meine Zukunft zu zerstören. Es kam so weit, dass ich dann einmal von zwei Jungs aus der Klasse ins Klo gerufen wurde. Ich, nichtsahnend, ging hin und die zwei packten mich in eine Klokabine, sperrten die Tür zu und schlugen so lang auf mich ein, dass ich bewusstlos umfiel. Ich bekam psychische Probleme und fing an, mit niemandem mehr zu reden. Meine Eltern merkten das und schickten mich Woche für Woche zu einem Psychologen. Es half nichts. Verzweifelt suchte mein Vater nach einer neuen Schule.

Aber wer nimmt schon einen Kanaken mit 7 Fünfern an?

Dann stieß mein Vater auf diese Schule. Hier nahmen sie mich auf und ich versprach mir einen kompletten Neuanfang. Hier wurde ich langsam zu dem Menschen, der ich eigentlich sein wollte. Mir geht es gut, ich hab das schönste, netteste, liebste Mädchen als Freundin. Seit 2 Monaten und 25 Tagen. Und ein paar gute Freunde.

Alexandra, 14
Mit Sarah

Ich bin in Kärnten geboren. Mit 7 habe ich angefangen, in einem Fußballverein zu spielen. In der 3. Klasse Hauptschule habe ich meinen Fußballverein gewechselt. Dann haben sich meine Eltern getrennt und wir zogen zu meiner Oma. Mitte der 3. Klasse Hauptschule habe ich dann einen neuen Stiefvater bekommen, der sich wirklich sehr um mich und meine Schwestern kümmert. Ende der Sommerferien zogen ich und meine Mutter und eine meiner beiden Schwestern nach Salzburg zu meinem Stiefvater. Im September 2016 kam ich dann in die 4B in der NMS Liefering. Ich bin auch in einen neuen Fußballverein gekommen, wo ich bald schon ein Jahr spiele. Nach dieser Schule werde ich die Höhere Lehranstalt für wirtschaftliche Berufe Annahof besuchen. Dort werde ich in den Zweig „Kommunikation und Mediendesign" gehen. Dieser Zweig dauert 5 Jahre mit Matura. Danach habe ich vor, entweder direkt als Fotografin/Mediendesignerin zu arbeiten oder zu studieren, das weiß ich jetzt noch nicht genau. Mit 20 Jahren will ich mit meiner besten Freundin Sarah zusammenziehen. In der Zeit zwischen 20 und 25 Jahren habe ich vor, in meinem Beruf erfolgreich und mit Spaß zu arbeiten. Ich möchte auch im Fußball erfolgreich sein und immer noch mit Freude Fußball spielen. Mit 26 möchte ich mit Sarah, wenn wir noch zusammenwohnen und uns immer noch so gut verstehen, in ein Haus ziehen. Mit 26 möchte ich eine Weltreise machen.

Wenn ich zurück bin, möchte ich gerne ein dunkelhäutiges Kind adoptieren, und wenn ich bis dann den richtigen Mann gefunden habe, werde ich vielleicht heiraten. Dann möchte ich sehr viel Zeit mit meiner Familie verbringen, aber natürlich auch meinem Beruf nachgehen. Bis dahin möchte ich ein eigenes Fotostudio haben. Mit Sarah und meinen anderen Freunden werde ich weiterhin in Kontakt bleiben und viel Zeit verbringen. Überhaupt mit Sarah, denn mit ihr und ihrer Familie werde ich weiterhin zusammen im Haus wohnen.

Irgendwann werde ich dann sterben und froh über mein glückliches Leben sein.

Als sich meine Eltern getrennt haben, habe ich gemerkt, wie schnell es gehen kann, dass eine Familie zerbricht. Mein Vater hat sehr viel falsch im Leben gemacht, aber trotzdem ist und bleibt er mein Vater. Ich habe jetzt zwar einen Stiefvater, der sich rührend um uns Kinder kümmert, trotzdem werde ich meinen Vater nicht vergessen und bin dankbar für die schönen Momente. Ich bin meiner Mutter auch sehr dankbar, dass sie mich und meine zwei Schwestern so liebevoll und gut erzogen hat. Sie ist der wichtigste Bestandteil meines Lebens. Sie hat immer geschaut, dass alles passt, und sie steht auch in schlechten Zeiten hinter uns.

Ein weiterer Punkt in meinem Leben, wo ich gemerkt habe, wie schnell es gehen kann und wie sehr man seine Familie in dieser Zeit braucht, war der Umzug von Kärnten nach Salzburg. Da habe ich gemerkt, wie wichtig mir meine Freunde sind und wie schwer Situationen im Leben sein können. Ich glaube, nichts ist so schwer, wie von seinen geliebten Freunden weggerissen zu werden. Heute bin ich glücklich und froh, dass ich in so einer netten und liebevollen Klasse mit sehr vielen wundervollen Menschen bin. Denn wäre ich nicht umgezogen, hätte ich diese Menschen nicht kennengelernt.

Sonja, 19

Mein Traumberuf ist Altenpflegerin

Alles hat am 27. November 1999 angefangen. Einen Tag vor meinem 3. Geburtstag flog ich über 4 Treppen zu Boden. Das geschah alles im Haus meiner Großeltern. Im Krankenhaus wurde festgestellt, dass mein ganzer Arm gebrochen war. Ich wurde sofort notoperiert und bekam Schrauben in die Hand, damit alles wieder gut zusammenwächst. Als ich nach der OP wach wurde, war auch schon meine Mama da. Ich durfte dann im Krankenhaus meinen 3. Geburtstag feiern. Ich kann mich an diesen Tag so gut erinnern, wie meine ganze Familie in mein Zimmer kam und laut Happy Birthday sang und sie mir die Geschenke übergaben. Ich weiß heute noch, was ich bekommen habe. Nach 1 Woche durfte ich wieder nach Hause. Nach ca. 1 Jahr wurden mir die Schrauben wieder entfernt. In diesem Jahr habe ich begonnen, in den Kindergarten zu gehen. Am 27. November 2002 wurde dann meine kleine Schwester geboren. An diesem Tag war ich bei meiner Godi und habe mit ihr Kekse gebacken, bis meine Mutter angerufen hat: der kleine Sonnenschein ist da! Mit 6 Jahren kam ich dann in die Volksschule, nach 4 Jahren in die Hauptschule. Nach der Hauptschule kam ich in die PTS St. Johann.

In der Zeit in der PTS machte ich meinen Moped-Führerschein, den ich dann auch schaffte. Nach der PTS hatte ich eine Lehre zur Gastronomiefachfrau begonnen, die aber nach 2 Monaten von der betrieblichen Seite abgebrochen wurde. Das war für mich natürlich ein Riesenschock, aber ich dachte mir, was soll's, ich werde mir einen anderen Betrieb suchen und da mein Bestes geben. Hatte danach eine Lehrstelle zur HGA. Hat mir sehr gefallen, danach kam wieder dieser Schock: sie mussten mir kündigen, weil sie in Konkurs gingen. Jetzt musste ich mir wieder was suchen, bis ich dann in die Produktionsschule kam. Mein Traumberuf ist Altenpflegerin, da ich mich richtig gerne um alte Menschen kümmere.

Aber momentan muss ich etwas anderes machen, da der WIFI-Kurs zur Altenpflegerin 5000 Euro kostet.

Irgendwann werde ich diesen Kurs machen, weil ich ja meinen Traumberuf ausüben möchte. Seit 1 ½ Jahren bin ich mit meinem Freund zusammen, ich bin der glücklichste Mensch, weil ich ihn habe. Wenn ich alles erreicht habe, was ich wollte, gut verdiene, dann möchte ich mir ein Haus bauen. Mit meinem Freund eine Zukunft aufbauen und auch heiraten.

Sarah, 14

Ich bin einfach so dankbar

Ich war ein ziemlich ruhiges Baby. Und ein richtig glückliches Baby. Ich konnte eigentlich ziemlich schnell sprechen. An einem Ostertag bekam ich mein erstes Rad, das war zwar das von meinem Bruder, aber ich habe mich gefreut wie sonst was. Die ersten sechs Jahre vergingen superschnell und plötzlich war ich in der Volksschule. Es war eine schöne Zeit. Ich habe mich immer gefreut, wenn ich bei meiner Oma und meinem Opa war, weil ich dann immer mit meiner Uroma gespielt habe. Wir haben mit Stofftieren gespielt, und das hat mich immer und immer wieder übertrieben glücklich gemacht. Aber leider ist die Zeit zu schnell vergangen, und sie musste meine Familie und mich verlassen.

Ich war so traurig, als meine Mutter mir sagte, dass sie tot sei.

Die Zeit verging, und keiner redete mehr darüber, dennoch wusste ich, dass sie keiner vergessen hatte. Ich vermisse sie aber immer noch wie verrückt. Dann kam ich in die Hauptschule. Ich habe meine besten Freundinnen kennengelernt: Tea und Denise. Mit Denise war ich auch im Kindergarten. Ich bin so glücklich, dass ich meine zwei besten Freundinnen habe, sie helfen mir bei jedem Hindernis und stehen immer hinter mir. Ich bin einfach so dankbar, bei meiner Familie groß werden zu können.

Hermann, 15

Auf gar keinen Fall stehen bleiben

Ich wuchs in unserem großen Haus auf einem Berg in St. Johann auf und wohne auch noch heute bei meinen Eltern. Meine Kindheit verbrachte ich größtenteils positiv, da sich meine Eltern auch heute noch extrem um mich sorgen und stets meinen Rücken stärken. Welchen Mist ich auch baue, stehen meine Eltern immer hundertprozentig hinter mir.

Am liebsten verbrachte ich meine Zeit damals damit, dass ich stundenlang Rad fuhr, Trampolin sprang oder meine Oma besuchte, die ich noch heute zu meinen wichtigsten Menschen zähle. 2008 wurde ich eingeschult. Die Schule machte mir damals noch sehr großen Spaß, da ich schnell viele Freunde fand, mit denen ich auch noch heute zum Teil Kontakt habe. In der Freizeit verabredete ich mich zum Schwimmen oder nur so zum Treffen. Die Volksschulzeit verflog im Nu, und schon saß ich in der Hauptschule, die viel Ereignisreiches & Interessantes mit sich brachte. Die ersten Jahre fielen mir leicht, da ich damals mit einem Jungen namens Felix sehr gut befreundet war, was sich leider änderte. Viel Blödsinn trieb ich in der damaligen Zeit, ob es Rauchen oder Mobbing war oder sogar eine Anzeige nach sich zog. Dennoch denke ich gelegentlich noch an die damalige Zeit, da sich auch schöne Momente abspielten und ich sehr gute Freunde kennengelernt habe.

So ging auch diese Zeit schnell vorbei, was aber nicht so schlimm war, da ich die letzten Tage lieber woanders als in diesem „Irrenhaus" verbracht hätte.

Heute sitz ich in der Polytechnischen Schule in St. Johann, mit der ich in ca. 2 Monaten fertig bin. Daher werde ich eine Lehre als Maurer beginnen. Die Zeit im „Poly" war sehr ereignisreich, da ich viel Neues gelernt habe und neue Menschen kennengelernt habe, die ich so schnell nicht mehr vergessen werde und die immer für mich da sind.

Nach der Schule möchte ich mich weiterbilden und auf gar keinen Fall stehen bleiben. Wünsche für die Zukunft wären, dass ich eine Frau finde, wir gemeinsam Kinder kriegen und ein Leben lang glücklich und gesund sind. Im späteren Leben wäre es auch ein Wunsch, eine Weltreise zu machen, da ich gerne vieles von der Welt mit meinen eigenen Augen sehen möchte.

Anonym, 16

„Problemmagnet“

Ich bin ein sehr schlankes Mädchen mit einem hübschen Gesicht und bin sehr sportlich, schreibe gute Noten und bin handwerklich sehr talentiert. Meine Mutter ist selbstständig und verdient gut. Mein jüngerer Bruder und ich verstehen uns gut.

Ich bin – wie viele, die mich kennen, sagen – ein „Problemmagnet“. Das klingt im ersten Moment sehr lustig, so als wäre ich tollpatschig. Doch ganz im Gegenteil. Mit 3 Jahren fing ich mit dem Leistungsturnen an. Die Lehrer erkannten sofort, wie viel Potential in mir steckt. Als ich fünf war, wurde ich in eine höhere Leistungsstufe verlegt. Es machte mir sehr viel Spaß, zu zeigen, was man alles kann. Als ich zwölf war, begann die Geschichte mit dem „Problemmagneten“: Ich wurde beim Leistungsturnen mit älteren Mädchen zusammengesteckt. Diese waren anfangs nett und besorgt um mich. Doch im Lauf der Zeit lag ein unangenehmes Gefühl in der Luft – Neid! Ich wurde beschuldigt, Sachen und Geräte zu ruinieren. Dies ging so weit, dass ich nur mehr mit flauem Magen zum Training gehen konnte. Mit 14 Jahren hörte ich schlussendlich auf, da mir alles zu viel wurde. Mit 12–14 Jahren war auch die Zeit in der Schule für mich sehr schwer. Ich wurde gehänselt, ausgelacht und wurde zur Außenseiterin. Warum? Diese Frage stelle ich mir heute noch bis zu 6 Mal in der Woche.

Die Einen konnten mich nicht leiden, weil ich so gute Noten schrieb, die Anderen, weil ich schlanker als sie selbst war.

Wiederum andere, weil mich die Jungs lieber hatten als andere Mädchen. Als ich mit 14 Jahren in die Oberstufe kam, dachte ich, es werde alles besser: Tja, falsch gedacht! Ich wurde aus meiner altbekannten Klasse einfach herausgerissen und mit fremden Schülern zusammengesetzt. Diese Zeit war die Hölle für mich.

Im Winter 2015 hatte ich einen Höhepunkt erreicht. Ich hatte mich mit den Mädchen und Buben angefreundet, und wir gingen oft miteinander in die Stadt. Doch dieser Höhepunkt hielt nicht lange an. Im Mai änderte sich von einem auf den anderen Tag alles. Die angestaute Wut und Eifersucht auf mich setzte sich mit einem enormen Knall frei! Somit stand ich wieder ganz alleine da. Meine Mutter sagte mir immer: „Du brauchst keine Freunde! Du schaffst dein Leben auch ohne!“ Dies nahm ich mir zu Herzen, denn schließlich war ich in der 6ten Klasse immer noch mit denselben Schülern und Schülerinnen beisammen. Das Jahr schien für mich recht einsam zu verlaufen. Bis ich dann im November auf ihn traf: Wir kannten uns vom Physik- und Mathematikunterricht (ich hatte diese Fächer mit einer anderen Klasse). Es war nicht Liebe auf den ersten Blick, es dauerte eine Zeit, bis ich bemerkte, was ich für ihn empfand. Am 3ten Dezember war der Tag, als wir zusammengekommen sind. In unserer Beziehung gab es viele Ups und Downs. Doch wir haben uns immer wieder zusammengerauft. Es fraß mich innerlich auf, wie er mir sagte, welche verbale Gewalt ich ihm angetan hatte. Denn es war mir nicht aufgefallen. Es war mein Schutzmechanismus. Nach dieser Angelegenheit im August 2017 war es aus. Ich war zerstört, mir wurde mein Herz herausgerissen. Es verletzte mich so sehr, dass es mir in diesem Moment noch Tränen in die Augen drückt. Nun bin ich auch noch in dieselbe Klasse mit ihm gekommen. Ich sagte mir, dies ist der Neustart! Ich verstehe mich im Moment Gott sei Dank sehr gut mit ihm, und mein Schmerz wird immer weniger.

Nun erzähle ich, wie es mir im Allgemeinen in den letzten Monaten in der 7. Klasse mit den neuen Schülern ergangen ist: Ich kenne alle von ihnen schon sehr lang. Doch kaum einer kannte mich, da ich ein recht ruhiges Mädchen bin (das wurde ich durch all die emotionalen Ereignisse und das Mobbing). Es war ein guter Start, doch nun bemerke ich, wie schön langsam wieder Eifersucht an die Tür klopft. Ich frage mich immer, warum. Ich spreche nicht mit ihnen, denn sie lassen es nicht zu. Ich lächle und grüße jeden freundlich, ich tratsche nicht hinter ihrem Rücken und erzähle keine Geheimnisse weiter. Dennoch mögen sie mich nicht.

Es wurde mir einmal gesagt: „Man braucht dich nur einen kurzen Moment zu sehen, und man hat die Nase schon voll von dir." Wie sehe ich aus, dass man so etwas sagt? Ich trage kein Makeup, habe meine Naturhaarfarbe und trage keine auffällige Kleidung. Andere sagen, ich betrete einen Raum, und schon ziehe ich alle Aufmerksamkeit auf mich, obwohl ich das Gegenteil versuche. Wie gesagt, ich ziehe die Probleme an, ohne sie zu wollen und zu provozieren. Wie ein Magnet, der Eisenspäne anzieht, ohne es zu wollen. Doch es wird schließlich niemand gefragt, was man will. Zumindest versuche ich, mein Bestes zu geben, um mich durchzukämpfen und mein Leben zu meistern. Und hoffe, dass ich irgendwann meine Anziehungskraft verlieren werde.

Laurent, 13

Diese blöde Krankheit

2003 bin ich in Gjilan (Kosovo) zur Welt gekommen. Meine Mutter hat mich ein Jahr im Kosovo aufgezogen, danach sind wir nach Österreich umgezogen. Mit drei Jahren habe ich eine zweite Schwester bekommen. Mit fünf Jahren habe ich die Volksschule in Radstadt besucht. Mit 7 Jahren habe ich meine dritte Schwester bekommen. Bis zu meinem 12. Lebensjahr bin ich in Radstadt aufgewachsen. Ich bin seit fast einem Jahr in der NMS Liefering. Meine 3 Schwestern sind jetzt schon ziemlich groß, und daher nerven mich die manchmal. Vor ca. 2 Jahren hat sich mein Vater im Kosovo ein Quad gekauft. Seitdem habe ich sehr viel Freude, wenn ich im Kosovo bin.

Meine Oma ist 2016 an Krebs gestorben. Das Schlimme war, dass ich sie fast nie gesehen habe, da sie manchmal in die USA zu meinem Onkel geflogen ist. Das zu verkraften war für mich die größte Herausforderung. Sie war meine Lieblingsoma. Aber ich hab es dank meiner Familie geschafft. Da das die Mutter meiner Mutter war, haben wir uns gegenseitig getröstet und aufgemuntert. Meine Oma ist in den USA gestorben. Meine Mutter ist in den Sommerferien 5 Wochen dort gewesen und hat sie in diesem Zustand gesehen.

In den Osterferien im Jahr 2017 waren wir in Gjilan, wo meine Oma gelebt hat. Sie hat Bienen gezüchtet und Hühner gehalten. Sie hatte auch Mais, Apfelbäume, Kirschbäume und viele andere Früchte. Da das ihr Hobby war, war sie den ganzen Tag auf ihrem Grundstück und hat dort gearbeitet (freiwillig). Sie hat mich nie angeschrien oder sonst was. Sie hat mich immer respektiert und gut behandelt. Da ich sie fast nie gesehen habe, glaube ich immer noch, dass sie irgendwo ist.

Ich weiß, dass sie begraben wurde, aber ich vergesse das immer, darum ist das irgendwie wie ein Traum für mich.

Seitdem bin ich viel netter zu meiner zweiten Oma. Viel netter zu meiner Mutter und viel netter zu allen. Ihr Tod hat mein Leben verändert und hat mir Kraft gegeben, das Leben zu leben, weil man nie weiß, wann es zu Ende ist. Sie kann dich jederzeit treffen, diese blöde Krankheit, bei ihr war's zum Beispiel mit 62 Jahren zu Ende. In meiner Zukunft möchte ich Architekt werden und heiraten, vielleicht auch 2–3 Kinder bekommen.

Safi, 17

Ich bin im Krieg geboren und habe im Krieg gelebt

Ich bin in Afghanistan (Kunduz) geboren. Meine Eltern kommen auch aus Afghanistan. In Afghanistan ist seit 50 Jahren Krieg. Es gibt dort verschiedene Gruppen, z. B. zwei Gruppen, die ich kenne: Taliban und Daesch. Die wollen nicht, dass die Leute in Afghanistan ein sicheres Leben haben, darum machen die immer Krieg. Ich bin im Krieg geboren und habe im Krieg gelebt. In Afghanistan habe ich nicht gewusst, was Freiheit ist, weil dort immer Krieg ist. Z. B. durfte ich mir nicht die Haare so schneiden, wie ich wollte, oder anziehen, was ich anziehen wollte.

Man muss immer warten, was die anderen sagen. Man darf nicht selber entscheiden.

Man interessiert sich auch nicht, in die Schule zu gehen, weil es kein sicheres Leben gibt. Es gibt viel mehr Probleme, als was ich da geschrieben habe.

Ich musste irgendwann von Afghanistan weggehen, und ich bin mit 15 Jahren geflüchtet. Ich war 45 Tage unterwegs nach Österreich. Ich bin sehr froh, dass ich hier bin. Ich kann schon gut Deutsch sprechen. Ich mache in Österreich eine Lehre als Einzelhandelskaufmann beim Spar. Ich arbeite 4 Tage die Woche, und ich gehe einmal die Woche in die Berufsschule. Ich lerne auch Deutsch und ich bin einfach sehr glücklich. Meine Hobbys sind Fußball und Musikhören.

Anonym, 17

Wir sind moderne, westliche Muslime

Meine Geschichte beginnt in einem Krankenhaus in Schwarzach, wo meine Mutter mich, Jahre nachdem sie aus dem ehemaligen Jugoslawien geflohen war, zur Welt brachte. Meinen Vater, der auch geflohen war, hat sie in Österreich kennen und lieben gelernt. Ich und meine Familie sind muslimische Bosniaken, wir sind zwar religiös, nehmen aber nicht alles so ernst beziehungsweise richten uns nicht strikt nach dem Islam. Man kann sagen, wir sind moderne, westliche Muslime. Da die Familien meiner Eltern beide aus Bosnien kommen, fahren wir 2 bis 3 Mal jährlich runter, um unsere Verwandten zu sehen. Aufgrund dessen, dass wir zuhause nur Bosnisch reden und ich unter anderem in der Volksschule in Bosnischkurse gegangen bin, beherrsche ich die Sprache relativ gut. Als wir dann später vom Pongau nach Salzburg gezogen sind, wo meine Schwester geboren wurde, lebten wir für circa 5 Jahre in einer Drei-Zimmer-Mietwohnung, bis wir uns 2006 eine Eigentumswohnung in Itzling zulegten, wo wir derzeit leben. Ich war immer schon lernfreudig, denn nachdem ich die ersten drei Jahre meines Lebens nur Bosnisch gesprochen hatte, habe ich im Nullkommanix im Kindergarten Deutsch gelernt und beherrsche es natürlich heute besser als Bosnisch. Ich habe relativ schnell Freunde und Anschluss gefunden und war auch durchgehend bis zur Oberstufe ein Einser-Schüler. Ich liebe Mathe, Sport und Englisch – besonders Mathe.

Bis zu meinem vierzehnten Lebensjahr war ich, ja sagen wir, ich war rundlich. Ich hab schon immer das Essen geliebt, egal, ob gesund oder ungesund, ich esse alles. Bis ich dann mit 14 einen Wachstumsschub bekam, den größten bisher, und jetzt fast 2 Meter groß bin. Ich bin zwar immer noch nicht schlank, aber nicht mehr fett. Auch im Laufe des Gymnasiums habe ich viele Freunde gefunden, aber auch verloren. Eine meiner schlimmsten Entscheidungen war es, in der Fünften Latein zu wählen. Ich hasse, verabscheue und verteufle dieses, nett ausgedrückt, Drecksfach. Ich dachte mir damals noch, „Oh, vielleicht wirst du es im Studium brauchen". Danach informierte ich mich genauer und hab erkannt, dass ich es in dieser Intensität, wie wir es in der Schule gebrauchen, nie brauchen werde. Es kam sogar so weit, dass ich im letzten Jahr meinen ersten Fetzen auf eine Schularbeit bekam dank dieses Drecksfaches. Egal, ich bin trotzdem zuversichtlich, dass ich das schaffe, in den anderen Fächern sieht es sowieso immer noch sehr gut aus.

Ich bin ein von Natur aus sehr, sehr fauler Mensch. Faul, fauler, am faulsten, ich.

Ich liebe es, herumzuliegen und auf meinem Handy YouTube zu schauen und zu zocken. Ich bin ein sehr gechillter und entspannter Mensch, Stress verabscheue ich. So, hier bin ich nun: 17, faul, entspannt, groß und meiner Meinung nach ganz OK aussehend. Ich bereue nix außer Latein und bin alles in allem zufrieden.

Ursula, 16

Seit Anfang September suche ich eine Lehrstelle

Ich bin in Schwarzach geboren. Nach 3 Tagen bin ich mit meiner Mutter nach Hause gekommen, nach Hüttau, und mein Vater und mein älterer Bruder haben auf uns gewartet. Mit 3 Jahren bin ich in den Kindergarten Niedernfritz gekommen, und da haben wir Spiele gespielt und so weiter. Mit 6 Jahren bin ich in die Volksschule Hüttau gekommen. Als ich 7 Jahre alt war, ist meine Oma aus Pfarrwerfen gestorben, das war von meiner Mutter die Mama. Wir alle waren sehr traurig. In die Sport-Hauptschule Altenmarkt bin ich mit 10 Jahren gekommen. In den 4 Jahren, die ich in der Hauptschule war, wurde ich fast von der ganzen Schule gemobbt. Mit 14 Jahren bin ich in die Fachschule für Land- und Ernährungswirtschaft in Gröbming gegangen. Als ich in die Fachschule gegangen bin, hatte ich einen Freund, aber der hat mich nach 1 Monat und 4 Tagen verlassen, und da war ich sehr traurig. Im August 2016 hatte ich für 2 Wochen eine Lehrstelle in Flachau. Da war eine Kollegin und die hat mich gemobbt. Am 26. August 2016 waren ich und der Papa in Schladming beim „Heimspiel“ von Andreas Gabalier. Das war einfach spitze, das Konzert. Danach war ich bei einem Kurs vom AMS und seit Anfang September suche ich eine Lehrstelle. Am 26. Dezember 2016 ist mein Opa ins Krankenhaus gekommen. Er hatte am Anfang eine Erkältung, und er hatte Influenza, und nach 1 Woche im Krankenhaus ist der Opa nach Hause gekommen. Meine Mutter musste für 3 Wochen den Opa pflegen.

Seitdem ist eine 24-Stunden-Pflege aus Rumänien da.

Seit Anfang April bin ich mit meinem Freund zusammen. Am 8. 5. 2017 bin ich in die Produktionsschule Bischofshofen gekommen. Ich bin sehr froh, dass ich eine Familie und einen Freund habe. Und mein Traumberuf ist Einzelhandelskauffrau. Ich will einmal eine eigene Familie gründen.

Anonym, 17

Ich vermiss das echte Leben

Schon mit 7 Jahren hab ich das Kämpfen gelernt. Da brach schon alles zusammen. Ich wurde geschlagen aufs Schlimmste, mir wäre lieber gewesen, tot zu sein! Ich hab viele kranke Sachen daheim erlebt: Drogen, Schläge und Hass hatten wir auch. Schule wurde zur reinen Nebensache für mich. Es wurde immer schlimmer, ich musste mir 10 Jahre lang ansehen, wie meine Mutter geschlagen worden ist, ohne Grund. Ich konnte nichts machen. Mit 15 habe ich es dann geschafft, nach Salzburg in eine WG. Ich kämpfe jeden Tag! Fuck the world, weil jeder stirbt am Schluss! Ich hab's nicht anders gelernt, schon seit meiner Kindheit. Also tue ich, was ich kann, ohne Job, aber doch. Viel hat sich verändert. Ich kämpf weiter bis zum Schluss. Keine Hemmung, keine Angst, kein Stress mit mir. Meine Zukunft ist gefickt, doch es liegt in meiner Hand. Ich werde es besser machen.

Auf Ehre und Loyalität lege ich großen Wert. Niemand kann durch meinen Panzer schauen, außer guten, engen Freunden. Piss mich an, und ich schieb dir meine Waffe in den Mund. Also tue ich, was ich kann, und kenn keinen Kompromiss. Stress mit mir ist, was du dir nicht leisten kannst. Meine Welt, ich zieh's durch. Ich will noch was weitergeben, vertraue niemandem!

Aber es läuft eigentlich gut, bin jetzt 17 und gehe Produktionsschule. Mit dem Kopf durch die Wand kämpfe ich mit mir, dass alles endlich auf einem geraden Weg läuft. Meine Zukunft liegt nur in meiner Hand. Ich mach alles mit Herz, aber egal, ihr wollt nicht meine Sprache lernen. Aber könnt über mich reden. Alle hassen den Verräter, doch lieben den Verrat.

Mein Staat ist Polen. Bleibt mal locker.

Ich vermiss das echte Leben, doch ich gehe diesen Weg, weil ich ihn gehen muss. Ich habe mir geschworen, keiner wird mich verbiegen. Ich bereue nix und will die Zeit nicht zurückdrehen.

Nour, 15

Meine Lehrerinnen waren immer stolz auf mich

Ich bin in Syrien geboren (Aleppo). Mit 4 Jahren ging ich in den Kindergarten und mit 6 Jahren in die Schule. Meine Mutter war Arabisch-Lehrerin, sie hat 13–18-jährige Kinder unterrichtet. Und mein Vater hat als Polizist gearbeitet. In unseren Familien sind Studieren und Arbeiten sehr wichtig. Anfang 2012 hat der Krieg in Syrien angefangen, 1 Jahr später sind wir nach Österreich gezogen, aber nicht als Flüchtlinge, sondern mit einem Visum. Am Anfang war es für mich sehr schwierig, weil ich niemanden verstanden hab, manche Kinder haben mich immer ausgelacht. Niemand war nett zu mir, außer einem Jungen, er hieß Julian. Er hat mir immer geholfen, er hat mich sehr gut verstanden. Und dann ist ein Mädchen aus Afghanistan gekommen, sie war auch ganz nett und freundlich. Dann habe ich die Schule gewechselt, da habe ich sehr viele Kinder aus verschiedenen Ländern kennengelernt.

3 Jahre später konnte ich gut Deutsch, ich hab immer alles sehr gut verstanden, vielleicht ein paar Wörter nicht. In der Schule war ich fleißig, ich war nicht die Beste, aber meine Lehrerinnen waren immer stolz auf mich. Jetzt, 2017, habe ich sehr viele gute Freunde. Ich habe Freunde aus Bosnien, Rumänien, Österreich, Türkei, Somalia, Irak.

Aber meine allerbesten Freunde, vor denen ich nichts verheimliche, sind Raul aus Rumänien, Majda aus Bosnien und Alexandra aus Österreich.

Ich besuche derzeit die NMS Liefering, 4. Klasse. Bald, in ca. 2 Monaten, sehe ich meine Freunde vielleicht nicht mehr. Weil manche arbeiten und die anderen weiter zur Schule gehen. Ich gehe 1 Jahr ins Poly, dann melde ich mich im BORG und in der HAK an. Mir ist eigentlich egal, welche Schule mich zuerst nimmt. Alles, was ich will, ist, die Matura zu schaffen und dann zu studieren. Was genau, weiß ich noch nicht, aber ich will was studieren, was anderen hilft. Dann natürlich heiraten und Kinder bekommen. Ehrlich gesagt, ich denke an so was nicht, aber irgendwann wird es passieren. Am Ende meines Lebens werde ich sterben.

Sebastian, 15

Meine Lieblingsmannschaft war und ist der FC Bayern München

Ich wurde in Wien geboren. Damals wusste ich noch nicht, dass mein Lebenstraum sein würde, Profifußballer zu werden. Mit 5 Jahren zogen meine Eltern und ich nach Salzburg, weil meine Eltern wollten, dass ich dort aufwachse. 2006 begann ich mit der Volksschule. Es war nicht schwer für mich, neue Freunde zu finden, obwohl ich in einer anderen Stadt war. Jeden Tag spielte ich Fußball, entweder vor dem Haus, am Spielplatz oder am Fußballplatz. In meinem Kopf drehte sich alles um Fußball. Meine Lieblingsmannschaft war und ist der FC Bayern München.

Mit 7 Jahren fing ich an, bei Union Hallein zu spielen. In der U7 haben die Trainer gesagt, ich wäre ein Talent. Jeden Tag, wenn ich kein Training hatte, trainierte mein Vater mit mir. Mit 9 Jahren fuhr ich mit meinem Vater nach München, um mir ein Spiel des FC Bayern München anzusehen. Es war fantastisch zu sehen, wie viele Leute im Stadion waren.

Im Gymnasium fiel es mir schwer, gute Noten zu schreiben.

Darum wechselte ich in der 2. Klasse in die Sporthauptschule Hallein-Neualm. Dort war ich schulisch dann besser.

Mit 14 Jahren habe ich mich entschieden, die Polytechnische Schule in Hallein zu besuchen. Wir hatten ein Schnuppertage-Projekt, wo sich jeder einen Betrieb auswählen musste. Ich wollte Bürokaufmann werden, aber dachte mir, weil ich im Fachbereich Tourismus bin, schnuppere ich noch in einem Hotel, dem Friesacher. Dort gefiel es mir dann so gut, dass ich Koch werden wollte. Jetzt habe ich die Lehrstelle. Ich will aber trotzdem versuchen, Profifußballer zu werden.

David, 16

Diese Krankheit ist die Hölle

Als ich Anfang 2014 in die neue Schule kam, ging mein Leben immer weiter bergab, aber ich wusste nicht, wieso. Ich war mir sicher, dass ich unter einer Wahrnehmungsstörung leide. Diese Störung wurde immer schwerer, bis ich mich am 6. Jänner 2015 erhängen wollte. An diesem Tag saß ich in meinem Zimmer und schrieb einen Abschiedsbrief an meine Familie. Als alle schlafen gegangen waren, holte ich mir einen Strick und ging raus. Es war kalt, aber das interessierte mich nicht. Ich ging zu einem Baum, band den Strick an und legte ihn mir um den Hals. Ich war kurz davor, den Stuhl wegzutreten, als mir durch den Kopf ging, dass es falsch ist. Ich fing an, zu überlegen, und begann weinend, den Strick abzuschneiden. Ich räumte alles wieder weg und führte mein Leben bis zu den Semesterferien fort. Jeder Tag war schlimm für mich. Immer wenn ich jemanden lachen gehört habe, habe ich das sofort auf mich bezogen. Ich hatte Verfolgungswahn und konnte mein Leben nicht mehr normal weiterführen.

In den Semesterferien hatte ich meinen zweiten Suizidversuch. Ich war mal wieder in meinem Zimmer, hatte ein Skalpell in der Hand und schlitzte mir die Pulsadern auf. Ich sah so viel Blut. So viel Blut, dass mir schwindelig wurde. Dann kam schon wieder dieser Gedanke – „Es war eine dumme Idee“ – und ich konnte die Wunde noch rechtzeitig mit Papier abdecken.

Als es aufgehört hatte zu bluten, wischte ich das Blut auf dem Zimmerboden zusammen und legte mich wieder weinend ins Bett.

Am ersten Schultag ging ich zu meiner Lehrerin und erzählte ihr das alles. Meine Mutter holte mich ab und fuhr mich in die Psychiatrie. Ich hatte sofort einen Arzttermin und dann ging ich mit einer Schwester in die geschlossene Abteilung. Dort verbrachte ich meine Zeit, bis ich in die offene verlegt wurde. Dort bekam ich dann Panikattacken, weil da so viele neue Gesichter waren. Mein Zustand verbesserte sich erheblich und ich wurde nach wenigen Tagen entlassen. Seitdem bekomme ich starke Tabletten und gehe in Therapie. Ich hatte auch noch ein paar Termine in der Klinik, wo sie verschiedene Tests mit mir machten. Die Diagnose war eine Psychose, die ich heute noch ertragen muss. Diese Krankheit ist die Hölle, aber ich kann irgendwie damit leben. Seit neuestem befasse ich mich nur noch mit der Medizin und möchte gerne Thoraxchirurg werden. Mein Leben wird immer besser, aber diese Psychose wird nie wieder weggehen. Und in der Therapie lerne ich, damit zu leben.

Anonym, 16

Ich bin in den falschen Kreis geraten

Als ich klein war, fing alles gut an, bis zu meinem 4. Lebensjahr. Meine Eltern sind aus Bosnien. Zur Kriegszeit sind sie beide ausgewandert. Ich wurde in Österreich geboren. Mit 4 verlor ich meinen Opa, den ich sehr geliebt habe, gleich das Jahr darauf verlor ich meinen anderen Opa. Ich wuchs in schlechten Verhältnissen auf. Meine Familien verstehen sich nicht. Also die Vaterseite und die Mutterseite. Es wurde alles schlimmer, als mein Bruder auf die Welt kam. Ich wurde von der ganzen Familie nur noch als Last gesehen. Früh hab ich dann mit Ritzen angefangen. Ich bin in den falschen Kreis geraten, wo ich bis heute drinnen stecke. Außen will man nie die Schwäche zeigen und versucht, alles mit Schauspiel zu verstecken. Ich bin von Narben geprägt. Meine Depression fing mit 12 an. Mit 15 hab ich beschlossen, mit der Schule aufzuhören und mir eine Ausbildung zu suchen.

Zu der Zeit hatte ich einen gewalttätigen Freund, der oft seine Beherrschung verloren hat.

Nach der Trennung standen mir meine besten Freunde zur Seite. Trotz jeder Unterstützung der zwei habe ich mich immer alleine gefühlt. Im Sommer, als ich eben 15 war, wollte ich mir das Leben nehmen. Ich bin jetzt 16 und krieg mein Leben langsam in den Griff. Ich habe einen Freund, der mich bei allem unterstützt. Mit meinen Eltern und meiner Familie wird sich nie etwas ändern. Das hab ich mittlerweile eingesehen. Ich ritze mich noch immer und habe Schlafstörungen. Meine Depression macht mich noch an einigen Tagen fertig, doch ich gehe zum Psychologen und lass mir dort teilweise helfen.

Fabian, 14

Fische im Zimmer und Hühner im Garten

Mit zwei Jahren habe ich eine kleine Schwester bekommen. Ich habe mich sehr darüber gefreut. Wir leben abseits von St. Johann, auf einem Berg Richtung Mitterberghütten, in einem schönen Haus. Wir verbrachten viel Zeit auf dem Bauernhof von meinen Großeltern, die gefährdete Arten züchten. Dort bekam ich ein Trampolin, das ich in unserem großen Garten platzierte. Ich musste da schon in den Kindergarten gehen.

Als meine Eltern heirateten, bekamen sie ihr erstes Huhn. Seitdem halten wir in unserer Wiese diese wunderschönen Tiere.

In der Volksschule habe ich die Lehrerin nicht gemocht, aber mein Zeugnis war super. In dieser Zeit habe ich in meiner Freizeit geangelt und gehe bis heute mit meinem Vater jagen. Ein Jahr später, ich war 10, starb meine Großmutter. In der Hauptschule geht es mir viel besser mit den Lehrern. Wir bauten einen neuen, größeren Hühnerstall und stockten auf 8 Tiere auf. Währenddessen zogen meine Großeltern, die noch immer bei uns gewohnt hatten, in die Stadt, nach St. Johann. Später bauten wir unser Haus um, so dass wir das ganze Gebäude für uns haben. Ich bekam ein eigenes Zimmer. Mein Götti bekam später einen Teich mit Goldfischen und ich interessierte mich sofort für diese Tiere. 2015 bekam ich dann mein eigenes Aquarium mit Fischen. Seitdem halte ich Fische im Zimmer und Hühner im Garten. Ich ging jeden Sommer auf eine Alm in Gastein arbeiten. Jetzt bin ich in der NMS St. Johann, und ich werde sie bald verlassen müssen und in eine höhere Schule wechseln.

Maja, 14

Das letzte Jahr in Österreich

Ich wurde in Kroatien geboren. Ich habe nicht in Kroatien gelebt, sondern in Bosnien und Herzegowina. Ich habe einen Bruder, der ist auch in Kroatien geboren. Mein Vater hat unser Haus allein gebaut, und in diesem Haus wohnen nur meine Familie und ich. Als ich 4 Jahre alt war, war mein Bruder schon in der 1. Klasse Volksschule. Wegen meines Bruders habe ich mit 4 Jahren schon lesen und schreiben gelernt. Meine Mutter wollte, dass wir etwas zum Lernen haben, und sie hat uns bei einem Englischkurs angemeldet. Ich war erst 4 Jahre alt, und ich war in der Gruppe mit Kindern, die schon 6 Jahre alt waren. Ich war 5 Jahre im Englischkurs angemeldet, und es hat mir sehr gefallen.

Die 2002–2003-Generation konnte zwei Wege gehen: 9-jährige Bildung und 8-jährige Bildung. Weil ich 6 Jahre alt war, konnte ich mich entscheiden. Es gab eine Prüfung für alle Kinder, die in die Schule gehen werden. Jeder hat die gleichen Übungen gehabt, aber manche konnten sie nicht lösen. Ich war mit den Kindern zusammen, die fast 2 Jahre älter als ich waren, aber ich war die beste Schülerin in der Klasse. Am Anfang der 6. Schulstufe hat mein Vater uns gesagt, dass wir nach Österreich gehen. Ich war ein bisschen traurig, weil alle meine Freundinnen in Bosnien und Herzegowina waren, und ich wollte nicht gehen wegen ihnen. Aber gleichzeitig war ich glücklich, weil es in Bosnien und Herzegowina nicht so viele Schulen und Möglichkeiten für Bildung gibt. Am 14. Juni sind wir nach Österreich gekommen. Es hat ganz anders ausgeschaut als in der Stadt, aus der ich komme. Ich konnte den ersten Tag in der Schule nicht erwarten. Die Klasse und das Bildungssystem waren ganz anders. Ich habe ein paar neue Freundinnen gefunden, und sie sind nicht so schlecht. Es gab ein paar Probleme in der Schule, aber ich habe sie schon vergessen. Die 3. Klasse war viel schlechter als die 4. Klasse.

In Bosnien und Herzegowina habe ich auch Probleme gehabt, aber der einzige Grund waren meine guten Noten.

In Österreich sind meine Noten schlechter, und alles ist wegen der Sprache.

Ich spiele schon 6 Jahre Klavier, und ich war 3 Mal bei Wettbewerben in Bosnien und Herzegowina. Das waren internationale Wettbewerbe, und da waren mehr als 400 Schülerinnen und Schüler. Zweimal habe ich den Ersten Preis gewonnen und einmal den Zweiten. Ich spiele noch Klavier, und ich mag es sehr.

Im Jahr 2017 hat mein Bruder einen Anruf bekommen. Er war von einem Trainer aus Amerika. Weil mein Bruder sehr gut Basketball spielt, wollte er, dass er nach Amerika kommt. Meine Mutter wollte nicht, dass er allein geht, und wir haben entschieden, dass die ganze Familie nach Amerika geht. Der Trainer hat für meinen Vater einen Job gefunden und für mich und meinen Bruder eine Schule. 2017 ist das letzte Jahr für uns in Österreich. Wir ziehen in zwei Monaten weg, nachdem die Schule fertig ist. Meine Eltern sind ein bisschen traurig, denn sie wollten nicht so weit weg gehen, aber jetzt ist es so, und wir können es nicht ändern.

Anonym, 15

Nach einer langen Zeit wieder glücklich

Mein Vater war ein richtiges Schwein. Mit 5 Jahren sah ich, wie er meine Mutter schlug. Es passierte immer und immer wieder. Ich hatte Angst. 2003 kam mein kleiner Bruder auf die Welt. Meine Mutter und ich waren überglücklich. Meinen Vater kümmerte es gar nicht. Als ich 10 Jahre alt war, wurde ich zum ersten Mal von meinem Vater geschlagen. Ich blutete aus dem Mund, auf der Hand, am Kopf und aus der Nase. Als mich meine Mutter beschützen wollte, schlug er sie auch. Mein Vater war Alkoholiker. Mein kleiner Bruder weinte nur noch und sah bei all den Schlägen zu, die meine Mutter und ich bekamen. Am 26. September 2011 schlichen meine Mutter, mein Bruder und ich uns davon, weil wir nur noch wegwollten. Wir zogen nach Niederösterreich und ich sah meinen Vater seither nie wieder. Das Einzige, was überblieb, waren Narben auf der Hand und auf dem Rücken. Er ruft uns noch immer oft an, aber meine Mutter und ich ignorieren das einfach.

Meine Mutter hat einen neuen Mann gefunden, meinen jetzigen Vater. Sie sind noch immer zusammen und lieben sich heiß. Ich fing mit 11 Jahren zu rauchen an. Ich brauchte es, keine Ahnung, wieso. Ich habe seit dem 4. Dezember 2004 immer die gleiche beste Freundin. Sie stand mir bei allem, was ich machte, bei. 2012 zogen wir wieder nach Hallein. Ich lernte ein Mädchen kennen, das mich sehr runterzog. Sie war dann meine beste Freundin. Wegen ihr wurde ich zu einer „Hure", jede Woche einen neuen Typen. Ich wurde mit 12 entjungfert und ritzte mich. Ich schwänzte die Hauptschule, jede Woche fehlte ich 4 Tage, weil ich was mit Freunden machen wollte. Ich hatte keinen Kontakt mehr mit meiner alten besten Freundin. Ich war fast jeden Tag die ganze Nacht unterwegs. Hab bei Freunden übernachtet und meine Eltern wussten nichts davon. Sie machten sich richtige Sorgen um mich. Ich musste eine Schularbeit bei meinem Lehrer abgeben und konnte sie nicht finden. Meine Mutter kam in meine Schule und suchte mit mir die Schularbeit.

Sie schaute in das Klassenbuch und sah, wie oft ich fehlte. Sie schrie mich an und wollte wissen, was da los ist.

Zuhause angekommen, sagte ich ihr einfach alles. Dass ich mich ritzte, dass ich rauchte, dass ich schwänzte und ein paarmal einen Joint geraucht hatte. Sie weinte und brach zusammen. Sie war mit den Nerven am Ende. Sie umarmte mich und sagte mir, dass sie mich liebt und dass alles besser werden würde. Ich brach den Kontakt mit meiner neuen besten Freundin ab. Meine alte beste Freundin hat mir verziehen und wir sind bis heute beste Freunde.

Am 24. April 2014 traf ich einen Jungen, in den ich mich unsterblich verliebte. Wir trafen uns regelmäßig und schön langsam wurde es eine Beziehung. Am 10. Juni 2014 kamen wir zusammen. Endlich war ich nach einer langen Zeit wieder glücklich. Alles passte wieder, alles war perfekt. Ich und mein Freund fahren am 18. Juli nach Italien und machen einen schönen Urlaub.

Anonym, 17

Ich wäre eine tolle Schwester gewesen

Meine Eltern kommen aus dem ehemaligen Jugoslawien, dem heutigen Bosnien. Beide sind in Großfamilien aufgewachsen, was auch der Grund ist, dass ich mindestens 10 Tanten und Onkel habe. Ende 1991 brach der Krieg in Bosnien aus, mein Vater war schon früher in Salzburg und hat dann meine Mutter und meine Oma geholt. Sie sind tagelang nach Österreich gefahren, um den serbischen Tschetniks zu entkommen. Meine Oma hab ich nicht mehr kennengelernt, dennoch wird es immer etwas geben, was mich an sie erinnert, mein Name. Meine Eltern hatten es nicht leicht. Ich bin das einzig lebende Kind von 10. Die anderen neun Kinder sind aber nicht wegen dem Krieg gestorben. Meine Mutter hatte Schwangerschaftszucker. Mein Bruder, ihr erstes Kind, hat 3 Tage gelebt. An ihn denk ich oft. Wie er wohl wäre, ob er mich beschützen würde als großer Bruder? Und vor allem: würde ich überhaupt leben, wäre mein Bruder nicht gestorben? Das Schlimmste aber ist, dass jeder, der ein Geschwisterchen hat, es nicht so liebt, wie es sich gehört. Entweder sind sie zerstritten oder schlagen sich den ganzen Tag. Ich find das schade, denn ich denke, ich wäre eine tolle Schwester gewesen. Als Einzelkind sehen mich die anderen, als würde mir alles unter die Füße gelegt werden. Als Einzelkind muss ich mich 100 Mal mehr bemühen, um etwas zu bekommen, weil meine Eltern nur auf mich schauen. Hätte ich ein Geschwisterchen, wäre es anders.

Seit meiner Geburt war ich ein sehr zartes, dünnes und kleines Kind. Als ich 15 war, wurde das zu einem Problem. Ich kam ins Krankenhaus aufgrund chronischen Untergewichts. 2 Monate war ich dort. Die Ärzte hatten einen Verdacht auf Magersucht. Doch das war nicht der Fall. Ich war dort „eingesperrt“, durfte nicht an die frische Luft, durfte nicht selbständig gehen, wurde in einem Rollstuhl herumgefahren. Ich hatte zwei funktionierende Beine und durfte sie nicht benützen. Ich könnte hinfallen und mir etwas brechen, hieß es. 6 Mal am Tag essen, keine Bewegung, 1800 Kalorien. Ich wurde gemästet.

Hab ich mich beschwert? Nein, denn dann wäre ich ja magersüchtig gewesen.

Es sind 2 Jahre vergangen, und ich kann es immer noch nicht vergessen, verdrängen funktioniert auch nicht. In diesen 2 Jahren hör ich nur noch: „Hast du schon gegessen?“, „Hast du zugenommen?“. Aber keiner fragt, wie es mir eigentlich geht mit diesem psychischen Druck. Dennoch hat mir das Krankenhaus gezeigt, wie ich mich selbst akzeptieren und lieben kann. Indem ich nicht immer versuche, irgendwie auszusehen wie eine bestimmte Person. Dann bin ich halt dünn, ja und? Trotzdem bin ich schön genau so, wie ich bin. Einzigartig halt. Genau, wie mich die Zeit im Krankenhaus immer prägen wird. Und schlimme Situationen im Leben gehören dazu, entweder man akzeptiert sie oder man kämpft ein Leben lang gegen sie. Ich hab noch so viel vor. Jetzt, mit 17, meine Matura zu schreiben. Mit 18 den Führerschein, dann würd ich gerne Pharmazie studieren.

Andjelo, 15

Ich suche ein Mädchen fürs Leben, nicht für eine Nacht

Ich habe 6 Jahre lang in Serbien gelebt. Mit 6 Jahren bin ich mit meiner Mutter und meinem größeren Bruder nach Österreich gezogen, weil sich meine Eltern scheiden ließen. Seitdem ging es mit uns 3 richtig bergab. Wir mussten am Anfang noch bei unserer Oma wohnen und erst nach einem Jahr hatten wir unsere eigene Wohnung. Meine Mutter ist Alleinerzieherin. Sie hatte fast nie Zeit für mich und meinen Bruder. Es gab keinen Mann in der Familie, der mit uns gespielt hat oder was gemacht hat, was für Jungs ist. Ich habe schon 5 verschiedene Sportarten ausgeübt. Fußball, Basketball, Karate, Thaiboxen und Boxen. Im Sport bin ich sehr talentiert. Mein Traumberuf war schon immer Mechaniker, den werde ich auch am 3. August anfangen zu erlernen. Ein Hobby ist, mit meinen Freunden zu rappen oder Reime zu schreiben. Die Sportart, die ich am besten kann, ist Fußball. In der Zukunft würde ich gerne verheiratet sein und eine schöne Familie und ein großes Haus haben. In letzter Zeit hab ich mehr Kontakt mit der ganzen Familie, wie Vater, Onkel, Tante usw.

Mode und Haarstyling interessieren mich auch sehr, aber ich weiß, mit dem kommt man nicht so gut durchs Leben, weil man nicht so viel Geld dafür kriegt.

Ich wollte immer schon in eine Sportschule gehen, aber meine Mutter sagte, die sind so teuer.

Ich werde auf jeden Fall versuchen, mit dem Geld, das ich verdienen werde, in eine Fußballakademie zu kommen. Zurzeit hab ich eine Freundin. Ich bin mit ihr schon einen Monat zusammen und sehr glücklich. Was ich sehr schade finde, ist, dass ich ohne Vater aufgewachsen bin und nicht so oft bei ihm bin. Meine Mutter, meine Freundin und mein Bruder sind derweil das Einzige und Wichtigste, was ich habe.

Ich hatte schon viele Freundinnen. Aber meistens lief es nicht gut. Ich bin ein Junge mit Herz und weiß, wie man eine Frau behandeln soll. Leider passierte es oft, dass sie einen Anderen fand und mich betrog. Meiner jetzigen Freundin vertraue ich sehr. Ich suche ein Mädchen fürs Leben, nicht für eine Nacht. Ich glaube, meine jetzige Freundin ist die Richtige, und ich werde um sie kämpfen. Das Problem ist, dass sie eigentlich keinen Freund haben darf, bis sie 15 ist, und dass ihre Eltern keine Serben mögen. Und ich bin einer.

Anna, 15

In Armenien wären wir gestorben

Ich bin in Armenien geboren. Mein Vater machte meiner Mutter nur Stress und schlug sie. Das alles mussten mein älterer Bruder und ich mit ansehen. Als er ins Ausland zog, lebten wir bei seinem Vater. Mein Opa hat versucht, alles zu tun, damit es uns gut geht. Wir hatten kein Geld, um viel essen zu können. Meine Oma (die Mutter meiner Mutter) schickte uns mit dem Taxi Essen von Jerewan nach Gjumri. Als ich 6 Jahre alt war, fuhren wir zu meinem Vater, dort wurden wir geschlagen und eingesperrt. Meine Mutter war gezwungen, arbeiten zu gehen. Als mein Vater uns kein Essen gab und uns nur schlug und quälte, hauten wir mit Hilfe einer Freundin nach Österreich ab. In Armenien wären wir gestorben, denn mein Vater wäre dazu fähig. Österreich nahm uns auf. Wir waren in einem Asylwerberwohnort mit 100.000 Menschen. Kein Essen, kein Geld, keine Klamotten, mein Geburtstag. 3 Tage lang blieben wir dort. Danach wurden wir nach Hallein geschickt. Und da begann unser Leben, schön zu werden. Wir hatten im Monat 100 €, waren in einer Pension, wo Kochen verboten war. Das Essen dort war grauenhaft, also mussten wir mit 100 € im Monat heimlich einkaufen und essen.

Dann ging es los mit der Schule. Ich war ein Außenseiter, alle haben mich ausgelacht und wollten nichts mit mir zu tun haben. Außer meiner Freundin Nicole. Sie sprach mit mir, zwar mit Händen und Füßen, aber sie tat es, sie mobbte mich nicht. Ich war stark und habe täglich gelernt. Und so konnte ich nach 6 Monaten fließend Deutsch sprechen. Als wir nach 1 ½ Jahren die Arbeitsbewilligung und das Bleiberecht bekamen, war alles gut. Meine Mutter suchte sich einen Job. Wir hatten eine 1-Zimmer-Wohnung. Ich musste die Volksschule wechseln, dort war alles schön, und alle waren nett. 2011 kam ich in die NMS Hallein-Stadt. In den ersten 2 Jahren war ich grauenhaft schlecht in der Schule und frech. In der 3. Klasse hatte ich einen schlechten Freundeskreis. Doch im Mai 2014 brach ich zu allen den Kontakt ab und änderte mich.

Nun bin ich in der 4. Klasse und habe ein super Zeugnis, eine 2 in Deutsch, worauf ich sehr stolz bin. Und ich habe erreicht, dass all die Leute von damals jetzt meine Freunde sein möchten.

Jetzt leben wir in Kuchl. Finanziell geht es uns zum Teil gut. Ich bin sehr stolz auf mich und bin Gott dankbar, dass ich jetzt ein schönes Leben habe ohne Angst, Hunger, Kälte und Geldprobleme. Nach der Hauptschule werde ich eine Lehre als Friseurin und Perückenmacherin beginnen. Das ist mein Traum von klein auf, ich werde Maskenbildnerin hoffentlich auch studieren können. Meine Mutter ist derzeit ein Zimmermädchen, was sich hoffentlich in Zukunft ändert. Und mein Bruder ist ein Lehrling im Einzelhandel. Für meine Zukunft wünsche ich mir nur Gesundheit, Familie, keine Angst, keine Geldprobleme, ein Haus. Und dass ich meine täglichen Kopfschmerzen wegbekomme und dass meine Augen besser sehen, das würde ich mir wünschen.

Anonym, 15

Kein einziges Wort

Aufgewachsen bin ich mit meinem 6 Jahre älteren Bruder und meinen Eltern in einem Haus am Rand von St. Johann. Mit 4 Jahren kam ich in den Pfarrkindergarten und hatte somit auch die ersten Erfahrungen mit Freundschaft. Mit 6 Jahren kam ich in die Volksschule Neu in St. Johann. Mein Leben verlief weiterhin ganz normal. Ich lernte von Tag zu Tag etwas Neues. Ob in der Schule, von meinen Eltern, Freunden oder meinem Bruder. Im Jahr 2011–2012 ließen sich meine Eltern scheiden. Es war eine große Umstellung für mich. Ich entschied mich, bei meinem Vater weiterzuleben, aber besuchte meine Mutter fast jedes Wochenende. Ca. ein Jahr später starb meine Großmutter, eine Person, die stets für mich da war und mir immer sehr wichtig war. Meine Noten verschlechterten sich und ich zog mich immer mehr zurück.

Ich entwickelte mich zu einem sehr introvertierten Menschen.

Im Alter von 13–14 verschlechterte sich das Verhältnis zwischen meiner Mutter und mir so sehr, dass ich mittlerweile seit langer Zeit nicht mehr mit ihr gesprochen habe. Kein einziges Wort.

Ich kann mit Glück und Freude behaupten, dass mein Leben wieder bergauf geht. Neue Schule, neue Freunde, neue Ziele. Ich versuche zu erreichen, was ich mir vornehme, und versuche, mich zu verbessern in anderen Sachen. Ich versuche, die Zukunft gut für mich zu machen.

Celina, 14

Es gibt so viele gute Schulen

Meine Eltern kommen beide aus Taxenbach und sind bis heute glücklich verheiratet. Ich habe auch zwei Brüder, einen 17-jährigen und einen im Jahr 2012 geborenen Bruder.

Mit 4 Jahren besuchte ich den Kindergarten in Taxenbach, in dem ich 2 Jahre verbrachte. Das erste Jahr machte mir großen Spaß. Das zweite jedoch nicht mehr, da ich schon bereit für die Schule war. Mit 6 Jahren kam ich in die Volksschule Taxenbach. Ich freute mich riesig, doch meine Erwartungen wurden von der Schule nicht erfüllt, denn die Lehrerin war sehr streng. In der 4. Klasse VS bekamen wir eine andere Lehrerin, und das letzte Jahr genoss ich mehr oder weniger. Als ich mich entscheiden musste, welche Schule ich besuchen möchte, kam ich auf die Idee, in die Musikmittelschule zu gehen. Ich war sehr begeistert von den Angeboten, z. B. Musical, sehr viele Musikstunden usw. Außerdem war ich sehr musikalisch, denn ich spielte seit meinem 7. Lebensjahr Waldhorn, und ich singe bis heute für mein Leben gern. Die Aufnahmebedingungen für die NMS St. Johann waren Singen und ein Instrument zu spielen. Ich kann auch seit meinem 9. Lebensjahr Gitarre spielen. Meine Erwartungen an diese Schule waren wieder sehr hoch, doch sie wurden wieder enttäuscht. Die ersten beiden Jahre waren noch OK, doch ab der 3. Klasse war es der reinste Horror. Aber die Schule hat nicht nur Negatives, denn ich habe meine besten Freunde kennengelernt, denen ich alles anvertrauen darf und auch kann. Jetzt gehe ich in die 4. Klasse der NMS und stand bis vor kurzem vor der entscheidenden Frage, welche Schule ich nächstes Jahr besuchen möchte. Es war alles andere als leicht für mich, denn es gibt so viele gute Schulen. Außerdem weiß ich noch nicht, welchen Beruf ich gerne in meiner Zukunft ausüben will. Also habe ich mich für die HWS Bruck entschieden, weil man alles für das Leben lernt.

Außerdem machen mir praktische Aufgaben großen Spaß, z. B. Kochen, Kuchenbacken oder im Garten arbeiten.

Für diese Schule braucht man keine Aufnahmeprüfung. Ich wurde per Brief verständigt, dass ich nächstes Jahr die Schule besuchen darf. Es wäre ein Internat, aber man könnte auch nach Hause fahren. Meine Mama besuchte auch diese Schule und schwärmt von der guten Schulausbildung. Ich bin außerdem seit 2014 bei der Trachtenmusikkapelle Taxenbach. Ich freue mich schon sehr auf nächstes Jahr und auf meine unvorhersehbare Zukunft!

Valentino, 14

So „fanden“ wir Gran Canaria

Ich bin in Schwarzach geboren. Ich war der Erstgeborene einer österreichischen Frau und eines argentinischen Mannes. Fortan lebte ich ungefähr zwei Jahre in Österreich. Die Eltern meines Vaters kamen fast jedes Jahr aus Argentinien zu Besuch. Meinen ersten und meinen dritten Geburtstag verbrachte ich in Argentinien. Einige Zeit danach verstarb mein Großvater. Meine Oma lebt bis heute noch alleine in Südamerika und kommt fast jedes Jahr nach Österreich. Als ich ca. 3 Jahre alt war, begannen wir jedes Jahr in zwei Teile aufzuteilen: Sommer in Spanien, auf Mallorca, und Winter in Österreich.

Das perfekte Leben: ich hatte Strand, Schnee, Meer, Berg und Reisen in nur einem Jahr, und das über mehrere Jahre hinweg.

Dann die Volksschule. Der Ernst des Lebens hatte für mich begonnen. Kein Spanien mehr, erstmals. Ich war ein eher guter Schüler, wobei ich natürlich auch meine Tiefen hatte. Mit fünf erfuhr ich, dass ich einen Bruder bekommen würde.

Meine Mutter ist Sonderschulpädagogin und Lehrerin, mein Vater arbeitete in Österreich als Schi- und Schwimmlehrer und Wanderführer. Mein Vater konnte in Österreich nur nicht lange verweilen. So „fanden“ wir Gran Canaria, wir kauften dort eine Wohnung und planten wieder jeden Sommer dort zu verbringen. Aufgrund der Schule und der Arbeit klappte dies jedoch nicht. So war Spanien nur unser Urlaubsziel. Von Geburt an wurde ich zweisprachig erzogen, Spanisch und Deutsch. Deshalb waren Sprachen für mich in der Schule immer sehr einfach und geschätzt. Im Gegensatz zu Mathematik und dergleichen.

Ebenfalls spielte Musik seit meiner Geburt eine sehr wichtige Rolle in meinem Leben, ich spielte immer ein Instrument. Jetzt spiele ich Klavier und E-Bass. E-Bass und Musik-Theorie lerne ich von meinem Vater.

Nun sind wir erneut dabei, einen Umzug nach Gran Canaria zu planen, und sind nahe dran! Nach meinem 8. Schuljahr (dieses Schuljahr) werde ich mit meinem Vater nach Spanien ziehen. Meine Mutter und mein Bruder werden ebenfalls bald nachkommen. In Spanien werde ich versuchen meinen Traum, nämlich Schauspieler zu werden, zu verwirklichen, indem ich, wie auch hier, Kurse besuche und viel Theater mache. Ich möchte auch studieren, und zwar Geschichte und Psychologie.

Anonym, 15

Ich hatte keine Kraft mehr

Mit 4 Jahren kam ich in den Kindergarten und danach in die Volksschule, und ab diesem Zeitpunkt veränderte sich mein Leben komplett. Bis zur 3. Klasse Volksschule war alles normal, aber in der 4. Klasse fing es an. Ich wurde gemobbt. Ich wurde ausgegrenzt. Ich hatte eine beste Freundin, die mich unterstützt hat. In der ersten Klasse Hauptschule wurde es noch schlimmer. Als ich am ersten Tag in die Schule kam, haben sie mich schon nicht gemocht. Ich freundete mich mit einer an, die mir Beistand gegeben hat. Aber mit der Zeit hatte sie keine Lust mehr auf mich, und es kam zum Bruch. Ich wurde alleingelassen und extrem gemobbt. Meine Freundin aus der Volksschule verließ mich, weil ich nicht mehr gut genug für sie war. Mir haben sie die Sachen versteckt. Mich haben sie beleidigt. Ich ging nach jeder Stunde aufs WC und weinte, weil ich am Boden zerstört war, so wie sie mich behandelten. Ich wurde deswegen sehr wütend, und ich rastete in der Klasse aus, schmiss Sachen herum und alles. Die anderen Schüler lachten mich nur aus. Ich bekam durch die Situation gesundheitliche Probleme. Mir tat ständig der ganze Körper weh und ich hatte innerlich keine Kraft mehr. Ich traute mich nicht mehr in die Schule. Jedes Mal, wenn ich in die Klasse kam, warteten sie schon auf mich. Ich war ein Einzelgänger.

Eines Tages war ich in einen Jungen verknallt, und ich sprach auch mit ihm, dass ich ihn sehr gerne mag und so. Er sprach auch mit mir und sagte immer: „Ich fühle nix für dich!". Die Klasse sagte, dass er schon was für mich fühlt, und ich machte mir Hoffnungen. Der Junge war dann auch für ein paar Tage mit mir zusammen, aber dann veränderte sich mein Leben noch mehr. Er beschimpfte mich als dummes Kind und alles. Ich wurde wütend und begann, auf ihn loszugehen. Er schlug mich und ich wehrte mich dagegen. Ich machte mir immer wieder Hoffnungen, dass er mit mir für immer zusammen sein will, aber sie verarschten mich immer mehr. Dann gingen plötzlich 3 Klassen auf mich los. Sie lästerten, beschimpften und verarschten mich. Ich hatte keine Kraft mehr. Ich blieb immer zuhause, weil ich zu viel Angst davor hatte, in die Schule zu gehen. Wir hatten in der Schule eines Tages einen Workshop zu Gewaltprävention, da ging es um Mobbing im Internet und in Schulen. Als der Workshop begann, machten wir Gruppenarbeiten und so Sachen.

Als der Polizist eine Geschichte erzählte, kamen mir die Tränen, weil ich genau in dieser Situation steckte.

Als dieser Workshop vorbei war, wurde alles noch schlimmer. Die Schüler begannen, mich im Internet bloßzustellen. Sie begannen mit Cybermobbing. Ich hatte zu dieser Zeit Unterstützung von allen Lehrern und meinen Eltern, aber das half nichts. Die Schüler hatten sozusagen die Macht über mich. Ich konnte nichts tun. Dann war ich für einen Monat weg von meiner Schule und ging in eine andere, ich hatte es nicht mehr ausgehalten. In dieser Schule wurde mir geholfen, mit so einer Situation umzugehen. Als ich dann wieder in meine Schule kam, hatten sich die anderen verändert. Sie wussten, dass sie was falsch gemacht hatten. Ich wusste, dass sie mich nur wegen meines Aussehens mobbten. Im Poly ging es dann weiter, dort beschimpften sie mich auch sehr. Dort sagten sie, dass sie Augenkrebs bekommen, wenn sie mich ansehen. Ich wollte nicht, dass es schon wieder so losgeht wie in der Hauptschule. Die Lehrer im Poly unterstützten mich aber noch mehr, und ich hatte nicht mehr so viel Angst, in die Schule zu gehen.

Im Poly hatte ich dann auch meinen ersten Freund, der mir seitdem beisteht. Meine Leistungen in der Schule sind bergab gegangen. Ich versuche, eine Lehrstelle zu bekommen, und hoffe, dass ich in der Zukunft mehr Glück habe und dass mir mehr Leute beistehen. Bitte beurteilt andere nicht nach ihrem Aussehen, sondern schaut auf das Innere. Ich wünsche allen Menschen, denen es wie mir geht, dass die anderen sie so nehmen, wie sie sind. Ich wünsche diesen Menschen alles Gute. Ich bin eine sehr nette Person und wünsche allen anderen, dass sie nicht so viel Pech haben.

Filip, 19

Eltern, die nie aufgegeben haben

Mein Vater ist serbischer Abstammung und ist in Bosnien geboren und aufgewachsen. Meine Mutter ist serbischer und kroatischer Abstammung und hat ihr junges Leben in Bosnien und Serbien verbracht. Sie haben sich in Österreich, auf der Suche nach einem besseren Leben, zum ersten Mal getroffen. Ich bin eines von zwei Kindern, die meine Mutter zur Welt gebracht hat, mich und meinen 20 Jahre alten Bruder. Meine Eltern haben noch vor den Balkankriegen Jugoslawien verlassen, die vielen Menschen das Leben genommen haben. Anfangs war das Leben meiner Eltern von finanziellen Problemen geplagt. Meine Mutter arbeitete Überstunden, nur um mich in die Schule zu bringen, zusätzlich haben meine Großeltern sie mit Geld unterstützt. Zum Glück habe ich Eltern, die nie aufgegeben haben. Sie haben ihr Geld klug investiert und immer etwas beiseitegelegt, um sich selbst, aber vor allem mir und meinem Bruder ein gutes Leben zu ermöglichen. Es hat sich am Ende für meine Eltern aber ausgezahlt, jetzt sind Finanzprobleme nicht mehr so ein großer Dorn im Auge meiner Eltern.

Ich bin in meiner Schule im Maturajahr und habe schon ein Auto zur Verfügung. Dank meiner Eltern kann ich an meiner Selbstverwirklichung arbeiten, da alle meine essentiellen Bedürfnisse durch ihre harte Arbeit keine Hindernisse darstellen. Ich kann mir teure Sportausrüstung für Hobbys wie Basketball oder Fußball leisten, ich kann ins Fitnessstudio gehen und an meinen körperlichen Eigenschaften arbeiten. Ich kann mir, auch am Wochenende, mit meinen Freunden einen schönen Abend machen, ohne neben der Schule geringfügig zu arbeiten.

Ich muss nicht mit einer leeren Brieftasche das Haus verlassen.

Das alles wäre wahrscheinlich nicht ohne meine fleißigen Eltern möglich gewesen. Ich werde im Gegensatz zu vielen anderen während des Studiums keine Geldprobleme haben, was mir eine große Last von den Schultern nimmt. Das alles aber bedeutet nicht, dass ich nichts tun werde, denn ich möchte, dass meine Kinder ein erfülltes Leben haben, und deshalb werde ich genauso hart, wenn nicht härter arbeiten als meine Eltern, um für mich und meine zukünftige Familie ein erfolgreiches und vor allem ein erfülltes Leben zu ermöglichen.

Thomas, 14

Unzählige Auftritte und Konzerte

Geboren wurde ich im Krankenhaus Schwarzach. Mein Wohnort war St. Veit im Pongau. Den Kindergarten hab ich in St. Johann besucht. Nach dem Kindergarten zogen wir nach St. Johann. Dort ging ich in die Volksschule Neu. In der dritten Klasse der VS überredete mich eine Freundin, anzufangen zu ministrieren. Diese Freundin überzeugte mich auch von der Musik-NMS. Dort lernte ich meine besten Freunde kennen: Simon (den ich schon aus der Volksschule kannte), Tobi, Vali und Jaki.

Vor einem Jahr wurde ich Mitglied der Bauernmusikkapelle St. Johann. Mit der Musikkapelle hatten wir schon unzählige Auftritte und Konzerte. In 2 Monaten habe ich meinen Schulabschluss. Danach absolviere ich die HTL für Maschinenbau und Anlagentechnik. Zu meinem 15. Geburtstag bekomme ich mein Moped. Auf das freue ich mich schon sehr. Nach der HTL werde ich meine Wehrpflicht beim Bundesheer absolvieren. Nach 5 Jahren Arbeitszeit bei der Salzburg AG bekomme ich meinen Ingenieurstitel. Dann werde ich bis zu meiner Pension arbeiten. In der Zukunft will ich in St. Johann auf einem Berg ein schönes Haus bauen. Ich hoffe, dass die Menschen es endlich kapieren, wie sie mit ihrer Umwelt umgehen sollten. Schließlich ist es unsere Zukunft und unsere Erde, die die heutige Jugend bewohnen soll.

Außerdem kann ich dann kein Haus bauen, wenn alles zugebaut ist.

Josipa, 17

Beste Freunde

Ich wurde als 5. Kind einer katholischen Familie in Bosnien & Herzegowina geboren. Meine drei Schwestern sind deutlich älter als ich. Knapp ein halbes Jahr vor meiner Geburt verstarb mein Bruder an einer Krankheit. Ich weiß nicht viel über ihn. Mir kommt es so vor, als würde meine Familie immer das Thema wechseln, wenn ich nach ihm frage. Mein Vater arbeitete schon in den 90er Jahren in Österreich, der Rest der Familie jedoch nur in Bosnien. Als ich 3 Jahre alt war, beschlossen meine Eltern, dass es das Beste wäre, wenn wir alle nach Österreich ziehen. Zum einen, weil wir dann zusammen wären, zum anderen aus finanziellen Gründen. Circa eine Woche, nachdem wir nach Salzburg kamen, durfte ich schon, obwohl ich noch keine gültigen Dokumente hatte, den Kindergarten besuchen. Dort lernte ich in einem Monat, Deutsch zu sprechen, & fand schnell Freunde, da viele der Kinder ebenfalls aus Ex-Jugoslawien waren. Eine von ihnen ist heute noch eine meiner besten Freundinnen. Kurz nachdem ich 6 wurde, kam ich in die Volksschule. Außerdem zog ein Mädchen meines Alters in die Wohnung nebenan ein. Seitdem waren wir unzertrennlich. Sie ging zwar nicht auf die gleiche Schule wie ich, aber wir verbrachten jeden Tag zusammen. 2 Jahre später zog sie wieder um & wir verloren den Kontakt.

Es wäre auch schwer gewesen für zwei 8-Jährige, Kontakt zu halten, wenn sie sich nie sehen.

Ich war eines der wenigen Kinder meiner Klasse, die es nach der Volksschule aufs Gymnasium geschafft haben, obwohl mein Zeugnis nicht das beste war. Ich kannte in meiner Klasse niemanden, aber wir kamen alle gut miteinander klar. Im Winter wurden sogar alle Mädchen von einer Mitschülerin zum Geburtstag in einen Indoor-Spielplatz eingeladen. An diesem Tag habe ich es geschafft, vom Trampolin zu fallen & mir den Arm zu brechen. Das war das erste & letzte Mal, dass ich mir je was gebrochen habe. Denn jetzt passe ich tatsächlich auf mich auf. Als ich in der 2. Klasse war, fuhren wir auf Wintersportwoche, & meine Familie zog um. Das passierte alles in einem Zeitraum von einer Woche. Ich ging aus einem Haus, war eine Woche weg & kam dann in ein anderes zurück. In der Zeit freundete ich mich etwas mehr mit 2 Mädchen aus der Klasse an, mit denen ich auch die nächsten Jahre immer zusammen war. Zu dieser Zeit fing ich wieder an, mit meiner alten Nachbarin zu reden. Wir wurden wieder beste Freunde.

Mit 14 kam ich in die Oberstufe. Wir bekamen viele neue Leute in die Klasse, & viele entschieden sich, die Schule zu verlassen. Zu meinem Glück nur Leute, die ich nicht mochte. Ich war weiterhin fast immer mit den beiden Mädchen beisammen, mit denen ich in der Unterstufe war. Ich freundete mich aber auch etwas mehr mit den anderen an, von denen ich nie wirklich erwartet hätte, dass sie mich als Freundin sehen könnten. In der 6. Klasse, als ich 15 war, gab es den ersten Todesfall in meiner Familie (seit es mich gibt). Mein Opa ist im Altersheim verstorben. Ich stand ihm nie wirklich nahe, aber es war ein traumatisches Ereignis für mich, weil ich nie wusste, wie es ist, jemanden so plötzlich zu verlieren. Ich habe noch nie davor wegen einer Person geweint, & es war das erste Begräbnis, auf dem ich war. Etwas später reisten wir mit der Klasse nach England, & es war eine der schönsten Zeiten für mich, weil Englisch mein Lieblingsfach in der Schule ist & weil ich mal etwas anderes außer Kroatien/Bosnien sehen konnte. In der Zwischenzeit kam meine beste Freundin in eine Beziehung. Sie hatte immer weniger Zeit für mich, & ich konnte nichts tun. Ich war zwar glücklich für sie, aber ich war nie ein Fan von ihrem Freund. Er ist eine der Personen, denen ich immer aus dem Weg gehe, weil sie meiner Meinung nach die falschen Ansichten bzw. ein schlechtes Benehmen haben. Das letzte Mal redete ich normal mit ihr im November 2016. Ich dachte aber, es würde mir nichts ausmachen, weil ich noch meine 2 Freundinnen in der Schule hatte. Na ja, eine Woche später stellte sich heraus, dass eine von ihnen auch „falsch" war. Wir haben beide den Kontakt mit ihr abgebrochen & wollten so wenig wie möglich mit ihr zu tun haben. Wir setzten uns zu zwei anderen Mädchen, mit denen wir mittlerweile alles machen. Ich weiß echt nicht, was ich ohne sie machen würde. Drei Monate danach verstarb auch meine Oma. Das Ganze passierte innerhalb eines Jahres & war etwas zu viel für mich, aber ich habe auch das dank den Leuten, die mir überbleiben, überlebt. Ich fing im Frühjahr 2017 an, sonntags zu arbeiten. Jetzt habe ich Geld, tolle Freunde & bin dabei, meine Matura zu machen. Ich hoffe, ich bestehe diese erfolgreich & schaffe es dann auch, zu studieren & eine Arbeit zu finden, bei der ich gut verdienen kann.

Simone, 14

Ich fing an, mich für die Nachrichten zu interessieren

Als ich zwei Jahre alt war, bekam ich eine Schwester, die mein ganzes weiteres Leben veränderte. Es war und ist immer jemand da, der mir hilft oder mit dem ich über Probleme sprechen kann. Leider starb mein Opa, als ich 5 Jahre alt war. Ich musste seine langwierige Krankheit mit ansehen und ab diesem Zeitpunkt wurde mir bewusst, dass wichtige Menschen in meinem Leben kommen und gehen können. Ein Jahr darauf trennten sich meine Eltern, und meine Schwester und ich wussten nicht mehr, welche der von ihnen erzählten Geschichten stimmte, aber wir konnten es in diesem Alter auch noch nicht verstehen.

An meinem ersten Schultag in der Volksschule kam ich in meine Klasse und kannte niemanden. Ich fand aber schnell eine Freundin, die auch heute noch eine der wichtigsten Freundinnen von mir ist. Für mich war es nie wichtig, viele Freunde zu haben, aber ich möchte mit den Freunden, die ich habe, über alles sprechen können. Als ich in der 2. Klasse der Neuen Mittelschule war, bekamen wir eine neue Schülerin. Ich hatte nie verstanden, wieso man von einem Land flüchtet oder auswandert.

Da erkannte ich erst, wie schön mein Leben eigentlich ist und wie es anderen Menschen in anderen Ländern oft geht.

Ich habe mir dann vorgenommen, anderen zu helfen, wenn sie Hilfe brauchen. Ich fing an, mich für die Nachrichten zu interessieren, und sah, wie sich in anderen Ländern das Leben der Menschen abspielt. Ich bin über jeden Tag, den ich mit meiner Familie oder mit meinen Freunden verbringen kann, sehr froh und bin glücklich, hier in Österreich beziehungsweise in Salzburg zu leben. Ich bin auch glücklich darüber, meine Schwester zu haben, mit der ich alles erlebt habe.

Lin Zhi, 17

Reisen ist eine meiner Lieblingsbeschäftigungen

Ich wurde in Salzburg geboren. Damals, sagt meine Mama immer, war ich das kleinste Baby. Deswegen musste meine Mutter länger als alle anderen Mütter im Krankenhaus bleiben. Als Baby wurde ich regelrecht gemästet, da ich so klein war. Das hatte wohl den Effekt, dass ich später eines der größten Kinder meiner Klasse wurde. Meine Mutter war schon immer sehr streng.

Da wir einen Migrationshintergrund hatten, fand es meine Mutter nicht sicher, wenn wir einfach draußen mit anderen Kindern spielten.

Bei mir ist meine Mutter schon viel offener, und ich kann eigentlich machen, was ich möchte. Doch die Kindheit meiner Schwester sah ganz anders aus. Meine Schwester durfte damals so gut wie nichts. Zwar hatte sie viele Freunde, aber durfte nie raus mit denen etwas unternehmen. Diese Entscheidung meiner Mutter hat schwere Folgen mit sich gebracht. Meine Schwester sorgte für viele Probleme, da sie anfing zu lügen. Viele schlechte Ereignisse entstanden dadurch, doch da meine Schwester sehr schlau ist, hat sie ihr Leben in den Griff bekommen. Doch nun zurück zum Wichtigen, mir. Ich wuchs ganz normal auf und war ein fröhliches Kind. Ich hatte leider nicht zu viele soziale Kontakte, da meine Mutter eben bevorzugte, dass wir zu Hause bleiben. Außerdem bin ich als Kind gezwungen worden umzuziehen.

Ich war schon 3 Mal in China. Einmal mit 4, einmal mit 9 und einmal mit 16. Wie man sich denken kann, waren die Reisen zwar sehr anstrengend, aber trotzdem Höhepunkte meines Lebens. Ich war auch schon in Vietnam, Hongkong und Taiwan. Am liebsten reise ich nach London. Ich bin dort jährlich bei meiner Tante und genieße es sehr. Die schönste Zeit war zu Weihnachten und Silvester 2015. Ich hatte dort die wahrscheinlich besten 2 Wochen meines Lebens. Es war eine wundervolle Zeit mit fast allen Verwandten. Letztens war ich wieder in London. Auch diesmal hat es viel Spaß gemacht. Reisen ist eine meiner Lieblingsbeschäftigungen. In der Schule sind wir in der 4. Unterstufe nach Wien gefahren. Das war meine letzte große Reise mit meinen alten guten (besten) Freunden. Deswegen waren mir diese Tage in Wien sehr wichtig. Den Kontakt mit unserer engen Gruppe haben wir zum Glück nicht verloren.

In der Oberstufe ging es wieder ans Neukennenlernen. Wir waren im ersten Jahr auf Sportwoche, der mit Abstand besten Schulreise mit schönem Hotel und Spaß den ganzen Tag. In der Unterstufe war ich sehr sportlich aktiv wegen Fußball. In der Oberstufe wurde am Anfang nur zuhause gespielt und gefressen. So entschied ich, dass es Zeit für etwas mehr Sport ist. Ich fing an, mit ein paar Freunden ins Fitnessstudio zu gehen. Wobei keiner von ihnen es durchhielt. Nach einem Jahr wechselte ich das Studio und ging mit meinem besten Freund dorthin. Es war sehr befriedigend und macht dazu noch Spaß. Es gibt zu viel zu berichten, und das waren gerade maximal 20 % der Ereignisse meines bisherigen Lebens. Aber das wird wohl der Teil sein, den ich mit euch teile.

Cynthia, 16

Das alles bin ich

Das Ding ist, wenn man 16 Jahre alt ist, hat man bereits das halbe Leben in der Schule verbracht. Ich habe noch nichts besonders Spannendes erlebt. Aber vielleicht bin ich auch einfach nur langweilig. Als das zweite Kind meiner philippinischen Eltern wurde ich in Salzburg geboren, ging hier in den Kindergarten & in die Volksschule & bin seit 7 Jahren (stolze) Schülerin in einem Gymnasium. Es war zwar nicht meine erste Wahl, doch definitiv die richtige. Denn wenn ich jetzt zurückblicke, erkenne ich, was es für ein Fehler gewesen wäre, wäre ich in die Hauptschule, wie es meine damalige Klassenvorständin vorschlug, gegangen.

Ich wäre ein komplett anderer Mensch, und obwohl ich manchmal mit der Vorstellung von einem komplett anderen Ich spiele, gefällt sie mir letztendlich trotzdem nicht.

Ich bin zufrieden mit meinem Leben. Es ist natürlich nicht perfekt, und ich bin nicht reich oder berühmt oder was auch immer ich so als Kind geträumt habe, aber es ist gut so, wie es ist. Ich habe meine Familie, ich habe meine Freunde, ich habe das, was ich brauche. Und natürlich will ich mehr und mehr vom Leben, aber ich lasse mir Zeit. Ich möchte mich nicht stressen oder gar mich selber dazu zwingen, große Abenteuer zu erleben oder ein spannendes Leben mit Hochs und Tiefs zu leben. Stattdessen koste ich lieber jeden Moment aus und genieße die Abenteuer, die anderen normal erscheinen, stelle mich den Herausforderungen, die sich mir in den Weg stellen, und lebe das Leben, das ich mir zusammenstelle. Es gibt vieles, was ich erzählen und gleichzeitig tief vergraben könnte. Es gibt vieles, was ich bereue, aber es macht mich auch glücklich, dass ich es erleben durfte. Menschen, die in mein Leben eintraten; Menschen, die aus meinem Leben gingen; Erlebnisse, die ich nie vergessen und immer wertschätzen werde; Erlebnisse, die ich Tag für Tag tiefer begraben möchte. Das alles hat mich geprägt. Das alles wurde ein Teil von mir. Das alles werde ich jeden Tag mit mir tragen. Das alles bin ich.

In Hallein

Wir.
Berichte aus dem neuen OE
Woher kommen deine Eltern?
N
O
W
S

MOTOR

alleine sein
Freunde
Liebe
Trauer
Wir.
Berichte aus dem neuen OE
Wo bist du geboren?
WIR.
BERICHTE
AUS DEM
NEUEN OE

Wir.
Berichte aus dem neuen OE
Woher kommen deine Eltern?
N
W
O
S
Klasse:
Schule:
Wir.
Berichte aus dem neuen OE
W
O
S
Klasse:
Schule:

WIR.
BERICHTE
AUS DEM
NEUEN OE
IMPORT/EXPORT

In St. Gilgen

WIRBERICHTEN.AT

BERICHTE AUS DEM NEUEN OESTERREICH
BERICHTE AUS DEM NEUEN OESTERREICH

Anonym, 14

Lieblingsmenschen

Mit 4 Jahren durfte ich meinen ersten Umzug miterleben. Ich fand das alles ziemlich cool und freute mich, weil meine Großeltern ein paar Straßen weiter gewohnt haben. Als alles in der Wohnung fertig war, fühlte ich mich viel zu alleine in der großen Wohnung, also wünschte ich mir einen Bruder. Ein paar Monate später erfüllten meine Eltern mir meinen größten Wunsch. Sie erwarteten ein Baby. Komischerweise wurde es tatsächlich ein Junge!

Einige Jahre später heiratete mein Onkel und bekam ebenso einen Jungen. Als der geboren wurde, war ich 10 Jahre alt. Natürlich hoffte ich, dass er ein Mädchen wird, aber leider falsch. Heuer wird er 4 Jahre alt, mein Bruder wird 11, und ich 15. Nach dem Urlaub 2016 bzw. während des Urlaubs mit meinen Großeltern kam mir der Wunsch nach einem Haustier. Meine Mutter zu überreden war natürlich unmöglich! Aber ein halbes Jahr später gab ich alles und erreichte mein Ziel!

Der Tag, an dem wir den Hund holten, war für mich der allerschönste.

Mein Lebensziel ist, Apothekerin zu werden, weil mich der Beruf seit der 4. Klasse Hauptschule interessiert, nach einem Referat mit meiner Freundin fanden wir beide den Beruf spannend.

Die Familie ist für mich das Wichtigste, Freunde natürlich auch, aber jeder Mensch hat eine dunkle Seite. Man sollte nicht jedem Menschen vertrauen. Ich wurde oft schon enttäuscht von Menschen, bei denen ich mir das vollste Vertrauen erhofft hatte. Enttäuschungen sind nicht schön, das ist einfach so.

2013 lernte ich meine beste Freundin kennen. Mit ihr bin ich durch Höhen und Tiefen gegangen. Ab und zu streitet jeder miteinander, aber man verzeiht, als wäre es kaum was. Für mich und sie gab es immer diese Menschen, die wir bewundert haben, aber natürlich kannten wir die Person persönlich. Alles, was wir je gemacht haben, machten wir mit der Person ebenfalls. Mit der Zeit entfernten wir zwei uns von der Person. Es ist etwas traurig, dass der Kontakt nicht mehr so stark ist wie früher, aber jeder Mensch geht seinen Weg, und irgendwann haben sich auch die Lieblingsmenschen von einem entfernt. Lieblingsmenschen bleiben sie trotzdem.

Gaye, 17

Ich bin glücklich, dass ich meine Eltern bei mir habe

Ich wurde in Salzburg geboren. Meine Eltern sind in der Türkei auf die Welt gekommen. In Salzburg sind wir gelandet, weil man meinem Opa eine Anfrage als Gastarbeiter gestellt hatte. Er hatte die Wahl zwischen Australien und Österreich und entschied sich für Österreich, weil es einfacher zum Reisen in die Türkei ist. Nach einem Jahr kam meine jüngere Schwester auf die Welt. Meine Schwester, mein älterer Bruder und ich lebten gemeinsam mit meinen Eltern bei meiner Oma & meinem Opa. Mit 5 war ich im Kindergarten. Mit 6 Jahren durfte ich schon mit der Volksschule beginnen. Bis dahin hatte ich eigentlich ein ganz einfaches Leben. Mit 7 Jahren haben wir uns dann von meiner Oma und meinem Opa getrennt & sind umgezogen. Als ich 10 Jahre alt war, habe ich mit meinem älteren Bruder beim Christian-Doppler-Gymnasium begonnen. Ich durfte meinen Bruder jedes Jahr begleiten. Ich hatte Schwierigkeiten in der Schule, aber dies hat nicht lang angedauert, denn ich habe Nachhilfe bekommen. Zweimal bin ich hängengeblieben und hatte eine Herbstprüfung. Die erste, die ich hatte, war in Mathe. Die Lehrerin hat nicht daran geglaubt, dass ich es schaffen würde.

Am Tag der Prüfung war ich überpünktlich vor dem Konferenzzimmer, nur hat man mir einen falschen Klassenraum gesagt, so dass ich die schriftliche Prüfung verpasst habe. Nach 3 Stunden kam die Lehrerin zu mir und sagte, dass es zu spät ist und ich wiederholen muss. Meine Eltern und ich gingen dann zur Direktion, und der Direktor hat mir erlaubt, dass ich die Schriftliche am nächsten Tag mache. Am Tag darauf bin ich noch früher in die Schule gekommen, und die Lehrerin hat mich nicht gesehen, obwohl ich mit meinen Eltern direkt vor ihr stand.

Sie sah mich nicht und beschimpfte mich.

Nach einigen Sekunden nahm sie mich wahr und schickte mich mit den Oberstüflern in die Klasse. Sie legte meine Prüfung auf den Tisch und ging. Auf jeden Fall kam die Prüfung zu einem Ende, und ich erfuhr, dass ich es geschafft hatte. Das Jahr danach hatte ich noch eine Herbstprüfung in Physik, diese schaffte ich ebenfalls mit einem Gut. Ab dem Jahr hatte ich keine anderen Probleme. Ende der 3. Klasse hörte ich auf, zur Nachhilfe zu gehen.

Bis zur 4. Klasse fuhr ich jedes Jahr in die Türkei. Nach dem Sommer 2014 war ich bis jetzt (2017) nicht in der Türkei. 2018 soll das Jahr sein, in dem ich meine ganze Familie wiedersehen kann. Soll auch das Jahr werden, in dem ich meine Matura bekomme und anfange zu studieren. Seit der 1. Klasse Gymnasium ist es mein Wunsch, Architektur zu studieren. Etwas, was 2009 dazwischengekommen ist, war, dass meine Oma & mein Opa in der Türkei ein 6-stöckiges Haus haben bauen lassen. 2013 war das Haus endgültig fertig. 2014 gab es nur noch kleine Details, die gemacht werden mussten, jedoch verstarb mein Opa in diesem Jahr, und meine Familie ist zusammengebrochen. Bis jetzt war mein Leben eigentlich nicht so komplex, und ich bin glücklich, dass ich meine Eltern bei mir habe, die so gut, wie es möglich ist, versuchen mein Leben und das meiner Geschwister stabil zu halten.

Anonym, 14

Verantwortung

Ich ging in den Kindergarten, bis ich 6 Jahre alt war, danach fing ich mit der Schule an. Zugleich zogen wir in eine andere Siedlung. Die Jahre vergingen so schnell. Als ich dann neun war, kam meine kleine Schwester auf die Welt. Ich war glücklich, denn als großer Bruder hatte ich Verantwortung. Ich musste auf sie aufpassen, genauso wie mein Bruder bei mir. 1 Jahr später kam ich in die NMS, wir sind die ersten NMS-Schüler. Die Jahre vergingen wieder sehr schnell, und auf einmal kam die Nachricht aus der Türkei, dass meine Großeltern im Krankenhaus sind. Eine Woche darauf starben sie. Mein Opa auch noch ganz genau am Geburtstag von meinem Bruder.

Seitdem geht er nicht mehr feiern an seinem Geburtstag.

Es war so weit, mein 14. Geburtstag. Ich mochte es nicht, denn ab diesem Zeitpunkt war ich strafmündig. Wenn man strafmündig ist, muss man auch Verantwortung übernehmen, und das ist nicht so gut, aber man kann nix ändern. Ich möchte in der Zukunft meinen Mopedführerschein machen und mir ein Moped kaufen. Danach will ich eine Lehre starten und Geld sparen, so dass ich auch meinen Autoführerschein machen kann, und ein Auto kaufen. Nach 10 Jahren will ich heiraten, eine Familie gründen, und wenn es finanziell gut läuft, ein Haus kaufen. In der Türkei will ich mir ein Haus erbauen lassen. Und in 20 Jahren will ich meinem Vater bei seiner Firma irgendwie helfen, ich weiß aber noch nicht, wie.

Mein Vater hat eine Transportfirma, wo er Sachen nach Deutschland, Italien, Frankreich usw. liefert.

Vait, 29
Fußballer ist der schönste Job

Ich bin in einem kleinen Dorf in Mazedonien geboren. Es heißt Forino, hört sich italienisch an, ist es aber nicht. Mit 2 bin ich das erste Mal nach Österreich gereist, aber da war ich viel zu klein, um mich an das erinnern zu können. Richtig ganz hat mich mein Vater, der schon hier lebte, nach Österreich geholt, als ich 5 war, und den Rest der Familie natürlich auch. Ich bin in die erste Klasse gekommen und konnte kein Wort Deutsch. Mein damaliger Sitznachbar ist heute noch mein bester Freund. Ich habe Deutsch gelernt in der Schule, aber viel mehr auf der Straße oder im Park von den anderen Kindern. Zwischen meinem 5ten und 10ten Lebensjahr ist viel passiert, meine Mutter erkrankte an Brustkrebs, und mein Opa starb an einem Herzinfarkt. Nach der schwierigen Zeit habe ich begonnen, Fußball zu spielen, und das auch nur, weil meine Eltern wollten, dass ich nicht immer auf der Straße oder im Park herumlungere. Ich habe durch Fußball viel gelernt und habe so auch viel Zeit mit verschiedenen Leuten verbracht. Unterstützung von meinem Vater jedoch hatte ich nie wirklich, da er wenig Bezug zum Sport hatte, aber ich war ihm nie böse deswegen. Ich begann meine Fußballkarriere, und es waren sehr schöne Jahre, doch ich hatte immer Ärger daheim, weil ich die Schule vernachlässigt habe.

Mit 18 bin ich von daheim weg und habe in Prag unterschrieben und alleine gewohnt. Anfangs war es nicht leicht für mich, denn ich kannte nur das Leben mit meinen Eltern und meinen Geschwistern zusammen, jetzt war ich alleine.

Doch meine Eltern besuchten mich oft, und für sie war es auch schön, etwas anderes als nur Wien zu sehen.

Ich bin wieder zurück und habe hier in Österreich weitergespielt. Anfangs war es schön und toll, doch mit der Zeit wurde ich immer frustrierter mit meinem Job. Fußballer ist der schönste Job, doch ich habe nie an das Danach gedacht, und so vergeudete ich meine Jahre, zwischendurch musste ich mir immer anhören von meinem Vater: „Geh arbeiten, Fußballspielen ist keine richtige Arbeit.“ Als ich 25 geworden bin, stand ich ohne Job, ohne Ausbildung, ohne nichts da. Zwei Jahre versuchte ich mein Glück, nochmal Fuß zu fassen, aber dieses Business ist leider schnell und hinterhältig. Also entschloss ich mich, was zu verändern, und so ermöglichte mir mein alter Manager eine Ausbildung als Bürokaufmann. Ich arbeite in seinem Unternehmen und spiele nur noch nebenbei Fußball. Zwischendurch bin ich dreifacher Onkel geworden.

Zur jetzigen Zeit bin ich froh, dass es so gekommen ist, denn ich habe was für meine Zukunft vor und bin glücklich mit dem, was war und was jetzt ist, denn es hätte auch schlimmer kommen können. Für die Zukunft wünsche ich mir einfach ein ruhiges Leben und eine gesunde Familie. Im Großen und Ganzen war ich sehr happy mit meinem Leben, denn ich hatte viele schöne Erlebnisse und auch schlechte, aber die gehören dazu. Da meine Eltern mit nichts hergekommen sind, kann ich ehrlich sagen: Ich bin dankbar für das Leben, das sie mir ermöglicht haben.

Tobi, 14

Nur noch aufs Freestylen konzentriert

Mein Vater kommt aus Österreich und meine Mutter aus der Slowakei. Bevor ich in den Kindergarten gegangen bin, war ich ca. fünf Mal pro Jahr mit meiner Mutter in der Slowakei. Mit fünf Jahren ging ich in den Kindergarten in Bad Hofgastein. Mit sechs Jahren kam ich in die Volksschule. Da fing ich an, Klavier zu spielen. Das war auch der Grund, warum ich mich dann für die Musik-NMS entschieden habe. Da habe ich Tom, Jaki, Vali und Simi kennengelernt.

Simi war Skispringer, und in der ersten Klasse habe ich auch Skispringen angefangen.

Nebenbei habe ich immer Freestyle gemacht. In der vierten Klasse habe ich Skispringen aufgehört und mich nur noch aufs Freestylen konzentriert. Denn wenn ich älter bin, will ich Freeskier werden. Nächstes Jahr gehe ich in das BORG Gastein.

Anita, 17

Nicht noch eine nervige Schwester

Meine Eltern sind beide aus Kroatien, weshalb ich zweisprachig aufgewachsen bin. Im Jahr 2002 kam meine kleine Schwester Danijela auf die Welt. Mit ihr habe ich meine Kindheit durchlebt, von Barbie spielen über Fahrrad fahren bis hin zu heimlich Wrestling nachspielen im Zimmer. Es gibt nichts, was wir nicht gemacht haben. Laut unseren Eltern haben wir uns oft gestritten, was heute auch noch der Fall ist, jedoch könnten wir uns kein Leben ohne den anderen vorstellen. 2008 ist dann unser kleiner Bruder Leon auf die Welt gekommen. Damals habe ich mich sehr gefreut, dass er ein Junge ist und ich nicht noch eine nervige Schwester aushalten muss. Mit dem Wissen von heute kann ich sagen, dass das keinen Unterschied macht, denn er ist mindestens genauso nervig wie meine Schwester.

Die Zeit verging, und mit 10 Jahren kam ich von der Volksschule in das Sport-, Musikrealgymnasium/SSM Salzburg, wo ich den Musikzweig gewählt habe. Ziemlich bald wurde mir klar, dass ich in der neuen Schule eine Freundin gefunden habe, die ich bestimmt nicht so leicht vom Hals bekomme. Vor 53 min. hat sie mich bei der Schule abgeholt, damit wir gemeinsam ein Dürüm genießen, um uns danach zu beschweren, wie satt wir jetzt sind.

Vor 6 Jahren, als wir uns im RG kennenlernten, waren wir noch kleine Kinder, und heute macht sie mit ihrem Golf die Straßen unsicher.

Ein weiterer Lebensabschnitt, der mich prägt, begann im Jahr 2015, noch immer im selben Realgymnasium. In diesem Jahr haben uns einige Mitschüler verlassen, und neue sind dazugekommen– zum Glück, denn sonst hätte ich heute keinen schwulen besten Freund, der die einzige Person ist, die ansatzweise alles über mich weiß. Im selben Jahr habe ich meinen damaligen Freund kennengelernt, der mir mein Herz gebrochen hat. Dank ihm bin ich heute keine leicht verletzbare Person und betrachte alles mit positiven Augen.

Ein paar Monate vergingen, und es kam zum nächsten schweren Einschnitt: Meine Freundin aus meiner Schule und ich haben uns einen perfekten Tag gemacht, anstatt in die Schule zu gehen. Wie es scheint, war dieser Tag zu schön, denn am Heimweg habe ich einen Mopedunfall verursacht, wobei mein Sprunggelenk doppelt gebrochen wurde. Meiner Freundin ist nichts passiert, weshalb ich doppelte Schmerzen aushalten musste. Nach fast einem halben Jahr zuhause liegen und negativem Denken habe ich beschlossen, mein Leben wieder in die Hand zu nehmen und es besser zu machen.

2017: Meine Eltern haben mir nach zwei Jahren endlich erlaubt, eine Lehre zu machen, weshalb ich gerade eine Lehre zur Bürokauffrau mit Schwerpunkt auf Buchhaltung bei Gebrüder Weiss mache. Jeden Mittwoch und jeden zweiten Montag besuche ich die Berufsschule. Zusammengefasst lebe ich mein Leben gerade in vollen Zügen, lerne durch Zufall immer wieder neue Menschen kennen, bin rundum glücklich und weiß, auf wen ich mich verlassen kann.

Hatice, 14

Ein kleines Kaffeehaus

Meine Eltern kommen aus der Türkei. Meine Mutter heißt Nevin und ist am 8. März 1981 geboren. Mein Vater heißt Mustafa und ist am 2. Dezember 1979 geboren. Ich habe eine große Schwester, ihr Name ist Nihal, und sie ist am 23. Februar 2000 in Schwarzach geboren. Wir leben in St. Johann im Pongau. Meine Oma, mein Opa und mein Onkel wohnen auch in St. Johann im Pongau. Ich habe eine kleine Cousine, sie ist am 27. Juli 2016 geboren. Meine Familie und ich fahren oder fliegen möglichst jedes Jahr in die Türkei auf Urlaub.

Dieses Jahr geht es aber nicht, weil ich eine Lehre als Konditorin anfangen werde.

Ich will in Zukunft die Lehrabschlussprüfung bestehen und dann die Meisterprüfung. Ich möchte eine ausgelernte Konditorin werden. Vielleicht möchte ich in Zukunft ein kleines Kaffeehaus eröffnen.

Anonym, 14

Ich hab in jedem Kasterl spioniert

Ich wurde 2002 in Schwarzach geboren, an einem Dienstag vor der Musikprobe. Mein Vater war Kapellmeister und deswegen wurde die Musikprobe abgesagt. Ich bin zu klein & zu dünn auf die Welt gekommen, weil meine Mutter zu viel geraucht hat. Machte aber nichts, weil ich sowieso einen ziemlichen Babyspeck bekommen habe. Ich bin auf einem kleinen Hof am Berg mit vielen Tieren aufgewachsen. In einem kleinen Bauernhaus hatte ich mein Zimmer gegenüber der Stalltür. Mein Tagesablauf bestand aus Flaschi trinken, vor dem Fernseher sitzen & herumspinnen. Ich war sehr neugierig und hab in jedem Kasterl spioniert.

Ich bin jeden Tag um 5:00 Uhr aufgestanden, um die Kühe zu melken.

Ich hatte den Stall und meine Familie sehr gern. Am 20. 4. 04 ist meine Schwester zur Welt gekommen. An meinem 4. Geburtstag ist mein Opa vom Baum gefallen & gestorben. Jetzt werde ich bald 15 und es hat sich viel in meinem Leben getan.

Anonym, 14

Da hat sich das Beten der Omas glatt ausgezahlt

Als Kleinkind bekommt man viele Impfungen. Eine dieser Impfungen hat mir sehr zugesetzt: ich wurde krank, und keiner der Ärzte wusste genau, was ich hatte. Ich kenne diese Geschichte nur von Erzählungen meiner Eltern und Omas. Endlich gab es dann doch einen Arzt, der sich auskannte, ich wurde operiert und wieder gesund. Da hat sich das Beten der Omas glatt ausgezahlt. Was danach passiert ist, weiß ich nicht. Es ist wahrscheinlich auch nichts Schlimmes vorgefallen, bis zum Zeitpunkt, an dem mein Opa starb. Da war ich zehn. Mein anderer Opa starb vier Jahre vor meiner Geburt und jetzt habe ich keinen mehr. 2 Jahre später, mitten in den Firmvorbereitungen, starb die Mutter meines besten Freundes. Sie war nie so eine Mutter, wie man sie erwartete. Ich kannte sie nicht so gut, sie hatte schon lange Krebs und war oft im Spital. Ich bin ein einfühlsamer Mensch und habe sehr mit ihm mitgelitten. Wir waren trotzdem alle bei der Firmung und haben das schon hingekriegt.

Das waren alles Ereignisse, an denen ich nicht schuld war, aber nochmals 2 Jahre später, einen Tag nach meinem Geburtstag, geschah es. Es ist heute erst 3 Tage her. Es gab keine große Party, aber einen Tag nachher. Mein bester Freund und ich verabredeten uns und feierten draußen an einer abgelegenen Salzachabzweigung. Wir hatten ungefähr einen 3/4 Liter Schnaps im Gepäck und nach 30 Minuten war alles leer. Wir hatten sehr viel Spaß, doch dann fuhr der Schnaps ins Blut, und wir konnten nicht mehr aufstehen.

Wir zwei Idioten lagen im Dreck und kotzten uns voll.

Wir haben unser Oberteil vorher ausgezogen, weil uns vom Schnaps heiß wurde. Wir hätten erfrieren können. Nach einer Weile gelang es uns, aufzustehen und unsere Eltern anzurufen. Wir haben uns geschworen, nie wieder Schnaps zu saufen, und haben unsere Lektion gelernt.

Jetzt gehe ich in die Neue Mittelschule und dann in eine Metall-HTL. Eigentlich bin ich ein braver Junge und stelle selten etwas an. Auch meine Eltern sind mit mir zufrieden. Und ich? Na ja, also ein, zwei Aktionen bereue ich, aber im Großen und Ganzen bin ich total glücklich. Ich habe supernette Eltern und Lehrer. Ich hatte so viele Kindergartentanten wie kein anderer, aber ich finde, die waren alle total nett und sympathisch. Dann kam die Volksschule, der Horror von einer Lehrerin. Wenn ich alte Schulkollegen frage, sagen alle das Gleiche. Eine Zeit lang war ihr Name sogar ein Schimpfwort. Jetzt habe ich ein paar nette und ein paar „böse“ LehrerInnen. Ich hoffe, ich habe nicht nur strenge Lehrer in der HTL. Jeder macht Fehler, aber wir alle sind perfekt, oder?

Elvedin, 14

Mit dem Longboard zum Schwimmbad

Ich bin in St. Johann groß geworden. Als ich noch jünger war, spielte ich sehr oft Fußball, fast jeden Tag. Als ich von der Schule kam, aß ich was, machte meine Hausaufgaben, und dann habe ich den restlichen Tag Fußball gespielt. Als ich 9 war, zogen wir um. Aber blieben noch in St. Johann. In der neuen Siedlung fand ich schnell einen guten Freund, David. Wir spielten hauptsächlich Räuber und Gendarm. Mit der Zeit befreundete ich mich mit vielen Leuten aus der neuen Siedlung. Vor 2 Jahren zog mein bester Freund in die Siedlung, Fuat. Wir verstanden uns gleich sehr gut. Er spielte mit uns allen mit.

Ich kaufte mir vor 3 Jahren ein Longboard und fuhr mit Freunden den ganzen Tag. Wir fuhren oft mit dem Longboard zum Schwimmbad in St. Johann. Ich hatte schon mal einen schweren Sturz, ich brach mir das rechte Schlüsselbein.

Ich hatte 5 Wochen so einen Gurt um meine Schultern.

Ich fahre aber immer noch Longboard. Ich gehe seit dem 1. 1. 2017 ins Fitnessstudio, die ersten 2 Wochen bin ich alleine gegangen. Fuat kam eineinhalb Monate später dazu, weil er noch nicht 14 war. Wir gehen regelmäßig Gym. Jeden Montag, Mittwoch und Freitag.

Nikola, 16

Mädchen sind doch nicht so groß

Die Frage, die ich wohl am öftesten vor allem von Fremden höre, ist: „Wie groß bist du eigentlich?“ Meine Antwort ist immer die gleiche und das erstaunte Gesicht meines Gegenübers auch, denn Mädchen sind doch nicht so groß. Als ich mit 13 Jahren zum Volleyballspielen begonnen habe, war meine Größe ein Vorteil – ist sie immer noch, aber das habe ich lange nicht verstanden. Immer mindestens einen Kopf größer als alle anderen zu sein, hat mich lange verunsichert. Man fällt jedem sofort ins Auge. Mit der Zeit bin ich aber daran gewachsen. Wieso muss man sich denn immer überall anpassen? Es ist doch auch in Ordnung, nicht immer hineinzupassen. Und außerdem ist Aussehen nicht alles.

Die schlimmste Zeit in meinem Leben war allerdings der Tod meiner Mama. Wobei nein, eigentlich nicht. Die Zeit davor, in der ich Tage im Krankenhaus verbracht und eigentlich immer gehofft habe, dass alles wieder gut wird, war schlimmer. Und auch die Zeit danach, in der ich lange gebraucht habe, um überhaupt zu realisieren, dass sie nicht mehr da ist und sich alles ändern wird. Es hat sich im guten Sinn geändert. Mein Papa lernte eine neue Frau kennen, nicht meine neue Mama, aber trotzdem eine Person, die ich sehr in mein Herz geschlossen habe. Und ihre Tochter, meine kleine Schwester, die ich genauso liebe und ohne die mir jetzt oft ziemlich langweilig wäre. Der Anfang war schwer, doch wenn ich jetzt darüber nachdenke, bin ich froh, dass es so ist, wie es ist, und nicht anders.

Meine Zeit im Gymnasium war und ist eigentlich eine schöne. Ich habe viele Menschen kennengelernt. Manche wurden zu Freunden, die meisten sind es immer noch, andere gerieten wieder in Vergessenheit und sind heute kein Teil mehr meines Lebens.

Aber sie alle haben dazu beigetragen, dass ich Fehler machen, Spaß haben und wachsen konnte.

Denn das will ich auch weiterhin – wachsen, und zwar über mich hinaus. Bei Reisen, die ich machen will, und an Orten, die ich entdecke. In Witzen, die ich reiße, und bei Geheimnissen, die ich verstecke, weil ich eigentlich nicht gerne über mich rede.

Samet, 15

Ich war nicht das krasseste Kind in der Schule

Ich bin in Salzburg geboren. Ich bin ein Türke, meine Eltern kommen aus der Türkei. Mein Leben fing schon gut an, zumindest zufrieden. Ich habe zwei ältere Brüder. Ich hatte sehr viele schöne Zeiten mit meinen Brüdern. Als ich 5 Jahre alt geworden bin, ist mein kleiner Bruder geboren worden, Nebi. Er ist jetzt eine richtige Nervensäge. Aber endlich war ich nicht mehr der Kleinste in unserer Familie. Ich hatte sehr viele Freunde in meiner Umgebung, ich war sehr glücklich. Im Jahr 2008 sind wir umgezogen und ich ging in die Volksschule. Ich hatte auch sehr viele Freunde in der Volksschule, aber die Lehrerinnen hab ich nicht so gemocht, vor allem meine Lehrerin. Ich hab's gehasst, wenn ich von meiner Lehrerin geschimpft wurde. Aber ich war nicht das krasseste Kind in der Schule. Unser neues Haus war sehr cool. Mit einem meiner besten Freunde war ich immer draußen Fußball spielen und manchmal bei ihm zuhause. Playstation 2. Wir haben zusammen sehr viele schlimme Sachen gemacht, aber auch gute. In der Schule wurde ich schlimmer, meine Noten waren auch nicht immer gut, aber ich hab nicht aufgegeben, hab immer weitergemacht.

Als ich in der Volksschule mein Zeugnis bekommen habe, hatte ich Angst, dass meine Eltern enttäuscht von mir sind, aber es war nicht so.

Ich gehe jetzt in die NMS Liefering. Wenn ich endlich das Schulabschlusszeugnis bekomme, mache ich eine Lehre. Einen Beruf zu finden ist mir wichtig, ich will gerne als Mechatroniker arbeiten. Das ist mein Traumberuf. Ich liebe Autos, wie auch mein Bruder. Familie ist das Wichtigste im ganzen Leben.

Alexandra-Tea, 15

#ProudFilipino

Ich heiße Alexandra-Tea, aber alle nennen mich Tea. Mein Leben ist eigentlich ganz einfach, ich hab eine wundervolle Familie, beste Freundinnen und gehe in die Schule. Nach der NMS gehe ich wahrscheinlich in eine weiterführende Schule. Ob das die richtige Richtung ist, bin ich sehr unsicher. Ich rede gern darüber mit meinen zwei besten Freundinnen, die ich in der NMS kennengelernt hab. Das ist wirklich schwer für mich. Was, wenn ich die Schule vielleicht nicht schaffe und einfach nur die Jahre verschwende und doch die Lehre was für mich wäre?

Eigentlich will ich nur alles hinter mir haben und einfach reisen, was erleben und Spaß haben, ohne Probleme in der Zukunft.

Meine Eltern kommen ursprünglich von den Philippinen. #ProudFilipino. Ich liebe es, auf die Philippinen zu fliegen und meine Familie zu besuchen, das Essen dort drüben ist das Beste, und das Meer ist wunderschön. Ich hab immer Spaß dort und hoffe, dass ich bald mal wieder rüberfliege.

Meine beiden Schwestern gehen in die HTL, die sind ziemlich gut in der Schule. Daher sind meine Eltern sehr stolz, und dadurch fühle ich mich sehr unter Druck gesetzt, weil ich meine Eltern genauso stolz machen möchte. Ich weiß gar nicht, ob ich die weiterführende Schule für mich mache oder nur für meine Eltern. Ich hoffe, ich finde den richtigen Weg und bin glücklich und erfolgreich.

Anonym, 17

Liebster Vater, da hast du dich getäuscht

Alles hat angefangen mit dem Job meines Vaters. Ich war 9 Jahre alt und lebte mit meinem großen Bruder und meiner Mutter in Salzburg. Eigentlich mein Vater auch, aber er war ständig nur in Wien wegen seinem Job. Er kam nur kurz am Wochenende nachhause, um seine Schmutzwäsche zu bringen. Ich konnte es mit meinen jungen Jahren noch nicht erkennen, aber wenn ich mich zurückerinnere, war meine Mutter sehr unglücklich und verletzt. Vater? Ich hätte dich gebraucht in meiner Kindheit, warum hast du mir das angetan? Mit 8 Jahren kam endlich die Scheidung, doch nein. Ich dachte, es wäre jetzt wieder alles gut, aber ich habe mich so getäuscht. Von Gericht zu Gericht habt ihr mich geschleppt, ich habe schlechte Noten geschrieben, Geburtstage von meinen Freundinnen verpasst, musste mich entscheiden, ob Vater oder Mutter. Ich habe mit angesehen, wie ihr gewalttätig wurdet vor den Augen eurer kleinen Tochter – vor mir, Vater und Mutter!

Großer Bruder. Ich bin dir so dankbar, dass du mich in diesem Moment, wo die Polizei reingestürmt ist und mich befragen wollte, weggezerrt hast und gesagt hast: Nein! Du hast mich in so vielen Momenten beschützt, ich bin dir so dankbar.

Ein paar Jahre später. Ich war so froh, dich, Mutter, und auch dich, Vater, glücklich mit neuen Partnern zu sehen. Doch als wäre das alles nicht genug gewesen, hat der Leidensweg erst angefangen. Vater. Solange es keine Probleme gab und du mich nicht oft gesehen hast, dann alles gekauft hast, was ich wollte, und mir immer nur Geld gabst, meintest du wirklich, dass somit alles O.K. war? Dass du dir die Liebe deiner Tochter erkaufen konntest? Klar ist es schön, alles zu bekommen, doch liebster Vater, da hast du dich getäuscht, denn Gesundheit kann man sich schwer erkaufen, genauso wenig wie Liebe!

Von Geburt an wurde meine Krankheit übersehen, und jetzt? Ich hatte von Tag 1 an Schmerzen, und diese wurden immer schlimmer von Jahr zu Jahr. Bis man mich endlich mal richtig behandelt hat, wurde ich jahrelang mit falschen Tabletten und Therapien behandelt. Wir haben endlich meine Krankheit gefunden, und der richtige Arzt war auch endlich gefunden, nach langer Suche. Wir haben angefangen mit einer kleinen Operation und gehofft, dass mir Schlimmeres erspart bleibt.

Doch kaum haben sie mich aufgeschnitten, kam alles anders als gedacht & geplant. Noch nie gab es so einen schlimmen Fall.

Nachricht vom Arzt: „Sofort die großen Operationen machen, sonst landet das Mädchen im Rollstuhl." Wie geht es nun weiter? Schule abbrechen? Mir blieb keine andere Wahl. Von Operation zu Operation, es ist keine leichte Zeit, wenn man gelähmt aufwacht und nicht weiß, ob man jemals wieder gehen kann. Und das Jahr für Jahr? Neu gehen zu lernen, Monate und Jahre im Rollstuhl zu sein und auf Krücken zu gehen und trotzdem nie schmerzfrei zu sein und nur kurze Zeit „normal“ gehen zu können? Ich weiß, ich werde mein Leben lang im Rollstuhl sein, aber als wäre es nicht genug, mit seiner Krankheit zu kämpfen, wird man dafür auch noch „verarscht“. Wie können die Jugendlichen heutzutage nur so grausam sein? Ich stehe zu meiner Behinderung, und trotzdem werden Geschichten herumerzählt über meine Krankheit, die nicht stimmen. Es tut weh, so etwas zu hören, aber was mehr wehtut: Kommen wir wieder zurück zu dir, Vater. Wo warst du, als ich dich am meisten gebraucht habe? Deine Tochter ist krank, und dir ist es egal. Mutter, danke, dass du alles durchstehst mit mir. Ich weiß, dass es nicht einfach ist, ich liebe dich! Großer Bruder, danke, dass du mir so weit hilfst, wie es nur geht, ich liebe dich!

Anonym, 18

Ich gebe nicht auf

Ich bin in Salzburg geboren und meine Eltern kommen aus der Türkei. Ich habe aber die österreichische Staatsbürgerschaft. Mein Hobby ist Fußball, im Mittelfeld spiele ich sehr oft und zurzeit im Tor. Das gefällt mir, es macht Spaß, Bälle zu halten. Aber es macht auch Spaß, im Mittelfeld zu spielen und Tore zu schießen usw. Ich spiele aber in der Freizeit, gehe nicht in einen Verein oder sonst was. Meine weiteren Hobbys sind Musikhören, Freunde treffen und auch Zocken.

Früher habe ich die NMS Schlossstraße besucht. Momentan bin ich bei ibis acam und suche eine Arbeit, die mir Spaß macht und gut gefällt, und ich habe auch vor, den Autoführerschein zu machen, weil ich es mag, Auto zu fahren. Ich mache in meiner Freizeit auch Sport, nicht nur zuhause, sondern auch draußen. Ich gehe laufen, spiele Fußball, mache Krafttraining.

Vorher war ich in einer anderen Produktionsschule, 2 Jahre, und da habe ich auch nichts gefunden, weil es mir nicht gepasst hat oder manche mich nicht genommen haben.

Hier, bei ibis acam im Brückenkurs, habe ich viele Bewerbungen geschickt, aber nur 1 Antwort bekommen, und die war negativ.

Aber ich gebe nicht auf. Ich bekomme keine Antworten, weil mein Zeugnis nicht gut ist, aber ich versuche weiterzumachen. Sehr viele unterstützen mich: Eltern, Familie, Freunde, Bekannte usw. Ich habe zwar die Mittelschule besucht und positiv abgeschlossen, aber hatte auch ein Sonderschulzeugnis, weil ich nicht gelernt und nicht aufgepasst habe.

Eva, 17

Wir machten die tollsten Sachen

Am 16. August 1999 entdeckte ich, ein blondes, blauäugiges Mädchen, die Welt. Es muss wohl der schönste Tag im Leben meiner Eltern gewesen sein, da ich als erstgeborenes Kind natürlich einige positive Veränderungen mit mir brachte. Ich wuchs in einem kleinen Häuschen, welches sich in einem herkömmlichen Örtchen befand, auf. Liebevoll wurde ich von meinen Eltern, welche mich gutes Benehmen lehrten, aufgezogen. Bis zu meinem zweiten Geburtstag bestand meine Familie aus meinem Vater, meiner Mutter und mir. Kurze Zeit später schenkte meine Mutter uns einen liebevollen Bruder namens Andreas. Dieser wird in der Geschichte eine zunehmend wichtige Rolle spielen, da wir uns quasi ergänzen. Während mein Bruder die Ruhe in Person ist, bin ich eher hektisch und schnell mit den Nerven am Ende.

Ich rede mich meistens darauf heraus, dass ich meiner Mutter sehr ähnlich bin, da man auch sie mit diesen kurzen Worten charakterisieren kann.

Nachdem ich meine Kindergartenzeit mit vielen Abschürfungen und Blessuren überlebt hatte, zog es mich immer öfter zu meinen Großeltern, die ganz in der Nähe einen Bauernhof besitzen.

Ich verbrachte sehr viel Zeit mit meinem Cousin, der sich auch sehr oft am Bauernhof blicken ließ. Bald darauf gefiel es mir so gut, dass ich fast meine ganzen Ferien bei ihnen verbrachte. Natürlich war ich dort nie alleine, da meine Oma, welche, schon seitdem ich sie kenne, in Pension ist, immer für eine Partie Karten Zeit hatte. Zusätzlich fand mein Cousin ebenfalls Gefallen daran, seine Ferien bei unseren Großeltern zu verbringen. Obwohl wir oft hart arbeiten mussten, bekamen wir als Ausgleich Zeit. Zeit, die mir nie wieder jemand wegnehmen kann. Wir machten die tollsten Sachen, wir gingen spazieren, bauten Hütten, hatten Geheimverstecke und zelteten. Das ging so lange, bis ich vierzehn Jahre alt war. Danach hatte ich andere Interessen, aber das finde ich keineswegs dramatisch. Meinen heiß geliebten Cousin sehe ich noch immer sehr oft, und auch meine Großeltern besuche ich des Öfteren.

Als ich 8 Jahre alt war, wurde meine Schwester Marie geboren. Man bezeichnet sie auch als unser kleines Monster. Aufgrund dessen, dass sie viel jünger ist, wird sie von meiner Familie beschützt und behütet. Während ich mit der Pubertät zu kämpfen hatte, beschäftigte ich mich immer mehr mit meinem Bruder, da er sich dieselben Interessen aneignete wie ich. Man kann sagen, dass ich ein wirklich glückliches Leben hatte, und im Moment sieht es so aus, als würde sich das auch nicht ändern.

Daniel, 14

Ich habe jetzt 6 Drohnen

Ich bin am selben Tag um die gleiche Uhrzeit wie mein Schulkollege und Freund getauft worden. Wir sind gemeinsam in die Volksschule gegangen und jetzt gehen wir auch in der Hauptschule wieder in die gleiche Klasse. Nach der Hauptschule würde ich gerne in die HTL für Mechatroniker in St. Johann gehen, und wir sind draufgekommen, dass er auch gerne in diese Schule gehen möchte. Diese Schule hat mich sehr interessiert, weil ich dort schon drei Tage lang schnuppern war und am Tag der offenen Tür auch dort war. In dieser Schule wird viel technisches Verständnis erfordert. Ich hoffe, dass mein Hauptschulzeugnis gut genug ist, damit ich an der HTL angenommen werde.

Im April 2016 verstarb leider meine Mutter an einer Krankheit. Dieser Vorfall hat meinen Vater, meine Schwester und mich sehr traurig gemacht. Unsere Familie und Freunde haben uns sehr unterstützt. Ich habe viele Hobbys, die auch andere haben, wie zum Beispiel Schwimmen oder Radfahren. Mein Lieblingshobby ist jedoch, mit meinen Drohnen zu fliegen. Ich habe jetzt 6 Drohnen, doch eine ist schon kaputt. Ich habe mich seit meinem 7. Geburtstag mit Drohnen beschäftigt, weil ich da meine erste bekommen habe. Ich gehe oft nach der Schule, wenn ich mit meinen Hausübungen fertig bin, hinaus und unternehme etwas mit meinen Freunden. In den Ferien sind wir meistens in den Urlaub geflogen oder gefahren, und ich habe dort einige meiner Hobbys betrieben. In der 3. Klasse sind wir eine Woche mit der Schule auf Sportwoche gefahren, wo wir jeden Tag Sport gemacht haben. In derselben Klasse wurden wir auch gefirmt, worauf wir vorbereitet wurden.

Wir haben auch 2 neue Schülerinnen bekommen, mit denen wir uns nicht gut verstehen, weil die beiden immer Kroatisch sprechen und auch mit keinem sonst sprechen.

Wir bekamen ein Wahlpflichtfach dazu, wo wir viele Ausflüge machen und vieles lernen. Jeder konnte sich aussuchen, welches Fach man nehmen möchte. Ich habe mich für Umwelt & Technik entschieden, weil ich technisch sehr begabt bin. Ich hoffe, dass ich in der weiteren Schule auch gute Freunde finden werde und auch dort eine gute Klassengemeinschaft entstehen wird.

Anonym, 16

Lauter Absagen

Ich fing mit 6 Jahren an, in einem Fußballverein zu spielen. Ich spielte 7 ½ Jahre in Grödig. Nach den 7 ½ Jahren wechselte ich den Verein, ich ging nach Hallein. Nach 1 Jahr in Hallein wechselte ich nach Anif und spiel heute noch dort. Jetzt sitz ich in einem Kurs bei ibis acam, weil ich noch keine Lehrstelle gefunden hab. Davor hab ich 30 Bewerbungen geschrieben, lauter Absagen oder gar keine Reaktion.

Jetzt schreibe ich bei ibis wieder Bewerbungen.

Mein Traumberuf ist IT-Techniker oder Bürokaufmann. Bei ibis acam schreibt man Bewerbungen und hofft, dass man eine Lehrstelle bekommt. Es gibt Tage, die uninteressant sind, und Tage, die interessant sind.

Dominik, 16

Eine Liebe, drei Vereine

Im Alter von vier Jahren nahm mich mein Vater zum ersten Mal ins Fußballstadion nach Salzburg mit, wo die Fußballmannschaft des FC Red Bull Salzburg ihre Heimspiele austrägt. Schon in der ersten Minute des Spiels, das im Jahr 2004 gegen Austria Wien war, habe ich meine Liebe gefunden: Fußball. Gleich nach dem Spiel kaufte mir mein Vater mein erstes Fußballtrikot, das ich täglich stolz trug, und somit war ich ein wahrer Fußballfan, was ich bis zum Tod auch bleiben werde.

Im Laufe meines Lebens sind mir nicht nur der Verein aus Salzburg, sondern auch der FC Bayern München und der Rekordmeister aus Spanien, Real Madrid, ans Herz gewachsen. Die österreichische Fußballnationalmannschaft unterstütze ich als wahrer Österreicher natürlich auch. Die Red Bull Arena besuche ich im Jahr ca. 7 Mal, und ich verlasse sie meistens nach einem Sieg der Roten Bullen mit einem lachenden und traurigen Gesicht, denn ich weiß, dass es wieder ein paar Tage dauern wird, bis ich mein 2tes Zuhause wieder betrete. Die beiden Mannschaften aus Spanien und Deutschland verfolge ich immer im Fernsehen oder auf meiner Fußball-App.

Am 21. April 2015 durfte ich dann zum ersten Mal meinem Lieblingsverein aus Deutschland, dem FCB, live beim Kicken in der Allianz-Arena zusehen. Es war das Champions-League-Viertelfinale-Rückspiel, das an einem Dienstag um 20:45 angepfiffen wurde und bei dem die 80.000 Fans lautstark hinter der Mannschaft standen, obwohl sie ein 2:0 aufholen musste. Es war eine magische Nacht, denn die Bayern gingen mit einem 6:1-Sieg vom Platz. Diesen Tag werde ich nie vergessen.

Nur wenige Tage später fuhr ich mit meiner Familie zum Cupfinale nach Klagenfurt, wo wir die Salzburger gegen Austria Wien in der Nachspielzeit zum Sieg peitschten.

Später feierten die Kicker mit uns den Double-Gewinn. Das ist Fußball.

Jeder Mensch hat seine Lieblinge, und meine sind im Fußball vor allem David Alaba, Gareth Bale und Cristiano Ronaldo. Auch auf der Spielekonsole spiele ich immer Fußball, nämlich das beliebteste Sportspiel, FIFA. Dieses Spiel bringt mich zwar oft zum Ausrasten, trotzdem liebe ich es. Fußball ist meine Leidenschaft, mein Hobby und meine Liebe. Fußball ist mein Leben.

Ramazan, 17

Mein Abenteuer unterwegs

Hallo, ich komme aus Afghanistan. Ich wohne in Österreich, Salzburg, St. Gilgen. Mein Heimatland ist sehr schön, aber leider ist viel Krieg. Ich habe zwei Brüder, einer ist ca. 7 Jahre alt und der andere ca. 10 Jahre alt, und meine Mutter. Wo ich wohne, sind viele Taliban und töten viele Menschen. Ich habe viele Freunde in Afghanistan, aber leider kann ich sie nicht mehr sehen, weil ich so weit weg bin.

Ich bin von meinem Haus mit dem Auto geflohen. Unterwegs von Afghanistan in den Iran war es sehr schwierig, weil ich die ganze Zeit zu Fuß gegangen bin. Dann bin ich vom Iran in die Türkei gegangen. In der Türkei haben mich meine Freunde alleingelassen, und das war sehr schwierig, ganz allein in einem fremden Land. Ich wusste nicht, wo ich hingehen konnte. Das war sehr schwer. Dann habe ich Gott sei Dank jemanden gefunden, der mir nach Griechenland geholfen hat. Jetzt bin ich in Österreich, und ich habe ein ganz anderes Leben. Ganz andere Kultur. In Afghanistan konnte ich leider nicht in die Schule gehen, aber hier schon. In Österreich habe ich viele Freunde.

Ich kenne viele Leute, und sie kennen mich.

In Österreich bin ich in die Schule gegangen, in die Polytechnische S,chule Strobl, dann habe ich für eine Woche in einer Firma, Tischlerei Schiffer und Sams, ein Praktikum gemacht, das hat mir sehr gefallen. Jetzt mache ich eine Lehre als Tischler.

Ich war in der Berufsschule in Kremsmünster und ein Jahr habe ich gut geschafft. Ich spiele Tischtennis im Verein Abersee. Meine Hobbys sind Volleyball, Fußball, Tischtennis und Radfahren.

Anonym, 17

Außer Schulstress ist nicht viel Aktion in meinem Leben

Meine Eltern kommen aus der Türkei und wohnen seit fast 40 Jahren in Österreich. Also bin ich auch hier geboren. Zuhause sprechen wir natürlich Türkisch, und ich spreche auch mit allen Türken in meiner Umgebung Türkisch. Es ist nicht leicht für mich, fließend Deutsch zu sprechen. Ich mache oft Grammatik-Fehler, und ich weiß auch, dass dies lustig ist für die mit deutscher Muttersprache. Mir ist auch klar, dass viele uns nicht in ihrem Heimatland wollen. Für mich wäre es auch sehr komisch, andere Kulturen, Nationen usw. in meinem Heimatland zu haben.

Dies ist der Grund, warum ich manchmal daran denke, in der Türkei zu leben. Dort, wo mich niemand als Ausländer sieht.

Meine Eltern können heute noch nicht gut Deutsch sprechen. Für sie ist alles somit umso schwerer. Wir leben in einer Wohnung, meine Eltern und ich. Mein großer Bruder, der viel älter ist als ich, lebt mit seiner eigenen Familie zusammen. Die Familie von meinem Vater lebt ebenso in Österreich. Die Familie von meiner Mutter aber nicht. Deshalb macht es mich immer sehr glücklich, in die Türkei zu fliegen und dort mit ihnen Urlaub zu machen und Zeit zu verbringen. So, dass ich dann nicht mal zurückkommen möchte. Dort ist es einfach ganz anders. Ich könnte mir vorstellen, nach meiner Ausbildung in Österreich mein Leben in der Türkei weiterzuführen. In der Schule fleißig und motiviert zu sein, liegt mir auch nicht so sehr. Ich bin sehr faul. Ich weiß es, ändere aber gar nichts daran. Ich schaffe es jedoch, irgendwie durchzukommen. Die Noten, die ich mir wünsche, habe ich leider noch nie so wirklich bekommen. Dann stellt sich natürlich die Frage, wie mein Leben so weitergehen soll.

Meine Freizeit ist mir sehr wichtig. Ich liege meistens nur herum und genieße es, surfe im Internet, höre laut Musik und schaue Serien. Außer Schulstress ist nicht viel Aktion in meinem Leben. Meine beste Freundin seit 7 Jahren, Österreicherin, ist für mich sehr wichtig, und ich liebe es, mit ihr Zeit zu verbringen. Mit ihr zusammen beiße ich die verdammte Schule durch. Ich bin immer sehr froh, wenn endlich Freitag ist und ich schlafen kann. Ich weiß gar nicht, wie ich mit dieser Einstellung die Matura schaffen soll.

Ich bin großer Fußballfan. Manchmal denk ich mir, was soll das? Ein Mädchen und so verrückt danach. Ein großer Fan von einem türkischen Club. Zusammen mit meinem Vater schaue ich jedes Spiel an. Ich werde immer sehr traurig, wenn wir verlieren.

Es ist nicht leicht für mich, sehr fern zu leben von meiner Familie in der Türkei. Ich vermisse sie sehr. Es fällt mir schwer, mich zu verabschieden. Zurzeit möchte ich nur die Schule positiv abschließen.

Elvina, 17

Meine Verlobung hatte ich schon mit 16 Jahren

Meine Geschichte fing in Schwarzach an. Seit meiner Geburt bin ich stolze Bosnierin. Meine Eltern kommen beide aus Bosnien. In der 1. Hauptschule lernte ich meine beste Freundin kennen, wir sind bis heute noch Freunde. Mit 14 sind wir dann nach Eben umgezogen. Mit 16 habe ich die Polytechnische Schule in Altenmarkt positiv abgeschlossen. Ich war froh, dass ich nicht mehr in die Schule musste. Ich bin froh, dass ich meinen Freund kennengelernt habe, wir sind seit 1 Jahr zusammen. Meine Verlobung hatte ich schon mit 16 Jahren. Da er in Bosnien wohnt, ist es für uns nicht leicht, aber wir lieben uns trotzdem. Immer wenn ich Urlaub hatte, bin ich nach Bosnien gefahren. Bosnien ist mein Zuhause.

Wenn ich die Möglichkeit hätte, würde ich da leben.

Ich hatte immer Probleme mit meinem Selbstbewusstsein, aber seit ich die PS besuche, hat sich das geändert. Meine Familie macht mich glücklich, und das ist, was für mich zählt.

Anonym, 17

Die Verpflegung im Internat war nicht die beste

2 ½ Jahre nach meiner Geburt hatte meine Mutter plötzlich einen dicken Bauch. Mein Bruder war im Anflug. Im Juni 2002 musste ich mit meinem Vater ins Krankenhaus fahren, da der kleine Junge schon aus dem Bauch meiner Mutter herausgekrochen war. Nach diesem hochkarätigen Ereignis wurde ich im Herbst 2002 auch schon in den Kindergarten gesteckt. Jedes Mal, wenn mich meine Mutter dorthin gefahren hat, freute ich mich sehr auf die Zeit mit meinen Kindergärtnerinnen. Doch auch jedes Mal, wenn mich meine Mutter in der Garderobe wieder verließ, kullerten mir die Tränen über meine roten Wangen. Es war für mich immer der schwierigste Moment, wenn meine Mutter wieder nach Hause fuhr. Doch 10 Minuten später waren meine Tränen immer auch schon wieder verschwunden und ich war der fröhlichste Mensch. Mein bester Kindergartenfreund und ich hofften jedes Mal, dass es draußen schön ist, damit wir mit dem Bagger in der Sandkiste spielen können. Ansonsten verkrochen wir uns drinnen irgendwo in einer Ecke und spielten mit kleinen Lastwägen und Autos.

Am ersten Schultag stand ich voller Stolz mit einer Tüte voller Überraschungen da, die fast so groß war wie ich. Dieses Schuljahr war ziemlich erholsam, da wir nicht so viel Unterricht machten, sondern mehr turnten und spielten. Nachdem ich dieses Schuljahr abgeschlossen hatte, kam ich in die erste Klasse der Volksschule. In diesem Jahr bekam ich auch mein erstes Haustier. Es war eine Katze. Die ersten 3 Jahre zogen so dahin, und in der 4. Klasse entschied ich mich, dass ich die Skihauptschule besuchen werde. Am Ende der 4. Klasse hatte ich auch endlich die langersehnte Aufnahmeprüfung. Am Vormittag standen wir auf der Piste, wo wir verschiedene Aufgaben machen mussten. Nach dem Mittagessen gingen wir in die Turnhalle, wo wir einen Hindernisparcours meistern mussten. Ich schaffte die Aufnahmeprüfung, doch ich blieb nur 1 Jahr in der Schule, da es sich mit dem Fußballspielen nicht mehr ausging. Die restlichen 3 Jahre ging ich in die normale Hauptschule, wo ich mich in der 4. Klasse entscheiden musste, welchen beruflichen Weg ich gehen werde. Ich entschied mich für die Handelsakademie in Tamsweg im Lungau.

Hier hatten wir die Auswahl zwischen 3 verschiedenen Zweigen zusätzlich zur Schule: Fußball, Tanzen oder Golf. Ich entschied mich natürlich für Fußball.

Jedoch bemerkte ich bald, dass das Fehlen einer Aufnahmeprüfung einige nicht so gute Fußballer an diese Schule zog. Deshalb wechselte ich auch in die normale HAK nach St. Johann, da es mich nicht weiterbrachte, im fußballerischen Sinne. Dies war jedoch nicht der einzige Grund für den Wechsel. Die Verpflegung im Internat war nicht die beste, und so war ich fast zu dieser Entscheidung gezwungen, nach St. Johann zu gehen. Diese Schule gefällt mir bis dato ganz gut und ich habe auch schon einige neue Freunde gefunden.

Sefatullah, 16

Ich kann sehr gut Cricket spielen

Ich bin in Afghanistan geboren, in Kabul. Kabul ist mitten in Afghanistan. Meine Muttersprache ist Paschto, aber ich kann auch Dari, Persisch und ein bisschen Deutsch sprechen. Ich habe fünf Geschwister, zwei Brüder und drei Schwestern. Mein großer Bruder ist 25 Jahre alt. Meine Mutter ist leider gestorben. Meine Hobbys sind Volleyball und Cricket. Ich kann sehr gut Cricket spielen. Ich bin vor einem Jahr nach Österreich gekommen. Ich habe in Afghanistan nicht gearbeitet. Ich war in Afghanistan 10 Jahre in der Schule. Ich hatte in Afghanistan Probleme mit den Taliban und kann dort nicht leben. Afghanistan ist sehr gefährlich für mich, und ich kann nicht zurück. Ich habe 6 Monate in Griechenland gelebt. Ich habe keine Schule, aber ich lerne jetzt Deutsch im Kurs.

Und ich habe im November meine A2-Prüfung.

Anonym, 19

Meine Haare schneide ich sehr selten

Meine Geburt hat am meisten meine Mutter glücklich gemacht, da sie nach 2 Söhnen endlich eine Tochter hatte, der sie die Haare flechten oder immer Kleider anziehen wollte. Aber wie war ich? Ich wollte lieber mit meinen Brüdern Fußball spielen, ihre Klamotten anziehen, mit ihnen abhängen. Was ich als Mädchen nur geliebt habe, waren meine langen Locken, die in den Sommerferien vor der 1. Klasse Volksschule weg waren. Weil ich mit meiner Tante beim Friseur war und sie der Friseurin gesagt hat, dass sie meine Haare ganz kurz schneiden soll, weil es sowieso sehr heiß ist. Seitdem hasse ich diese Tante und Friseure. Meine Haare schneide ich sehr selten, vielleicht einmal im Jahr.

Danach war die 1. Klasse in der Volksschule auch katastrophal. Eigentlich war ich mit jedem gut, was ich jetzt auch bin, aber am Anfang war es schwer, Freunde zu finden. In der 4. Klasse habe ich einen Jungen geliebt, und das habe ich meiner Freundin erzählt. Anscheinend war sie keine echte Freundin und hat es in der Klasse weitererzählt. Als es dieser Junge gehört hat, ist er zu mir gekommen und hat gesagt: „Glaubst du wirklich, dass ich so eine wie dich jemals lieben kann? Schau dich mal an." Seitdem habe ich noch immer ein bisschen Probleme mit mir.

Ich schau mich im Spiegel stundenlang an und suche nach Fehlern.

Obwohl ich jetzt seit 3 Monaten meinen ersten Freund habe, den ich sehr liebe und von dem ich mir auch sicher bin, dass er mich sogar noch mehr liebt, denke ich mir, dass ich ihn nicht verdiene, weil ich z. B. nicht schön genug bin.

Im Gymnasium wollte ich dann ein ganz neues, anderes Leben starten. Am ersten Tag war ich zu spät, und es gab nur noch einen freien Platz. Schnell habe ich mich hingesetzt. Hab zum Sitznachbarn geschaut. Er hatte glänzende blaue Augen, blonde Haare und ein süßes Lächeln. Das war dann meine 2. Liebe, die schnell verging. Bis vor 2 Monaten waren wir beste Freunde.

Jetzt will ich mal über meinen Freund reden. In der Schule gibt es im 3. Stock 4 Klassen, und seine Klasse und meine Klasse waren im 3. Stock. Ihn kannte ich auch schon früher, aber nicht persönlich, sondern weil ich mit seiner Schwester befreundet war. Ein paar Mal hatten wir Augenkontakt, und mit der Zeit habe ich angefangen, nach ihm zu suchen, oder wenn ich jemanden aus seiner Klasse gesehen habe, hab ich geschaut, ob er auch da ist. Ich war bei Veranstaltungen dabei, wo ich dachte, dass er auch kommen würde. Ich bin immer aufs Klo gegangen, um ihn am Gang zu sehen. Dann hat mir sein Cousin geschrieben. Am Anfang war es sehr schön, weil ich auch viel über meinen Freund erfahren konnte, aber dann hat mir der Cousin gesagt, dass er auf mich steht. Natürlich habe ich den Kontakt abgebrochen. Dann wollte ich aufhören, ihn zu lieben, da es sowieso nicht gehen würde, weil sein Cousin mich geliebt hat. Aber in den Sommerferien hat er mir geschrieben, dass er an mich gedacht hat und deswegen schreiben wollte. So haben wir angefangen zu telefonieren. Nach 13 Tagen hat er mich in der Nacht angerufen und gefragt: „ Was würdest du machen, wenn ich dir sagen würde, dass ich dich liebe?“ Ich habe aufgelegt. Nachdem wir vom Urlaub gekommen sind, haben wir uns zum 1. Mal getroffen. Seitdem ist alles sehr schön. Und außerdem habe ich heute den Pulli von meinem Freund bekommen, weil mir sehr kalt war.

Elena-Anna, 15

Einer der wichtigsten Menschen in meinem Leben

Meine Geburt verlief reibungslos. Als Mama & ich nach Hause kamen, warteten dort schon voller Freude meine Schwester & mein Onkel. Im Kindergarten lernte ich meine Freunde kennen, die noch heute zu den engsten & besten gehören. Mit 6 Jahren fing für mich die Schule an. In der Volksschule geschah nicht wirklich viel. Ich lernte die Grundkenntnisse fürs Leben. Als ich mit der Volksschule fertig war, kam ich in die Hauptschule. Dort lernte ich viele neue Leute kennen. Manche davon wurden zu sehr guten Freunden, manche aber zu Feinden. Ein Mädchen, das damals meine beste Freundin war, prägte mein Leben ganz besonders. Sie nutzte mich nur aus & war nie für mich da, wenn ich sie brauchte.

Ich bin trotzdem dankbar, sie kennengelernt zu haben, denn sie zeigte mir, wie ich nie werden will.

Nach der Hauptschule kam ich in die Polytechnische Schule. Dort lernte ich ein Mädchen kennen, das mir sehr schnell sehr ans Herz gewachsen ist. Wir unternahmen sehr viel miteinander. Heute haben wir allerdings keinen Kontakt mehr. Am 17. 02. verlor ich einen sehr wichtigen Menschen. Mein Onkel starb mit 32 Jahren. Er war einer der wichtigsten Menschen in meinem Leben. Er behandelte meine Schwester & mich wie seine eigenen Kinder & tat alles für uns. Heute mache ich eine Lehre als Bürokauffrau. Ich bin sehr zufrieden mit meiner Arbeit. Ich hoffe, dass ich in der Zukunft eine glückliche & gesunde Familie mit 3 Kindern haben werde.

Michael, 16

Ich hatte Angst vor der Schule

Ich bin in Sollentuna, Schweden, geboren. Als ich drei Monate alt war, flog und zog ich mit meiner Mutter zu meinem Vater nach Österreich. Wie jedes Kind ging ich in die Krabbelstube und in den Kindergarten. Als jedoch die Volksschulzeit anbrach, änderte sich viel für mich. Meine Welt drehte sich auf den Kopf, und ich wusste nicht, wie mir geschah, denn in der Volksschule hatte ich bereits in der ersten Woche meine erste Schlägerei. Mir wurde aufgelauert, wenn ich nachhause gehen wollte, und das gleich mal von vier Mitschülern.

Ich wurde also von der ersten bis zur vierten Klasse gemobbt. Ich hatte Angst vor der Schule. Aber dies sollte sich ändern. Ich wechselte von meiner Volksschule ins Herz-Jesu-Gymnasium Salzburg. Es schien ein Vierteljahr alles gut zu sein, doch dann passierte es wieder. Ich wurde gemobbt, jedoch nicht geschlagen. Nun war ich derjenige, der die anderen Mitschüler schlug, wenn sie mich provozierten, mobbten oder was auch immer. Zum Glück ging ich nur zweieinhalb Jahre in diese Schule. Ich wechselte in die Sporthauptschule Neualm. Das war auch die Zeit, als sich meine Eltern trennten. Der Grund für die Trennung war, dass mein Vater alkoholkrank war und ich ein vernünftiges Umfeld zum Aufwachsen brauchte.

Kurze Zeit, nachdem ich umgezogen war, lernte ich meine Halbschwester kennen. Zu meinem Erstaunen war sie gleich alt wie ich.

Also zogen meine Mutter und ich, wie es das Schicksal wollte, nach Neualm, weil dort zufälligerweise eine Wohnung frei wurde. Nachdem ich die Schule gewechselt hatte, hörte das Mobbing trotzdem nicht auf. Also entschied ich mich, von der Sportklasse in die Integrationsklasse zu wechseln. Und ein Traum wurde wahr. Das Mobbing hörte auf.

Nachdem ich die Hauptschule abgeschlossen hatte, kam ich in die Polytechnische Schule Hallein mit dem Schwerpunkt Tourismus. Nach ein paar Monaten im Poly verstarb mein Großvater in Schweden. Das war einer der traurigsten Momente meines Lebens, denn er war einer der wenigen Menschen, die mich verstanden. Und der nächste Schock kam gleich danach. Meine Tante aus Schweden starb an Krebs. Ich merkte, wie ich kurz vor einem Nervenzusammenbruch stand. Einige Monate später starb dann letztendlich auch ein Kinderfreund.

All diese Ereignisse zusammen hatten mich psychisch zerstört. Doch meine Freunde und Freundinnen waren für mich da, worüber ich heute noch froh bin. Einige Zeit verging, bis ich das Mädchen traf, das mein Leben komplett verändern sollte. Wir sind bereits seit über einem Jahr zusammen. Wir hatten sehr viele Höhen und Tiefen, dennoch bereue ich nichts.

Anonym, 16

Ich bin ein sehr offener Mensch

Ich bin die Tochter einer türkischstämmigen Familie. Ich bin in Österreich geboren. Ich habe einen Bruder und zwei Halbschwestern. Meine Eltern sind in der heutigen Türkei geboren. Sie sind alles für mich, und ich bin ihnen sehr dankbar für das, was sie für mich bis jetzt geleistet haben. Ohne sie wäre ich jetzt nicht hier, wo ich bin. Was meine Kindheit sehr geprägt hat, war der Tod meines Onkels. Mein Onkel und ich hatten ein sehr enges Verhältnis zueinander. Wenn ich sagen würde, dass mich noch etwas anderes im Leben so sehr geprägt hätte, würde ich lügen.

Ich habe viele schlechte, aber auch gute Erfahrungen mit meinen Freunden gesammelt. Ich habe Freunde verloren, die eigentlich keine Freunde waren, und habe dadurch meine beste Freundin getroffen. Ich bin froh darüber, dass ich diese sogenannten „Freunde" verloren habe, sonst hätte ich solch einen Menschen wie meine beste Freundin nie kennengelernt. Ich bin ihnen auch sehr dankbar, aber warum?

Durch sie habe ich gelernt, nicht jeder zu vertrauen, die mir ins Gesicht lächelt.

Nicht zu vergessen: Mir ist es eigentlich egal, was andere von mir halten. Ich mache das, was mir gefällt, und wenn es ihnen nicht gefällt, juckt es mich nicht. Ich bin ein sehr offener Mensch und denke, dass jeder so sein sollte. Wir sollten uns den Luxus leisten, eine eigene Meinung zu haben.

Lena, 13

Reisen spielt in meinem Leben eine große Rolle

Meine Eltern und auch meine zwei großen Brüder und ich sind alle im Land Salzburg geboren. Im Alter von einem halben Jahr war ich das erste Mal am Meer, und mit zweieinhalb Jahren flogen wir für fünf Monate nach Australien. Mit drei Jahren lernte ich im Kindergarten meine Freunde kennen, mit denen ich auch noch heute befreundet bin. Nach der Einschulung in die „Neue Volksschule“ in St. Johann fing ich mit dem Reiten an, und ich reite auch noch heute. Zwei Jahre später, in der 3. Klasse, musste ich am Zahn operiert werden. In diesem Jahr flog ich das erste Mal nach Amerika, in die USA. Reisen spielt in meinem Leben eine große Rolle, da ich von klein auf jeden Sommer verreist bin.

Mit 10 Jahren fing ich an, Bücher zu lesen, und so wurde Lesen zu einem meiner liebsten Hobbys. In der 2. Klasse der NMS arbeiteten wir zusammen mit einem Filmteam an dem Filmprojekt „Hahnenschrei“. Der Kurzfilm dauerte 10 Minuten und ich hatte sogar eine kleine Sprechrolle. Schon zu dieser Zeit wusste ich, dass ich unbedingt studieren will, auch wenn ich bis jetzt nicht weiß, was. Im Juni der 3. Klasse fuhren wir auf Sportwoche, und einen Tag danach war meine Firmung. In der 4. Klasse flogen wir mit der Klasse für eine Woche nach London.

Auch wenn wir die ganze Zeit Englisch reden mussten und ich nicht gut in Englisch bin, fand ich es sehr lustig.

Genau heute, am 9. Mai 2017, habe ich meine Aufnahmeprüfung für eine weiterführende Schule, das BORG Gastein.

Chiara, 17

Ein Team, das immer zu sechst im Mercedes fährt

Das Einzige, an das ich mich erinnern kann, als ich noch ganz klein war, ist, wie ich das erste Mal aus meinem Gitterbett geklettert bin. In diesem Moment war ich so glücklich und gleich darauf lief ich zur Stiege und rief meine Eltern hoch. Ich stieg wieder ins Gitterbett und präsentierte meinen Eltern meine neu erlernte Fähigkeit. Mit großer Wahrscheinlichkeit waren sie nicht so froh wie ich, denn sie wussten nun, dass ich nicht mehr im Gitterbett eingesperrt war. Ich konnte selbstständig raus und wieder rein. Für mich hatte das lauter Vorteile, für sie nur Nachteile. Danach kann ich mich lange Jahre an nichts mehr erinnern, man nimmt alles erst in der Hauptschule wieder richtig wahr. Bis zur 2. Klasse war alles normal, nichts Aufregendes ist passiert. In der 3. Klasse wendete sich das Blatt, viele Mädchen wurden einfach anders, und ich verstand mich nicht mehr mit ihnen. Doch ich hatte großes Glück, dass ich in den Nebenklassen Freunde hatte, ich war also nie allein. Die 4. Klasse habe ich mit dem Vorsatz durchgezogen, dass ich einfach nur gute Noten haben will, ich konzentrierte mich auf MICH. Das klappte einwandfrei. Außer, dass mich alte Klassenkameradinnen eine Zeit lang geärgert haben, oder besser gesagt, ich wurde leicht gemobbt. Doch ihr gewünschtes Ergebnis, mich am Boden zu sehen, schafften sie nie. Durch dieses Erlebnis wurde ich um so vieles stärker. Ich versprach mir, in der neuen Schule würde es anders werden, ich halte nicht mehr meinen Mund, denn ich habe eine Stimme, die gehört werden soll. Diesen Vorsatz vertrete ich bis heute noch. Daraus ist auch meine „große Klappe“ entstanden. Die ihre Vorteile, aber auch Nachteile bei den Lehrern in der HAK hat. Aber mit dem Alter wird man reifer, und man erkennt Situationen leichter, wo man mal den Mund halten soll.

Seit ich in der HAK bin, ist noch einiges Gutes entstanden. Freundschaften. Ich fand meine beste Freundin, die ich als meine Seelenverwandte bezeichnen kann. Ich weiß gar nicht, wie ich sie verdient habe, am Anfang war ich nicht besonders nett zu ihr, was ich bis heute ganz schön bereue. Doch wir wurden trotzdem beste Freunde, ein wahrhaftes Wunder. Aber ich lernte nicht nur sie kennen, sondern auch noch 4 weitere Mädchen, die nun zu meinen besten Freunden zählen. Ein Team, das immer zu sechst im Mercedes fährt. Mit ihnen wurde meine Welt so viel heller. Sie haben mir aus dem dunklen Loch geholfen, in dem ich war. Jedes Erlebnis mit ihnen ist unvergesslich. Wir machen zwar immer nur kleine Ausflüge, doch es sind nicht die großen Dinge, die einen zusammenschweißen, es sind die kleinen. Jetzt neue Freunde zu suchen wäre wirklich mühsam, denn diese hohe Latte würde keiner erreichen können. Wir sind zwar alle auf ihre Weise unterschiedlich, doch es passt zusammen. Die Clique besteht aus 2 Österreicherinnen, 1 Bosnierin und 3 Kosovo-Albanerinnen. Eine perfekte Mischung! Denn meine Sicht auf die Welt hat sich dadurch einfach komplett geändert. Man ist offener wegen allem und sieht nicht mehr alles mit Scheuklappen.

Freunde aus anderen Ländern bringen einen dazu, mehr über Ausländer nachzudenken und ihre Situation zu verstehen.

Für mich war es zwar am Anfang ungewohnt, Freunde aus anderen Ländern zu haben, ich hatte vorher nur österreichische Freunde, aber ehrlich gesagt, verstehe ich mich mit Ausländern viel, viel besser.

Auch großes Glück hatte ich beim Führerscheinmachen, denn ich war nicht allein, ich konnte dieses Erlebnis mit einer Freundin teilen. In nächster Zeit werden wir alle unseren Führerschein bekommen, und dann können wir Ausflüge machen, die weiter von unserem Heimatort entfernt sind. Da wird uns bestimmt einiges passieren, denn gemeinsam wird uns nie langweilig.

Magdalena, 15

Gute Erlebnisse sind bei mir zurzeit Mangelware

Meine Mutter kommt aus Köstendorf und mein Vater aus Eugendorf. Ich liebte es immer, bei meiner Oma in Köstendorf zu sein mit meinen zwei Geschwistern. Im Winter, wenn der Schnee so hoch war, sind wir immer auf das Dach des Hühnerstalls geklettert und sind runtergerutscht. Meine Oma hatte einen Bauernhof. Ich liebte es, mit meiner Familie oder mit meinen Verwandten etwas zu unternehmen, als ich noch klein war. Dann ging die Schule los. Die Schule hat mich vom Charakterlichen her sehr geprägt, denn es gab Leute in der Klasse, die mochten mich, also meine Freunde, und manche mochten mich halt nicht so, das waren die, die mich manchmal beleidigt haben, aber das war mir egal. Ich bin noch immer nicht die Dünnste, aber ich stehe dazu. Nach der Hauptschule kam das Poly. Im Poly ging es mir ganz gut. Dann kam die große Entscheidung, was will ich einmal beruflich machen. Ich wusste nicht wirklich, was ich machen soll, und dann bin ich zum Entschluss gekommen: Bürokauffrau. Also mache ich jetzt eine Lehre.

Ich habe zwar als Bürokauffrau nicht mehr so viel Freizeit, aber ich bekomme mein eigenes Geld.

Ich habe auch einen Mopedführerschein gemacht. Durch diesen Führerschein bin ich viel selbstständiger geworden. In der Zukunft möchte ich vielleicht eine Familie gründen und auch ein Haus oder eine Wohnung besitzen.

Ich bin eine Person, die freundlich und lustig ist, aber ich bin auch so jemand, der zu viel nachdenkt. Ich habe in der Vergangenheit viel erlebt, was mich zu dem Menschen gemacht hat, der ich bin. Es war eine Achterbahn, ein Auf und Ab. Ich habe viele Menschen kennengelernt, manche waren falsch, manche ehrlich; manche Erlebnisse waren gut und manche schlecht, wie z. B. der Tod meiner Oma und meines Onkels. Gute Erlebnisse sind bei mir zurzeit Mangelware, früher waren sie immer auf Lager. Ich werde mich auch mit Sicherheit in der Zukunft noch ändern, weil es noch viele Sachen gibt, die mich prägen werden. Ich hoffe, ich kann in der Zukunft viele Länder entdecken, ich möchte viel reisen. Ich sage immer, nichts im Leben passiert ohne Grund!

Anonym, 17

Ein Leben à la Pablo Escobar

Ich lebe seit meiner Geburt in Bischofshofen. Nach der Volksschule besuchte ich 4 Jahre lang das Gymnasium St. Johann im Pongau, von wo ich an die Handelsakademie wechselte. In frühen Jahren erkannte ich bereits mein Interesse für die Wirtschaft und mein unglaubliches betriebswirtschaftliches Talent. Dieses Talent wird mich bereits in wenigen Jahren zum Millionär gemacht haben. Mein Ziel ist es, mit spätestens 35 Jahren in den Ruhestand überzutreten und Österreich zu verlassen. Dieser Wunsch hat politische, demografische sowie wirtschaftliche Hintergründe.

Sollte dieser Plan nicht zu 100 % funktionieren, so stehen mir durch meinen überdurchschnittlich hohen IQ auch noch alle Tore zur Welt der Kriminalität offen.

Ein Leben à la Pablo Escobar würde ich einem Leben im Fulltime-Angestelltenverhältnis durchaus vorziehen.

Es ist für mich schlicht und einfach nicht denkbar, als Bauarbeiter oder Büroangestellter zu leben.

Meine größten Vorbilder sind Wladimir Putin und Jakob Rothschild. Wenn ich einen vergleichbaren Status erreicht habe, werde ich mich aus der Öffentlichkeit zurückziehen und den Rest meines Lebens auf diversen privaten Inseln verbringen. Auch Burkina Faso oder Dschibuti wären Alternativen.

Tamara, 19

Ich will keine beste Freundin mehr

Als ich 2 Jahre alt war, starb mein Opa, der immer für mich da war. Nachdem er starb, sah ich ihn ca. 1 Jahr lang im Spiegel. Aber als ich älter war, verging das. Meine Kindheit war schrecklich. Meine Mutter schlug mich jeden Tag, hat mich eingesperrt und Schlimmeres. Als ich 6 war, bekam ich meine Halbschwester, und ich dachte, sie sei meine Schwester. Als ich 7 war, haben sich meine Eltern getrennt, danach bekam ich meine 1. Kinderpsychologin, und meine Oma ist zu mir und meinem Dad gezogen. Als ich ca. 10 Jahre alt war, kam ich in die 1. Hauptschule, aber die habe ich leider nicht geschafft, da ich gemobbt wurde. Also musste ich die Klasse wiederholen, und das waren die schlimmsten Jahre meines Lebens. Ich wurde Tag für Tag verarscht und gemobbt. Sie wollten mich aus dem Fenster werfen und, und, und. Ich versteh heute noch nicht, was in einem Menschen vorgeht, dass man, wenn man mobbt, sich dann cool vorkommt. Ich mein, jeder hat nur 1 Herz und ein Leben. Bleiben wir fair und ruinieren es nicht anderen, niemand hat so was verdient. Mensch ist Mensch.

Als ich 14 war, starb meine Tante, die mir viel bedeutet hat. 1 Jahr später schenkte mir mein Dad einen Hund, damit ich nimmer so allein bin, da ich keine Freunde hatte. Mein Hund ist immer da, wenn ich ihn brauche, er ist ein wahrer Freund, und ich weiß, dass er mich nie verlässt so wie Freunde oder meine Mutter.

Ich weiß, er wird mich nie verarschen wie die in der Schule.

Er ist mein größtes Glück. Darum ist sein Name Lucky. Als ich 18 war, kam ich in die Produktionsschule, wo ich dachte, ich hätt sie gefunden, meine beste Freundin, aber ich hatte unrecht. Ich wurde von vielen gewarnt, aber ich hab es ignoriert. Sie hat mich ein halbes Jahr nur verarscht, sie hat mich nicht gemocht. Ich frag mich, welcher Mensch kann so grauenhaft sein und ein halbes Jahr 'ne Freundschaft vorspielen. Aber es ist, wie es ist. Ich will keine beste Freundin mehr, sie hat mich verändert. Ich bin froh, dass ich meine Freundin im Internet noch habe, sie ist seit dem 12. 11. 2015 meine WABFOJA (Welt-aller-beste Freundin ohne jede Ausnahme), auch wenn ich sie noch nie real gesehen habe. Ich hoffe, ich werde sie bald mal kennenlernen. Sie hat mir Kraft gegeben, sie ist ein Teil meines Lebens und ein Teil meines Herzens.

Anonym, 17

Immens großes Interesse an audiovisuellen Medien

Da meine beiden Elternteile verschiedenen Nationalitäten angehören, obwohl sie aus dem gleichen Land kamen und beide nach Österreich auswanderten, wurde ich schon von klein auf dazu erzogen, Menschen aller Art zu akzeptieren. Egal, welches Geschlecht, welche Hautfarbe oder Nationalität. Daher besaß ich selbst nie Nationalstolz und kann auch nicht verstehen, wieso Menschen diesen empfinden. Ich sollte Menschen, die Stolz für ihre Heimat empfinden, aber erstmalig kennenlernen, als ich mit 14 Jahren anfing, die Handelsakademie zu besuchen. Anfangs konnte ich es beim besten Willen nicht nachvollziehen, wieso die Herkunft mancher Menschen für sie so relevant war, und ich dachte, dass solche Leute Menschen anderer Herkunft verabscheuen. Mittlerweile denke ich aber nicht mehr so über solche Menschen.

Klar, ich verstehe noch immer nicht, wieso diese Gefühle existieren, allerdings habe ich herausgefunden, dass auch diese Menschen tolerant und nett sein können.

Trotzdem gibt es noch einige Extremfälle. Diese sind dann aber auch die Sorte Mensch, die alles verwerflich findet, was von der Norm abweicht. Seien es Hobbys, Persönlichkeit, Religion oder Herkunft.

Ich persönlich fand schon immer immens großes Interesse an audiovisuellen Medien, wie zum Beispiel Filme, Computerspiele oder ähnliches. Zudem liebe ich es, Produkte dieser Medien näher unter die Lupe zu nehmen, zu analysieren und zu kritisieren.

Wenn ich diese Leidenschaft aber an die Öffentlichkeit tragen würde, würde ich als hobbylos bezeichnet werden, obwohl eben genau dies mein Hobby ist. Aber davon lass ich mich nicht abbringen.

Lea, 16

Vielleicht ziehe ich auch mal in ein anderes Land

Ich hatte eine wunderbare Kindheit. Ich bin in Oberndorf in Salzburg geboren und in St. Pantaleon (Oberösterreich) aufgewachsen. Das ist ein wunderbarer Ort am Land. Mein Onkel hat einen Bauernhof, auf dem mein Bruder und ich fast täglich waren. Wir waren nicht viele Kinder in der Nachbarschaft, doch wir haben uns alle verstanden. In der Volksschule hatte ich die beste Lehrerin. Sie war wie eine Freundin für uns alle. In meiner Klasse waren nur nette Leute. Ich kann mich nicht mehr genau erinnern, wann das war, aber ich war noch relativ jung, als meine Schwester nach Spanien zog. Heute denke ich mir oft, wie mutig sie eigentlich war, so weit wegzuziehen, alleine. Vielleicht ziehe ich auch mal in ein anderes Land. Dort, wo sie lebt, ist es wunderschön.

Als ich in die Mittelschule kam, war ich so froh, dass unsere Klasse der Volksschule auch in der Mittelschule wieder zusammen war. Auch in der Mittelschule hatten wir einen super Lehrer, und zum Glück habe ich mir nie schwergetan. Ich denke, meine Lehrer und Freunde haben sehr viel dazu beigetragen, wie ich jetzt bin. Nach der Mittelschule ging ich in die Caritas in Salzburg, das ist eine 5-jährige Schule mit Matura, die den Schwerpunkt auf das Soziale legt. Diese Schule war eindeutig zu viel für mich. Im März 2016 lernte ich meinen Freund kennen. Durch ihn lernte ich ein wunderbares Land (Montenegro) kennen. Von diesem Land hatte ich nie wirklich viel gehört, bis ich das erste Mal selbst dort auf Urlaub war.

Als die Sommerferien 2016 vorbei waren, wollte ich nicht mehr in die Schule. Ich probierte es trotzdem nochmal, doch nach 1 Monat brach ich ab. Ich schaffte es nicht mehr. Das lange & weite Fahren machte mich fertig. Es war Ende Oktober 2016, also ca. heute vor einem Jahr. Ich traf diese Entscheidung, und sie veränderte mein Leben. Ich suchte ständig nach einer Lehrstelle, doch es war nicht die richtige Zeit, um eine Lehrstelle zu finden. Ich wurde immer träger und hatte auf nichts mehr Lust.

Im Dezember begann ich dann mit dem Autoführerschein. Es war wenigstens für 2 Wochen eine Beschäftigung.

Ich bewarb mich weiter und hatte auch viele Vorstellungsgespräche. Als ich dann endlich eine Zusage hatte, dass ich im April als Bürokauffrau zu arbeiten beginnen kann, kam ich aus dem Loch, in dem ich war, heraus und war wieder glücklich. Heute bereue ich es, dass ich in der Zeit, wo ich zuhause war, nicht für den Führerschein gelernt und die Prüfung abgelegt habe. Zurzeit bin ich überglücklich mit meinem Leben. Nach meiner Lehrzeit möchte ich noch vieles von der Welt sehen. Vor allem Australien und Neuseeland ziehen mich an. Und Mitte 20 möchte ich gerne verheiratet und Mutter sein.

Belmedin, 15

Über meinen Vater

Geboren am 14. 02. 2002. Da fing alles an mit meinem Vater. Er liebte mich über alles, er war für mich alles. Er badete mich immer, ich fuhr immer mit ihm zur Arbeit. Einmal sind wir nach Bosnien gefahren und ich hatte irgendwas angestellt. Er hat mich dann gehaut. Später verstanden wir uns wieder. Einmal kam ich als kleines Kind am Abend mit meiner Mutter nach Hause. Und war zu Hause mit meiner Schwester und Mutter. Wir saßen im Wohnzimmer, und plötzlich machte er die Tür auf, saß mit uns im Wohnzimmer. Er sagte: „Dann gehe ich schlafen." Am nächsten Morgen sprang das Auto nicht an, und er ging zum Zug und dann zu Fuß zur Arbeit. Er kam auf der Arbeit an, und der Chef sagte zu ihm: Geh auf die Baustelle. 15 Minuten später war er bereit, er hatte alles angezogen und ging auf die Baustelle. Er hat etwas aufgehoben und dann von einer Maschine den Stecker gezogen.

Etwas hat ihn im Nacken getroffen und plötzlich fiel er aus den zweiten Stock.

Die Polizei kam zu uns. Meine Mutter war geschockt. Meine Schwester war geschockt, sie war 13 Jahre alt. Eine Woche später informierte meine Mutter unsere Familie. Die Mutter von meinem Vater war geschockt. Und es war alles fertig für das Begräbnis, alles vorbereitet. Und dann war unsere Familie um Vater versammelt. Die Männer nahmen den Sarg und gingen damit zum Grab. Sie begruben ihn und alle verabschiedeten sich von meinem Vater. Und das war meine Geschichte über meinen Vater.

Anonym, 18

Stolz darauf, anders zu sein, war ich noch nie

Ich hatte nie ein wirklich einfaches Leben. In meinen 18 Jahren habe ich vermutlich mehr erlebt als manch 35-Jähriger. Von Alkohol über Gewalt bis hin zu Straftaten war eigentlich alles dabei. Der erste Tag in meinem Leben, an den ich mich erinnern kann, war mein 4. Geburtstag. Was ich noch weiß, ist, dass ich ein paar Tage danach geschlagen und angeschrien wurde, aber das war Routine in meinen ersten Lebensjahren. Ich hatte Angst. Angst vor der Welt und vor meiner Mutter. Doch die körperliche und psychische Gewalt plus mehrere Umstände machten mich vermutlich zu dem, was ich heute bin. Ich kam mit blauen Flecken in die Schule und heim. Denn nicht nur zuhause, sondern auch in der Schule erlebte ich Gewalt und Hass, vonseiten der Mitschüler. Sie behandelten mich so, wie es ihnen passte. Und nur aus dem Grund, weil ich anders war. Ich war hochintelligent & hatte einen gemessenen IQ von ca. 130–140. Und allgemein war ich anders.

Meine Mutter hatte selten Arbeit. Meinen Vater kannte ich nicht. Geld hatten wir auch nie wirklich, und das Gefühl, jemand Liebenswertes bzw. Tolles zu sein, bekam ich nie. Das ganze Spiel mit der Gewalt zog sich bis Anfang der Hauptschulzeit. Danach ging es weiter mit Alkohol und psychischer Gewalt. Meine Mutter fing halt mit dem Saufen an, und ich musste immer alles allein auf die Reihe kriegen. Haushalt, Schule, Geld verdienen und auch eine Stütze für meine Mutter sein. Und das mit ca. 10 Jahren. Man könnte von frühem Erwachsenwerden sprechen, von verkürzter Kindheit oder auch schlecht erzogener Jugend.

In dieser Zeit entwickelte ich virtuelle Personen, die mir helfen sollten, mit allem fertigzuwerden. Doch waren es leider zu viele und sie entwickelten sich selbstständig.

So hatte ich mehrere Persönlichkeiten in mir, die allesamt hasserfüllt und kriegsliebend waren. Ich hatte es zwar im Griff, aber Mordgedanken und auch Kriegsgedanken jeden Tag im Kopf zu haben, war nicht einfach und nichts, worauf man stolz sein könnte. Um mich zu verstehen, braucht man mehr als nur gute Ohren zum Zuhören.

Eine Geschichte, die ich gerne erzähle, um mich, also die Person hinter meinem Gesicht, besser kennenzulernen, ist folgende: Ich war einmal mit meiner alkoholisierten Mutter unterwegs, da war ich ca. 12 oder 13, und sie sagte vor 5 oder 6 Personen, was für ein Arschloch ich bin. Klingt krass, ist aber echt passiert. Nicht nur, dass das von meiner eigenen Mutter kam, in einem Lokal, sondern auch, dass das unter der Woche war, während der Schule. Am selben Abend wollte sie mit mir fortgehen, so bis Mitternacht oder 1:00. Diesen Gedanken hatte sie öfters. Meistens musste ich ihr nachhause helfen, was immer sehr blamabel und anstrengend war. Solche Situationen unter Alkohol passierten ca. 3–6 Mal im Monat, also gut alle 7–10 Tage. Bis ich 15 wurde. Ab da minderte sich der Alkoholkonsum. Aber das lag auch an ihrer

Magen-OP. Sie verträgt eben nicht mehr so viel. Der letzte große „Alkoholskandal" von ihr ist jetzt gut 2,5 Jahre her.

Ich denke, die meisten haben jetzt ein falsches Bild von meiner Mutter. Sie hat auch positive Seiten. Sie machte mich zu dem, was ich heute bin: ein großer, starker Mann, selbstbewusst und schlau. Sie hat einen sehr guten Humor und einen guten Musikgeschmack. Sie hat sich schon längst für all ihre Missetaten entschuldigt. Klar, so was kann man nicht entschuldigen, aber trotzdem, sie ist meine Mutter. Ich hab sie ja trotzdem lieb.

Depressionen verfolgen mich jetzt schon seit gut 9 Jahren. Ich war anfangs auch in therapeutischer Behandlung, doch nicht lange. Ich hätte, aufgrund von Suizidgedanken, sogar 6 Monate stationär in Behandlung sein sollen, damit es mir einmal besser geht. Doch ich tat es nie. Meistens war der Grund meine Mutter, die mich als Lügner und meine Depressionen als nicht existent deklarierte. Mittlerweile habe ich sie schon ganz gut im Griff. Selten habe ich noch Nervenzusammenbrüche, Suizidgedanken mittlerweile auch keine mehr.

Stolz darauf, anders zu sein, war ich noch nie. Doch mittlerweile weiß ich, dass ich anders bin, und kann dazu stehen. Ich denke oft viel nach, träume von den komischsten Sachen, und meine Lebensweise ist nicht immer nachvollziehbar. Zum Beispiel mag ich Frühstück um 19:00, Torte um 5:00, und ich schlief mal erst um halb sechs ein und wachte um 14:00 auf. Ich träume davon, riesige SUVs zu fahren, in Sydney um 20:30 am Strand zu liegen, und will darüber nachdenken, ob ich schwimmen soll oder doch ins Hotel und mir bei guter Musik was zum Essen holen. Was ich unter guter Musik verstehe? Natürlich nur die besten und qualitativ hochwertigsten Musiker: Rammstein, Metallica, Slayer, Slipknot, Korn, Pantera und viele mehr. Doch gleichzeitig finde ich auch DJs sehr toll, aber nur die richtigen. Ich habe definitiv zu viele Träume. Ich fahre schon Auto ohne Führerschein, hab mit 14 schon getrunken (ich war mal Alkoholiker). Schwänzte die Schule, um mich mit Freunden zu treffen, und noch so viel mehr. Der wohl größte Lichtblick meines Lebens ist meine Freundin. Ich bin schon über 1 Jahr mit ihr zusammen. Ich liebe sie über alles. Und zum Glück liebt sie mich auch. Ich bin Sänger, doch leider habe ich noch keine Band. Hab die wohl besten Freunde der Welt und ich bin inzwischen nicht mehr pleite.

Albiona, 19

In der HAK, meinem zweiten Zuhause

Meine ersten 5 Lebensjahre verbrachte ich im wunderschönen St. Johann. Danach zogen wir, meine Familie und ich, nach Bischofshofen. Ich besuchte die VS Markt und lernte meine besten Freunde (Gery und Jacqui) kennen. Zu denen habe ich heute leider keinen Kontakt mehr, da beide nicht mehr in Salzburg zuhause sind. Auf der Hauptschule verwandelte ich mich immer mehr zur Sportskanone, bis ich in der 4. Hauptschulklasse sogar bei mehreren Wettbewerben den 1. Platz belegte. Was ich nach der HS machen wollte, war mir anfangs gar nicht klar. Gymnasium oder doch lieber in die HAK? Ich konnte mich einfach nicht entscheiden, und so kam es dazu, dass ich mich bei der PTS anmeldete. Während dieses Schuljahres bemerkte ich, dass die HAK die beste Alternative für mich wäre, da sie außer der Reife- & Diplomprüfung auch eine (gute) Berufsausbildung bot. Seitdem bin ich nun hier in der HAK, meinem zweiten Zuhause, und kämpfe gegen den Schulstress an. Die Matura ist zum Greifen nah. In weniger als einem Jahr werde ich zur Reife- & Diplomprüfung antreten.

Ich merke bereits jetzt, dass die Zeit wie im Fluge vergeht, und habe mir daher vorgenommen, früh genug mit dem Lernen für die Matura-Fächer anzufangen.

Sobald ich die Matura in der Hand habe, steht meinem zukünftigen Leben nichts mehr in der Quere. Wie heißt es so schön: „Ohne Fleiß kein Preis."

Anonym, 17

Ich bin viel öfter unterwegs

Im Jahre 1999 bei Sonnenfinsternis wurde ich im Krankenhaus Schwarzach i. P. geboren. Mit 3 Jahren bin ich in den Kindergarten gekommen und mit 6 in die Volksschule. Wie jeder Neuling hatte auch ich davor große Angst. Ich freute mich sehr über die Schultüte. Ich kann mich noch genau an meine tolle Kindheit erinnern. Fast meine ganze Familie wohnt in einem nahen Umkreis zusammen und früher spielte ich jeden Tag nach der Schule mit meinen Verwandten. Wir hatten immer sehr viel Spaß und eine wunderbare Zeit zusammen. Natürlich stritten wir ein paar Mal und es wurde auch öfters einer ausgeschlossen. Aber so ist das Leben.

Nach der Volksschule ging ich ins Gymnasium. Ich kann mich noch sehr gut erinnern, dass ich bei diesem Schulwechsel einen sehr guten Freund verloren habe, dennoch auch viele neue Freunde gefunden habe, mit denen ich auch jetzt noch gut befreundet bin.

Seit dem Beginn meiner Schullaufbahn habe ich ein Problem mit der Fremdsprache Englisch. Ich weiß nicht, wieso, aber diese Sprache fällt mir einfach schwer und verfolgt mich schon das ganze Leben lang. Nach dem Gymnasium habe ich mich entschieden, in die Handelsakademie zu wechseln. Einen wirklichen Grund dafür gibt es jetzt immer noch nicht. Doch ich denke, es war die richtige Entscheidung.

Natürlich gab es auch traurige und schwierige Momente in meinem Leben. Im April 2016 verstarb meine Oma. Alles ging sehr schnell und schockte die ganze Familie.

Doch im selben Jahr wurde auch ein weiterer Cousin geboren und ich wurde stolzer Onkel des Sohnes meiner Schwester.

Zu meinem 17. Geburtstag bekam ich den Autoführerschein, der irgendwie mein Leben ein bisschen verändert hat. Ich bin viel öfter unterwegs und auch froh darüber.

Benjamin, 19

Keine Zeit für „Spaß“

Ich geh immer weiter. Ich schau, dass meine Zukunftspläne Wirklichkeit werden. Aber es ist nicht einfach, wenn jeder zu mir sagt, was ich tun sollte. Ich spiele mit, bis ich eine Entscheidung getroffen habe, wie es weitergeht.

Ich bin in Oberndorf bei Salzburg geboren. Im Kindergarten habe ich viel Spaß gehabt mit einem Freund. Aber so eine Gaudi passt in der Schule nicht, und wir sind oft auseinandergesetzt worden, weil wir nicht „brav“ gewesen sind.

Nach einem Jahr bin ich nach Amerika gezogen, weil meine Eltern dort Arbeit gefunden haben. Englisch ist kein Problem für mich und eigentlich, kann man sagen, meine Muttersprache. Ich habe viel erlebt am Pazifischen Ozean, wir sind immer am Wochenende dorthin gefahren und haben gespielt und Spaß gemacht. Mein Vater hatte eine Arbeit, wo er oft weg gewesen ist, unterwegs in anderen Ländern rund um die Welt. Meine Mutter hat meine Leidenschaften nicht unterstützt.

Das Thema meiner Kindheit ist, dass ich nicht gekriegt habe, was ich wirklich wollte.

Es war damals keine Zeit für „Spaß“. Nur Schule, Schule und Schule. Nach dem Schulabschluss bin ich frei gewesen zu tun, was ich möchte. Meine Eltern haben mir empfohlen, in die Tourismusschule Kleßheim zu gehen, weil es danach viele berufliche Möglichkeiten gibt. Es hat bei mir nicht geklappt, und ich habe sie abgebrochen. Aber ich fahre gerne mit dem Rad und Ski, einfach die Natur genießen. Ich mache viele Naturfotos, lese und lerne. Einfach deinem Herz folgen und niemals darauf hören, was andere zu dir sagen, was du tun sollst. Lebe dein Potenzial zu 100 %.

Orges, 14

Ich musste warten, bis etwas Gutes passiert

Ich wohne in St. Veit mit meiner Familie (Mama, Papa, Schwester). Ich gehe in die PTS St. Johann und meine Schwester geht in die HS Schwarzach. Meine Mutter arbeitet als Frisörin in Bad Hofgastein und mein Papa arbeitet im Zinnkrügl im Alpendorf. Mein Hobby ist Fußballspielen, und ich spiele gerne „Alis.io", ein Spielchen am PC.

Am 7. Juni 2002 bin ich geboren, nach 5 Tagen ist mein Opa gestorben, nach 2 Jahren habe ich eine Brille bekommen. Als ich ca. 2einhalb Jahre alt war, ist mein Vater nach Österreich gegangen. Es war sehr schwierig für mich, ohne Vater zu leben, aber ich wusste, dass er für mich und meine Familie arbeitet, und ich musste warten, bis etwas Gutes passiert. Im ersten Schuljahr hatte ich Angst, alleine in der Schule zu bleiben, ohne ein Familienmitglied. Im 2. Schuljahr ist es mir wieder gut gegangen, weil ich die Schule gewechselt habe. Im 3. Schuljahr habe ich meinen besten Freund kennengelernt. Als ich 10 Jahre alt war, habe ich meinen Vater wiedergesehen, und meine Mutter war mit meiner Schwester schwanger.

Ich war so froh, dass ich meinen Vater nach 7 Jahren treffen konnte.

Danach haben wir zusammengelebt für 2 Jahre, dann ist er wieder nach Ö gegangen. Nach 1 Jahr hat er ein Visum bekommen, dann konnte ich auch nach Ö kommen. Ich bin zufrieden, dass ich hier bin, und ich will eine Lehrstelle und meine Zukunft aufbauen.

Anonym, 16

BMW ist für mich wie ein Freund

Ich bin in Hallein geboren. Meine Eltern sind aus der Türkei und sind hier, um zu arbeiten. Sie arbeiten, damit es uns gut geht, damit wir etwas zu essen haben. Wir sind drei Brüder, ich, Umut, Uluk. Uns geht es eigentlich sehr gut. Wir unterhalten uns, schauen zusammen fern, gehen raus. In der Moschee treffen wir uns mit Freunden und gehen was trinken. Wir waren immer selbstständig. Ich hatte viele Freunde, aber die waren alle keine guten Freunde. Früher hatte ich ein Spielzeugauto, es war ein 3er BMW. Ich beschäftigte mich nur mit diesem Spielzeug. Stundenlang, tagelang spielte ich mit ihm. Eines Tages ist es runtergefallen und seine Vordertür war weg. Ich habe geweint und geweint. Mein Vater sagte: „Ich hole dir ein neues Auto." Und er kam mit einem Mercedes-Benz-Spielzeugauto. Ich dachte nur: „Was ist das für ein Auto?", und sagte meinem Vater, dass ich dieses Auto nicht will, weil es nicht so gut aussieht wie mein BMW. Mein Vater sagte mir, dass ich warten muss, bis er wieder Lohn bekommt. Ich wartete und wartete. Während dieser Zeit spielte ich mit meinem kaputten BMW. Plötzlich dachte ich mir, dass ein kaputter BMW besser ist als ein neuer Mercedes Benz, und sagte meinem Vater, dass er mir kein neues Spielzeugauto kaufen muss. Eines Tages verließ mein Vater das Haus, weil sich meine Eltern scheiden ließen.

Ich war immer BMW-Fan. Ich träumte von 3er BMWs und 5er BMWs. BMW ist für mich wie ein Freund. Wenn ich einen besitzen würde, dann würde ich ihn wie einen Sohn behandeln. Ich find jede BMW-Reihe super und will, seit ich 8 war, einen 3er BMW besitzen, am besten einen Benziner. Es ist egal, wie viele Liter der braucht oder ob er teuer ist. Hauptsache, ich hab den Schlüssel in der Hand. Mein Onkel besitzt ein 330i Benziner-BMW Cabrio, 248 PS, 6 Zylinder. Sein Aussehen begeistert mich, es ist ein sehr krasses Ding. Hoffentlich werde ich auch einen besitzen, derzeit gehe ich in einen Führerscheinkurs für L17. Ich habe schon sehr viel gelernt und will die Theorieprüfung schaffen, dann kann ich mir endlich einen BMW kaufen.

Es ist egal, wie reich oder wie berühmt man ist, die Menschlichkeit ist wichtig. Ob man Armen hilft oder nicht, spielt eine große Rolle.

Meine Religion ist der Islam und ich glaube an Allah. Es ist gerade Ramadan und da muss man ab dem 14. Lebensjahr fasten. Außer man ist krank oder muss Medikamente nehmen. Die heutige Jugend sagt: „Ich habe morgen ein Spiel", und dass sie unter diesen Umständen nicht fasten dürfen. Das ist Blödsinn!

Ich bin aus Sivas, das ist eine Stadt in der Türkei. Wir fahren dorthin, um Urlaub zu machen. Dort ist es sehr schön. Wegen den Leuten ist es anders dort. Wir treffen uns mit der ganzen Familie, setzen uns zusammen und reden über die Vergangenheit. Unsere türkischen Verwandten fragen uns, wie es hier so läuft, mit Arbeit und so. Wir gehen öfters in die Stadt. Dort gibt es viele Basare für Kleidungsstücke, für Uhren, für Schmuck. Dort gibt es alles Mögliche, was man in Österreich nicht finden könnte. Es sind sehr gute Leute, die sind immer nett und glücklich. Wir gingen einmal zu einem Platz, wo viele Blumen sind, überall grüne Gräser. Dort wollten wir mit der ganzen Familie grillen. Wir haben Fisch gemacht, Huhn gemacht, Köfte gemacht. Wir aßen alle zusammen und redeten bis spät. Nach dem Grillen schnitten wir eine Melone und hatten was zum Trinken. Nachher spielten wir Fußball, es war sehr schön. Am nächsten Tag mussten wir wieder mit dem Flugzeug nach Österreich zurück. Als wir über Österreich waren, fing es gleich an zu regnen, wie jedes Mal, wenn wir am Airport Salzburg ankommen. Mein Onkel kam, um uns abzuholen, und wir fuhren bei Regen und Gewitter nach Hallein.

Ich will eine Lehrstelle finden, dann will ich einen BMW besitzen, dann will ich einen guten Lohn haben und meine Mutter versorgen, damit es ihr gut geht. Ich werde für sie immer da sein und machen, was sie will. Ich werde für sie einkaufen.

Anja, 15

Ich wollte schon immer in einem Haus wohnen

Vor 15 Jahren wurde ich in Schwarzach im Pongau geboren. Meine Mutter ist in St. Johann im Pongau geboren und mein Vater in Taxenbach. Ich habe eine große Schwester namens Sonja. Ich bin mit 3 Jahren in den Kindergarten gegangen und war 6 Jahre, als ich ihn wieder verlassen habe. Dann bin ich in die Volksschule gegangen. Als ich 10 Jahre alt war, bin ich in die Hauptschule St. Johann gegangen. Und jetzt gehe ich in die PTS.

Als ich 5 Jahre alt war, starb mein Opa an Herzversagen. Ich habe im Alter von 7 Jahren 2 Vögel bekommen, weil ich es mir gewünscht habe. Mit 10 Jahren habe ich noch einen Teddyhamster bekommen. Als ich 14 Jahre alt war, habe ich einen Freund bekommen. Meine Eltern haben sich getrennt. Für mich ist die Situation sehr schlimm, aber man kann daran nichts mehr ändern. Ich habe viele Bewerbungen geschrieben und habe mich zwischen 3 Berufen entscheiden müssen. Ich habe mich für die Bäckerei Bauer als Einzelhandelskauffrau entschieden. Mit 20 Jahren möchte ich den Autoführerschein und eine Ausbildung haben.

Wenn ich älter bin, möchte ich unbedingt Alpakas als Haustiere haben.

Ich möchte mit meinem Freund ein schönes Haus bauen, denn ich wollte schon immer in einem Haus wohnen. Mit 25 Jahren möchte ich mit meinem Freund in den Urlaub fliegen. Nächstes Jahr fange ich Downhillen an, weil es mir Spaß macht, mit meinem Freund mit dem Fahrrad den Berg hinunterzufahren. Ich möchte einmal 2 Kinder haben, weil ich gerne was mit Kindern unternehme. Meine Schwester ist 19 und hat auch einen Freund seit über einem Jahr. Mein Ziel ist es, dass ich eine gute Arbeit habe und dass meine Familie und Freunde immer gesund bleiben.

Niklas, 14

Ich bin mit meiner Lehrstelle sehr zufrieden

Laut Erzählungen war ich als kleiner Junge ein sehr lebenslustiger und freudiger Bursche. Ich war immer schon an Autos und Bauten interessiert. Auch heute noch. Als ich mit ca. 5 Jahren meinen Bruder bekam, war ich sehr erfreut. Als ich ca. 9 war, ist tragischerweise mein Opa gestorben. Diesen Tag werde ich nie vergessen, er war nämlich einer meiner schlimmsten. Ich konnte es einfach nicht fassen, dass er von uns gehen musste. Trotz allen Umständen begann ich mit 10 Jahren meine Hauptschulzeit. Im September 2016 begann ich, Bewerbungen für meine Lehrstellen zu schreiben. Ich schrieb 3 Bewerbungen. Alle 3 für Metallische Berufe bzw. Firmen. Ich bekam von allen 3 eine Zusage. Meine jetzige Lehrstelle ist der Liebherr in Bischofshofen. Dort mache ich eine Ausbildung zum Metallbautechniker (Maschinenbautechniker), diese dauert 3,5 Jahre. In der Ausbildung lerne ich die Grundlagen von meinem Beruf.

Die bestehen aus: Drehen, Schweißen, Fräsen, Flexen, eine CNC-Fräse bedienen, Bohren und vieles mehr.

Ich mache auch eine 1monatige Ausbildung in der Werkzeugausgabe. Danach möchte ich die Radlader in der Produktion zusammenbauen. Ich bin mit meiner Lehrstelle sehr zufrieden. Vor kurzem bekam ich mein Moped, eine Gilera SMT Racing.

Anonym, 22

Einfach nicht das Richtige für mich

Soweit ich mich erinnern kann, hatte ich die schönste Kindheit, die man sich nur vorstellen kann. Wir waren sehr viel unterwegs mit unseren Verwandten und es gab immer Aktion bei uns in der Familie. Wie fast alle Kinder bin ich in den Kindergarten und danach in die Volksschule gegangen, das war der Zeitpunkt, an dem ich meinen ersten Hund bekommen habe. Nach der Volksschule habe ich ans BG/BRG Hallein gewechselt. Am Gymnasium war ich leider nur 3 Jahre und habe meinen Abschluss dann in der Hauptschule gemacht. Nach der Hauptschule bin ich an die HAK/HAS Hallein gegangen. Schnell habe ich bemerkt, dass dies einfach nicht das Richtige für mich war, hab das erste Jahr abgeschlossen und mir eine Lehre als Frisörin gesucht.

Es war nicht mein Traumberuf, aber ich wollte nicht mehr zur Schule gehen.

Ich hatte in einem Betrieb angefangen, in dem das Betriebsklima sehr familiär war, und das habe ich sehr genossen. Ich habe 1 ½ Jahre gelernt, das erste Jahr der Berufsschule mit Erfolg abgeschlossen, und danach ging es bergab. Ich musste aufhören zu arbeiten. Jetzt, ein paar Jahre später, sitze ich hier in der Produktionsschule Hallein und probiere, das Beste daraus zu machen.

Daniel, 15

Der Drang zum Handwerk

Ich bin schon seit meinen frühen Jahren ein Hobbyhandwerker, was ziemlich wahrscheinlich von meinem Vater kommt. Auch wenn ich pflichtbewusst bin, gibt es genug Momente, in denen die Faulheit noch immer gewinnt. In meiner Schulzeit konnte ich immer lachen, da ich einfach Glück mit Klassenkollegen und Lehrern hatte. Das hat sich bis heute nicht geändert und ich kann immer noch lachen. Meine Lehrstelle habe ich schon seit einer längeren Zeit. Da es einfach in meinen Genen liegt, ist es ein handwerklicher Beruf. Ich stehe gerade kurz vor meinem Schulabschluss und kann die Welt des Arbeitens kaum noch erwarten.

Deshalb bemitleide ich meinen Bruder, der in der Volksschule sitzt und es ebenfalls schon nicht mehr erwarten kann, in die Welt der Arbeit einzusteigen.

Bei mir ist das Verlangen zu arbeiten erst seit dem Ende der Hauptschule vorhanden, obwohl der Drang zum Handwerk ja, wie gesagt, schon viel länger vorhanden ist.

Ein besonderer Schritt in die Eigenständigkeit war das Erlangen der Mobilität in Form eines Motorrads, da ich Freunde besuchen kann, die weiter weg wohnen, ohne auf meine Eltern angewiesen zu sein. Vor allem im freizeitlichen Bereich bin ich an wenige Grenzen gebunden. Meine Entwicklung wurde vor allem von Reisen mit der Schule, wie zum Beispiel nach England, Wien, Italien, Villach und noch ein paar, sehr geprägt, da ich mich auf Reisen einfach viel freier fühle und auch weniger denke als normal. Somit konnte ich feststellen, dass ich im Urlaub einfach nur entspannen will. Diese Entspannung nehme ich dann zurück in den Alltag und gehe Tag für Tag mit voller Motivation in der Früh aus dem Haus.

Anonym, 22

Der Hass in mir übernahm mich

Meinen Namen verrate ich nicht, da ich eine Geschichte zu erzählen habe, die nicht jeden glücklich machen wird. Meine Eltern stammen aus Serbien. Ich bin in Braunau geboren. In frühen Kinderjahren zogen wir nach Salzburg, wo ich bis heute noch lebe. Ich wuchs in normalen Verhältnissen auf. Wir hatten jeden Tag zu essen, ein Dach über dem Kopf und Freude am Leben. Mit dem Alter kommen die Probleme. Noch vor der Hauptschule wurde mir klar, dass man sich seine Freunde nicht unbedingt aussuchen kann. Als 10-Jähriger trieb ich mich schon mit den älteren Kindern herum. Alle waren Hauptschulabsolventen und ich gerade mitten in der Volksschule. Viele von ihnen rauchten schon und tranken Alkohol. Mir kommt vor, als wäre ich damals am resistentesten gewesen. Ich sagte immer „nein" zu dummen Ideen und Dingen, die unüblich waren in meinem Alter. Doch das Böse sucht man nicht, es kommt auf einen zu. In der Schule wurde ich gehänselt. Wahrscheinlich wegen meines Gewichts und meiner Herkunft.

In meinem gesamten Jahrgang war ich das einzige ausländische Kind, und das fiel vielen unangenehm auf.

Ich konnte mich wehren, sowohl körperlich als auch mündlich. Meine Mutter sagte immer, dein Mund ist deine Stärke und Schwäche. Ich konnte nie meinen Mund halten. Wenn mir was nicht passte, sagte ich es. Genauso war es bei den Hänselattacken. In der 2. Klasse Volksschule fing es mit regelmäßigen Raufereien in der Pause, vor und nach der Schule an. Ich war immer alleine. Meine Freunde konnten mir nie helfen, denn sie waren in der Hauptschule. Fuck it! Drei Schüler, die mich schlagen? Das woll' ma mal sehen. Keiner von denen konnte mir was antun, immer bekamen sie auf den Deckel. Irgendwann wurden aus drei vier und aus vier fünf, und siehe da, auch ich kann mal auf die Fresse bekommen. Mit 10 Jahren wurde ich getreten, geschlagen und malträtiert, doch das machte mir nichts. Nur nicht weinen! Nie wollte ich meine Tränen zeigen. Doch sie kamen. Nicht aus Trauer oder Schmerz, nein. Sie kamen aus purer Wut und Hass. Ich träumte davon, den Pissern Knochen zu brechen, bis zu dem einen Tag. Ein ganz normaler Morgen wie jeder andere. Ich steige in den Bus und mache mich auf den Weg zur Schule. Aus den Kopfhörern meines Discmans kommen die Töne von Eminems „The Eminem Show"-Album: „I'm sorry Mama, I never meant to hurt you, I never meant to make you cry but tonight I'm cleaning out my closet ... one more time." Bus bleibt stehen. Raus aus dem Bus, rein in die Schule. Ich gehe die Stiegen hinunter und wen sehe ich? Die Pisser! Sie hießen Luki, Thomas, Stefan, Alex und Jakob. Ich versuche vorbeizugehen und bekomme einen Faustschlag von Luki. Hurensohn! Ich pack den Lutscher bei der Gurgel und schlage wie besessen auf seinen Kopf ein, während die anderen versuchen, mich wegzuzerren von ihm. Wir liegen am Boden, und die anderen fangen an, mich mit den Beinen von ihm wegzukicken. Jakob trifft mich an meinem Kopf. Er wird noch büßen. Ich stehe auf und jage Jakob durch die Garderobe. Er entkommt mir, doch Florian, ein Junge, der mit mir in die Klasse ging und offenbar Mitleid hatte, stellte dem nichtsahnenden Jakob das Bein und ließ ihn ungut auf den Boden stürzen. Das tat ihm sicher weh. Doch dies reichte mir nicht. Der Hass in mir übernahm mich. Während er am Boden lag, trat ich ununterbrochen auf seinen Magen ein. Mit der flachen Sohle, immer und immer wieder. Er kotzt. Für einen Moment dachte ich, es wäre Blut, doch dann erkannte ich die Stückchen von einer Wassermelone. Dies machte es in diesem Moment ein wenig lustig. Ich lief aufs Klassenzimmer. Nicht lange Zeit später kamen Lehrerinnen + Direktorin in die Klasse und schrien, was das Zeug hielt. Bla, bla, dies, bla, bla, jenes. Ich bin mal wieder der Schuldige, genau. Nach meinem Wohlergehen wurde ich nie gefragt. Daher wahrscheinlich die chronische Lehrerphobie. Ich wurde zu Ergotherapien geschickt, um meinen „Drang zur Gewalt" zu senken. Meine Eltern konnten nicht glauben, dass ich so etwas gemacht hatte. Ich war und bin noch immer ein Mensch, mit dem man leicht kooperieren kann und der einem immer positiv entgegentritt.

So verlief im Großen und Ganzen meine Volksschulzeit. In der Hauptschule lief es nicht anders. Nur, dass mir mehr Respekt zuteil wurde. Ich wurde quasi als Schulrowdy angesehen, dies war aber nicht so. Ich habe nie wen grundlos angepöbelt. Ich war mehr der Helfer in der Not, wenn man es so sieht. Nach der Hauptschule begann ich die HAS II. Dort fand ich schnell Freunde, die mir ähnlich waren. Alle rauchten und hörten Rap-Musik. Nun war ich in meinem natürlichen Habitat. Die Noten wurden schlechter. Ich fing an zu schwänzen. Ich rauchte meinen ersten Joint. Meine Eltern wurden immer enttäuschter.

Schlägereien wurden schnell zu Gemetzeln und aus Fäusten Messer. Es ist schlimm, dass ein Jugendlicher bzw. ein fast noch Kind so was durchmachen muss, für mich aber war das natürlich. Für meine Mutter brach eine Welt zusammen, als ich abgestochen heimkam. Ja, abgestochen. Zu meinem 19. Geburtstag erlitt ich einen Stich in den Hals. Ratet mal, was mit dem Typen passiert ist, der zustach? Den konnte man nicht wiedererkennen. Erst nachdem ich ihm ordentlich das Gesicht demoliert hatte, bemerkte ich das viele Blut, welches aus meinem Hals kam. Krank. Rettung kam, nahm mich mit und flickte mich zusammen. Könnte öfter passieren, so schlimm war's nicht. Na ja, 2 cm haben gefehlt. Schon krass, eigentlich. Meine Mutter hatte viel mehr Angst um mich. Ich fühlte mich eher neutral. Schlimme Zeit. Leute dachten sicher, ich wäre gestorben.

Trotzdem beendete ich die HAS und wollte jetzt endlich Geld. Da erinnerte ich mich an den Joint. Schnell hatte ich mir 100 g besorgt und verkaufte die auf der Straße. Ich hatte oft Glück, dass ich nicht von der Polizei gefangen wurde. Ich ließ es bleiben. Ich widmete mich dem Beruf als Speditionskaufmann und entdeckte ein in mir schlummerndes Talent. Rap! Ich fing an zu schreiben. Nicht auf Deutsch. Auf Englisch. Durch Rap erlernte ich die englische Sprache in Wort und Schrift. Jeder Lehrer war verblüfft von meinem Sprachtalent. Nun versuche ich, meine Karriere voranzubringen und das Leid meiner Mutter bezahlt zu machen. Remember me!

Zoé, 15

Dank meinen Freunden bin ich zurück ins Leben gekommen

Ich habe eine nicht so einfache Vergangenheit. Meine Mutter ist seit knappen 30 Jahren Alkoholikerin, und dies mit Leidenschaft. Ich hatte in meiner Nachbarschaft niemals so wirklich Freunde im gleichen Alter. Dadurch war ich von klein auf nur mit älteren Jungs und Mädchen unterwegs. Auch durch meine äußerst schwierige Situation wurde ich früh erwachsen. Ob ich es gewollt hätte oder nicht. Bereits mit 13 Jahren habe ich für meine kleinen Geschwister gekocht und gesorgt, wenn unsere Mutter wieder einmal betrunken im Bett lag. Meine Mutter war ganze 4 Jahre clean. Bis Weihnachten 2015 zumindest.

Am 5. 1. 2016 war es offiziell, dass sie seit mehreren Tagen wieder trinkt.

Unser Vater war dieses Jahr über Weihnachten und Silvester nicht zu Hause. Er arbeitet im Ausland und war zu diesem Zeitpunkt auf den Shetlandinseln. Seit zwei Jahren kämpfen wir nun dagegen an. Gegen ihre Krankheit und gegen den Willen, zur Flasche zu greifen. Seit zwei Jahren steht die ganze Familie wieder in psychologischer Betreuung. Seit zwei Jahren kämpfe ich nun letzten Endes erfolgreich gegen meine Depressionen und gegen meine Borderline-Störung an. Meine mittlerweile 9 Jahre alte Schwester bearbeitet erfolgreich ihre Essstörung und mein 14-jähriger Bruder seine Aggressionsstörung. Dank meinen Freunden bin ich zurück ins Leben gekommen. Sie haben mich vor dem Ertrinken in mir gerettet, und dafür bin ich ihnen so unendlich dankbar.

Manuel, 19

Die einzig wahre Realität

Mir wurde mit etwa 12 oder 13 Jahren langsam bewusst, dass diese Welt nicht nur aus Frieden und Hoffnung besteht, und ich sollte einige Jahre später erneut zu der Erkenntnis kommen. Mir war klar, dass nicht alle nett sein würden oder alle voller Liebe sind, doch erst da erkannte ich, wie viel Hass und Schmerz in einem sein können. Ich lernte jemanden kennen, dem ich es schon an den Augen ansah, dass er furchtbare Schmerzen hatte. Da erfuhr ich zum allerersten Mal, was seelischer Schmerz war. Das Schlimmste, es tat auch mir weh. Aus einem mir zu dem Zeitpunkt noch unbekannten Grund schmerzte seine Präsenz. Nun, ich zog meines Weges, etwas irritiert von der Erfahrung, aber ich dachte nicht besonders darüber nach. Ein paar Jahre im Schnelldurchlauf: Freude – Trübheit – Missgunst – falsche Freunde – Leid – Schmerz – Ablehnung – Neid – Hass. So, nun weiter im Text. Ich übersprang die Zeit, weil es zu lang und zu kompliziert wäre, darüber ausführlich zu schreiben. Nun sollte ich ca. bei meinem 17. Lebensjahr sein. Das war eine sehr verwirrende Zeit für mich, ich hätte mir über so vieles Gedanken machen müssen, was ich allerdings leider nicht tat. Ich wusste eigentlich gar nichts. Ich wusste nicht, wer ich war, wo ich herkam, was ich einmal machen wollte oder wo ich einmal sein möchte. Es sollte ein weiteres Jahr dauern, bis mir klar wurde, dass ich immer nur in einer Illusion lebte. Ich machte mir wie die meisten anderen Menschen nur was vor. Ich behaupte einmal, die meisten Menschen sind sich nicht bewusst, dass es viel größere Probleme gibt, als wer Präsident ist oder welcher Konzern welche Produkte produziert. So groß diese Probleme auch sein mögen, sind sie vollkommen unwesentlich. Es gibt viel fundamentalere Probleme. Nun gut, mir einmal der Realität bewusst, versuchte ich, anderen zu helfen, sich der Realität ebenfalls bewusst zu werden. Man hasste mich dafür. Ich wurde oft beschimpft, weil ich anscheinend so pessimistisch war oder so respektlos gegenüber Religionen und Nationen und was diesen armen Seelen nicht sonst noch alles eingefallen ist. Ich wollte doch nicht mehr, als ihnen dabei zu helfen, aus dieser Illusion auszubrechen.

Die Menschen machen einen auf Solidarität und Mitgefühl und regen sich im nächsten Moment darüber auf, dass das Klopapier einlagig ist.

Mich macht das krank. Ich wurde so oft als herzlos und brutal bezeichnet, doch die Wahrheit ist einfach, diese Welt lebt in ständigem Gegensatz. Wo Licht ist, muss Schatten sein. In dieser Welt kann man nicht nur in Frieden, Liebe und Hoffnung leben. Krieg, Hass und Schmerz sind genauso Teil dieser Welt. Erst wenn man sich dessen bewusst wird, kann man ein erträgliches Leben führen. Ich habe eingesehen, dass ich zu den wenigen gehöre, die die Welt anders sehen. Vielleicht ist es Schicksal, vielleicht auch nicht. Ich bin mit meiner Suche nach dem Wahren noch nicht fertig. Was ist wahr, und was ist falsch. Doch ich weiß ganz genau, dass ich eines Tages all das verstehen werde. Eines Tages werde ich die einzig wahre Realität erkennen.

Anna, 18

Piep, piep, piep – ich hab euch alle lieb!

Angefangen hat alles vor 18 Jahren, 3 Monaten, 18 Tagen und ca. 12 Stunden – meine Geburt. Das waren noch Zeiten. Den ganzen Tag wurde ich umsorgt, gefüttert, geliebt & durfte schlafen, so lange & so viel ich wollte. Es kam, wie es kommen musste, & ich wurde älter, schlief weniger & erforschte meine Umgebung. Mir wurde das große Glück zuteil, auf einem Bauernhof aufzuwachsen, & so wurde mir nie langweilig. Gemeinsam mit meiner Schwester und meiner lieben Freundin habe ich die verrücktesten Sachen angestellt & viel erlebt. Den Sommer verbrachten wir fast durchgehend bei den Großeltern auf der Alm, wo ich am liebsten den ganzen Tag den superleckeren Topfenstrudel gegessen hätte und die selbstgemachten Bauernkrapfen. Meine Oma war eine Kämpferin – ich schreibe „war", weil sie nach einem über 40-jährigen Krieg gegen den Krebs verstorben ist und mit ihr mein größtes Vorbild.

Meine Eltern haben sich getrennt, & was soll ich sagen, das war eine sehr gute Entscheidung von ihnen, denn kurze Zeit später sind mit der neuen Freundin meines Vaters 2 tolle Familienmitglieder dazugekommen, auf welche ich keine Sekunde verzichten möchte. Trotz der Kriegchen & Krisen mit den Eltern haben sich alle immer prächtig verstanden, und jeder hilft jedem, so gut es eben geht.

Mittlerweile ist unsere Familie um ein weiteres Mitglied gewachsen, was mich zu einer stolzen großen Schwester von 2 Brüdern & 2 Schwestern macht, & auch wenn ich sie manchmal am liebsten erschießen würde, hab ich sie echt lieb (hab ich wirklich), auch meine Sandkastenfreundin! Ich mag auch die neue Frau meines Vaters furchtbar gern und bin unendlich froh, dass sie da ist, weil manchmal gewisse Dinge einfach bei ihr besser aufgehoben sind als bei den Eltern (glaubt mir, Mama & Papa, ihr wollt das alles nicht wissen). Auch über meinen Papa will ich ein paar Zeilen schreiben, schließlich ist er ein sehr wichtiger Grund für mein Leben. Ich hab dich lieb, Papa, auch wenn wir manchmal nicht einer Meinung sind, aber ich werde immer deine große, kleine Tochter bleiben und du immer mein Papa – niemand kann dich in meinem Herzen je ersetzen, auch der „besteste" Freund nicht.

Nun zu dir, Mama. Für die Gene kann man ja bekanntlich nichts, & ich bin so unendlich froh, dass ein Teil deiner Gene in mir ist (auch wenn ich lieber Papas Zähne hätte). So verschieden mein Äußeres im Vergleich zu dir ist, so ähnlich sind wir uns innerlich (ich meine die Gedanken & nicht die Organe), und das führt manchmal zu ziemlich heftigen Reibereien, aber im Innersten unseres Herzens wissen wir beide, dass es ohne Sticheleien & Diskussionen viel zu langweilig wäre, oder nicht?

Ich werde dich in nächster Zeit noch oft herausfordern und möchte, dass du weißt, wie lieb ich dich hab!

Ihr habt euch vielleicht jetzt etwas anderes erwartet, vielleicht fehlt euch das Drama, und wenn ich wollte, könnte ich tausende von Dramen erzählen, aber ich will nicht. Mein Leben ist natürlich von den Downs genauso geprägt worden wie von den Lichtblicken, jedoch möchte ich mich über keine Sekunde beklagen und würde jede meiner Entscheidungen noch einmal treffen, damit ich wieder hier landen würde & diesen Text schreiben könnte. Zum Schluss noch eine bekannte Poetry-Slammerin (Julia Engelmann), die gesagt hat: „Das Leben, das wir führen wollen, das können wir selber wählen. Also los, schreiben wir Geschichten, die wir später gern erzählen!" Also los! Schreibt eure Geschichten & ich werde noch lange an meiner basteln!

Amir Abbas, 16

Super und auch schwierig und langweilig

Ich bin in Afghanistan geboren, in einer kleinen Stadt. Meine Eltern sind auch dort geboren. Ich hatte eine kleine Familie. Mein Vater, meine Mutter und mein Bruder. Mein Bruder war 24 Jahre alt. Mein Vater 69 und meine Mutter 60 Jahre alt. Ich war 6 Jahre alt, als mein Vater mich in einer Religionsschule angemeldet hat. Dort habe ich schreiben und lesen gelernt. Mein Vater war Bauer und meine Mutter war Haushilfe. Ich war 11 Jahre alt, als meine Mutter krank wurde, und nach sechs Monaten ist sie gestorben. Wir hatten so viele Probleme mit Paschtunen. Das ist eine Volksgruppe in Afghanistan. Die Paschtunen haben gesagt, dass wir nicht mehr in unserer Stadt bleiben können. Danach haben sie meinen Bruder getötet, und mein Vater hat gesagt, dass wir nicht mehr bleiben können. Dann bin ich nach Österreich gekommen. Mein Vater hat mir gesagt, dass er kommen werde.

Aber er ist noch nicht gekommen, denn er ist alt, und er kann nicht reisen.

Seit einem Jahr wohne ich in Österreich und es gefällt mir. Nur, dass es sehr schwierig ist, in einem anderen Land ohne Familie zu wohnen.

In Österreich hatte ich zuerst nur Deutschkurs. 4 Tage pro Woche. Aber seit zwei Monaten habe ich Schule in Salzburg. Sie ist super und auch schwierig und langweilig. Wenn ich Zeit habe, gehe ich sehr gerne laufen. Es ist mein größtes Hobby. Und ich habe noch immer Deutschkurs. Drei Tage pro Woche.

Anonym, 15

Ich liebe es, in der Höhe zu sein

Meine Kindheit war eine super Zeit, auch wenn ich mir oft wehgetan habe, denn ich war immer draußen und hatte Spaß mit Freunden. Heute fahre ich Moped und treffe mich mit Freunden. In näherer Zukunft möchte ich ein Auto. In ganz ferner Zukunft möchte ich eine Familie gründen, ein Haus haben.

Ich möchte erfolgreich sein und in den Urlaub fahren können.

Ich gehe gerade auf die PTS und habe eine Lehrstelle als Zimmerer. Ich liebe die Arbeit mit Holz. Und ich liebe es, in der Höhe zu sein, deshalb ist dieser Beruf perfekt für mich. Als Zimmerer baut man einen Dachstuhl und daher ist man oft in der Höhe. Dadurch bekommt man einen enormen Adrenalin-Schub, denn man ist nur durch ein Gerüst mit einem kleinen Netz gesichert. Auf dem Dach arbeitet man dann mit Motorsägen, Nagelmaschinen und vielem mehr. Da die Gefahr in diesem Beruf hoch ist, verdient man auch gut.

Jaden, 15

Wir sind eine riesige Familie

Fußball ist das, wofür ich lebe. Als kleiner Junge hat mich mein Vater gelehrt, auf mein Herz zu hören. Meine Eltern begleiten mich mein ganzes Leben, ich liebe sie am meisten auf der Welt. Meine Eltern sind gebürtige Kroaten. Meine Eltern und meine Großeltern sind für mich das Beste, sie waren immer für mich da, wie meine Onkel und Tanten. Ich und meine Onkel und Tanten schauen Dragonball, trainieren und lachen einfach. Von meinem Vater der Bruder ist mein Cito, er begleitet mich auch und ist stolz auf mich. Und der von meiner Mutter, das ist mein Uva. Uva ist auch immer für mich da. Als kleiner Junge spielten wir im Park bis Mitternacht Fußball. Ich schlief mit dem Ball, so sehr liebte ich Fußball. Viele, gegen die ich gespielt habe, haben gesagt, dass ich gut bin. Mein Onkel Mari und mein Vater haben mir alles beigebracht. 2012 habe ich den 1. Platz bei Superdribbler belegt, da war mein Opa mit mir. Mein Vater konnte mich überzeugen mitzumachen. Bei SV Austria Salzburg bin ich am Anfang ein Superspieler gewesen, doch dann gab es auch schlechte Zeiten. Es gab Schwankungen. Boxen ist mein zweites Hobby. Mein Ziel ist es, meinen Vater im Armdrücken zu besiegen.

Sollte ich es schaffen, Profifußballer zu werden, möchte ich für Kroatien spielen.

Wir sind eine riesige Familie, das ist auch gut so. Mein Uva und mein Cousin spielen immer gegen mich Fußball, aber chancenlos. Die Einzigen, die mich verstehen, sind meine Großeltern, für sie tu ich alles. Der Cousin meines Vaters, Onkel Masko, ist der Coolste, er ist wie Onkel Charlie. In meiner Familie sind wir stolze Kroaten. Mein Urgroßvater war ein General. Ich bin stolz auf ihn, er war unbeschreiblich.

Als ich sieben war, bekam ich meine kleine Schwester, die den Charakter von meinem Vater hat, eitel und stark. Ich komme zu tausend Prozent nach Mama. Mein Vater lebte in Bosnien in einem schönen Dorf. Als es zum Krieg kam, war mein Vater 8 Jahre alt. Mein Vater und mein Onkel wollten bleiben, doch mein Opa hat sie überredet. Der Krieg war echt eine harte Zeit, bei mir ist von meinem Opa der Bruder geblieben und hat überlebt. Meine Mutter war als kleines Kind schon hier.

Ich danke meinen Eltern, meinen Großeltern und meiner Familie. Ohne sie wäre ich nicht der Mensch, der ich jetzt bin. Mein großer Cousin ist wie mein zweites Ich, wir machen viel Blödsinn. Mein Vater ist da nicht so streng, wenn ich etwas mache, aber meine Mama. Ich konzentriere mich jetzt nur auf Fußball.

Alexander, 15

Nichts sagen, nicht einmischen

Meine Geschichte beginnt am 26. Juni 2001 in Darmstadt (Deutschland). Es war ein sonniger Tag. Meine Mutter lächelte mich an. Ich schrie natürlich gleich und fragte mich, wo ich war. Ich trieb vor meiner Geburt in einer Blase, schlug Saltos und machte danach ein Nickerchen. Eines Tages weckte mich ein lautes Geräusch auf. Ich habe mich damals sehr geärgert. Später habe ich rausgefunden, dass das Geräusch das Geschrei von meiner Mutter war. Nach meiner Geburt war sie sehr erschöpft. Mein Vater sah mich als Zweiter. Und ich wette mit euch, dass er sich gedacht hat: Dieses Kind habe ich geschaffen. Dieses Kind kann ich meinen Sohn nennen. Wir gingen aus dem Krankenhaus und bedankten uns vorher bei der Hebamme. Ich verbrachte die nächste Zeit nur jedes zweite Wochenende bei meinem Vater. Meine Mutter war Hotelfachfrau, mein Vater Einzelhandelskaufmann bei einer Möbelfirma. So verstrich das Leben wie bei jedem anderen. Mein Uropa ist gestorben, als ich zwei war, und als ich vier war, zog ich nach Österreich.

Ich erlebte die Zeit im Kindergarten in der Stadt Salzburg. Es war eine sehr aufregende Zeit. Ich hatte meine erste kleine Gehirnerschütterung, indem ich mit dem Roller gegen die Wand fuhr. Da denkt ihr euch doch sicher, wie blöd muss man sein, dass man mit dem Roller gegen die Wand fährt. Zum Schulanfang zogen wir in den Pongau. Ich finde, das war die schlimmste Entscheidung von meiner Mutter. Ich habe mich damals sehr gefreut auf die Schulzeit. Nachdem ich ein Jahr in die Vorschule gegangen bin, begann mein Mobbing-Leben. Ich wurde nicht nur gemobbt wegen meiner Herkunft, sondern auch wegen vielen anderen Dingen. Ich wechselte die Schule, aber es wurde nicht besser. Nach der Volksschule begann die Hauptschule.

Ich habe mir immer vorgestellt, dass ich in einen Käfig eingesperrt werde und die Wörter auf mich raufknallen und ich danach, zerdrückt von den Wörtern, am Boden liege.

In der Hauptschule war es nicht so schlimm wie in der Volksschule. Ich wurde nicht jeden Tag verarscht, aber ich wurde verarscht. Dann kam das Poly, aber es wurde nicht besser. Im Poly weiß ich: nichts sagen, nicht einmischen. Bis heute werde ich verarscht. Sie sagen immer, es wäre Spaß. Ich frage mich, was in den Menschen vorgeht.

Anonym, 15

Ich werde Karosseriebautechnikerin

Als ich auf die Welt gekommen bin, haben sich viele Leute über mich gefreut. Manche waren auch nicht einverstanden, weil ich ein lediges Kind war. Der 28. 04. 02 ist mein Geburtsdatum, und der 29. 04. 02 ist der Todestag meiner Oma. Ich war ein glückliches Kind, bekam alles, hatte keine Geschwister und hatte viel Auslauf. So vergingen die Jahre, bis ich sechs wurde. Ich kam in die Volksschule in Schwarzach und danach in die NMS. Als ich 12 Jahre alt war, wurde der Direktor der Schule angerufen, und mir wurde berichtet, dass mein Vater bei einem Autounfall ums Leben gekommen war. Mein Vater war ein Kroate aus Zagreb, ich hatte zwar nur bis zu meinem 10. Lebensjahr was mit ihm zu tun gehabt, aber es tat trotzdem etwas weh. Als ich 10 Jahre alt war, hat mein Vater ausziehen müssen, da er so sehr mit meiner Mutter gestritten hatte, dass sie ein blaues Auge davontrug. Seit diesem Zeitpunkt hatten wir keinen Kontakt mehr.

Vor 2 Monaten ist meine Uroma verstorben. Dieses Schicksal hat mich wirklich hart getroffen. Ich hatte mit meiner Uroma viel zu tun und war auch oft bei ihr. Zurzeit gehe ich in die PTS St. Johann im Pongau. Was ich einmal werden möchte, ist für ein Mädchen eher nichts, aber ich habe mich trotzdem für diesen Beruf entschieden. Ich werde Karosseriebautechnikerin.

Wenn ich ausgelernt bin, ziehe ich zu meinen Großeltern nach Kroatien und suche mir dort eine Werkstatt.

Seit ich denken kann, laufe ich zu schönen und teuren Autos. Ich liebe Autos, und da mir der Verkauf der Autos zu langweilig ist, wollte ich die Autos einfach reparieren. Auf Karosseriebautechnikerin bin ich durch meinen Onkel gekommen, er hatte den Meister in diesem Zweig. Ich möchte das auch gerne schaffen. Ich habe auch schon eine Lehrstelle in Schwarzach.

Christian, 15

Am Anfang passte alles perfekt

Ich komme aus Wals (Salzburg). Ich wuchs auf mit meinen zwei Brüdern, Alex und Patrick. Wir und unsere Eltern hatten einen Kater, der mit 15 Lebensjahren gestorben ist. Unsere Nachbarin, die in unserem Alter ist, war für uns wie eine Schwester. Im Jahre 2011 starb mein Opa, der für mich das größte Vorbild war, und die ganze Familie trauerte sehr. In der Volksschule fand ich sehr schnell viele Freunde und meinen besten Freund, der es bis heute noch ist. Als ich in die Hauptschule kam, ging mein bester Freund in eine andere Schule, und wir hatten sehr lange sehr wenig Kontakt. In der Hauptschule hatte ich dann meine erste richtige Freundin. Am Anfang passte alles perfekt, doch Ende der vierten Klasse zerstörte sie mich komplett. Dann starb meine Katze und wir bekamen einen Hund. Kurz darauf zog Patrick aus und war ziemlich zerstritten mit meinen Eltern. Unseren Hund nannten wir Inka. Sie ist 2 Jahre alt.

Jetzt fängt Alex (17) an, mit meinen Eltern zu streiten, und wohnt probeweise 3 Wochen nicht zuhause.

Florian, 20

Die Schule ist nicht immer einfach (mit Menschen)

Die Hauptschule war für mich nicht immer einfach, ich habe fast jeden Tag Stress mit irgendwelchen Lehrern, Schülern oder mit dem Direktor gehabt. Aufgrund meiner Hautkrankheit haben mich meine Klassenkameraden täglich gemobbt, oft war es mir egal, aber nach Stunden in der Schule ist es einem das nicht mehr. Die Lehrer schenkten mir keinen Glauben und unterstützten mich nie, zum Teil bin ich selber schuld, da ich meistens einfach zuschlug. Dann wieder Gespräche mit dem Direktor, der glaubte mir natürlich kein Wort, da nicht ich der war, der weinte, aber innerlich hat mich das ziemlich fertiggemacht. Einmal habe ich sogar ein Blackout gehabt, wo ich nicht mehr wusste, was ich getan hatte. Ich erinnere mich nurmehr, dass ich auf meinem Platz saß und zeichnete, im nächsten Moment lag einer meiner sogenannten „Freunde" am Boden und weinte, und die Lehrerin schrie mich an, was das soll, ich hatte keine Ahnung, was passiert war. Anscheinend hat er mir auf den Hinterkopf geschlagen, wie ich auf meinem Platz gesessen bin, und er ist weggelaufen, ich bin ihm nach, hab mir seinen Kopf geschnappt und hab ihn gegen die Tischkante geschlagen. Oder einmal hat mir einer meine Zeichnung zerstört, an der ich schon seit der Volksschule zeichnete, da bin ich durchgedreht und hab den Betroffenen vermöbelt. Wer war schuld? Natürlich ich, obwohl ich anfangs nichts dafürkonnte. Ich saß auf meinem Platz und sollte mich beschäftigen in der Pause, da ich sonst wieder Stress machte, ein Klassenkollege kam her und wollte nicht, dass ich ihm keine Aufmerksamkeit schenkte, also zerriss er mein „Projekt". Natürlich bin ich schuld, ich hätte ihm viel mehr antun sollen, wenn ich darüber nachdenke, aber geschehen ist geschehen, ändern kann ich's sowieso nicht mehr.

Eine Lehrerin haben wir zum Nervenzusammenbruch gebracht. Wenn man meine alte Klasse fragt, würden sie behaupten, ich allein bin schuld, aber das würde ich sicher nicht behaupten. Die Lehrerin weigerte sich, uns zu unterrichten. Im Großen und Ganzen sind es vielleicht nicht die besten oder schönsten Erinnerungen, die ich von der Schule habe, aber wichtig sind sie auf jeden Fall, und sie haben mich zu dem gemacht, was ich heute bin. Mittlerweile kann ich besser über Sachen hinwegsehen und mir einfach denken, das ist es sicher nicht wert, die Zukunft wird die Leute schon bestrafen, das brauche ich nicht machen.

Denn mit solch einer Einstellung kommt man nicht weit, irgendwann muss man sein Verhalten ändern.

Ich würde sagen, seit der Hauptschule hab ich viel erreicht, hab echte, wahre Freunde kennengelernt, hab eine Arbeit bekommen, hab Sportarten für mich entdeckt, hatte eine Freundin, aber anderes Thema. Ich konzentriere mich voll und ganz auf jetzt, die Vergangenheit lass ich ruhen, auch wenn es nicht immer leicht ist.

Aleksandra, 19

Wir waren damals eine Attraktion

Alles begann am 22. 01. 1998, um genau 10:00 Uhr. In dieser Minute änderte sich das ruhige und normale Leben meiner Mutter. Durch die vielen lauten und schlaflosen Nächte musste sie sich durchkämpfen. Im Gegensatz zu meiner älteren Schwester war ich ein unartiges Kind. Gemeinsam mit ihr habe ich das Haus auf den Kopf gestellt. Wir waren damals eine Attraktion. Durch das Leben gingen wir zwei Hand in Hand. Obwohl sie ein Jahr älter ist als ich, besuchten wir gemeinsam die Volksschule, Hauptschule und die Polytechnische Schule. Ab da trennten sich unsere Wege. Die Volksschule besuchten wir in Bosnien, und als ich 10 wurde, zogen wir nach Österreich zu unserem Vater, der hier arbeitete. In dem Jahr, als wir umzogen, wandelte sich unser Leben um 180°. Mein liebevoller Vater verstarb in der Arbeit an einem Herzinfarkt. Dieser Schicksalsschlag passierte genau zwei Monate, nachdem wir umgezogen waren. Die Zeit danach war sehr schwer und schmerzvoll, vor allem für Mama, denn sie hat es am schwersten gehabt mit Kindern, ohne Mann, ohne Arbeit, in einem fremden Land, wo wir niemanden kannten.

Wir mussten bei null starten, und das auch noch ohne Vater.

Jetzt bin ich 19, erwachsen und selbstbewusst, gehe auch noch in eine Schule, wo mir die anderen gesagt haben, dass ich es nie schaffen werde. Meine Mutter ist stolz auf meine Schwester und mich, weil wir es so weit geschafft haben. Beide haben wir unseren Führerschein bestanden, können selbstständig richtige Entscheidungen treffen und lassen uns von niemandem unterkriegen. Ich habe viele Freunde gefunden, treue Freunde, die einen unterstützen und zu einem stehen, Freunde, die einen das ganze Leben begleiten.

Ich habe noch viele Pläne, die ich verwirklichen möchte, aber das Erste ist, ein Motorrad zu kaufen. Die Matura kann noch warten.

Anonym, 15

Jetzt lerne ich wieder Deutsch

Ich bin in Zell am See geboren und war nur 6 Jahre in Österreich. Dann wollten mein Vater und meine Mutter nicht mehr zusammenleben. Darum ist mein Vater in die Türkei gegangen. Nach einem Jahr bin ich auch in die Türkei gegangen. Nach neun Jahren ist mein Vater gestorben, dann musste ich wieder nach Österreich. Meine Mutter hat hier eine Arbeit, darum bin ich gekommen, aber ich habe Deutsch vergessen. Seit ungefähr einem Jahr lebe ich in Österreich. Jetzt lerne ich wieder Deutsch und gehe in die Polytechnische Schule. Nach diesem Jahr werde ich arbeiten, weil ich keinen Vater habe und nur meine Mutter arbeitet.

Darum muss ich meiner Mutter helfen und ich will auch nicht mehr in die Schule gehen.

Wir leben in einer kleinen Wohnung mit zwei Zimmern und einem Badezimmer. Ich suche jetzt eine Lehrstelle als KFZ-Techniker, und überall war schon besetzt, aber ich habe eine Stelle in Pfarrwerfen gefunden. Es ist weit, aber trotzdem will ich dort arbeiten. Wenn ich diesen Arbeitsplatz nicht bekomme, melde ich mich gleich als Maurer. Weil mich das auch interessiert. Wenn ich heirate und Kinder habe, und wenn meine Kinder wollen, gehe ich wieder in die Türkei.

Matthias, 18

Wer schickt denn schon sein Kind in so eine Schule?

Alles begann damit, dass wir ins Burgenland fuhren. Anfangs wusste ich nicht warum, aber nachdem ich meine Eltern ca. 30 Mal gefragt hatte, wann wir nun endlich da sein würden, erfuhr ich, dass wir einen Hund bekommen würden. Ich und meine 2 Brüder waren überglücklich darüber, aber es stand uns eine schwierige Entscheidung bevor, da mehrere Welpen zur Auswahl standen. Am Ende entschieden wir uns für den Kleinsten und Schönsten von allen. Wir gaben ihm den Namen Schnuffel nach dem gleichnamigen Buch über einen Hund und seine Abenteuer. Anfangs wollte ich den ganzen Tag mit ihm spielen und ihn streicheln, aber da der Kindergarten und später die Schule mir in die Quere gekommen sind, wurde daraus nichts. Dort warteten neue Freunde und Erlebnisse auf mich. Wenn wir Ski fahren gingen, war der Lift gleich nebenan. Am liebsten wären wir den ganzen Tag nur noch Ski gefahren. Aber schon am nächsten Tag machte sich große Ernüchterung breit, als wir erfuhren, dass es in den nächsten zwei Wochen keinen Turnunterricht geben würde. Wir waren am Boden zerstört und unglaublich sauer auf unsere Lehrerin, aber das half auch nichts.

2 ganze Wochen kein Turnen, das war das Schlimmste in meiner ganzen VS-Zeit.

Nach der VS ging ich mehr oder weniger freiwillig in eine katholische Privatschule. Meine Eltern waren der Meinung, es sei die beste Schule für mich, und somit war die Entscheidung getroffen. Anfangs war ich nicht sehr erfreut, weil meine Freunde natürlich in eine andere Schule gingen, wer schickt denn schon sein Kind in so eine Schule? Aber im Nachhinein betrachtet, war es eine sehr gute Entscheidung, ich lernte andere Kinder kennen und konnte schnell neue Freundschaften schließen. Das einzige Problem war, etwas außerhalb der Schulzeiten zu unternehmen, weil wir in diesem Alter noch nicht so mobil waren. Nichtsdestotrotz bin ich sehr froh, in diese Schule gegangen zu sein. Doch danach begann allmählich der Ernst des Lebens. Ich entschied mich, diesmal ohne Einfluss der Eltern, in die HAK St. Johann zu gehen. Dort traf ich wieder auf einige alte Volksschulkollegen, und wir verstanden uns auf Anhieb wie früher. In dieser Zeit entdeckten wir auch das Ausgehen für uns, mit einem unschönen Ende für den einen oder anderen. Am besten in Erinnerung werden mir die München- und die Wien-Woche bleiben, ich hatte selten so viel Spaß wie in diesen Tagen.

Ich hoffe, dass ich die Matura mit guten Noten bewältigen kann, auch wenn ich nicht immer der fleißigste Schüler bin. Aber bis dahin läuft noch viel Wasser den Bach hinunter, und es werden viele Dinge nicht so passieren, wie ich sie mir wünsche. Weiterhin hoffe ich, dass meine Freunde mir erhalten bleiben und wir noch lange miteinander Spaß haben können.

Marlene, 15

Mich kann niemand mehr verletzen

In meiner Kindheit geschah nicht viel Außergewöhnliches. Doch als ich 5 Jahre alt war, verstarb mein Opa an Krebs. In dieser Zeit brachen in die gesamte Familie Stille und Trauer ein. Das Leben geht weiter und die Trauer schwindet langsam. Fünf Jahre später zogen meine Mama und mein Papa von dem Bauernhof, wo wir lebten, in ein neues Haus. Kurz darauf hörte auch das Herz meiner Tante wegen Krebs auf zu schlagen. Der Kreislauf der Trauer und der Stille wiederholte sich. Danach kamen schwierigere Zeiten.

Starker Streit zwischen Elternteilen und Geschwistern ist mit zehn Jahren schwer zu begreifen.

Noch dazu kamen Konflikte mit Schülern, die mich oft auf meine Figur hingewiesen haben. Nach ein–zwei Monaten fing ich endlich an, an meinem Selbstvertrauen zu arbeiten, so dass ich 15 kg abgenommen habe und eine viel stärkere Persönlichkeit bekam. Ich ertrage die Streitigkeiten meiner Familie jetzt viel besser. Nach der Zeit mit dem Abnehmen erschoss sich mein Onkel in unserem Wald und der Kreislauf begann von vorn. Mich kann niemand mehr verletzen, ich gehe den Weg, den ich mir wünsch. Mein Ziel, das ich mir momentan gesetzt habe, ist Konditorin und Bäckerin, und den Weg gehe ich auch sehr sicher und mit viel Selbstbewusstsein.

Katharina, 19

Letztes Jahr habe ich ein Jungpferd gekauft

Aufgewachsen bin ich in Bischofshofen. Meine Eltern haben eine kleine Landwirtschaft, so leben wir ein wenig abgeschieden. Doch für ein Kind ist es meiner Meinung nach ein Paradies, mit Tieren und viel Platz zum Spielen in der Natur aufzuwachsen. Ich habe drei ältere Geschwister, mit denen ich viel gespielt habe, aber auch oft gestritten. Ich hatte eine sehr schöne Kindheit, doch sie war von vielen Arztbesuchen geprägt, weil ich einen chronischen Schnupfen habe, trotz vielen Untersuchungen und Behandlungen wussten die Ärzte nie, was mir fehlt. In der Schule war ich sehr schüchtern, aber das besserte sich, und in der Hauptschule gehörte ich zu den Klassenbesten, ohne viel zu lernen. Ich dachte auch, dass die HAK ein Klacks sei, aber schon in der ersten Klasse hagelte es Verwarnungen. Doch ich kämpfte mich halbherzig durch, und bis zur vierten Klasse war es O.K. Durch ein privates Problem wurden meine Schulnoten schnell sehr viel schlechter, und ich entschloss mich, anstatt mich einer Horde von Modulprüfungen zu stellen, die Klasse freiwillig zu wiederholen. Heuer geht es mir sehr viel besser und es ist einfacher.

Mein wohl glücklichster Tag war, als ich und meine zwei Schwestern zwei Pferde bekamen. Damals war ich 10 Jahre alt und verbrachte von da an viel Zeit mit ihnen, lehrte sie kleine Kunststücke. Zeit mit Pferden bedeutet für mich noch heute, den Kopf freizubekommen und abzuschalten.

Auch wenn ich viel Geld in sie investieren muss und mich manchmal ärgere, würde ich sie nie mehr hergeben.

Letztes Jahr habe ich ein Jungpferd gekauft (1,5 Jahre). Ich habe vor, ihn nach meinen Wünschen selbst auszubilden. Wenn ich studieren möchte, bedeutet es allerdings auch, dass ich, wenn ich nicht in Salzburg bleibe, ihn weggeben müsste, weil eine Ausbildung zum Reitpferd + ein anderes Pferd zu zeitaufwendig wären. Natürlich unternehme ich auch gerne etwas mit Freunden, gehe shoppen oder gehe fort. Für meine Zukunft wünsche ich mir Erfolg im Berufsleben und auch privat glücklich zu sein.

Lisa, 15

Ich sehe meine Familie sehr selten

Meine Familie kommt aus Salzburg. Mein Freund ist 17 Jahre alt, ich bin mit ihm seit dem 17. 4. 2017 zusammen. Meine Eltern sind diese Woche auf Urlaub und ich bin mit meiner großen Schwester (20) allein zuhause. Meine Eltern sind in Spanien Urlaub machen. Ich und meine Schwester genießen es, allein zuhause zu sein. Meine Schwester ist seit 5 Jahren mit ihrem Freund zusammen. Mein Freund ist zurzeit jeden Tag bei mir, weil er Stress zuhause hat. Ich gehe mit seinem kleinen Bruder in die Schule und sitze gerade neben ihm.

Ich fange im September zum Arbeiten an, als Restaurantfachfrau. Ich freu mich schon sehr, endlich mein eigenes Geld zu verdienen. Meine Schwester arbeitet zurzeit auch als Restaurantfachfrau. Meine Eltern sind schon seit dem 16. Lebensjahr zusammen. Ich bin in die Musikhauptschule gegangen und hab mich entschieden, dass ich arbeiten gehe. Ich habe ein Haustier, einen Hamster. 2013 ist meine Oma gestorben, die mir sehr wichtig war. Sie hatte Krebs.

Ich bemüh mich sehr in der Schule, dass ich gute Noten habe. Meine Eltern sind auch sehr stolz auf mich.

Meine beste Freundin ist 14 und wird bald 15. Ich bin mit ihr 4 Jahre in die gleiche Klasse gegangen. Sie ist wie meine 2. Hälfte. Egal, was ist, sie ist für mich da. Mein bester Freund ist 18 Jahre alt. Im September kenne ich ihn 3 Jahre. Er ist auch immer für mich da. Ich bin froh, dass ich so tolle Freunde habe und dass ich so einen tollen Freund habe. Meine kleine Cousine (10) und meine große (15) leben in Tirol, da meine Tante nach Tirol gezogen ist. Ich sehe meine Familie sehr selten. In der 1. Klasse Hauptschule wurde ich 1 Jahr lang gemobbt, und das war eine sehr schwere Zeit für mich, aber ich hatte meine Freunde und meine Familie, die immer für mich da waren. Dafür ist jetzt mein Leben perfekt!

Anonym, 15

Die einzige Freundin, die ich hatte

1989 kam meine mittlerweile 27-jährige Schwester in Schwarzach auf die Welt. Die ersten 3 Jahre wohnte meine Schwester bei meiner Mutter in deren Elternhaus in Großarl, da mein Vater zuhause bleiben musste auf dem Bauernhof in St. Veit, um zu helfen. Als meine Eltern dann geheiratet haben, sind sie alle zusammengezogen. Sie wohnten im Elternhaus meines Vaters im oberen Stock. 1993 kam dann mein ältester Bruder auf die Welt, und im November 1997 wurde mein zweiter Bruder geboren.

3 Jahre später entschieden sich meine Eltern, noch ein Kind zu bekommen. Ich wurde in Schwarzach geboren und wuchs in St. Veit auf. Ich hatte eine wirklich schöne Kindheit mit meinen Geschwistern. Wir hatten immer viel Spaß, auch mit den Tieren. Mit ca. 8 Jahren lernte ich dann das Heukranfahren. Wir haben unseren Eltern auch bei Bauernhofarbeiten geholfen, besonders meine 2 Brüder waren immer bei allem dabei. Von 2006 bis 2008 besuchte ich den Kindergarten in St. Veit. Von 2008 bis 2012 besuchte ich dann unsere Volksschule in Markt. In dieser Zeit war es für mich am Anfang nicht leicht, Freunde zu finden, weil ich ein sehr schüchternes und zurückhaltendes Mädchen war. Die einzige Freundin, die ich hatte, war meine „Nachbarin" Magdalena. Da ich weiter oben in St. Veit wohne, wo nicht viele Kinder wohnen, und weil es bei uns fast nur Bauernhöfe mit älteren Kindern gab, war ich ziemlich froh, sie zu haben. In der 2. Klasse Volksschule fand ich dann meine allerbeste Freundin, die es heute noch ist. Von 2012 bis 2016 ging ich in die Hauptschule Schwarzach im Nebenort.

Jeden Tag wurde ich zuerst vom Taxi bis zum Markt in St. Veit gebracht, und dann fuhr ich noch mit einem Postbus in die Schule.

In dieser Zeit veränderte sich auch schlagartig mein ganzes Leben. Als ich gerade die 3. Klasse Hauptschule besuchte, erfuhr ich von meinem Vater nach der Schule beim Nachhausefahren, dass jemand aus meiner Familie einen tragischen Autounfall gehabt hatte. Es war meine Tante, die am Unfallort leider sofort verstorben war. Für mich war es eine schreckliche Nachricht, weil ich relativ viel Kontakt mit ihr hatte. Ich kam damals überhaupt nicht mit der Sache klar und blieb deswegen 2 Tage von der Schule zu Hause. Damals war es für mich richtig komisch, da meine Mutter öfters weinte und der Rest meiner Familie auch trauerte. Ich habe zu dieser Zeit auch viel geweint. Das ist im Juni schon 2 Jahre her.

Meine Schwester zog 2013 nach Embach, wo sie heute noch wohnt. Sie wohnt dort mit ihrem Freund und ihrer 3 Monate alten Tochter zusammen in einem Haus. Derzeit besuche ich das Poly in St. Johann. Ich habe auch schon eine Lehrstelle bekommen, worüber ich sehr glücklich bin. Ich werde am 1. August anfangen und freue mich sehr darauf.

Daniel, 16

Die Volksschule war ein Klacks für mich

Alles begann, als die ersten Lichtstrahlen in meine Augen gelangten. Für eine kurze Zeit schrie ich laut, aber als meine Mutter mich zum ersten Mal in die Hand genommen hat, beruhigte ich mich wieder. Am Anfang war es noch ein großes Durcheinander für meine Eltern, denn die Wohnung am Land, die wir hatten, war ein wenig zu klein. Also zogen meine Eltern und ich in ein kleines Apartment in der Stadt. Als die ersten Jahre meines Babylebens vorbeigingen, schloss sich meine Schwester meiner Familie an. Im Alter von 3 Jahren passierte dieses Platzproblem wieder, was zur Folge hatte, dass wir nochmal in eine andere Wohnung umziehen mussten. Als meine Kindergartenzeit um war, hieß es für mich, in die Volksschule zu gehen. Während der Zeit ging es mir super. Am Anfang war ich alleine, aber später fand ich supertolle Freunde. So eine einfache Sache war zu dieser Zeit noch sehr schwer für mich, denn ich war ein „Ausländer". Zwar wurde ich hier geboren, aber mein Aussehen sagte was anderes. Ursprünglich kamen meine Eltern aus Vietnam. Weil dort früher noch Krieg herrschte, flohen sie in das wunderschöne Österreich. Erst kannten sie sich noch nicht, aber als sie in Lienz per Zufall zusammenstießen, wussten sie schon, dass da was funkt. Später fuhren sie nach Salzburg und blieben auch dort.

Die Volksschule war ein Klacks für mich. Ich schrieb sehr gute Schularbeiten und war der Beste in der Klasse. Als würde man sagen, dass ich ein Streber wäre. Aber alles veränderte sich, als ich in eine neue Schule gegangen bin. Es standen sehr viele im Angebot. Dennoch nahm ich das Gymnasium. Früher hab ich mich voll gefreut, aber heute bereue ich diese Auswahl.

Während ich die 3. Klasse machte, rief mein Vater alle aus meiner Familie an den Esstisch zusammen. Er sagte, dass wir seine Familie mal besuchen sollten, und zeigte uns die Flugtickets nach Vietnam. Er sagte, dass wir erst in den Sommerferien fliegen, also bewahrten wir noch Ruhe. Aber als ein Anruf aus Vietnam kam, wurde die Erlebnisreise zur Trauerreise. Das Erschreckende ist, dass es genau einen Monat vor der Abreise passiert ist. Deswegen flogen wir mit Trauer und Freude im Gesicht nach Vietnam.

Zum einen trafen wir unsere Verwandten, aber zum anderen vergruben wir die Leiche in der Erde.

Wieder zuhause angekommen, widmete ich mich wieder den Arbeiten von der Schule. Erst jetzt bemerkte ich, dass ich immer fauler wurde. Trotz meiner Faulheit schaffte ich die Unterstufe mit Glanzleistung. Aber als ich in die Oberstufe kam, ging es mit meinen Noten in den Keller. Damit meine ich nicht „Keller" Keller, aber sie sind deutlich schlechter geworden. Doch glücklicherweise sitze ich immer noch hier in der 7. Klasse und schreibe diese wunderschöne Geschichte.

Anonym, 14

Eine Almhütte und ein Bauernhof

Ich wurde in Schwarzach im Pongau geboren. Als ich vom Krankenhaus rauskam, fuhr ich mit Mutter und Vater in eine kleine Wohnung in St. Johann/Reinbach. Als sie merkten, dass ich immer größer wurde, zogen wir in eine Wohnung Richtung Maschl. Die meiste Zeit meines Lebens verbrachte ich bei meiner Oma, die 4 Häuser weiter wohnt, weil mein Vater und meine Mutter jeden Tag von Früh bis Mittag arbeiten mussten, aber trotzdem kümmerten sich meine Eltern sehr gut um mich. Mit 3 bekam ich mein erstes Fahrrad, mit diesem Fahrrad habe ich sehr viele Verletzungen hinter mir. Als ich dann zu groß war, bekam ich ca. mit 6 Jahren zu Ostern ein grün-oranges Bike, das mir aber 2 Tage später aus unserem Keller gestohlen wurde. Mit 10 Jahren bekam ich eine Werkstatt bei meiner Oma, da ich sehr gerne arbeite, handwerke oder schnitze.

Mit 13 bekam ich meine erste Motorsäge, das hat mein Hobby sehr verändert. Ich schnitze mehr und schöner.

Unser größter Traum waren eine Almhütte und ein Bauernhof. Wir suchten 4–5 Jahre, und im September 2016 fanden wir eine Hütte in Wagrain. Ich baute eine Werkstatt und verlegte alles dorthin. Es war sehr viel Arbeit, weil wir sehr viel reparieren mussten: das Dach, den Boden, Dämmung und noch vieles mehr. Im Jänner 2017 schauten wir uns einen kleinen Bauernhof an, aber es war alles schwieriger, als wir dachten, weil man ohne landwirtschaftliche Ausbildung keinen Bauernhof kaufen durfte. Da keiner Zeit hatte, kauften wir ihn nicht. Meine Mutter war Leiterin eines Friseurladens. Mein Vater war gelernter Koch und Versicherungsvertreter. Er arbeitet jetzt als Vertreter für Lebensmittel und Gastronomiebedarf.

2013 bin ich in die NMS gekommen, wir waren die Ersten, an denen das neue System ausprobiert wurde. Jetzt sitz ich in der 4. Klasse und muss noch ins Poly gehen, und den Mopedführerschein will ich auch machen und eine gute Lehrstelle als Zimmerer finden. Am besten wäre es, mit 24–25 zu heiraten, 2 Kinder zu bekommen und einen Bauernhof zu kaufen, dort mein Leben zu verbringen und in Ruhe zu sterben. Aber hoffentlich werden meine Kinder nicht so wie ich, denn mit 14 wurde ich zum Rauchen verführt von einem Klassenkollegen, und Alkohol habe ich auch schon getrunken. Ich bin auch von Lehrern erwischt worden. Es war ein sehr großer Fehler.

Lejla, 15

Die kleine Prinzessin

Meine Kindheit war nicht die beste, deswegen erinnere ich mich sehr schwer an sie. Ich wohne mit meinen 3 Geschwistern und meinen Eltern zusammen. Meine Eltern sind beide aus Bosnien. Mit 14 Jahren hab ich verstanden, wie das Leben läuft, hab die wichtigsten Leute in meinem Leben verloren: Meine beste Freundin ist mir in den Rücken gefallen, hat alle Geheimnisse preisgegeben und Fotos von mir weiterverschickt. Mein bester Freund hat angefangen, mit den falschen Leuten „abzuhängen“, hat begonnen, Drogen zu konsumieren. Als es mir schlecht ging, war keiner für mich da, und so beginnt meine Story. Seitdem mir meine beste Freundin so in den Rücken gefallen ist, lass ich niemanden mehr an mich ran.

2017 ist ein Jahr, wo ich mir nur denke: „Was geht euch das alles an, was ich mache?“ So was geht einfach nicht in meinen Kopf.

Ich hab gemerkt, dass doch nicht alle so sind wie meine beste Freundin. Ich durfte 3 wunderbare Jungs kennenlernen und jedes Mal, wenn wir unterwegs sind, sind sie wie große Brüder für mich. Zwischen ihnen bin ich die kleine Prinzessin. Ihnen kann ich vertrauen, kann mit ihnen über alles reden. Wenn's Probleme gibt, sind wir alle füreinander da. In meiner Familie läuft es bestens. Ich bin ein Mensch, mit mir kann man über alles reden, mit mir kann man weinen, lachen, feiern, und wenn's sein muss, auch extrem über etwas diskutieren. Wenn ich mir ein Ziel setze, verfolge ich es. Mein Ziel ist seit Jahren, Krankenschwester zu werden, und das werde ich auch. Im August beginn ich eine Lehre als Zahnarztassistentin mit Matura, nach der Lehre geh ich weiter in die Salzburger Landeskliniken. In Zukunft sehe ich mich mit einer Familie.

Anonym, 14

Meine Freunde sind mein ganzer Stolz

Mein Vater ist aus Bad Goisern und der Heimatort meiner Mutter ist Pfarrwerfen. Ich habe keine Geschwister. Mit 4 Jahren besuchte ich den Kindergarten in St. Veit, in dem ich zwei Jahre verbrachte. Das erste Jahr bereitete mir große Freude, jedoch das zweite nicht mehr, da ich schon schulbereit war. Mit 6 Jahren kam ich in die Volksschule, mit großer Freude begann ich dieses Jahr. Meine Erwartungen wurden nicht erfüllt. Ich empfand meine Lehrerin als sehr streng. Der Zusammenhalt in der Klasse war schlecht.

Im 9. Lebensjahr begann ich, Harfe zu spielen. In der vierten Klasse Volksschule musste ich mich für eine weitere Schule entscheiden. Meine erste Wahl war die NMS St. Johann. Um bei dieser angenommen zu werden, musste ich einen Eignungstest machen. Die Nacht vor dem Eignungstest konnte ich vor Aufregung nicht schlafen. Man musste etwas vorsingen, und ich spielte noch zusätzlich ein Stück auf meiner Harfe. Der Bescheid war positiv und ich freute mich sehr. Den ersten Schultag habe ich noch gut im Kopf. Ich war glücklich, dass ich wieder neue Leute kennenlernen durfte. Die Integration in die Klasse fiel mir schwer, bis es dann zu einer Krankheit kam.

Am 17. 06. 2014 kam meine Cousine zur Welt, sie ist ein sehr wichtiger Teil meines Lebens. Am Ende der 1. Klasse haben wir ein Musical namens Farbenreich veranstaltet.

In der 2. Klasse startete mein Klassenvorstand ein Filmprojekt, wo wir mit einem professionellen Filmteam einen Film produzierten.

Im Laufe dieser 4 Jahre haben wir viele tolle Ausflüge gemacht. Am 18. 01. 2016 wurde meine zweite Cousine geboren.

Jetzt bin ich in der 4. Klasse und vor einem halben Jahr habe ich mich für eine weiterführende Schule entscheiden müssen. Aufgrund meiner Liebe zu Kindern habe ich mich für die BAfEP *(Bildungsanstalt für Elementarpädagogik – Anm.)* entschieden. Für diese Schule musste man wieder einen Eignungstest absolvieren. Per E-Mail wurde ich informiert, dass ich ihn bestanden habe. In diesem Schuljahr ist mir klargeworden, wer meine wirklichen Freunde sind. Meine Freunde sind mein ganzer Stolz und ein Leben ohne sie wäre unmöglich. Ich verbringe sehr viel Zeit mit meiner Familie, insbesondere mit meinen kleinen Cousinen. Ich bin sehr gespannt, wie meine spätere Zukunft aussehen wird. Die Freude aufs nächste Jahr ist groß!

Yigit, 15

Meistens in der Startelf

Meine Eltern sind in der Türkei geboren, aber meine Geschwister und ich sind hier in Salzburg geboren. Mit 11 wurde ich in die Neue Mittelschule Taxham aufgenommen. Dort habe ich meinen ersten 4er bekommen. Ich fing mit 13 in der Fußballmannschaft an, dort war ich 3 Monate. Mit 15 ging ich in die Polytechnische Schule Salzburg. Meine beiden Opas sind gestorben und eine Oma lebt noch. In der Fußballmannschaft hatte ich eine Verletzung am Rückenmuskel.

Er wurde zerrissen und ich konnte 3 Wochen lang nichts machen.

Im 2. Match schoss ich ein Tor. Danach war ich meistens in der Startelf, auf der 8er-Position. In einer Saison hatte ich 9 Tore.

Anonym, 21

Nach 6 Monaten wurde ich endlich entlassen

Mit 6 Jahren besuchte ich die VS für 5 Jahre, bemerkte allerdings früh, dass ich dort durch meine Hautfarbe, Lesefehler oder Sonstiges nicht besonders erwünscht war. Mit ca. 10/11 kam ich in die Hauptschule. Anfangs ging ich ganz normal in die Schule, bis zur Landschulwoche. Da ich wieder viel gemobbt wurde, ließ ich nach & nach die Schule schleifen. Die letzten zwei Schulwochen kam ich gar nicht mehr. Also musste mein älterer Bruder mein Zeugnis abholen. In den Sommerferien war ich sehr viel draußen, meistens bis in die Nacht hinein, weil auch das Verhältnis zuhause immer schlechter wurde. Die Zweite HS fing ich woanders an. War dort allerdings nur 2 Wochen, da ich mit Mitschülern u. Lehrern nicht klarkam. Danach versuchte ich es wieder auf einer anderen Schule, hat aber auch nicht geklappt. Nächste Station war das SPZ. Funktionierte aber auch nicht. Da ich in der 2. Klasse HS in den verschiedensten Schulen anwesend war, bekam ich irgendwie das Zeugnis.

Als ich in die 3. Klasse sollte, brach ich allerdings die Schule ab. Da sich meine Mom Sorgen machte, ging sie mit mir zu einem Psychologen. Ich war dann auch bei 3 verschiedenen. Da es zuhause immer schlechter wurde mit meinem Vater, und meine Mom kurz vorm Krebs stand wegen ihren Sorgen, beschloss einer von den 3 Psychologen, mich in die Psychosomatik zu geben. Der Tag ist gekommen, wo ich von zuhause wegmusste. Für mich brach eine Welt zusammen und für meine Mom auch. In der Psychosomatik angekommen, wollte ich meine Mom nicht loslassen. Sie rissen mich weg und meine Eltern mussten das Gebäude verlassen. Sie wollten mich mit Medikamenten ruhigstellen, aber den Fraß nahm ich nicht zu mir. Ich habe fast die ganze Woche nichts gegessen.

Das Einzige, was mich aufrecht hielt, war, dass mich meine Mom jeden Tag für ein paar Minuten besuchen durfte und sie immer kam.

Ich wollte immer wieder abhauen, aber fehlgeschlagen. Also musste ich mich damit abfinden, dort drinnen zu sein. Ich sollte Tabletten nehmen, aber ich hab mich immer dagegen gewehrt, und die Betreuer mussten akzeptieren, dass ich nichts nehme. Ich musste die Schule auch in der Psychosomatik besuchen, auch wenn es schwerfiel, aber es ging. Nach 6 Monaten wurde ich endlich entlassen, und als ich zuhause war, hat sich alles ein wenig gelegt. Ich musste allerdings eine neue Schule besuchen. Anfangs ging ich hin, aber ich wurde rückfällig. Durch das Fernbleiben und manchen Besuch bei meinen Mützenfreunden (den Cops) war eines Tages ein Brief zuhause mit 'ner Geldstrafe wegen dem Fernbleiben, & wenn ich nicht zahlen würde, müsste ich in Haft. Allerdings zahlte es mein Vater. Mittlerweile wurde festgestellt, dass ich ein psychisches Problem habe.

Aaron, 16

„Das Geisterhaus in Itzling“

Es war der 23. 4. 2015. Ich und meine besten Freunde Petar, Fatih und Zain waren zusammen draußen und wollten mal wieder so richtig Spaß haben. Deshalb haben wir uns gegenseitig verarscht. Es war schon unterste Schublade, was wir zueinander gesagt haben, aber im Großen und Ganzen hatten wir viel Spaß. Nach langem Lachen und Verarschen hat Fatih sich übelst aufgeregt und sagte zu mir: Aaron, Diggah, machen wir mal was Schlimmes. Ich sagte: Aye, lass uns was Atemberaubendes machen. Die Stimmung war schon zu Grunde gegangen. Auf einmal sprach Zaim: Ich hab eine Idee, ist zwar keine gute Idee, aber gehen wir in das Geisterhaus. Petar sagte, da kannst du alleine hingehen, du Opfer. Zain beleidigte Petar, und ich und Fatih redeten miteinander. Ich sagte zu ihm, das ist perfekt für uns, gehen wir hin. Er überlegte nicht, er sagte sofort: Ja! Bruder, gehen wir hin. Ich sagte: Komm, wir verzichten mal auf Zain und Petar. Aber sie sind dann trotzdem mitgegangen. Beim Geisterhaus angekommen, probierten wir reinzukommen, aber alle Türen waren verriegelt. Deshalb mussten wir von einem Fenster aus einbrechen und das taten wir. Wir gingen rein und waren im Keller.

Es war nichts da außer Zeitungen aus dem 19. Jahrhundert.

Wir blödelten herum, aber gingen dann wieder raus. Am nächsten Tag waren Polizeikräfte vor unserer Schule und suchten mich, Fatih, Zain und Petar. Wir bekamen richtig Ärger und durften alle Dinge bezahlen, die wir kaputtgemacht hatten. Wir waren in der Zeitung bekannt. Anstatt daraus zu lernen, sind wir vier schlimmer geworden. Die Moral von dieser Geschichte: Man sollte sich nie seinen Spaß rauben lassen.

Kevin, 18

10 Jahre genoss ich den Einzelkind-Status

Meine Geschichte hat im Krankenhaus Schwarzach begonnen. Da die Ereignisse meiner ersten paar Lebensjahre nur noch verschwommen in meinem Gedächtnis weilen, springen wir gleich in das Jahr 2003. Mein erstes Kindergartenjahr begann. Ich traf auf viele neue Kinder, mit denen ich mich relativ schnell anfreundete. Zwei ganze Jahre verbrachte ich spielend im Kindergarten, bevor es kam, wozu es kommen musste: Der erste Tag in der Schule. Man kennt doch die Vorfreude, die ein jedes Kind beinahe magisch fesselt. Endlich gehört man zu den großen Kindern. Den klugen Kindern. Diese Vorfreude verflog jedoch relativ schnell, nämlich genau zu dem Zeitpunkt, als es zum ersten Mal Hausaufgaben gab.

Mit 10 Jahren durfte ich zusammen mit meiner Klasse die Radfahrprüfung ablegen. Im Besitz dieses Führerscheins war es mir nun endlich möglich, mit meinen Freunden Radtouren zu machen. Kurz zuvor kam mein kleiner Bruder zur Welt. Eine neue Herausforderung hatte also begonnen. 10 Jahre genoss ich den Einzelkind-Status. Doch nun gab es jemanden, der einem ein Lied über das Teilen vorsang. Als ich dachte, die Hauptschule würde neuen Schwung in mein Leben bringen, hatte ich recht. Da es in meinem Ort keine Hauptschule gibt, war ich von diesem Zeitpunkt an auf den Schulbus angewiesen. In meiner Hauptschulzeit lernte ich auch den sogenannten „Montagsblues" kennen. Mit 14 entschloss ich mich schließlich für die Handelsakademie in St. Johann.

Die Busfahrten wurden länger, die Zeiten, zu denen ich aufstehen musste, waren ernüchternd früh.

Doch ich traf auf neue, interessante Menschen, die ich in den Folgejahren kennenlernen durfte. Zu meinem 18. Geburtstag war es dann endlich Zeit für den Führerschein. Nach einigen Fahrstunden mit Höhen und Tiefen, die jeder ohne „Folgeschäden" überstand, meisterte ich die Prüfung. Nach 18 gelebten Jahren sind also Freunde gekommen und gegangen, doch der Montagsblues ist stets geblieben. Nichtsdestotrotz hatte ich eine tolle Kindheit und freue mich auf all die Erlebnisse, die mich noch erwarten.

Sapna, 18

Ich hoffe, ich kann den Traum meiner Eltern erfüllen

Ich bin in Salzburg geboren und habe von Geburt an Probleme mit dem linken Arm. Ich konnte, bis ich sechs Jahre alt war, mit dem linken Arm keine Aufgaben erledigen. An meiner Seite habe ich bis heute meine Mutter. Als ich geboren wurde, war mein Vater in Indien. Im Jahr 1999 kam er nach Österreich und wir wohnten alle gemeinsam bis 2000 in Zell am See. Im Jahr 2001 kamen wir nach Bischofshofen und lebten in einer Wohnung. Im Jahr 2001 kam mein süßer Bruder auf die Welt. Da meine Eltern keinen guten Arbeitsplatz hatten, musste mein Bruder im Alter von 1 Jahr in den Kindergarten. Das fiel ihm am Anfang schwer, aber er hatte mich bei sich. Ich passte auf ihn auf, und wenn die Kindergartentanten nicht wussten, was er brauchte, fragte ich ihn auf Indisch. Den ganzen Vormittag verbrachten wir im Kindergarten. Während wir im Kindergarten waren, schlief mein Vater, da er nachts arbeitete. Nachdem er uns abgeholt hatte, gingen wir gemeinsam spazieren und holten meine Mutter von der Arbeit ab, da sie keinen Führerschein hatte. Ich besuchte die Vorschule in Bischofshofen und sah ein bekanntes Gesicht. Den Jungen lernte ich im Kindergarten kennen. Außerdem war er der Sohn von der Mitarbeiterin meiner Mutter. Dann besuchte ich die Volksschule Markt in Bischofshofen und lernte ein paar weitere Freunde kennen. Im Jahr 2007 kam mein zweiter Bruder auf die Welt. Am Anfang war ich sehr traurig, da ich unbedingt eine Schwester wollte. Aber mit der Zeit war ich völlig zufrieden, da ich die Größte war, und konnte mich um meine Brüder kümmern. Etwa mit 4 Jahren brach mein Bruder sein Handgelenk. Ich war sehr traurig und weinte mehr als er.

Daraus kann man schließen, wie wichtig meine Brüder für mich sind.

Danach besuchte ich die Hauptschule in Bischofshofen. „Mein bester Freund" und ich waren nicht mehr in der gleichen Klasse. Aber das war für mich kein Problem, da ich viele Schüler kennenlernte, die dann zu meinen Freunden zählten. Im Jahr 2010 besuchte ich Indien. Ich war auf der Hochzeit meiner Cousine und hatte die Möglichkeit, meine Familie zu treffen. Der Abschied fiel mir sehr schwer. Aber ich gewöhnte mich schnell an meinen Alltag. Ich besuchte im Jahr 2013 die Handelsakademie und lernte ein Mädchen kennen. Sie heißt Elisabeth. Schön langsam wurde sie zu meiner besten Freundin und zur tollsten Sitznachbarin.

Im Jahr 2014 besuchte ich wieder meine Familie in Indien. Außerdem heiratete meine Cousine, die auch in Österreich wohnt. Nachdem wir aus Indien zurückgekommen waren, bekam mein kleinster Bruder Hepatitis. Mein anderer Bruder und ich hatten uns angesteckt. Am schlimmsten war es bei meinem kleinsten Bruder. Aber Gott sei Dank sind wir jetzt alle gesund.

Vor einem Jahr erlitt mein Opa einen Schlaganfall. Wir glaubten, dass er es nicht überleben wird. Mein Vater reiste nach Indien. Die ersten Stunden konnten die Ärzte nichts sagen. Nach etwa zwei Monaten durfte mein Opa wieder nachhause und überlebte, Gott sei Dank, den Schlaganfall. Aber er leidet heute noch an den Folgen, z. B. kann er nichts mehr sehen und vergisst alles. Wir rufen jetzt jeden Tag meinen Opa an und reden mit ihm. Im Oktober 2016 machte ich den Führerschein und bestand ihn beim ersten Mal. Meine Mutter war die Glücklichste auf der Welt, weil sie wollte, dass ich den Führerschein habe, da sie selber keinen hat und Angst hat, dass sie ihn nicht bekommen wird, weil sie nicht so gut in Deutsch ist. Jetzt bin ich schon in der 4. Klasse der HAK und stehe in einem Jahr vor einer großen Herausforderung. Die MATURA. Ich hoffe, ich bestehe diese mit guten Noten. Meine Eltern wollen, dass ich einen guten Arbeitsplatz habe, und um diesen zu bekommen, soll ich die Universität oder die Fachhochschule besuchen. Ich werde wahrscheinlich studieren und hoffe, ich kann den Traum meiner Eltern erfüllen.

Nikola, 15

Das war die spaßigste Zeit

Ich habe zwei Geschwister. Meine Mutter kommt aus Serbien und mein Stiefvater als Bosnien. Als ich fünf war, habe ich zwei Jahre Judo trainiert. In einem Turnier konnten wir den 3. Platz erreichen. Mit sechs ging ich in die Volksschule Mülln. Neben der Schule hab ich Wasserball trainiert. Mit elf kam ich in die Neue Mittelschule Taxham. Diese Zeit war die beste Zeit. Meine schwerste Zeit war, als ich 13 war. Mit 13 begann ich, American Football zu trainieren. Ich konnte sehr gut mit meinem Team zusammenarbeiten. Es gab viele Niederlagen und Enttäuschungen. Ich habe es genau 1 Jahr trainiert. Es gab einen Unfall in der Schule, beim Turnunterricht. An dem Tag habe ich meine Turnsachen vergessen. Ich bin sie dann extra in meiner Freistunde holen gegangen. 1 Stunde später ist es passiert. Beim Saltomachen bin ich blöd aufgekommen. Ich lag am Boden. Ich dachte, ich hätte meinen Fuß gebrochen. Später stellte sich heraus, dass ich mein Kreuzband gerissen hatte. Der Arzt hat gesagt, dass ich ein paar Jahre keinen Sport mehr machen kann.

Das war ein großer Schock für mich. Ich habe das Footballspielen geliebt.

Ich musste viele Physiotherapien machen. Und dann, ein paar Tage nach meinem Geburtstag, verstarb mein Opa in Montenegro.

Die guten Zeiten waren mit meinen Freunden und meiner Familie. Wenn meine Freunde und ich was unternehmen, spielen wir Fußball und hören 187 Strassenbande und KMN Gang an. Derzeit besuche ich die Polytechnische Schule in Salzburg. Ich habe mit meinen Freunden so viel Mist gebaut in der Hauptschule und im Poly. Das war die spaßigste Zeit.

Erëza, 18

Ich habe mich für die Qual entschieden

Meine Eltern stammen ursprünglich aus dem Kosovo. Ich bin eine Albanerin und bin in Schwarzach geboren. Ich habe zwei jüngere Geschwister, eine Schwester & einen Bruder. Mein Name bedeutet auf Albanisch „Kleiner Wind", aber auch „Gewürz". Also hat mein Name keine große Bedeutung. Mir ist nichts Interessantes passiert bis jetzt. Einfach ein normales 18-jähriges Mädchen. Ich glaube an das Schicksal & dass alles, was uns passiert, einen Grund hat. Ich habe langjährige Freunde, die mir auch wichtig sind. Ich habe meine guten & schlechten Zeiten mit ihnen verbracht. Genau wie meine Familie. Ich kann mir ein Leben ohne sie nicht vorstellen.

Nach der Hauptschule musste ich entscheiden, ob ich eine Lehre machen will oder ob ich mich weiterhin abquälen will mit der Schule. Ich habe mich für die Qual entschieden. Obwohl, so schlimm ist es nicht, weil ich meine Freundinnen habe. Aber ich mag die Schule immer noch nicht. Ich freue mich, wenn ich die Matura hinter mir habe. In der HAK habe ich mich zum ersten Mal verliebt, er ist auch mein erster Freund. Man weiß nie, vielleicht bleibt er es auch für immer. Nach der Schule will ich viel reisen, am liebsten um die ganze Welt.

**Ich will nicht sterben,
bevor ich etwas Spannendes erlebt habe.**

Anonym, 13

Eines Tages zurück nach Addis Abeba

Wir schreiben das Jahr 1972. In diesem Jahr ist mein Vater, René, auf die Welt gekommen, in Schwarzach. Zwei Jahre später erblickte meine Mutter, Doris, das Licht der Welt. 16 Jahre später wurden die beiden ein Paar und 1990 feierten sie ihre Hochzeit. Leider konnten die beiden keine Kinder bekommen, deshalb bemühten sie sich um eine Adoption in Österreich. Das war aber auch nicht so einfach, bis sie zum Verein Brücke nach Äthiopien gekommen sind. Da klappte es auch. Und in diesem Zeitpunkt komme ich ins Spiel.

Ich bin in einem kleinen Dorf in der Nähe von Addis Abeba auf die Welt gekommen. Da lebte ich zirka 4 Monate, bis mich meine leibliche Mutter in eine kleine Kirche gelegt hat. Dort fand mich ein einheimischer Beamter und brachte mich ins nächstgelegene Waisenhaus. Hier adoptierten mich meine Eltern und es ging ab nach Österreich. Ich hatte wohl großes Glück, in einem so schönen und reichen Land mein weiteres Leben zu verbringen. Nach der Rückkehr von Afrika brachte ich nur knapp 3,5 kg auf die Waage. Das heißt, ich war unterernährt und hatte sehr stark die Windpocken. Die Ärzte wussten das aber nicht sofort und glaubten, ich hätte eine viel schlimmere Krankheit. Zum Glück nahm mich ein Kinderarzt in Bischofshofen doch noch auf und stellte fest, dass es nur Windpocken waren. Die ersten Tage in Österreich verbrachte ich also im Krankenhaus Schwarzach. Danach ging mein Leben eigentlich ziemlich „normal“ weiter.

2 ½ Jahre besuchte ich den Kindergarten. Mit 6 Jahren besuchte ich dann die Volksschule Bischofshofen. Wie jedes Schulkind freute ich mich sehr auf den 1. Schultag. Ich lernte da auch richtig nette Menschen kennen. Mit 6 besuchte ich meinen ersten Ballettunterricht und entdeckte dort meine größte Leidenschaft, das Tanzen. Ein Jahr später fing ich Gitarrespielen an. Meine Familie unterstützte mich auch sehr. Ich habe eine Mutter und einen Vater, zwei Omas und Opas, zwei Tanten und zwei Onkel und zwei Cousinen und zwei Cousins.

In meinem neunten Lebensjahr ist leider meine Urgroßmutter verstorben. Das war nicht leicht für mich. 2013 kam ich in die Neue Musikmittelschule St. Johann. Dort durfte ich die besten Menschen und besonders die besten Freunde auf dieser Welt kennenlernen. Diese Menschen haben mich wirklich sehr geprägt, und die vier Jahre Hauptschule waren mit diesen Freunden sehr cool und eine unvergessliche Zeit, die ich immer in meinem Herzen tragen werde. Ein besonderer Wegbegleiter war und ist die Musik.

**Musik ist nämlich das,
was mich zu dem machte, was ich jetzt bin.**

Auch wenn ich die Zukunft noch nicht kenne, die Vergangenheit wird immer ein Teil von mir sein. Ich bin sehr froh, in Österreich zu leben, aber trotzdem möchte ich eines Tages zurück nach Addis Abeba, meinen Geburtsort besichtigen.

Rania, 15

Wir alle haben den Pass

Ich bin in Syrien geboren. Geh derzeit in die NMS Liefering, hab 2 Schwestern und 1 kleinen Bruder. Meine Eltern sind alle beide im Irak geboren. Mein Vater ist 45, und meine Mutter ist 44 Jahre alt. Die Geschichte ist so: Mein Vater ist aus dem Irak geflüchtet, weil Krieg in unserem Land war und weil der Präsident gestorben ist und die Sunniten umgebracht wurden. Seitdem ist mein Vater in Salzburg, und wir alle haben den Pass. Ich bin nach Salzburg gekommen, als ich 1 Jahr alt war. Ich bin in den Kindergarten Wagingerstraße gegangen. Nach 3 Jahren bin ich in die Volksschule Liefering gekommen. 4 Jahre später bin ich in die NMS Liefering gekommen, hatte SPF *(Sonderpädagogischer Förderungsbedarf – Anm.)*, weil ich nicht so gut war. 3 Jahre später hab ich mich so verbessert, dass ich nur 1er hatte und keinen SPF mehr. Ich bin sehr froh darüber und möchte die Schule fertig machen. Meine große Schwester ist jetzt Zahnarztassistentin. Mein Vater ist selbstständig. Wir fahren jedes Jahr im Sommer in die Türkei.

Wir haben seit 3 Jahren eine Wohnung dort.

Daniel, 18

Ich blicke auf eine unvergessliche Zeit zurück

Erst jetzt fange ich langsam an zu begreifen, welch großes Glück mir mit meiner Familie, insbesondere meinen Eltern und meinem Bruder, widerfahren ist. Schon in jungen Jahren machten wir viele Ausflüge und unternahmen viel. Im Sommer standen zahlreiche Wanderungen in den Bergen, Badeseebesuche, Grillfeiern in Opas Gartenhaus oder andere Aktivitäten am Tagesplan. Schon im zarten Alter von 3 Jahren entdeckte ich meine Leidenschaft für das Schifahren und wenig später die Passion für den Fußballsport, was ich beides auch heute noch mit großer Freude ausübe. Neben meinen Eltern ist mein Bruder ein sehr wichtiger Teil meines Lebens. Er war mein bester Freund, Spielgefährte und verspürte schon in seinem damaligen geringen Alter mir gegenüber einen Beschützerinstinkt, der bis heute anhält.

Im Alter von 15 Jahren trat ich in den lokalen Fußballverein ein. Dieser Sport macht mir nicht nur sehr viel Spaß, sondern ich verdanke ihm auch wahre Freundschaften. Neben meinen sportlichen Aktivitäten besuchte ich die Volksschule und später das Gymnasium, wo ich mit guten Noten überzeugte. In meiner Gymnasiumzeit wagte ich den Schritt zum Skisprungsport, jedoch blieb dies nur ein kleines Abenteuer. Am Spielplatz hatte ich immer besonders viel Spaß. „Räuber und Gendarm“, „X-Zerstörer“ oder „Schaukelweitspringen“ sind nur einige der Aktivitäten, die ich mit meinen Freunden zelebrierte und mit vollstem Vergnügen ausübte. Mit 14 Jahren entschied ich mich für die HAK St. Johann, eine Entscheidung, die mir schwergefallen ist, die ich jedoch nie bereute. Dank vielen Städtereisen und einer Kreuzfahrt konnte ich zu diesem Zeitpunkt schon ein wenig die Welt erblicken.

Der Traditionsurlaub nach Caorle mit der ganzen Familie hat schon längst Kultstatus erreicht.

Unvergessen sind auch die Urlaube mit dem Campingwagen nach Kroatien, wo ich viel Tolles erlebt habe. Mittlerweile befinde ich mich in der 4. Klasse und habe stolze 18 Jahre auf dem Buckel. Ich blicke auf eine unvergessliche Zeit zurück, die ich meiner ganzen Familie und tollen Freunden zu verdanken habe.

Gabriela, 17

Ich hatte viele Unfälle

Während des Balkankrieges kamen meine Eltern nach Österreich. Sie lernten sich in Salzburg kennen und heirateten. 1993 kam dann meine große Schwester zur Welt, und die ganze Familie war glücklich. Nach ein paar Jahren kam auch ich zur Welt. Im Kindergarten war es immer ein Auf und Ab. Ich erinnere mich noch, als ob es gestern gewesen wäre, wie andere Kinder beschlossen haben, wer mit wem spielen darf. Dann kam ich in die Volksschule, und schon nach 2 Wochen musste ich die Schule wegen eines Umzugs wechseln. In den Ferien sind meine Familie und ich jedes Mal nach Bosnien gefahren, wo wir ein Haus haben. In Bosnien habe ich sehr viele Freunde, und dort kann ich machen, was ich möchte.

Als ich ins Gymnasium kam, begann der ganze Schulstress. Nicht nur Schulstress, sondern verschiedenste Probleme. In der Schule Streit mit Freunden, zu Hause Streit mit der Familie. Ich habe immer bekommen, was ich gebraucht habe, und finde, dass ich eine schöne Kindheit hatte. Mit 14 Jahren feierte eine Freundin ihren Geburtstag in Bosnien, wo ich das erste Mal fortgegangen bin. Ich war auch oft am Meer. Ich erinnere mich, dass ich mit 6 Jahren in Paris war. Mit der Schule machten wir auch viele Ausflüge, wie z. B. nach England, Kroatien usw.

Ich hoffe, ich werde eines Tages viele Kinder haben und ein glückliches Leben führen. Meine Oma spielt eine wichtige Rolle in meinem Leben. Sie ist meine beste Freundin. Sie ist immer an meiner Seite, und auf sie ist Verlass.

Sie wird nie etwas Schlechtes über mich sagen, wie viele andere Menschen es getan haben.

Ich wurde früher auch oft ausgelacht wegen Sachen, die irgendwelche Personen erfunden haben. 2015 starb mein Opa. Das war sehr hart für die ganze Familie, da er uns sehr nahegestanden ist. 2017 starb dann auch meine zweite Oma. Ich habe nun noch eine Oma, meine beste Freundin.

Meine Schwester bekam mit 16 ein Moped in Bosnien, welches ich mit 9 Jahren auch zu fahren begonnen habe. Ich hatte viele Unfälle. Einmal fuhren meine Schwester, ihr Freund und ich im Auto. Ihr Freund verlor die Kontrolle über das Auto, und wir überschlugen uns. In diesem Moment dachte ich, ich sterbe. Von meinen Freunden lernte ich schon früh Autofahren, mittlerweile mache ich den Führerschein. Zu Hause gab es immer wieder Streitereien, wegen meiner Schwester oder anderen Sachen, wo es mich meistens nicht gefreut hat, nach Hause zu gehen.

Abdullah, 15

Mit dem Ringen haben wir weitergemacht

Meine Eltern kommen aus der Türkei, aber ich wurde in Salzburg geboren. Ich hatte viele Geschwister, davon zwei ältere Brüder. Meine Brüder waren sehr sportlich, sie machten zwei Sportarten, das waren Ringen und Judo. Als ich 4 Jahre alt war, hat mich mein Vater für dieselben Sportarten angemeldet. Ich hab nach 5 Jahren mit Judo aufgehört, weil meine Brüder auch aufgehört haben, aber mit dem Ringen haben wir weitergemacht. Bis jetzt hatte ich viel Erfolg.

Ich wurde mehrmals Landesmeister und auch einmal österreichischer Meister.

Meine Brüder haben dann wegen Verletzungen aufgehört, und ich habe weitergemacht. Ich habe auch einen kleinen Bruder, er war nur ein Jahr beim Ringen, dann wollte er nicht mehr. Er war zu faul. Ich werde diese Sportart so lange machen, bis ich Profisportler werde und was Großes erreiche. Ich habe sehr viele Freunde und Verwandte. In meiner Freizeit bin ich meistens mit ihnen unterwegs. Obwohl ich abends am Trainieren bin und am Wochenende viele Turniere hab, sehe ich sie sehr oft. Wir fahren in den Sommerferien meistens in die Türkei, dort spiel ich meistens mit meinem kleinen Bruder. Ich und er haben schon vieles erlebt, wir hatten Spaß, wir waren in Lebensgefahr und noch einige Sachen. Wir streiten uns oft, aber ich würde einiges für ihn tun.

Sarah, 14

Meine eigene kleine Backstube

Mit ungefähr 2 Jahren hab ich sprechen und gehen gelernt. Als ich drei Jahre alt wurde, trennten sich meine Eltern. Ich lebte nun mit meiner wundervollen Mutter zusammen, und kurz darauf verstarb meine Oma. Mit sechs wurde ich in der VS Lehen eingeschult, dort fühlte ich mich aber nicht so wohl und wechselte nach einem Jahr in die VS Liefering, wo ich dann viele wundervolle Menschen kennengelernt habe. Kurz darauf kam mein kleiner Bruder auf die Welt und ich war überglücklich. Mit zehn Jahren kamen meine kleinen Schwestern auf die Welt und zirka vier Monate später zogen wir um. Nun ging ich in die NMS Liefering und viele meiner alten VS-Freunde auch. Als ich zwölf war, starb dann mein Opa und sozusagen mein bester Freund, und für mich ging eine Welt unter. 6 Tage später war mein dreizehnter Geburtstag. Nun war ich in der vierten Klasse Hauptschule und musste mich mega zusammenreißen, damit ich einen Hauptschulabschluss bekomme. Danach gehe ich in die Polytechnische Schule Salzburg, um mein neuntes Schuljahr abzuschließen, und im gleichen Jahr fang ich an, hobbymäßig Hip-Hop zu tanzen. Mit ungefähr zwanzig Jahren werde ich dann mit meiner besten Freundin Alex in eine gemeinsame Wohnung ziehen und werde als Konditorin arbeiten und meine eigene kleine Backstube haben. Mit sechsundzwanzig Jahren werde ich dann mit Alex in ein großes Haus ziehen, das wir uns teilen. Kurz darauf beginnen wir unsere Weltreise. Mit ca. 23 Jahren werde ich dann hoffentlich den Richtigen gefunden haben und heiraten. Natürlich möchte ich auch Kinder, die ich aber erst nach der Hochzeit bekommen möchte. Dann möchte ich meine Kinder liebevoll aufwachsen sehen und mit meinem Mann glücklich sein. Alex nicht zu vergessen, sie wird natürlich mit ihren Kindern und ihrem Mann im Haus bleiben, und wir leben als richtig große Familie zusammen. Auch mit anderen Freunden werde ich natürlich in Kontakt bleiben, und irgendwann werde ich sterben und werde ein glückliches Leben mit meinen Liebsten gelebt haben.

Als mein Opa starb, habe ich gemerkt, wie wichtig die Zeit zusammen ist und wie wenig Zeit man eigentlich mit seinen Lieben verbringt. Ich schätze die Zeit jetzt umso mehr, die ich mit meiner Familie und Freunden habe, und bin auch überglücklich, eine so liebevolle Mutter zu haben, die immer für mich da ist, und auch meine Freunde sind wundervoll, und ich liebe es, meine Lebenszeit mit ihnen zu verbringen.

Auch die Trennung meiner Eltern war für mich schwer zu verkraften. Ich war kein leichtes Kind, mir fehlte der Vater, und ich wurde dadurch auch sehr auffällig gegenüber meiner Mutter. Ich ging dann ein Jahr lang zu einer Psychologin, die mir helfen sollte, was sie nicht tat.

Aber seit einiger Zeit habe ich wieder mehr Kontakt zu meinem Vater und mir geht es um einiges besser.

Ein weiterer Punkt ist die Stärke meiner Mutter. Sie hat viel erlebt und ist eine so starke Persönlichkeit. Sie ist für mich und meine Geschwister immer da und macht alles dafür, dass es uns gut geht. Sie will nur das Beste für uns und vergisst leider manchmal sich selbst. Ich bin ihr so dankbar für alles, und ich bin ihr dankbar für mein Leben.

Emir, 14

Ich hasse Arbeiten

Ich bin in Salzburg-Stadt auf die Welt gekommen. Als Erstes haben wir in Liefering gewohnt, aber sind nach 2 Jahren nach Lehen gezogen. Als ich in die Schule kam, war ich sehr motiviert, aber mit der Zeit hatte ich keine Lust mehr. Ich hatte viele Freunde, die ich aus dem Kindergarten kannte, und ich fühlte mich sehr wohl. In meiner Kindheit habe ich fast nur Fußball im alten Lehen-Stadion gespielt. Dann bin ich zu einem Verein gegangen und hab dort 4 Jahre lang gespielt. Als sich das Team auflöste, habe ich aufgehört.

Als ich dann in die NMS Liefering kam, kannte ich nur ein paar aus meiner Klasse, da ich nicht dort aufgewachsen bin. Doch später waren wir alle Freunde.

Ich spiel ab und zu noch Fußball, meistens bin ich draußen und chill einfach. In der 4. Klasse war ich voll motiviert, weil ich in eine weiterführende Schule wechseln wollte, und ich hatte auch gute Noten, nur in Mathe nicht. Im Jänner 2017 mussten wir von der Schule aus schnuppern, und ich hab in einer Einzelhandelsfiliale gearbeitet, und ich hasse Arbeiten, das war so anstrengend, und ich wusste, dass ich nicht arbeite, sondern weiter zur Schule gehe. Ich finde, dass Familie sehr wichtig ist, denn man ist mit ihr ein Leben lang verbunden.

Sanina, 17

An jeder Ecke nur Essen

28. 08. 2000. Für die meisten Menschen ist das ein ganz normales Datum, nur meine Eltern bekamen mich an diesem Tag als Geschenk. Na ja, meine Eltern haben meine zwei Brüder auch als Geschenk bekommen, daher bin ich nichts Besonderes. Irgendwie fällt mir grad gar nichts ein, was ich erzählen könnte, da ich wirklich ein ganz normales Mädchen bin. Komisch, da ich sonst oft über mein Leben nachdenke und Stunden über mich erzählen könnte. Vielleicht bin ich gar nicht „normal", und es kommt mir nur so vor?

23. Oktober, 10:40. Ich sitze auf meinem Stuhl, höre Musik und frage mich, was die anderen wohl so über sich schreiben. Deren Geschichten sind bestimmt interessanter als meine. Vielleicht sind meine Pläne aber nicht so langweilig? Ich möchte die 8. Klasse abschließen und dann Medizin studieren. „Was, Medizin?" „Das ist schon zach!" „Viel Spaß." Ja, das sind so Aussagen, die ich oft zu hören bekomme. Und meine Antwort darauf ist: „Ja, Medizin." Wieso? In der Volksschule war's noch „Tierärztin". Ich bin froh, dass ich mich nun umentschieden habe und Kinderärztin werden möchte. Ich liebe Kinder. Schade, dass wir nicht mehr so viel Fantasie in uns haben wie die.

Ich hoffe, ich werde irgendwann meinen Wunsch erfüllen und den Kindern in Afrika helfen können.

Wieso zeig ich euch nicht einfach den Chat mit meiner besten Freundin? Ihr kann ich alles anvertrauen. Sie ist wie ich. Es ist manchmal so, als würd ich vorm Spiegel stehen und mit mir selbst reden, da sie mich so versteht. Manchmal frag ich mich, ob wir irgendwie das gleiche Leben leben. „Montpellier" von Miami Yacine läuft grad. Das lief gestern im Auto. Wenn wir schon beim Thema „Auto" sind. Führerschein. Ich bin irgendwie zu faul, zur Prüfung anzutreten. Weiß nicht, meine Ausrede ist immer: „Ich hab so viel für die Schule zu tun", aber eigentlich lieg ich immer im Bett und schaue „Kara Sevda". Ist übrigens eine türkische Serie. Grad hab ich Bock auf Döner. Eines kann ich dir sagen, der beste Döner ist in Berlin. Muss mal wieder nach Berlin, aber nicht wegen dem Döner, hehe. Die Stadt ist wirklich cool. Ich finde, ich würde gut dorthin passen. Why? An jeder Ecke nur Essen.

Ardian, 17

Das macht unsere Freundschaft aus

Meine älteste Erinnerung ist, wie ich und mein Cousin in unserer Wohnung spielten. Mein Vater und zwei Onkel von mir hatten sich damals eine 3-Zimmer-Wohnung geteilt. Sie kamen alle aus dem Kosovo. Sie mussten vor dem Krieg fliehen, der damals ausgebrochen war. Es war ein schweres Leben am Anfang – für meine Eltern, mein Leben war eher schön. Ich hatte nur einen einzigen Freund, mein Cousin Arber. Ich und er waren das Chaos-Duo. Wir hatten den Spaß unseres Lebens, doch als wir 4–5 Jahre alt waren, zogen meine Onkel aus, und ich blieb alleine mit meiner Schwester und meinen Eltern in meiner Wohnung. Ich hatte kaum Freunde, aber das war okay für mich. Ich war schon immer ein Außenseiter. Ich hatte im Kindergarten nur einen Freund, bis er mich eines Tages verraten hat. Seitdem blieb ich lieber alleine. Neue Freunde bekam ich, als ich 6 wurde. Es waren die Kinder, die einen Stock unter uns wohnten. Wir freundeten uns schnell an, aber auch diese Freunde wurden Jahre später irrelevant. Die Schule begann, keine schöne Zeit für mich. Ich war gut in Deutsch und in Mathe, nur war ich noch nicht reif genug, weshalb ich in die Vorschule gekommen bin. Am Anfang ging es noch klar, aber langsam begannen meine Mitschüler, mich auszuschließen. Das ging dann 5 Jahre lang so. Ich wurde gehänselt, ausgeschlossen, nur hat sich nie einer getraut, mit mir zu kämpfen.

Ich war fett und somit auch kräftig.

Im Alter von 7–8 lernte ich Bariş kennen. Er sollte später mein bester Freund werden, war damals aber noch mein Feind. Ich lernte ihn auf dem Spielplatz in der Nähe meines Wohnblocks kennen. Wir spielten hier und da Fußball und sind dadurch auch engere Freunde geworden. Jedes Mal, wenn die Sonne schien, gingen wir raus und spielten Fußball. Ich war nie wirklich gut, aber das war egal, solange wir Spaß hatten. Zu der Zeit kam ich ins Gymnasium, wo ich Haris kennengelernt habe und auch meine zukünftige Freundin. Das wusste ich damals aber noch nicht. Mir ging es relativ gut. Ich und Haris verbrachten viel Zeit in der Schule. Er war damals mein bester Freund und ist heute noch ein sehr wichtiger Mensch für mich. Die Zeit verging, ich war nicht schlecht in der Schule, ich war eine Zeit lang sogar unter den Klassenbesten, aber meine Leistungen wurden schlechter. Ich hatte viele Freunde, mit denen ich Zeit verbrachte. Wir waren alle noch jung und wussten nichts übers Leben. Heute rede ich nicht mehr mit dem Großteil von denen. Komische Freundschaften. Pubertät etc. hat diese Freundschaften beendet. Ich nahm mit der Zeit ab, und langsam kamen mehr Mädchen in mein Leben. Es gibt zwei Mädchen, mit denen ich eine schöne Zeit hatte/immer noch habe.

Mein Leben war aber nicht immer schön. Im Sommer 2016 war ich sehr schlecht drauf, ich war nur daheim und habe Videospiele gespielt. Mein bester Freund Bariş, mit dem ich über alles reden konnte, mit dem ich so viel Zeit verbracht hatte, zog nach Deutschland. Heute würd ich sagen, dass ich depressiv war. Ich habe 90 % des Sommers alleine in meinem Zimmer verbracht. Bis mich eines Tages Mert anschrieb. Ich war in die Oberstufe gekommen, und unsere Klassen wurden zusammengelegt, so lernte ich ihn kennen. Er rief mich damals raus und befreite mich quasi aus meinem Bann.

Zeit verging, ich kam mit Leuten in Kontakt, die wie ich waren, Menschen, die ähnliche Interessen hatten: Jakob, Patrik, Mert. Sie sind meine besten Freunde geworden. Es kam noch ein Mensch in mein Leben. Ich würde sagen, dass dieser eine Mensch mein Leben komplett umgedreht hat. Dieser Mensch sorgte dafür, dass ich mich heute als den glücklichsten Menschen dieser Welt sehe.

Heute sitze ich in der 7B. Ich habe meine besten Freunde um mich. Ich lache jeden Tag mit ihnen, und ich bin glücklich, dass diese Spasten meine Freunde sind. Besonders wichtig für mich ist Jakob. Unter allen Menschen, die ich kenne, ist er mir am ähnlichsten. Wir haben dieselben Interessen, wir haben denselben Humor. Ich will diesen Menschen nicht in meinem Leben missen. Mit Bariş habe ich kaum noch Kontakt. Wir reden ab und zu, und er kommt manchmal nach Salzburg zu Besuch. Ich vermisse ihn. Mit Haris habe ich 7 Jahre verbracht. Ich sehe ihn jeden Tag. Es gab definitiv Ups und Downs, aber ich bin glücklich, ihn zu haben. Wir sind wie Schwarz und Weiß, und das macht unsere Freundschaft aus.

Kadir kenne ich erst seit 3 Jahren, und für mich ist er wie ein kleiner Bruder.

Denise, 14

Ich liebe meine Familie

Alles begann am 14. 03. 2003 im Landeskrankenhaus, als ich die Welt zum ersten Mal erblickte. Sehr viele Bekannte und Familienmitglieder waren bei meiner Geburt dabei. Ich war ziemlich ruhig und brav und das behielt ich auch bei. Als ich drei Jahre alt war, trennten sich meine Eltern. Es war eine sehr schwierige Zeit für mich, meine zwei Brüder und meine Mutter. Aber wie jeder Schmerz einmal nachlässt, hat auch dieser Schmerz zwar langsam, aber doch nachgelassen. Im Kindergarten lernte ich dann auch meine beste Freundin kennen. Die Zeit verging, und ich war schon in der Mittelschule, natürlich mit meiner besten Freundin. In dieser Zeit ist eigentlich nichts Spannendes passiert.

Nun bin ich in der Vierten Hauptschule, und wie man in dieser Geschichte gelesen hat, ist die Zeit sehr schnell vergangen. Doch in den letzten drei Jahren ist noch so einiges passiert. In der ersten Klasse bekam ich einen Hund namens Bruno. Er hat mein Leben aktiver gemacht. In der zweiten Klasse wurde mein Leben verändert, denn ich bekam einen kleinen Bruder. Das hieß für mich, dass ich nicht mehr das kleinste Kind war.

Aber das machte mir nichts aus, denn ich war so stolz, aber auch glücklich, dass ich ein kleines Geschwisterchen habe.

Mittlerweile bin ich vierzehn und mein Leben ist durch die Schule ein ganzes Stück schwieriger geworden. Mit meinem Vater habe ich regelmäßig Kontakt (und ich hab ihn auch sehr lieb). Durch die Trennung meiner Eltern ist mir noch mehr klargeworden, wie wichtig Familie ist. Das wollte ich mit diesen Zeilen auch sagen, denn meine Familie ist immer für mich da, in guten sowie schlechten Zeiten. Ich liebe meine Familie.

Anonym, 19

Er hat mir geholfen, mein Ich zu finden

Über mich gibt es einiges zu wissen. Zum Beispiel ist es so, dass ich sehr gerne schwimmen gehe. Außerdem gehe ich gerne Ski fahren. Diese Hobbys habe ich wahrscheinlich deshalb so gerne, weil sie mich immer an die gemeinsame Zeit mit meinem Dad erinnern. Es sind einfach schöne Erinnerungen an eine Person, die mich als Erste auf dem Arm hielt, als ich in Klosterneuburg auf die Welt kam.

Ich kann mich noch genau an meine Kindergartenzeit erinnern. Nach dem Aufstehen durfte ich immer Teletubbies schauen. Das war mein Highlight. Auch wegen meiner ersten „Liebe" kann ich mich so gut an diese Zeit erinnern. Mein damaliger Freund hieß Andy, seinen Nachnamen, oder wie er aussah, hab ich vergessen. Was ich jedoch noch weiß, ist, dass wir uns in der Ecke des Kindergartens ein Bussi gaben. Wir haben uns damals versprochen zu heiraten, haha. An ein weiteres Ereignis kann ich mich wegen eines Schokodonuts erinnern, welchen ich manchmal als Belohnung bekam. Die Bäckerei, von der ich die Donuts bekam, schrieb einen Zeichenwettbewerb aus. Man musste sich ein Projekt ausdenken, wo die Köstlichkeiten der Bäckerei lebendig wurden. Ich baute ein Schiff aus Papier und die Seefahrer waren ein Donut, ein Salzstangerl, ein Kipferl und so weiter. Zwei Wochen nachdem ich mein Prachtstück eingesendet hatte, kam meine Mutter mit einem Riesenpaket nach Hause. Ja, ich hatte den Ersten Preis gewonnen. Ich kann mich erinnern, dass pinke, plüschige Ohrwärmer drinnen waren.

Als ich fünf Jahre alt war, zogen meine Mum und ich nach Salzburg, aufgrund meines damaligen Kinderarztes. Er riet meiner Mum, in die Berge zu ziehen, da ich wegen der schlechten Luft in Wien andauernd Mittelohrentzündung hatte. Gesagt, getan. Meine Mum kaufte eine Eigentumswohnung, eigentlich sollte sie nur als Ferienwohnung dienen. Als sie jedoch bemerkte, wie gut mir die Bergluft tat, beschlossen sie und Papa, dass wir in die Berge ziehen.

Mein Dad und unser Haus blieben in Wien.

Aufgrund seiner selbstständigen Tätigkeit und unseres Hauses war es ihm nicht möglich, mit uns zu kommen. Ich sah meinen Dad jedoch jedes Wochenende. Meine gesamte Schulzeit verbrachte ich also im Pongau. Als ich ca. 14, 15 Jahre alt war, begann ich fortzugehen. Damals dachte ich, es wäre der einzige Sinn des Lebens, unter der Woche daran zu denken, wo ich am Wochenende feiern werde und was für einen Spaß ich haben werde. So ging es, bis ich ein einschneidendes Erlebnis hatte, als ich knappe 18 Jahre alt war: Ich lernte meinen jetzigen Freund kennen, er zeigte mir, was wirklich im Leben zählt. Fort gehe ich fast gar nicht mehr, jedoch hab ich einiges entdeckt, was mir freizeitlich wirklich Spaß bereitet. Mein Freund und ich sehen uns täglich und wir unternehmen jeden Tag etwas mit Freunden. Mit ihm bin ich wirklich immer beschäftigt. Mir ist nie langweilig, doch was am wichtigsten ist, er hat mir geholfen, mein Ich zu finden, und er zeigte mir, welche Erinnerungen, die man später hat, wertvoll sind. Vor allem finde ich es gut, dass ich fast keinen Alkohol mehr trinke, dadurch erhoffe ich mir, meine Hautqualität bis ins hohe Alter gut zu erhalten.

Lukas, 18

Niemand konnte mir etwas sagen

Als kleiner Junge wollte ich immer groß werden. Jetzt, mit 18, wäre ich gerne wieder klein, weil damals alles leichter und cooler war. Meine Geschichte ist nicht sehr spannend und eher normal. Die prägendsten Momente waren die Impressionen der Zeichentrickwelt, des Fernsehens, und das Spielen mit Freunden. Mein treuer Begleiter „Ärger“ war nie weit entfernt. An guten Tagen ließ er mich nicht im Stich. Harry Potter war mit 10 dann meine Lieblingsfilmtrilogie. Zudem genoss ich Familienausflüge und mein 1. Handy. Während der HS-Zeit hatte ich meine rebellische Phase. Niemand konnte mir etwas sagen und mit 15 war ich das erste Mal fort. Natürlich wussten meine Eltern das nicht. Es war verrückt. Zu verrückt. Fußball und Partys standen sich leider immer im Weg. Während der HAK-Zeit ging es dann ans Eingemachte.

Sport, Schulstress, Mädchen und Feiern – eine Herkulesaufgabe, die ich bewältigte.

Meine verzweifelten Eltern hatten keine Hoffnung. Doch dann kam eine Person in mein Leben, die alles änderte. N., meine jetzige Freundin seit mittlerweile 1 Jahr. Vieles verbesserte sich. Wie es weitergeht, das weiß niemand, und schon gar nicht ich. Aber ich habe Hunger.

In Salzburg

IMPORT/
LAUTER AUSLÄNDER
BERICHTE AUS NÄCHSTER NÄHE
AUFGEZEICHNET VON ERNST SCHMIEDERER

Ich fühle mich
I KRV SVOJU

WIR.
BERICHTE
AUS DEM
NEUEN OE

JUST

Lisa

WOHIN WIR GEHEN
WOHER WIR KOMMEN
WIE WIR LEBEN
WIR IN WIEN
WAS WIR WISSEN
WER WIR SIND

WIR.
BERICHTE
AUS DEM
NEUEN OE

GRUPPENGESPRÄCHE
Argumentation
Konsensmodell
richtige Formulierung
Selbstbewusst sein
Stets freundlich sein
Dem Chef in die Augen schauen
Sagen, was man will und nicht will
mit Kollegen:
Cool bleiben
Sich hinterfragen
Das Gespräch suchen
Vorstellen oder bekannt
WIR BERICHTE AUS DEM NEUEN OE

Bedarfsermittlung
Beratungsphase
• Beratung
Abschlussphase
• Abschluss
• Zahlung
Nach dem Kaufvertrag
• Umtausch
• Reklamation
Argumentation
richtige Formulierung

Laura, 15

Das zeichnet eine Freundschaft aus

Meine erste große Veränderung war, als ich in den Kindergarten gekommen bin. Im Kindergarten musste ich immer einen Mittagsschlaf machen, was ich nie gemacht habe. Die nächste Veränderung war mit 6 Jahren, wo ich endlich in die Volksschule gekommen bin und ich Angst hatte, weil so viele große Kinder vor mir standen. Die beste Veränderung war zwischen 6 und 7 Jahren, als meine Mutter und ich eine Katze vom Bauernhof holten, die wir Bubu genannt haben. Ein Jahr später hat meine Mutter in einem Kleidergeschäft gearbeitet. Sie hatte Pause, und ihr ist eine Katze zugelaufen, die sie dann mit nachhause gebracht hat. Wir haben sie Maxe genannt. Dann kam ich mit 11 Jahren in die Hauptschule, die jetzt eine Neue Mittelschule ist. Das Beste war für mich, als unsere alte Schule abgerissen worden ist und wir eine Woche früher Sommerferien hatten. Der neue Schulbeginn war auch besonders, weil wir einfach 'ne ganz neue Schule hatten. Dann habe ich in der 2. Klasse meinen neuen besten Freund kennengelernt, Elvis. Wir haben so viele tolle Sachen miteinander erlebt und viel Scheiße gebaut und uns oft gestritten, aber das zeichnet eine Freundschaft aus. Er hat mich immer aufgebaut, wenn es mir schlecht ging, er war immer für mich da. Ich hab meinen Mopedführerschein gemacht und dann sind wir fast jede Woche gefahren.

Die letzte Veränderung war mit 15. Ich hab vom Bauernhof zwei weitere Baby-Katzen bekommen, eine heißt Wurli und eine Timon. In den nächsten Jahren hoffe ich, dass ich 'ne Arbeit bekomme, die mir Spaß macht, und dass ich viele neue Freunde kennenlerne.

Mich macht mein Moped sehr glücklich, weil ich es liebe, jeden Tag mit Freunden zu fahren.

Meistens fahren wir shoppen.

Anonym, 19

Mit Anstrengung kann man alles im Leben schaffen

Meine Eltern kommen aus der Türkei. Ich bin in Schwarzach geboren. Meine Eltern und ich wohnen in St. Johann im Pongau, in einer 80 m^2 großen Wohnung. Ich habe eine jüngere Schwester und einen jüngeren Bruder. Wäre er noch am Leben, hätte ich einen älteren Bruder. Doch er starb mit 1 Jahr. Es macht mich sehr traurig, dass ich mich nicht an ihn erinnern kann.

In meinem 15. Lebensjahr musste ich schon Entscheidungen treffen. Sollte ich eine Lehre machen oder doch weiter in die Schule gehen? Da ich keine Entscheidung treffen konnte, ging ich 1 Jahr lang in die Polytechnische Schule. Durch die verschiedenen Schnupper-Jobs konnte ich einige Erfahrungen sammeln, wie es mir gehen würde, wenn ich arbeite. Zuhause diskutierte ich mit meinen Eltern oft darüber. Sie wollten, dass ich in die HAK St. Johann gehe, aber ich nicht. Werken war schon immer mein Lieblingsfach. Somit wollte ich gerne in die Modeschule in Hallein gehen. Doch dies erlaubten meine Eltern nicht. Sie meinten, dass ich nicht so früh aufstehen kann und nicht mit der Hin- & Rückfahrt klarkomme. Schlussendlich ging ich in die HAK. Ich bin eine durchschnittliche Schülerin.

Ich glaube, das liegt daran, dass ich faul bin und nicht regelmäßig mitlerne.

Meine Schwächen liegen in den Sprachen, wie z. B. Deutsch. Ich bin bzw. ich war eine Person, die sich fast jeden Tag mit den Freunden trifft. Da ich mich so sehr mit den Freunden beschäftigte, konnte ich nicht viel für die Schule lernen. Deshalb konnte ich die 1. Klasse nicht schaffen und blieb sitzen. Dies machte mich so traurig und ich habe es bereut. Plötzlich, genau in dieser Zeit, wo es mir schlecht ging, habe ich einen Jungen kennengelernt, der mein Leben, meinen Charakter und alles verändert hat. Er ist mein Freund. Er glaubte daran, dass es mir diesmal besser gehen würde. Ich ging nicht mehr so oft raus mit den Freunden. Jetzt sitze ich in der 3. Klasse und hoffe, dass ich noch weitere 2 Jahre in die Schule gehe. Mein Ziel ist es, die Matura zu schaffen. Ich tue mir vielleicht nicht so leicht, aber mit Anstrengung kann man alles im Leben schaffen. Man sollte nie aufgeben. Versuchen und Probieren schadet nie.

Zeynep, 16

Elen

Ich war damals 5 Jahre alt. Meine Schwester Elen ist zur Welt gekommen. In unserer Familie ist es laut geworden. Elen ist 10 Jahre alt.

Jetzt ist sie leise.

Ich gehe gerne in die Schule.

Hannah, 17

In Kanada

Meine Geschichte beginnt, wie die eines jeden Kindes in Österreich, in einem Krankenhaus. Meine Mutter, die vor 5 Jahren aus Deutschland zu meinem Vater nach Österreich gezogen war, hielt mich in ihren Armen, und meine Eltern entschlossen sich, mich Hannah zu nennen. Die erste richtige Erinnerung ist diese: An meinem 4. Geburtstag packte ich Geschenke aus. Ein Geschenk war recht groß, und als ich es öffnete, war es ein Katzenkörbchen. Meine Eltern hatten beschlossen, dass ich Verantwortung übernehmen sollte – für eine kleine Babykatze. Wir fuhren also zu unserem Bauern, und ich durfte mir nicht nur eine, sondern zwei Kätzchen aussuchen. Ich entschied mich für eine ganz schwarze, recht wilde, verspielte Katze, die liebevoll den Namen „Teuferl" bekam und die eigentlich gar nicht für mich, sondern für meine damals 78-jährige Großmutter war. Meine Katze war eine grau-getigerte mit grünen Augen, die ich „Marie" taufte. Doch wie sich herausstellte, war es nicht „die Marie", sondern „der Marie".

Ich mache nun einen relativ großen Sprung, über meine Einschulung, zu meinem Geburtstag. Diesen verbrachte ich nämlich mit meinen Eltern in Kanada. Ich fing dort an, mich für dieses endlose, faszinierende Land zu begeistern. Zwei Jahre darauf flogen wir wieder nach Kanada, wir hatten dort Freunde, die ich logischerweise kaum bis gar nicht verstand. 2 Tage, nachdem wir wieder heimkehrten, kam ich – samt Jetlag – aufs Gymnasium. Ich lernte dort viele neue Menschen kennen, manche bereicherten mein Leben, andere eher weniger. Meine Katze wurde umgesiedelt und lebte von da an bei meiner Großmutter. Mit 13 muss es gewesen sein, da gesellte sich fast täglich ein streunender Kater zu uns. Er war sehr scheu und ließ sich nicht streicheln. Doch im Laufe der Zeit überzeugte ich ihn mit viel Geduld und viel Essen, sich streicheln zu lassen und mir zu vertrauen. Seitdem war er immer da, liebte es, gestreichelt zu werden, und genoss meine Gesellschaft. Im selben Jahr flogen wir – Überraschung – nach Kanada. Jedoch diesmal ein bisschen anders.

Wir blieben 4 Tage bei unseren Freunden, mieteten uns einen Camper und fuhren über die Grenze in die USA.

Wir fuhren einen Monat lang durch Washington, Oregon und dann zum Yellowstone-Nationalpark. Dort entdeckte ich eine neue Begeisterung: Wölfe. Denn wir beobachteten diese beim Jagen in freier Wildbahn.

Fast ein Jahr später passierte wieder etwas, was mich von Grund auf verändern sollte. Mein Opa verstarb, ganz plötzlich und unerwartet, im Alter von 74 Jahren. Bis zu diesem Zeitpunkt war ich noch nie mit so einer Art von Trauer in Berührung gekommen. Doch Gott sei Dank hatte ich eine Freundin, die es schaffte, mich in dieser schweren Zeit zum Lachen zu bringen. Mit 15 Jahren besuchte ich das zweite Mal die USA, mit einer sehr unschönen „Begleiterscheinung". Mein Vater bekam zwei Tage vor Abflug Nierenkoliken. Er ließ sich von seinem Arzt eine Schiene um den Nierenstein legen, damit er doch fliegen konnte. So weit, so gut. Wir flogen nach San Francisco mit meinem Vater, der es pflegte, alle 10 Minuten aufs Klo zu gehen, was Aktionen wie Stadtrundführungen und Sightseeing zu einer Klo-Suche im 10-Minuten-Takt werden ließ. Der Zustand meines Vaters verschlechterte sich nach eineinhalb Wochen jedoch dramatisch. Er bekam Fieber und war für den Rest des Urlaubs ans Bett gefesselt, weigerte sich jedoch trotz Schmerzen und dadurch verursachten Halluzinationen, ins Krankenhaus zu fahren. Als wir wieder in Österreich waren, lag er für eine Woche im Krankenhaus.

Im selben Jahr starben beide Katzen. Eine so unerwartet und plötzlich und die andere „wegen uns", denn wir mussten sie einschläfern lassen. Im Jahr darauf waren wir wieder in Kanada, machten dort eine 4-tägige Wanderung, die mich an meine Grenzen brachte und durch die ich irrsinnig an mir gewachsen bin. Das Jahr darauf verliebte ich mich in einen Jungen, mit dem ich dann auch zusammenkam. Etwa ein Monat nach meinem 17. Geburtstag trennte sich dieser von mir, und ich musste erneut, jedoch auf eine andere Weise, erfahren, wie es sich anfühlt, wenn ein so wichtiger Teil deines Lebens dir entrissen wird. Jedoch, wie nach jeder Trauer, kam ich auch darüber hinweg. Was in Zukunft passiert, weiß ich nicht. Nur eines weiß ich: dass ich auf jeden Fall nochmal nach Kanada fliege!

Chiara, 15

Arvin

Ich komme je zur Hälfte aus Deutschland & Kanada. Chiara ist italienisch & heißt „lieb“. Meine Mom hat immer gesagt, ich war das Licht in der Dunkelheit. Meine Kindheit war mit Abstand das Beste in meinem Leben, zumindest bis jetzt. Keiner weiß, was passiert. Man kann träumen & Träume sind wichtig. Aber ich hab aufgehört zu träumen. Als ich 5 geworden bin, hat sich meine perfekte Welt auf den Kopf gestellt, & es ist bis jetzt so geblieben. Der Grund dafür war, meine Schwester hat ein Kind bekommen, meine kleine Nichte Kim. Damals hat sich auf einmal alles nur noch um sie gedreht, doch dann schien für kurze Zeit alles wieder gut zu sein, weil meine Hündin Goldy Welpen bekommen hat, & ich durfte mir einen aussuchen. Arvin, sie war der süßeste Hund auf der ganzen Welt. Kurz vor meinem 6. Geburtstag hat sie mich beim Spielen in die Hand gebissen. Ich hab wochenlang nichts mehr mit ihr gemacht. Jetzt wünsche ich mir nur, es anders gemacht zu haben. Die Einzige, die eine 2. Chance wirklich verdient hätte, hat sie nicht bekommen.

Ich hab mir da geschworen, dass ich jedem eine 2. Chance gebe.

Kurz vor Ostern sagte meine Mom, dass ich meinen Hund weggeben muss. Ich hab sie meiner Nichte geschenkt, in der Hoffnung, dass ich sie nicht verliere, doch vergebens. Meine Schwester ist mit ihrem Freund umgezogen, & als sie wiedergekommen ist, war Arvin weg. Ich werde nie diesen Blick in ihren Augen vergessen, als sie im Zug war & er ohne mich weggefahren ist. Jetzt wünschte ich, ich hätte sie jedem außer ihr geschenkt.

Als ich 10 war, ist mein Dad endlich mal wieder aus Frankfurt nach Salzburg gekommen. Ich hatte ihn seit 3 Jahren nicht mehr gesehen & wollte nicht mit ihm alleine sein. Dann haben wir uns so gestritten, dass er sich 3 Jahre nicht mehr gemeldet hat, nicht mal an meinem Geburtstag. Erst, als ich ins Krankenhaus eingeliefert wurde & meine Mom ihn angerufen hat, hat er sich wieder gemeldet. Er hat sich bis heute nicht entschuldigt. Ich weiß nicht, ob ich ihm jemals verzeihe, aber ich hoffe, dass ich mal die innere Größe habe, es zu tun. Mein Traum ist es, meinen Hund noch einmal zu sehen, um zu wissen, was mit ihr passiert ist & ob es ihr gut geht.

Irem, 16

Nach der Matura will ich weg von hier

Ich war schon in der Volksschule fleißig und wurde von meiner Lehrerin immer gelobt. Auch im Gymnasium ist es so. Ich investiere viel Zeit in die Schule, das stimmt, aber das heißt immer noch nicht, dass ich kein Leben außerhalb der Schule hab. Für manche meiner Freunde ist es nicht so. Ich wurde auch von manchen Lehrern/Lehrerinnen darauf angesprochen. Mein Lerntyp verlangt viel Zeit. Ich lerne stundenlang, ich lerne Nächte durch. Ich glaube nicht wirklich an mich. Ich habe Angst, zu scheitern; Angst, meine Eltern zu enttäuschen. Und nein, meine Eltern zwingen mich zu gar nichts. Ganz im Gegenteil, sie unterstützen mich und wollen mir helfen, weil ich nicht mehr auf meine Gesundheit achte. Ich beginne Wochen früher zu lernen und nehme jedes Mal ein paar Kilos ab. Ich weiß, es ist nicht gut für mich & für meine Gesundheit. Ich bin ehrgeizig und mache einfach alles, um meine Ziele erreichen zu können. Und mit „alles" meine ich auch wirklich alles. Nichts kann mir im Weg stehen, auch nicht meine Gesundheit. Meine Mutter hat mir angeboten, die Schule zu wechseln, doch konnte sie mich nicht damit beeinflussen. Ich habe in der Volksschule schon immer gesagt, dass ich hier in die Schule gehen will. Jetzt sitze ich in der 7. Klasse. Ich habe nicht mehr lange vor mir. Ich gebe mehr als 100 % von mir selbst, um meine Ziele erreichen zu können. Auch in der Unterstufe wurde mir von einer Lehrerin gesagt, dass ich die Schule nicht schaffen würde & wechseln sollte. Kann ich teilweise verstehen, weil ich in den ersten Jahren nicht gut in der Schule war. Es ist nicht einfach, gleich von der Volksschule ins Gym. zu wechseln. Ich habe die Hoffnung nie verloren und immer mehr als mein Bestes gegeben. Doch trotzdem kann ich nicht selbstsicher sein, ich unterschätze mich viel zu sehr. Doch aufgeben will ich auch nicht. Ich werde auch manchmal zur Schulärztin geschickt, weil meine Lehrerin sieht, dass es mir gesundheitlich nicht gut geht. Ich komme manchmal ohne Schlaf in die Schule. Ich weiß, dass ich es dadurch nicht besser machen kann. Ich habe Freunde, die mir das vorwerfen, weil ich so viel lerne, aber ich bin so, wie ich bin.

Meine Mutter sagt immer: „Was soll ich mit deiner Matura machen, wenn ich dich nicht mehr hab?"

Ich bin echt froh, dass es Leute gibt, die an meiner Seite stehen. Vor allem 2 meiner Freunde liegen mir sehr am Herzen. Ich habe es satt, mir irgendwelche Vorwürfe anhören zu müssen. Niemand weiß, was ich mache, wie ich denke, wie ich mich fühle, ausgenommen 2 Personen. Ich liebe sie beide so unglaublich sehr. Vor kurzem habe ich auch mit dem Führerschein begonnen, nach der Matura will ich weg von hier. Weit weg. Mit bestimmten Leuten an meiner Seite.

Patrick, 15

Er veränderte sich

Früher, als ich und mein Bruder jünger waren, verstand ich mich noch mit ihm. Er war in der HAK für 2 Jahre, doch es wurde schwieriger für ihn. Er wechselte in das BORG Oberndorf. Dort traf er neue Freunde. Er ging weg mit denen, während der Woche. Er veränderte sich. Ich verstehe mich seitdem nicht mehr mit ihm, und es ist sehr schwer für meine Mutter. Ich hör gern die Band Gorillaz und auch Dubstep.

Jeden Tag setze ich die Kopfhörer auf und entspanne mich.

Raul, 14

Nur ich wurde aufgenommen

Ich komme aus Rumänien und habe einen Bruder. Meine Eltern kommen auch aus Rumänien. Als ich 3 Jahre alt war, bin ich in den Kindergarten gegangen. Ich fand's nicht so schön dort, weil ich meine Eltern nicht mehr so oft gesehen habe. Kurz nachdem ich 5 geworden bin, haben sich meine Eltern getrennt, weil sie sich nicht mehr so gut verstanden haben. Ich und mein Bruder fanden es nicht toll, aber mit der Zeit gewöhnt man sich daran.

Als ich dann 6 Jahre alt war, ist mein Opa gestorben. Am Anfang dachte ich, er schläft, aber dann hat mir meine Mutter erzählt, er wird nicht mehr aufwachen. Ich war sehr traurig.

Mit 7 Jahren bin ich in die Volksschule gekommen und fand es eigentlich gut. Meine Volksschullehrerin war so nett, und ich war ihr Liebling. Die Volksschuljahre sind vergangen und ich bin in die Hauptschule gekommen.

Es war schön dort, aber leider musste ich nach der ersten Klasse wegziehen, und zwar nach Österreich, nach Salzburg, da meine Mutter hier geheiratet hat.

Mit 12 bin ich dann in die NMS Liefering gekommen. Ich fand es außergewöhnlich, ich konnte nur wenig Deutsch, und alles war neu für mich. Neue Schule, neue Freunde, neue Sprache, alles neu. Ich habe die Sprache eigentlich sehr schnell gelernt.

Mit 13 Jahren habe ich schwimmen gelernt, mithilfe der Schule und von meinem Stiefvater. Mit 14 war ich nach langer Zeit wieder in Rumänien, und es war sehr schön, meine Großeltern, meine Freunde wiederzusehen. Ich war jeden Tag draußen mit meinen Freunden. Ich bin mit 14 in die Vierte gekommen und hab mich sehr angestrengt und hatte ein gutes Semesterzeugnis. Im Februar 2017 haben ich und noch zwei Mädchen uns im BORG angemeldet, aber nur ich wurde aufgenommen. Die 4. Klasse ist bald vorbei! Ich werde alle Schüler und Lehrer vermissen. Ich habe in dieser Zeit so tolle Menschen kennengelernt, die ich nie vergessen werde. Mit 19 Jahren will ich meine Matura machen, und bis 24 will ich studieren und dann mit der Arbeit beginnen. Mit 25 will ich heiraten und dann Kinder bekommen. Und ich hoffe sehr, dass ich mit meinen Freunden aus der NMS in Kontakt bleibe und dass wir uns irgendwann mit 30 alle wieder treffen.

Bledian, 16

Meine Freunde haben mir Deutsch beigebracht

Ich bin im Kosovo geboren, aber ich lebe in Salzburg. 2014 bin ich nach Österreich gekommen. Ich habe mein Heimatland verlassen. Mein Vater ist in Österreich seit 15 Jahren. Als ich nach Österreich gekommen bin, war es so schwierig wegen der Sprache. Ich konnte nicht Deutsch und ich hatte nicht so viele Freunde zum Spielen. Als ich in die Schule gegangen bin, habe ich Deutsch gelernt. Dann habe ich so viele Freunde gehabt, und mit denen habe ich gespielt. Meine Freunde haben mir Deutsch beigebracht. Die haben mir so geholfen, bei jeder Sache.

Aber ich habe all meine Freunde in meinem Land vermisst.

Jetzt kann ich nicht so gut Deutsch, aber ich lerne schon. Ich will, dass ich einen guten Job finde. Mein Lieblingsjob ist KFZ-Techniker und Elektroniker. Mein Vater war im Kosovo KFZ-Techniker. Er wollte auch in Salzburg den Job machen, aber für ihn war das schwierig.

Chiara, 17

Wir wurden endlich zu einer Familie

Meine Eltern kommen aus Österreich. Wir wohnen in einer schönen großen Wohnung in Salzburg. Nach 4 Jahren Volksschule beschloss ich, in eine Hauptschule zu gehen. Mit sehr gutem Erfolg ging ich in die HAK, wo ich mir sehr schwertat, und ich beschloss, eine Lehre als Bürokauffrau zu beginnen. Anfang 2015 erfuhr ich, dass meine Oma an Krebs erkrankt war, und von da an veränderte sich viel in meinem Leben. Da sie einen langen Leidensweg hatte, wurde mir bewusst, wie sehr man das Leben schätzen sollte. 2015 hörte ich mit Ende des Schuljahres mit der HAK auf und begann, mich um eine Lehrstelle zu bewerben. Leider bekam ich am Anfang viele Absagen, bis sich meine jetzige Firma meldete. Ich war 3 Tage schnuppern und wusste genau, dass ich in der Firma gut aufgehoben bin. Als ich meinen ersten Tag in der Arbeit war, veränderte sich viel.

Ich wurde durch die Lehre viel selbständiger und erwachsener.

Ich gehe viele Dinge anders an als davor. Ich schätze das Geld, das ich monatlich bekomme, viel mehr. Nach einem halben Jahr durfte ich schon viel selbständiger in der Firma arbeiten. Da wir ein Familienbetrieb sind, haben wir alle ein gutes Verhältnis und verstehen uns super!

2015 lernte ich meinen Freund kennen, der mich bei allen Sachen, die ich mache, unterstützt. Besonders in der Zeit, als es meiner Familie nicht gut ging, war er immer für mich da. Durch ihn wurde ich reifer und selbstbewusster, dafür bin ich ihm sehr dankbar. Im Juni 2017 heirateten dann meine Eltern, worüber ich mich sehr freue, und wir wurden endlich zu einer Familie. In meiner Zukunft werde ich nach Schweden ziehen und einen neuen Lebensabschnitt beginnen, weil Schweden mein Lieblingsland ist und meine Freundin zum Studieren hingezogen ist.

Anonym, 14

Schreien, singen, tanzen und feiern

Als ich drei war, bekam ich eine kleine Schwester. Ich besuchte sie gleich nach der Geburt. Sie war etwas Besonderes. Wir spielten viel, es machte so viel Spaß. Ich fühlte mich gut. Sehr gut. Nach der Zeit zu Hause kam ich auch schon in den Kindergarten. Das war eine schöne Zeit. Ich mochte meine Kindergartentante sehr. Es machte Spaß. Ich lernte viele Freunde kennen. Eine besondere Freundin hatte ich auch. Sie war so anders, aber doch so gut. Sie begleitete mich auch in der Volksschule. Ich hatte das Gefühl, sie ist eine gute Freundin. Und das war sie auch. Sie ist es noch immer.

Die Volksschule war auch eine gute Zeit. Ich machte viele Dinge mit meiner Freundin. Der Abschied von der Volksschule fiel mir nicht schwer. Als ich acht war, bekam ich noch eine Schwester. Sie war so lieb. Aber leider tat ich nicht so viel mit ihr, ich konzentrierte mich nun auf die Hauptschule. Ich wollte etwas Besonderes machen. Etwas mit Musik. Kreativität. Energie. Ich liebe Musik. Ich will mich frei bewegen, tanzen. Und singen. Ich liebe Rockmusik mit Rhythmus, Bewegung, Energie.

Sie gibt mir das Gefühl, dass ich da diejenige sein kann, die ich bin.

Ich kann schreien, singen, tanzen und feiern. Es gibt mir ein gutes Gefühl. Deshalb bin ich in der NMS auch in die Band gegangen. Es macht mir einfach Spaß!

In der NMS haben wir tolle Ausflüge gemacht. Immer wieder. Oder Projekte. Es war so cool. Natürlich habe ich auch ein Instrument gespielt. Ich habe auch ein Haustier bekommen, mit 13 Jahren. Die Schule war immer anstrengend, aber ich habe immer positiv gedacht. Jetzt bin ich 14 und bin die letzten Monate in der NMS. Ich habe so viel dazugelernt! Jetzt habe ich meine wahren Freunde gefunden. Ich bin so erleichtert. Ich kann ihnen alles anvertrauen und möchte sie nicht verlieren. Es gibt so Menschen, die alles für dich tun würden. Die mit dir lachen und auch weinen, wenn es dir schlecht geht. Und solche Menschen habe ich gefunden. Sie akzeptieren dich und dein Leben.

Ja, ich will in der Zukunft etwas mit Musik machen, weil es mir gefällt. Deshalb gehe ich nach der NMS in eine Schule, wo es auch um Musik geht. Ich freue mich schon sehr!

Xenia, 14

Pferdewirt

Mein Vater kommt aus der Steiermark und meine Mutter aus Salzburg. Ich selber wurde in Salzburg geboren. Meine Hobbys sind Reiten, Schwimmen und Fahrradfahren. Ich möchte gerne den Beruf Pferdewirt ausüben, weil ich den Umgang mit Pferden sehr mag. Es würde in Oberösterreich eine passende Schule für diesen Beruf geben. Pferdewirt ist ein Beruf, bei dem man Pferde pflegt, und man lernt über Pflanzenanbau und Ackerbau. Man kann übrigens mit der HAK-Matura abschließen.

In dieser Schule habe ich am Dienstag die Aufnahmeprüfung gemacht und derzeit warte ich auf das Ergebnis.

Ich weiß, dass ich nicht immer die besten Noten habe, aber ich will mein Ziel erreichen und meine Noten verbessern. Denn in dieser Schule geht es nicht nur ums Lernen, sondern auch um Pferde, und das macht mir mehr Spaß, und so fange ich dann auch richtig zu lernen an.

Anonym, 15

Meine Familie ist generell dysfunktional

Ich wurde im Ausland geboren. Ich bin im Alter von vier Jahren geflohen, weil dort Krieg war. Ich habe nur eine Großmutter, die ich fast nie sehe. Meine Kindheit war schon immer von Streit geprägt. Die einzigen anderen Familienmitglieder, die ich in Österreich habe, sind mein Onkel und seine Familie, mit denen wir uns nicht so gut verstehen. Meine Familie hat sich auch nicht besonders für mich interessiert. Ich habe vieles alleine gemacht, weswegen ich es hasse, auf andere angewiesen zu sein.

Mit sechs Jahren bin ich nach Salzburg gezogen. In der Volksschule hatte ich sehr gute Noten, aber als ich ins Gymnasium gekommen bin, haben die sich langsam verschlechtert, meinen Eltern war das auch ziemlich egal. Ich musste dann das dritte Jahr wiederholen, und ich war so schlecht, dass ich das dritte Jahr noch einmal wiederholen musste, doch ich brach die Schule ab. Ich würde sehr gerne eine Künstlerin werden, was jedoch nicht geht, und da meine Mutter will, dass ich eine Friseurin werde, versuche ich eine Lehrstelle zu finden.

Mein Vater ist seit meiner Kindheit spielsüchtig, weswegen meine Mutter sehr viel arbeitet und daher nicht oft zu Hause ist. Mein Vater sagt, dass er nicht mehr zum Casino geht, aber ich glaube, wir alle wissen, dass er es noch tut. Wenigstens geht er nicht so regelmäßig wie früher. Er hat auch meine Mutter mit anderen Frauen betrogen, was in meinem Land jedoch „normal" ist. Meine Familie ist generell dysfunktional. Meine Brüder sind respektlos gegenüber unseren Eltern (und sie arbeiten nicht).

Ich versuche mein Bestes, nicht so nutzlos wie die zu werden, aber jeder merkt, wie nett meine Mutter zu denen ist und wie streng sie zu mir ist.

Ich will eigentlich nur Geld verdienen und so lange leben, bis ich sterbe. Ich hab auch keine Freunde, weil ich sehr verschlossen bin, und eigentlich habe ich nie jemandem so viel anvertraut, wie ich hier geschrieben habe.

Lisa, 17

Dann ist es zu spät

Etwa mit 3 Jahren fing ich an, Erlebnisse in mir abzuspeichern. In diesem Alter verhielt ich mich wie viele kleine Kinder. Ich war munter, fast immer fröhlich und hatte Spaß, vielleicht etwas zu munter, falls das überhaupt möglich ist. Ich behielt dies immer bei. An meinem 8. Geburtstag war ich vor Freude komplett durch den Wind. Ich war so unaufmerksam, dass ich stolperte und mir den Arm brach. Ich war trotzdem noch genauso glücklich, wie ich es vor meinem kleinen „Unfall“ war. Dies blieb so. Ich kam ins Gymnasium, ein Jahr verging schneller als das andere. Es kommt mir so vor, als ob ich gestern erst hier angefangen hätte, und doch bin ich schon in der 7. Klasse. Und obwohl all das so schnell vergeht, vergeht es auch so langsam. Jeden Morgen zerre ich mich aus dem Bett und rede mir gut zu, in der Hoffnung, Motivation zu bekommen. Wenn ich mir mal einen Tag Auszeit nehme, bereue ich es dann aber doch wieder.

Ich sitze zuhause und denke mir, ob es in der Schule nicht sogar besser gewesen wäre.

Ich wäre unterwegs, dabei mit Freunden und hätte wahrscheinlich auch Spaß. Zuhause würde ich herumsitzen und doch wieder nichts machen. Ich glaube, ich weiß diese Situation einfach noch nicht zu schätzen; erst wenn ich die Schule beendet habe, werde ich zurückblicken und die alten Zeiten vermissen. Dann ist es zu spät. Ich glaube, den meisten Schülern (vor allem in meinem Alter) geht es so; wir haben alle verlernt, uns über Kleinigkeiten zu freuen und sie zu schätzen zu wissen.

Anonym, 17

Bereits im Kindergarten musste ich aufpassen

Ich erblickte das Licht der Welt in Schwarzach im Pongau. Ich lebte mit meinen Eltern in einem Einfamilienhaus in Großarl. Mit drei Jahren bekam ich einen kleinen Bruder und noch im selben Jahr wurde bei mir ein angeborener Herzfehler festgestellt. Ab diesem Zeitpunkt war vieles anders, regelmäßige Untersuchungen musste ich über mich ergehen lassen, und auch die eine oder andere OP musste sein. Durch die Erkrankung wurde mir viel Zeit gewidmet. Bereits im Kindergarten musste ich aufpassen, mich körperlich nicht stark anzustrengen. Mit der Zeit kam ich jedoch damit ganz gut klar. Mit sechs Jahren zog ich mit meinen Eltern in die nahe gelegene Stadt St. Johann im Pongau. Zu dieser Zeit stand bereits fest, wo meine Volksschulkarriere beginnen sollte. Nach dem zweiten Schultag war ich dann schon sieben. Kurz vor Ende des Schuljahres erfuhr ich, dass mein Opa verstorben war. Mein Opa war damals eine der wichtigsten Personen für mich, denn mein anderer Opa war schon lange vor meiner Geburt im Krieg verstorben. Nach diesem Schock führte ich noch drei erfolgreiche Jahre in der Volksschule durch. Am Ende des letzten Volksschuljahres war für mich klar, dass ich meine weitere Schulzeit im Gymnasium verbringen würde. In diesen weiteren vier Jahren passierte dann eigentlich nichts Besonderes mehr.

Klar machte ich ein paar Lausbubenstreiche und war nicht gerade der Bravste, aber wer hat das nicht gemacht?

Mit vierzehn Jahren meldete ich mich bei der HAK St. Johann an. Nun bin ich mittlerweile in der dritten Klasse und erhoffe mir für die Zukunft weitere erfolgreiche Schuljahre.

Anonym, 14

Es ist nicht toll

Ich bin geboren im LKH Oberndorf, dann bin ich zuerst daheim gewesen und bin gekrabbelt. Als ich 3 wurde, kam meine Schwester, und ich freute mich. Mit 4 kam ich in den Kindergarten, da fand ich viele Freunde. Im Kindergarten freute ich mich auf die Schule. Der 1. Tag war toll wegen der Schultüte, aber dann habe ich herausgefunden, es ist nicht toll. Mit 9 bekam ich einen Hund. Mit 11einhalb bekam ich einen 2. Hund. Der eine Hund heißt Susi, und der 2. Zorro. Ich habe sie lieb. Dann bin ich in die NMS Liefering gekommen, da hab ich sehr viel erlebt, zum Beispiel hatte ich eine Freundin ein halbes Jahr und habe neue Freunde gefunden. Zuerst haben sich meine Noten verschlechtert, aber dann wurden sie nach einem Jahr besser.

Ich strengte mich sehr an und ich bekam eine Schildkröte. Sie war ein bisschen langweilig, aber egal.

Ich bin jetzt in der 4. Klasse und ich hoffe, ich schaffe sie, denn ich will arbeiten gehen und Geld verdienen, damit ich mir was kaufen kann. Ich will Schlosser werden, denn diese Arbeit macht Spaß. Es ist 'ne leichte Arbeit und die Stimmung ist toll. Und ich bin dann fertig mit der Schule.

Sigrid, 16

Veränderungen

Mein Leben. Im Großen und Ganzen hatte ich immer Glück. Meine Eltern lieben mich, meine Schwester liebt mich, glaube ich, noch mehr als ich sie. Aber trotzdem habe ich Zeiten, in denen ich mich nicht mehr gut fühle. Meine Theorie dazu lautet wie folgt: Je glücklicher und verwöhnter ein Mensch, desto leichter lässt er sich aus dem Konzept bringen. Ich bin ein Gewohnheitstier. War ich schon immer. Deshalb fällt es mir auch sehr schwer, Veränderungen anzunehmen, doch Veränderungen gibt es im Leben viele. Als ich sieben Jahre alt war, verließ mein Onkel die Familie und zog aufgrund seines Arbeitsplatzes nach Amerika. Quasi ans andere Ende der Welt. Für mich als kleines Mädchen war das ein ziemlicher Schock, denn keiner hatte mir davon erzählt, bis ich es endlich herausgefunden habe. Mein Onkel und ich hatten bis zu diesem Zeitpunkt ein sehr gutes Verhältnis. Er war mein Taufpate, und als religiöser Mensch war mir das viel wert. Als er damals nach Amerika verschwunden ist, hat es mir das Herz gebrochen, und es dauerte fast sechs Jahre, bis ich ihn wieder, außer natürlich über Skype, in „real life" gesehen habe. Verziehen habe ich ihm aber bis heute nicht.

Trotz diesem großen Problem ging mein Leben weiter, und ich kann behaupten, dass es mir gut erging. Meine Freunde in der Volksschule waren immer für mich da. Gemeinsam erlebten wir schöne Dinge, und an manche werde ich mich immer erinnern können. Diese Erlebnisse sind einfach unvergesslich. Die stärkste Bindung habe ich jedoch zu zwei besonderen Freundinnen. Sie sind auch jetzt noch an meiner Seite, auch wenn wir gemeinsam schon vieles durchgemacht haben. Diese zwei Sterne in meinem Leben kenne ich, und sie kennen mich natürlich, schon seit ich denken kann.

Auch wenn wir nach der Volksschule getrennt wurden, hielten wir immer Kontakt, und auf das bin ich besonders stolz.

Wie man sieht, ist mein Leben geprägt von schönen Erinnerungen, doch mit dem Schulwechsel ins Gymnasium gab es wieder Veränderungen. Unsere kleine Gruppe, die sich sehr schnell gefunden hatte in der neuen Klasse, war immer unzertrennlich. Die Zahl der Beteiligten variierte zwar im Laufe der Jahre, doch der Grundstein blieb immer gleich. Auch mit diesen Freunden habe ich schöne Erinnerungen, doch sie währten leider nicht so lange, wie ich dachte. Während der vier Jahre Unterstufe wurde bald klar, dass manche nicht noch weiter ins Gymnasium gehen würden. Unsere letzte gemeinsame Klassenfahrt mussten wir also nutzen, und das taten wir auch. Ich glaube, ein Viertel meiner schönen Erlebnisse der Unterstufe ist dabei vorgefallen. Wir haben viel gelacht, noch einmal alte Erinnerungen, wie beispielsweise etliche Geburtstagsfeiern, in Gedanken wiederholt und auch Geschichten darüber erzählt, wie wir uns in den ersten paar Schulwochen nicht wirklich gemocht haben.

Mit dem Wechsel zur Oberstufe kamen wieder Veränderungen auf mich zu, und es war schwer, das „alte" Leben hinter sich zu lassen. Aus unserem kleinen Grüppchen blieben vier Leute über, und eine von ihnen machte mein Leben in dem folgenden (halben) Schuljahr richtig schwer. Meine sogenannte „Freundin“ hatte Probleme in der Schule und wahrscheinlich auch zu Hause. Im Laufe der letzten Schulwochen in der Unterstufe verhielt sie sich immer merkwürdiger, bis sie schließlich verschwand. Keiner durfte uns sagen, was los war, und als sie schließlich im neuen Schuljahr wieder da war, hofften wir einfach das Beste. Leider geschah genau das Gegenteil. Sie entfernte sich immer weiter von uns, und schlussendlich verschwand sie wieder. Mittlerweile hatten wir herausgefunden, was passiert war. Sie hatte Depressionen, und der anscheinende Grund war ich. Was genau, weiß ich nicht. Wie man sich denken kann, hat mich das sehr getroffen, doch wie soll man sich nach so einer Offenbarung diesem Menschen gegenüber verhalten? Zeitweise fühlte ich mich von ihr gekränkt, wenn sie sich nicht auf den Sessel setzen konnte, auf dem ich zuvor gesessen hatte, und er sogar abgewischt werden musste, oder wenn sie der Lehrerin erzählte, sie würde sich umbringen wollen, sobald sie in meiner Nähe wäre. Es war schwer für mich, mir klarzumachen, dass sie krank war und nichts dafür konnte.

Am schlimmsten waren die Momente, in denen die Lehrer mir und meinen Freunden sagten, dass wir sie unterstützen sollen, ihr helfen, und jedes Mal musste ich ihnen erklären, dass ich das nicht kann, nicht darf. Ich konnte nächtelang nicht gut schlafen, und es beschäftigt mich bis heute noch. Dieses Ereignis hat mich aber noch fester mit meinen anderen Freundinnen verschweißt, denn sie waren immer da. Diese Beziehungen, auch zu meiner Schwester und meinen Eltern, wurden mir dadurch bewusster, und ich habe sie mehr zu schätzen gelernt. Bis heute passierten in meinem Leben immer gute und schlechte Sachen, doch die schlechten werden erträglicher, wenn man die guten schätzt und jemanden hat, der für einen da ist.

Teresa, 13

Die Bauernmusik

Ich wurde in Schwarzach geboren. Meine Mama auch, aber mein Papa wurde in Oberösterreich geboren. Ich habe eine fast gleichaltrige Cousine, die in Oberösterreich lebt. Früher haben wir uns jeden Monat gesehen, leider wird es jetzt immer seltener. Trotzdem bleibt die Freundschaft erhalten, und ich bin froh, mich ihre Cousine nennen zu dürfen. Als ich 6 war, ging ich in die Volksschule und hatte die beste Lehrerin überhaupt. Da meine Eltern mit ihr befreundet sind, bleibt der Kontakt aufrecht. In der Volksschule ging ich mit einer Freundin, Anna, in die Klasse, mit der ich heute in die NMS gehe und auch in die nächste Schule. In der NMS war ich mit meiner ehemaligen besten Freundin (Name will ich nicht sagen) unzertrennlich, doch diese Freundschaft zerbrach. Doch dies hatte auch eine gute Seite. Dadurch sind 4 Freunde – Theresa, Tajana, Anna, Lisa – und ich noch verbundener geworden. In unserer Gruppe machen wir alles zusammen, und sie haben mich wieder glücklich gemacht.

Mit 11 Jahren habe ich meine allerbeste Freundin Lisa kennengelernt. Wir hatten so viele Erlebnisse, die ich nie vergessen werde. Momente, wo wir uns nur anschauen müssen und einfach loslachen. Auch wenn wir nicht weiter in die gleiche Schule gehen, die Bauernmusik wird uns immer verbinden. Die Bauernmusik ist eine Musikkapelle. Ich selbst spiele Waldhorn, was mir total viel Spaß macht. Man kann zur Bauernmusik gehen, wenn man das Bronzene Abzeichen macht, für dieses Abzeichen muss man mindestens 3 Jahre das Instrument spielen.

Ich habe das Bronzene Leistungsabzeichen jedoch schon mit 2 Jahre Spielen absolviert.

Die Bauernmusik ist für mich etwas sehr Tolles, da ich mehr übe, um so gut zu spielen wie mein Vorbild (der hat schon das Goldene Abzeichen). Die Musikkapelle ist eine Gemeinschaft, bei der man auch mit 70 Jahren noch dabei ist.

Ich bin froh, eine so tolle Familie zu haben. Sie helfen mir immer und überall, und wenn ich traurig bin, bringen sie mich zum Lachen. Auch wenn meine Schwester und ich uns oft streiten, wir können nie lange böse aufeinander sein. Und auch wenn mein Bruder umgezogen ist, freue ich mich immer sehr, wenn er uns besuchen kommt.

Markus, 14

Mein Name in den Credits

Meine Eltern sind in Jugoslawien geboren. Sie flüchteten wegen der Arbeit. Meine Mutter kam ein halbes Jahr vor dem Krieg und mein Vater drei Tage, bevor die serbische Grenze geschlossen wurde. Sie trafen sich zum ersten Mal in Salzburg vor einer Kirche. Sie heirateten nach einem Jahr, und nach 7 Jahren Ehe kam ich auf die Welt. Mein Vater kaufte ein Jahr vor der Geburt eine Wohnung in Lehen, wo ich heute noch wohne. Ich hatte eine ganz normale Kindheit, bis mein Vater mir mit 8 Jahren Trickfilme verbieten wollte. Ich schaute sie dann immer, wenn er nicht da war. Im Alter von 6 bekam ich mein erstes elektronisches Gerät, den Nintendo DS. Den habe ich immer noch, aber jede Taste außer der Option-Taste ist kaputt. Nach der Volksschule wechselte ich ins Gymnasium, wo ich das erste Mal mit Rassismus in Berührung kam. Ich wechselte die Schule. Zwischen dem fünften und sechsten Schuljahr fing ich mit dem Programmieren an. Ich brachte mir selber die Programmiersprachen HTML und Java bei.

Ich hörte nach einer Zeit auf und verbrachte mehr Zeit auf dem Salz Mine Discord Server, wo ich mich heute noch mit Freunden zum Spielen treffe. Im Jahr 2017 trennten sich meine Eltern. Ich lebe zurzeit bei meinem Vater, und meine Mutter zog nach Deutschland, nahe der holländischen Grenze. Aber ich verstehe den Trennungsgrund meiner Mutter und habe sie über alles lieb.

Das Jahr 2017 hat auch gute Seiten, denn ich wurde in ein Gymnasium, das BORG, aufgenommen, wo ich voraussichtlich die Matura machen werde.

Dann werde ich studieren, damit ich meinen Traumberuf als Programmierer bei Valve haben kann. Wo ich dann hoffentlich bei einem neuen CS:GO-Update oder vielleicht sogar bei einem Spiel der Counter-Strike-Reihe mitarbeiten kann. Damit mein Name dann hinten in den Credits steht. Nach meinem Studium will ich auch in das Heimatdorf meiner Mutter gehen, was in der Nähe von Sarajevo liegt, und das Grundstück neben unserem Haus in Pula/Kroatien kaufen.

Mein Lieblingsessen ist Cevapcici. Cevapcici kann ich sogar selber machen, und sie schmecken sehr gut. Am liebsten habe ich Cevapcici in Lepinja mit Zwiebel und Pommes mit Ketchup. Die besten Cevapcici gibt's bei Pevec in Pula/Kroatien, da kosten sie 2 € und schmecken göttlich.

Anonym, 14

Mein Traumberuf ist Schauspieler

Geboren wurde ich in Schwarzach im Pongau. Als ich fünf war, starb meine Uroma. Ich war sehr traurig, denn sie war ein toller Mensch. Mit sechs bekam ich einen kleinen Bruder, den ich sofort ins Herz geschlossen habe. Drei Monate später wurde ich eingeschult. Die ersten Tage habe ich mehr oder weniger genossen, was ein Fehler war. Ich hatte eine sehr strenge Lehrerin, die jedem von uns den Alltag erschwert hat. Ich war froh, als ich in die NMS St. Johann gehen durfte. Meine Klasse war nett, die Lehrer auch. Ich konnte der sein, der ich war. Im zwölften Lebensjahr passierte etwas Schreckliches. Meine Oma hatte einen Unfall. Eine alkoholisierte Autofahrerin fuhr sie zusammen. Sie war schwer verletzt. Zweieinhalb Jahre musste sie in diesem Zustand leben.

2017 erlöste sie Gott, sie starb an den Folgen.

Ich war traurig. Ungefähr im März 2015 starb auch mein Opa, was mich auch traurig machte. In eineinhalb Monaten beende ich die NMS. Das letzte Jahr in der Schule wurde mir klar, dass die Klasse nicht die ist, die sie mal war. Trotzdem waren die vier Jahre schöne Jahre. In ein paar Monaten gehe ich ins Musische Gymnasium in Gastein. Mein Traumberuf ist Schauspieler. Ich arbeite darauf hin und hoffe, damit Geld zu verdienen. Übrigens: Ich spiele seit 4 ¾ Jahren gerne Schlagzeug.

Julia, 14

Bei uns geht es drunter und drüber

Mein Leben ist chaotisch. Mein tollstes Erlebnis, das mir einfällt, war, dass ich im zarten Alter von 12 Jahren das erste Mal ohne Eltern ins Ausland gefahren bin. Nur mit meinem Bruder, meiner Tante, ihrem Mann und meiner reizenden Cousine und meinem Cousin, die jünger sind und lauter waren als sonst wer von unserer Familie. Das Tolle an Frankreich war, dass wir nicht geflogen sind, sondern mit dem Zug gefahren sind. Es war nicht schlecht. Wir waren 2 Wochen dort und haben viel gesehen. Den Eiffelturm und einfach alle Sehenswürdigkeiten, die man sich, wenn man schon mal in Frankreich ist, ansehen soll. Das Coolste war, dass wir eine ganze Woche im Disneyland waren. Das ist das Schönste und Lustigste, was man sich in meinem damaligen Alter vorstellen kann. Ich habe mich aber schon am ersten Tag angekotzt.

Zuerst eine große Pizza und dann mit der wildesten Achterbahn im ganzen Disneyland fahren war eine dumme Idee.

Wir sind mit allem gefahren, was es dort gibt, immer und immer wieder, bis es meinen Verwandten gereicht hat. Die coolste Achterbahn war die, wo es, rauf und runter, links und rechts, jeden nur so herumgeschleudert hat. Es war eine schöne Zeit in Frankreich.

In den nächsten 3 Jahren war es nicht immer einfach, da läuft das Leben an einem vorbei. Das Tolle war, dass wir in unserer Familie Zuwachs bekommen haben. Kein Baby, sondern unseren Hund. Er ist 2 Jahre, nachdem unser früherer Hund vom Postler überfahren wurde, gekommen. Bei uns geht es drunter und drüber. Ich wohne nämlich auf einem Bauernhof. Meine Aufgabe ist, die Tiere mit Futter zu versorgen. Wir haben Kühe, einen Hund, 7 Katzen und seit neuestem 25 Hühner. Es gibt halt immer was zu tun bei uns zuhause. Ich wünsch mir aber nicht, dass ich den Hof übernehme. Das überlasse ich meinem großen Bruder. Ich wünsche mir eine gute Ausbildung und, wenn es gut läuft und ich genug gespart habe, auch eine eigene Wohnung. Und auch ein Auto wäre für die Zukunft toll.

Eberhard, 19

Eine Art Markenzeichen

Ich wurde in Salzburg geboren. Meine Eltern haben einen Bauernhof in der Nähe der Stadt. Dort leben auch die Eltern meines Vaters. Meine Mutter kommt aus dem Nachbarort, deswegen wohnen auch die anderen Großeltern nicht weit weg. Ich wuchs am Bauernhof auf. Mit 2 oder 3 Jahren hatte ich einen Unfall und verlor einen Teil meines linken Zeigefingers. Ich habe mich am Anfang dafür geschämt und ihn immer versteckt, haben mir meine Eltern erzählt. Aber jetzt seh ich ihn als eine Art Markenzeichen.

Mit 6 Jahren begann ich, Ziehharmonika zu lernen, habe bis heute nicht aufgehört und bin noch so motiviert wie am ersten Tag. Im elterlichen Betrieb habe ich viel mitgeholfen, und ich habe nach wie vor sehr viel Spaß an der landwirtschaftlichen Arbeit. Mit 12 entschloss ich mich, noch ein zweites Musikinstrument zu erlernen, nämlich das Flügelhorn. Mein Großvater (der Vater meines Vaters) spielt auch Flügelhorn, in der örtlichen Blasmusik, ebenso wie meine beiden Geschwister und mein Vater. Meine ältere Schwester, mein jüngerer Bruder und ich streiten zwar manchmal, aber im Allgemeinen verstehen wir uns sehr gut. Wegen meiner Leidenschaft für Landwirtschaft und dem elterlichen Betrieb entschied ich mich, nach der Hauptschule in eine Landwirtschaftsschule zu gehen. Allerdings habe ich mir die Schule ganz anders vorgestellt und nach einem Jahr wieder aufgehört. Mehr durch Zufall kam ich in ein Gymnasium in der Nähe, wo ich viele neue Freunde kennenlernte. Vor 1 ½ Jahren erfuhren meine Geschwister und ich, dass mein Vater eine Freundin in Niederösterreich hat und er dort hinzieht. Deshalb beschlossen meine Eltern, mit der Landwirtschaft aufzuhören. Mein Vater zog nach NÖ, und da sich meine Mutter im Stall verletzte, musste ich zusätzlich zur Schule die letzten 4 Monate die Stallarbeit erledigen.

Aus diesen Gründen wurden meine Noten auch schlechter, und ich entschied mich, mit der Schule aufzuhören.

In dieser Zeit kam mein Vater wieder aus NÖ zurück, da seine Freundin und er sich getrennt hatten. Durch einige Freunde aus dem Ort erfuhr ich, dass eine Firma hier einen Lehrling sucht. Ich habe diese Stelle dann auch bekommen und bin wirklich froh, in diesem Betrieb Fuß gefasst zu haben. Ich bin dafür auch vielen Menschen dankbar und bin sehr gespannt, was die Zukunft noch so bringt.

Alper, 16

Ich war wie die anderen

Ich komme aus Hallein, dort wurde ich geboren. Ich hatte mit 5 Jahren einen schweren Unfall, da habe ich meinen Mittelfinger verloren und lag 8 Tage im Koma, und wer das Gefühl hat, dass ich keine normale Kindheit hatte, liegt falsch. Ich war wie die anderen und konnte alles tun, was die anderen auch konnten, und mein jetziger Zustand ist gut. Ich mache meinen Mopedführerschein und ich freue mich schon sehr drauf.

Meine Eltern kommen beide aus der Türkei. Meine Mutter wuchs in einem kleinen Dorf auf, das Bakırlı hieß, und mein Vater in einer Stadt namens Adapazarı. Ich weiß nicht, wie sie sich getroffen haben und wie sie geheiratet haben, aber ich weiß eines: Wenn sie nicht wären, wäre ich jetzt nicht hier.

Ich möchte mit 21 Jahren in das türkische Militär, weil ich für mein Land kämpfen möchte, und ich bin stolz, dass ich ein Türke bin.

Sebastian, 14

Hallein gefällt mir sehr gut

Obwohl meine Familie aus Bosnien kommt, wurde ich schon immer auf Deutsch erzogen, weshalb Deutsch auch meine erste Sprache ist. Ich bin ein paar Mal umgezogen und habe die Schule gewechselt, aber sonst war meine Kindheit relativ „normal". Das erste Mal umgezogen bin ich mit 8 Jahren, von Maxglan nach Seekirchen. Dort bin ich zwei Jahre lang in die Volksschule gegangen und bin nach der 4. Klasse mit nicht allzu guten Noten dann wieder umgezogen. Das war eigentlich eine recht große und coole Wohnung zugleich. Das Einzige war halt, dass jeden Morgen einmal ein Güterzug bei uns vorbeifuhr, und das nicht ganz so leise. Um 6:00 in der Früh! Leider haben wir dort nicht so lange gewohnt. Warum, weiß ich auch nicht, denn der Zug in der Früh war ja nicht so schlimm.

Danach eine etwas kleinere Wohnung in Aigen. Als ich in Aigen war, ging ich in die 1. Klasse einer „Technischen" Mittelschule. Ich hatte mir auch schon überlegt gehabt, in ein Gymnasium zu gehen. Doch da gab es leider zwei Probleme: erstens waren meine Noten zu schlecht, um in so eine Schule zu gehen.

Und das andere ist, dass ich keinen Bock auf jeden Tag stundenlang lernen habe, weil ich Schule generell nicht leiden kann.

Also war es klar: Mittelschule! Mir gefiel die Schule ja ganz gut. Das Blöde an der Sache war einfach, dass ich jeden Tag mit dem Bus in die Schule fuhr, eine ganze Stunde. Was ziemlich genervt hat, weil ich normalerweise lange schlafe. Leider war ich in dieser Schule auch nur 2 Jahre und habe danach die Schule erneut gewechselt und bin wieder umgezogen.

Dort, wo ich vor zwei Jahren hingezogen bin, lebe ich noch immer, und ich hoffe auch, dass ich hier noch lange sein werde. Denn Hallein gefällt mir sehr gut und ich habe auch schon viele Freunde gefunden.

Khadri, 17

Jetzt kann ich österreichische Speisen machen

Ich habe in Afghanistan gelebt. Ich habe drei Brüder, und ich habe viele Freunde in Afghanistan. Mit 13 Jahren habe ich in Kabul angefangen zu arbeiten. Ich habe ein Jahr als Automechaniker gearbeitet. In diesem einen Jahr habe ich auch eine Schule besucht. Ich war von 7 bis 15 Jahren in der Schule.

Ich bin mit 15 Jahren von Afghanistan weggegangen. Ich war 2 Monate unterwegs. Jetzt lebe ich seit 2 Jahren in Österreich.

In diesen 2 Jahren bin ich in die Schule gegangen und habe ein Jahr eine Ausbildung als Koch gemacht.

Jetzt kann ich österreichische Speisen machen. Ich freu mich, wenn ich in Österreich bleiben darf.

Anonym, 13

Erfolg ist die beste Rache

Geboren wurde ich in Schwarzach, ich glaube, wie fast jedes Kind hier. Ich war immer ein normales Kind. Nie schüchtern, immer offen und fröhlich. Bis ich in die Volksschule kam. Ich war nicht so, dass ich meinen Mund halte und meine Meinung nicht sage, deswegen wurde ich von den „Coolen" meist runtergemacht. Als dann meine beste Freundin auch noch weggezogen ist, habe ich mich komplett verändert. Schüchtern, zurückgezogen, still. Das war ich nun.

Als ich in die Hauptschule kam, schöpfte ich neue Kraft und Hoffnung. Ich lernte meine unbiologische Schwester kennen, neue Freunde, neue Umgebung, neue Lehrer. Ich konnte neu aufblühen in dem, worin ich gut war. Das war das Tanzen, um genau zu sein Ballett. Ich hatte Chancen, mehr dazuzulernen, zu singen und kreativ zu sein. Doch in der 2. Klasse teilten mir meine Eltern mit, dass sie sich scheiden lassen. Eine Welt brach zusammen. Mein Bruder wandte sich von mir ab, meine Eltern stritten nur mehr, ich war neuerlich am Ende. Als ich zu einer Therapeutin ging, wurde es besser, aber ganz abgeschlossen hatte ich noch lange nicht. Ich tanzte nicht mehr, sang nicht mehr und wollte ab diesem Zeitpunkt immer irgendwo dazugehören. Gefühle zeigte ich selten, eigentlich nur, wenn ich alleine in meinem Zimmer war. Diese Einstellung brachte mich vom richtigen Weg ab. Doch so richtig „zerstört" hat mich, als ein Scheißgerücht herumging. Da ich darüber nicht reden wollte, verstand mich meine beste Freundin nicht mehr, und wir lebten uns mit der Zeit immer weiter auseinander. Ich hatte sie verloren, und als mir das klarwurde, war ich am absoluten Tiefpunkt.

In meiner Verzweiflung wusste ich nichts Besseres, als mich zu ritzen, und hatte Essstörungen. (Ich weiß nicht, wie man in so einem Alter so kaputt sein kann.) Mich beruhigte es, wenn das Blut über meinen Oberschenkel rann und auf den Zimmerboden tropfte. Es war ein Gefühl der Befreiung, für einen kurzen Moment hatte ich keine Sorgen, keine Gedanken. Diese Narben erinnern mich immer noch daran, und egal ob im Schwimmbad oder wenn ich eine kurze Hose anhatte, ich hatte immer dieses Gefühl, dass sie sich über mich lustig machten oder immer draufstarrten. Es macht mich fertig, diese Narben mit mir zu tragen.

Und als ob das nicht schon genug wäre, begann ich zu rauchen, trinken, shishan, einfach alles, was mir das Gefühl gab, auch zu den „Coolen" zu gehören. In dieser Zeit riss ich mir auch ein Band beim Tanzen, also konnte ich 3 Monate nicht mehr tanzen. Doch nach einer Zeit fing ich an, Musik zu hören, die zu meiner Situation passte: Deutsch-Rap.

So bescheuert es klingt, diese Lieder lehrten mich, nicht am Boden zu liegen, sondern, wenn man hinfällt, wieder aufzustehen und weiterzumachen.

Den Leuten, die mich runtermachen, zu beweisen, dass ich mehr wert bin, dass ich das erreichen kann, was ich will. „Erfolg ist die beste Rache", sage ich mir immer, und es stimmt.

Ich will nicht sagen, ich bin jetzt perfekt. Nein, im Gegenteil. Durch diese ganzen Schicksalsschläge bin ich gewachsen, sie haben mich gestärkt, schlauer gemacht. Manche Leute sagen oft zu mir: „Du weißt doch gar nichts vom Leben mit deinen 13 Jahren, was sollst du schon alles erlebt haben!“ Wenn die wüssten. Ich denke mir, was hat das Alter mit der Reife eines Menschen zu tun? Diese ganzen Sachen haben mich zu diesem Menschen gemacht, der ich jetzt bin. Und nein, ich mach nicht alles richtig, ich mach auch Fehler, das ist normal. Aber ich zerbrech nicht an Ereignissen, sondern steh auf und lern daraus. Ich habe das alles nicht alleine geschafft. Ohne meine echten Freunde wüsste ich nicht, was ich jetzt machen würde. Ich habe den Unterschied zwischen Fake Friends und echten Freunden erkannt, und ja, vielleicht bin ich jung, und vielleicht nennen mich Menschen Hure, Nutte, Absturzkind, Mädchen mit Essstörung, aber das ist mein Leben, meine Meinung. Ich habe viel Scheiße erlebt und bin trotzdem stolz auf mich.

Mehmet, 16

Unsere Hochzeit wird der Hit!

Meine Eltern kamen vor ca. 20 Jahren hierher und bekamen mich nach 5 Jahren in Österreich im Halleiner Krankenhaus. Bis ich 5 Jahre alt war, wurde ich selbstständig, ich konnte alleine auf die Toilette gehen, essen, ab und zu alleine draußen im Garten spielen. Mein Bruder ist ein Jahr älter als ich, mit ihm habe ich mich nie verstanden. Mit 10 Jahren habe ich von der Volksschule viele Freunde gehabt, die immer noch meine Freunde sind. Mit 14 hatte ich meine erste Freundin, wir waren 2 Wochen zusammen. Freundinnen hatte ich viele, habe nie mit einem Mädchen geschrieben, sondern immer mit 5–7. Um mich haben sich auch 2 Mädchen geprügelt. Mit 15 war ich voll oft mit Freunden unterwegs. In 3 Monaten werde ich mit einer Lehre beginnen, als Einzelhandelskaufmann. Mein Traum war immer, ein Feuerwehrmann zu sein. Ich will jetzt meine Lehre anfangen und abschließen. Mit 17 Jahren mache ich den Autoführerschein und kauf mir einen BMW. Alle meine Freunde rauchen, ich habe auch mal damit angefangen, aber Gott sei Dank wieder aufgehört mit diesem Dreck. Mit 20 will ich eine Frau zum Heiraten. Meine Frau soll so aussehen: Brünett, blau-grüne Augen, Topfigur, groß, ca. 1,7–1,8 m. Unsere Hochzeit wird der Hit! Mit meiner Frau will ich 3 Kinder. 2 Mädchen und einen Jungen.

Meine Eltern kommen aus der Türkei, aus Ordu und Istanbul. Jeden zweiten Sommer fahren wir in die Türkei. Meine restliche Familie lebt in der Türkei. Wenn ich mit meiner Familie in die Türkei fahre, sind wir einen Monat in Istanbul. In Istanbul kann man vieles machen, es ist ein wunderschöner Ort. Was mir in Istanbul am besten gefällt, ist ein Einkaufszentrum, das Arena Park heißt. Vor 2 Jahren war ich das letzte Mal in der Türkei, es war traumhaft. Um die Zeit war Ramadan, es ist wunderschön zu sehen, wie alle Leute fasten. Um 9 Uhr am Abend wird dann gegessen. Die Menschen treffen sich dazu meist in Parks oder auf Wiesen mit ihren Familien und ihren Bekannten. Nach einem Monat fahren wir von Istanbul nach Ordu. In Ordu wohne ich 10 min vom Strand entfernt. Wenn Schönwetter ist, dann sind wir immer schwimmen. In Ordu ist es so heiß, da bekommt es bis zu 45°. Die Leute, die dort leben, sind meist mit ihrer ganzen Familie am Strand.

Nach 2 Monaten fahre ich wieder nach Österreich zurück. Und hier ist dann alles gleich.

Meine Eltern sind arbeitslos, mein Bruder ist Dachdecker, mein anderer Bruder arbeitet als Metallbautechniker bei der Firma Bosch. Meine älteste Schwester ist verheiratet und wohnt seit 2 Jahren in Istanbul. Dieses Jahr ist meine Schwester auf Besuch bei uns. Nach 2 Wochen fliegt sie wieder in die Türkei zurück.

Sandro, 14

Meine Mutter war immer stinksauer

Als ich gerade mal geboren war, war schon ein Umzug in Planung. Als ich und meine Familie in die neue Wohnung gezogen waren, wurde ich mit Liebe und Zuneigung von meinem Papa Ronald und meiner Mama Dorothea aufgezogen. In den kommenden Jahren fing mein Vater zu rauchen und saufen an. Meine Mutter war immer stinksauer, denn er kam wegen des Saufens oft nächtelang nicht heim, nur am Tag ließ er sich kurz mal blicken. Als ich 4 Jahre alt war, begannen sich meine Mutter und mein Vater zu streiten. Letzten Endes führte dieser Streit zum Aus ihrer Beziehung. Mit 4 wurde mir erst klar, dass ich einen Zwillingsbruder und eine ältere Schwester habe. Ich hatte sie bis dahin fast nie gesehen.

Mit 5 Jahren geriet ich in eine lebensgefährliche Situation. Eine Sehne unter meiner Zunge riss ein und ich musste Blut kotzen. Das geschah in der Nacht und dann musste mich ein Hubschrauber ins Krankenhaus fliegen. Als ich eingeliefert wurde, konnte ich sehen, wie mein Bruder auch Blut kotzte. Wir waren beide gleichzeitig in dieser lebensgefährlichen Situation. Zufall? Wir wurden beide in einen Raum gebracht. Ich hörte meine Mutter weinen, doch dann schlossen die Ärzte die Tür. Nach ca. einer Woche wurden wir entlassen. Wir hatten es überstanden. Ich wurde älter und älter. Mit 8 Jahren erfuhr ich von einem großen Bruder von mir. Er war von zuhause weggelaufen wegen meiner Mutter, die ihn immer nur geschlagen hatte. Er heißt Manfred. Mit 10 wollte ich ihn unbedingt kennenlernen, also machte meine Mutter ein Treffen aus. Am nächsten Tag kam er dann zu uns. Er war nett, doch er wollte nichts mehr mit meiner Mutter zu tun haben.

Er verabschiedete sich, und zu mir sagte er, das ist wahrscheinlich ein Abschied für immer.

Mit 11 Jahren begann meine Liebe zu Hamstern. In den nächsten Jahren hatte ich 15 Hamster. Anschließend besorgte ich mir auch 3 Hasen. Nun habe ich keinen Hamster mehr, aber die 3 Hasen sind mir geblieben. Ich bin gerade dabei, den Hauptschulabschluss zu machen. Nachdem ich das geschafft habe, besuche ich noch ein Jahr die Polytechnische Schule. Nach dem Poly gehe ich entweder für 4 Jahre in ein Internat in Niederösterreich, um den Beruf Tierpfleger zu erlernen. Oder ich gründe eine WG mit meinen Freunden und lasse mich überraschen, welchen Beruf ich einmal mache. Für mich wäre beides ganz gut und für die restliche Zukunft habe ich noch keine Pläne.

Anonym, 14

Ein Auslandssemester wäre großartig

Eigentlich bin ich eine ganz normale Schülerin, die im Land Salzburg zur Schule geht. Meine Mutter lebte in einer Großfamilie am Bauernhof, mein Vater ist ein ganz normaler Bürger. Meine Eltern kommen beide aus Salzburg. Bei meiner Geburt wäre ich fast gestorben, weil es Probleme gab. Im Alter von 5 Jahren bekam ich einen Bruder. Es ist schön, Geschwister zu haben, doch sie können auch ganz schön nerven.

Wie ungefähr jedes Kind ging ich mit 6 Jahren in die Volksschule. Währenddessen verließen zwei Familienmitglieder meine Familie und mich. Als die 4 Jahre Volksschule um waren, entschied ich mich für eine Musikmittelschule, es war keine Fehlentscheidung. Meine Klasse und ich hatten so manchen Auftritt, und jetzt geht es für mich weiter in die „BAKIP“ *(Bildungsanstalt für Kindergartenpädagogik – Anm.)*. Ich machte zwei Aufnahmeprüfungen, für ein Musikgymnasium und die „BAKIP“. Zuerst konnte ich mich nicht entscheiden, weil meine große Leidenschaft Musik ist, doch schlussendlich ist es die Kindergartenpädagoginnenschule geworden. Ich will die Schule abschließen und die Matura machen. Ein Auslandssemester unterzubringen wäre großartig. Meine Familie mag das Reisen nicht besonders gerne, aber ich möchte so viel wie möglich von der Welt sehen.

Vielleicht studiere ich dann noch, aber auf jeden Fall kein Deutsch, das steht fest.

Danach stehen mir viele Wege offen. Um die ganze Welt zu reisen wäre mein größter Traum, neue Sprachen, Länder und Kulturen kennenlernen.

Annemarie, 19

Alles in dieser Firma war eine Katastrophe

Mein Vater wurde in Österreich geboren, meine Mutter stammt von den Philippinen. Kennengelernt haben sie sich durch einen gemeinsamen Freund. Sie haben sehr schnell geheiratet (ca. 1 Jahr Beziehung), und kurz darauf wurde ich geboren. Wir zogen nach 2 Jahren von Gneis nach Wals, wo ich dann auch aufgewachsen bin. Ich ging dort in den Kindergarten und besuchte die Volksschule. Ich hatte jede Menge Spaß und mochte die Schule. Nach der Volksschule ging es weiter in die Hauptschule mit dem Schwerpunkt Sport. Dort lernte ich viele tolle Menschen kennen und befreundete mich mit ihnen. Bis heute bin ich mit einigen von ihnen befreundet und hoffe, das bleibt auch so. Der Abschluss der HS fiel mir sehr schwer, und ich war sehr traurig, diese Schule zu verlassen. Ich würde sagen, die Hauptschulzeit war mit die beste Zeit für mich bis jetzt. Nachher ging es weiter ins Oberstufenrealgymnasium mit dem Schwerpunkt Informatik. Nach 4 Jahren in dieser Schule, die ich mehr oder weniger „verschwendet" habe, wurde mir klar, dass Schule und Studieren nicht das ist, was ich machen möchte. Ich brach die Schule in der 7. Klasse ab. Ich entschied mich, eine Lehre anzufangen, und bewarb mich bei verschiedenen Firmen. Diese Zeit war sehr anstrengend für mich, da ich laufend Absagen bekommen habe. Ich war insgesamt 6 Monate zu Hause, bis ich meine 1. Lehrstelle endlich bekommen habe. Bei dieser Firma blieb ich aber nicht lange, nur 3 Monate. Alles in dieser Firma war eine Katastrophe. Die Chefs waren nie für mich da, ich musste jeden Tag dieselbe Arbeit machen und hatte keine Abwechslung, und noch viele andere Sachen haben den Ausschlag gegeben, dass ich dort nicht mehr hinwollte. Zum Glück rief mich in dieser Zeit die Firma an, bei der ich jetzt arbeite. Dort gefällt es mir sehr gut, und ich bin froh, dass ich dort meine Lehre machen darf. Am 31. Jänner 2017 habe ich meinen Führerschein bekommen und ein paar Monate später auch mein eigenes Auto. Ein eigenes Auto zu haben bedeutet mir sehr viel, da ich eigenständiger bin. Mit Freunden habe ich auch schon weitere Strecken zurückgelegt, wie Linz, Wien oder auch Berlin. Nächstes Jahr werde ich nach 7 Jahren auch endlich meine Familie auf den Philippinen wieder besuchen. Als ich das erste Mal mit ca. 8 Jahren dort war, gefiel mir dieses Land sofort. Ich möchte in Zukunft noch öfter dorthin.

Vor allem, da wir dort ein Haus stehen haben und wir so lange bleiben können, wie wir möchten.

Ich möchte in Zukunft generell mehr reisen. Mein Traumziel wäre Amerika, und ich hoffe, dass ich dort einige Monate bleiben kann. Mein größtes Ziel aber wäre, ein eigenes Haus zu haben.

Indrit, 15

Ich bin sehr stolz auf meine Mutter

Meine Eltern sind im Kosovo geboren und glücklich verheiratet. Ich habe drei Schwestern, die älter als ich sind. Mit fünf war ich im Kindergarten und hatte in den ersten 3 Monaten Probleme, weil ich noch nicht so gut Deutsch konnte. Im Kindergarten hatte ich schon viele Schlägereien und hatte Probleme mit den Erziehern. Als ich dann in der Volksschule war, lernte ich viele neue Freunde kennen. In der Volksschulzeit bekam ich Interesse an Fußball und hatte den Traum, in einem großen Fußballklub zu spielen. Als ich das Alter von 10 Jahren erreicht hatte, fing ich an, in einem Verein zu spielen. Da ich die Hauptschulzeit gut abgeschlossen hatte und alles lief wie vorgestellt, entschied ich mich für das Poly. Im Jahr 2017 starben mein Opa und mein junger Cousin, und ich war sehr traurig, dass das alles so schnell passierte.

In diesem Jahr möchte ich noch zu einem weltweit bekannten Fußballklub wechseln, um mehr Aufmerksamkeit auf mich zu ziehen.

Ich hoffe, dass es meiner Familie gesundheitlich weiterhin gut geht. Da meine Mutter, als ich 8 war, das erste Mal Krebs hatte und es überlebt hat. Nach 2 Jahren bekam sie noch mal Krebs und überlebte wieder. Ich bin sehr stolz auf meine Mutter und hoffe, dass so was nie wieder passiert! In der Zukunft möchte ich eine erfolgreiche Fußballkarriere und zwei gesunde Kinder.

Alpcan, 18

In der 7ten Klasse hat es mich erwischt

Das Erste, woran ich mich erinnern kann, war ein lauter Knall. Ich war in der Türkei, in der Stadt Zonguldak. Meine Familie und ich sind über die Sommerferien zu meinen Großeltern gereist. Mit dem Auto dauert die Fahrt in die Türkei 2 Tage, deswegen waren wir nach der langen Fahrt erleichtert und müde. Damals fand das Opferfest in der Türkei statt. Dass ich mich an den lauten Knall erinnere, liegt womöglich daran, dass mein Großvater mit seiner Schrotflinte in der Nacht vom Opferfest in die Luft schoss. Ich erschreckte mich und hatte Angst. Nach dem Schuss fingen alle anderen von der Nachbarschaft an zu schießen. An mehr erinnere ich mich nicht.

Ich weiß nicht, wie lange ich im Kindergarten war, aber ich weiß, dass ich zu jung war, um in der Volksschule aufgenommen zu werden. Sie schickten mich in die Vorschule, und nach einem Jahr durfte ich in die Volksschule. Nach vier Jahren kamen meine Schwester und ich zum Christian-Doppler-Gymnasium. Vier Jahre später kamen meine Schwester und ich in die Oberstufe. In der 7ten Klasse hat es mich erwischt. Ich bekam in Französisch und Darstellende Geometrie eine 5. Nach unglaublich schweren Bemühungen gelang es mir, die Nachprüfungen zu absolvieren.

Diese Sommerferien waren die schlimmsten in meinem Leben. Ich hoffe, mir passiert das nicht nochmal.

Als ich 14 war, starb mein Großvater. 1 Stunde habe ich geweint. Mit 18 fing ich an, den Führerschein zu machen. Am 21. November las ich ein Buch, das mein Leben veränderte. Mit 19 Jahren werde ich hoffentlich den Führerschein haben. Mit 15 Jahren verlor ich einen guten Freund, der mir sehr am Herzen lag.

Sophie, 14

Alles rund ums Pferd

Begonnen hat alles am 18. 08. 2000, da hat mich meine Mami in die Welt gesetzt, und ich war so blöd und hab mitgespielt. Das Leben begann für mich nicht so gut. Ich hatte meinen ersten Nasenbeinbruch und das war nicht sehr schön. Ich bin im Krankenhaus in Ried im Innkreis geboren. Als ich dann zuhause war, gab es eine Überraschung. Meine Oma hat mir mein erstes Kuscheltier geschenkt, einen mittelgroßen Hund, braun und weiß. Als ich ihn im Arm hielt, hatte ich mein erstes Lächeln im Gesicht. Als ich 3 Jahre alt war, konnte ich schon laufen. Das war ein Klassiker, ich ging überallhin und räumte alles aus, was mir gerade einfiel. Als ich 7 war, sind meine Oma, mein Opa und ich zum ersten Mal auf Urlaub gefahren. Das war ein richtig geiles Erlebnis und da, in Kroatien, hatte ich auch meine erste Liebe, er hieß Samuel. Es war aber dann wieder vorbei, als wir nachhause gefahren sind.

So, 10 Jahre hatte ich hinter mir, jetzt begann die Zeit, in der ich mir ein Hobby suchte. Leichter gesagt als getan, denn ich tue viele Dinge gern. Und dann stieß ich auf das Reiten, Pferde und alles rundherum. Ich fand den Reitstall in St. Martin, bekam viele Reitstunden und lernte alles rund ums Pferd, was mir großen Spaß machte. Aber ich wünschte mir unbedingt ein Pflegepferd. Deswegen suchte ich im Stall nach einem Pferd, das sehr spielerisch, vertrauenswürdig, wendig und vielseitig war. Ich schaute mir jedes Pferd genau an und dann fand ich sie. Sie stand mit ihrem Fohlen in ihrer Box. Ich ging rein und schaute die beiden sehr genau an, und dann probierte ich etwas aus.

Ich gab den beiden ein Zeichen, dass sie mitkommen sollten, und wir gingen in den Hof, ohne Strick, ohne alles.

Das kleine Fohlen sah sich um und blieb bei seiner Mutter. Als wir eine Weile draußen waren, da fing sie an zu scheuen und wich zurück. Ich beruhigte sie, und als ich in ihre Augen sah, wusste ich, dass sie das richtige Pferd für mich war. Sie war eine wunderschöne Haflingerstute und das Fohlen war ein sehr kräftiger Pinto.

Als ich 14 wurde, ging ich in Hallein zur Schule. Ich dachte mir zuerst meinen Teil, als ich zum ersten Mal in die Schule gekommen bin, aber das ist vorbei. Ich fand meine besten Freunde, die gehen in meine Klasse und heißen Julia, Sebastian und Sandro. Ich liebe sie über alles und will sie nicht verlieren. Außerdem habe ich jetzt einen festen Freund, mit dem ich seit 2015 zusammen bin. Er heißt Marcel und ist ein bisschen älter als ich. Er ist 19 und er ist sehr lieb zu mir. Ich weiß nicht, wie es weitergehen soll. Aber ich weiß, dass ich mit meiner besten Freundin zusammenziehen werde.

Ranko, 14

Ich hoffe, ich werde einmal Stammspieler sein

Als ich 1 Jahr alt war, machte ich Probleme in der Wohnung und war ein wildes Baby. Ich habe zwei ältere Schwestern. Meine Mama hat früher Videos von mir gemacht, auch als ich das erste Mal gesprochen habe, oder als ich das erste Mal gegangen bin. Mit 5 Jahren bekam ich eine Gleichgewichtsstörung und bin fast in den Rollstuhl gekommen. Nach dem begann ich, Fußball zu spielen, und spiele heute noch. Als ich 7 war, bekam ich mein erstes Handy. Mit 9 Jahren bekam ich eine Anfrage von Red Bull Salzburg, ob ich zu ihnen wechsle.

Nachdem mich niemand zum Training fahren konnte und ich noch zu jung war, um alleine nach Salzburg zu fahren, konnte ich aber nicht wechseln.

Heute spiele ich in der U16 und habe eine Anfrage bekommen, ob ich ab Jänner in der Kampfmannschaft spielen will. Ich hoffe, ich werde einmal Stammspieler sein und gutes Geld verdienen. Nächstes Jahr fange ich mit dem Arbeiten an und wünsche mir, dass ich in meinem Traumberuf, als Installateur, arbeiten darf. Dann spare ich bis zu meinem 18. Geburtstag und kaufe mir einen Audi A5. Mit 25 möchte ich eine Familie gründen. Ich liebe Sport. Es gibt keine Sportart, die ich nicht gerne spiele. Am liebsten spiele ich Fußball und Volleyball.

Marvin, 18
Was die Schule mit einem macht

1998 wurde ich in Salzburg geboren. Damals war meine Mutter 21 und mein Vater 24 Jahre alt. Beide sind Kinder geflüchteter Eltern. Der Vater meines Vaters floh aus Serbien bzw. ging in 3 Monaten zu Fuß nach Österreich. Seine Mutter floh damals aus Siebenbürgen. Die Mutter meiner Mutter kommt ursprünglich auch aus Serbien und heiratete dann den Vater meiner Mutter aus Grieskirchen. Kurz nachdem ich geboren wurde, zogen wir nach Sam, wo ich dann auch meine Kindheit verbracht habe. Ich wurde als uneheliches Kind auf die Welt gebracht, denn meine Eltern heirateten erst 2 Jahre später, kurz bevor meine Schwester auf die Welt kam.

Meine Kindheit war sehr von dem Streit meiner Eltern geprägt, die sich auch nur 2 Jahre nach ihrer Hochzeit getrennt haben. Ich wuchs bei eher reichen Eltern auf, denn der Bruder meines Vaters gründete eine Firma, wo sich mein Vater anschloss. Jedoch erlebte ich meine ganze Kindheit bei meiner Mutter. Sie hatte es nicht immer leicht mit uns, allerdings hat sie uns nie auf die Seite geschoben, wir waren immer das Wichtigste für sie. Wir erlebten es so, dass unser Vater sie anscheinend betrogen und uns für eine andere Frau verlassen hatte.

Mit 6 kam ich dann in die Volksschule und hatte nie Probleme, Freunde zu finden. Mit manchen bin ich jetzt immer noch befreundet. Die Volksschulzeit war eine sehr lustige, interessante, aber auch anstrengende. Anstrengend aufgrund des Streits der Eltern, der teilweise bis heute andauert. Immer wenn sich das Schuljahr dem Ende zuneigte, freute ich mich schon auf die Ferien. Meistens sind wir – Mutter, Schwester, Oma und ich – nach Serbien gefahren, da wir dort ein Haus mit Grund haben und immer die Verwandten besuchen wollten. Serbien war immer lustig! Wir konnten uns zwar nicht mit anderen verständigen, haben aber immer mit anderen Kindern gespielt.

Als die Volksschulzeit zu Ende war, fing ich beim FC Bergheim an, Fußball zu spielen. Dort lernte ich Freunde kennen, mit denen ich dann ins Christian-Doppler-Gymnasium gegangen bin. Im Christian-Doppler-Gymnasium war die Unterstufe die beste Zeit meines Lebens. Ich war kaum mehr zuhause. Ich bin nach der Schule heimgekommen und ging mit meinen Freunden Scooter fahren, Fußball spielen oder Ähnliches. Mit 13 hörte ich auf, Fußball zu spielen, und fing Eishockey an. Die Eishockeyzeit geht bis in die Gegenwart und ist immer wieder lustig, aber auch anstrengend. Mit ca. 14 Jahren bekam ich allerdings Akne und hatte kaum mehr Selbstbewusstsein. Diese Zeit war sehr schwer für mich, denn ich traute mich nicht mehr, so viel in der Öffentlichkeit zu machen, und zog mich immer mehr zurück. Zudem versuchte mein Vater mich in dieser Zeit zu überreden, zu ihm zu ziehen. Anfangs wollte ich es auch, aber mit der Zeit ging mein Vater immer wieder vor Gericht, um meiner Mutter das Sorgerecht zu entziehen.

Teilweise „kämpfte“ er mit Mitteln, die ich heute sehr feig und abstoßend finde.

Eishockey hat mir in dieser Zeit sehr viel Kraft gegeben. In diesem Abschnitt meines Lebens war ich dann immer weniger bei meinem Vater, weil ich unter anderem seine Freundin (bald

Ehefrau) nicht wirklich mochte. Das Verhältnis zu meinem Vater ist seitdem nicht mehr das gleiche. Mit meinem Stiefbruder komme ich allerdings gut zurecht. Mit ihm fing ich damals auch Eishockey an.

Jetzt sitze ich in der Schule, bin 18 Jahre alt, fang nach 2 Jahren Pause wieder Eishockeyspielen an und wundere mich, was die Schule mit einem macht. Ich bin jetzt nicht mehr derselbe, der ich noch vor ein paar Jahren war. Heute habe ich ein Ziel vor Augen und werde alles tun, damit ich dieses erreiche. Das war im Großen und Ganzen meine Geschichte – bis jetzt.

Nicole, 14

Meinen Vater kümmert das nicht

Bis zu meinem 6. Lebensmonat lebten mein Bruder, mein Vater, meine Mutter und ich in Puch, danach zogen wir nach Burgfried Süd. Dort lebten wir 8 Jahre lang. In Burgfried gab es einen kleinen Kindergarten, alle Kinder aus Burgfried besuchten ihn. In meinem 6. Lebensjahr fing ich mit der Volksschule an. Zwei Jahre danach war ich zu einem Geburtstag eingeladen. Dort gab es eine sehr steile Rutsche, und weil ich damals mutig war, versuchte ich, auf den Knien hinunterzurutschen. Es hat Spaß gemacht. Aber es veränderte mein Aussehen. Denn am Ende flog ich mit dem Kopf voraus auf die Rutsche und schlug mir die Zähne aus. Erst nach einem Jahr gingen wir zum Zahnarzt. Weil ich so viel Angst hatte, wollte ich nicht gehen. Ich bekam zwei weiße Plomben drauf und alles war wieder schön. Ein paar Monate darauf zogen wir nach Gamp, dort lebten wir 5 Jahre. Im zweiten Jahr bekamen wir einen kleinen Hund. Sie lebte aber leider nicht lang.

Denn ein unachtsamer Autofahrer fuhr sie vor unserem Haus zusammen, wo sie eine halbe Stunde später auch gestorben ist.

Ich erfuhr davon, als ich von der Schule nach Hause kam. Drei Jahre nach diesem Ereignis ließen sich meine Eltern scheiden und wir zogen in die Stadt. Jetzt leben mein Bruder, meine Mutter und ich schon seit 2 Jahren im Zentrum von Hallein.

Meine Mutter kam im Alter von 17 Jahren nach Salzburg. Sie kam als Kriegsflüchtling. Mein Vater lebte schon als kleines Kind mit seiner Familie in Salzburg. Er lebte ungefähr 8 Jahre hier, dann übersiedelten sie nach Mazedonien. Er kam zurück und lernte meine Mutter kennen. Als meine Mutter 21 war, heirateten die beiden. Zu diesem Zeitpunkt war sie schon mit meinem Bruder schwanger, drei Jahre danach mit mir.

Mein Vater ist arbeitslos und hat sehr viele Schulden. Er läuft vor seinen Problemen davon, ist von seiner Mutter abhängig und lebt zurzeit bei ihr in Mazedonien. Ich und mein Bruder sind ihm egal. Er versuchte ein halbes Jahr lang, um meine Mutter zu kämpfen, doch sie gab nicht nach. Sie ließen sich scheiden, weil er unser ganzes Geld verspielt hat. Durch unseren Hauskauf hat meine Mutter jetzt die ganzen Rechnungen am Hals. Sie muss 7 Jahre lang jeden Monat 100 € zahlen, um die Schulden zu bezahlen, und meinen Vater kümmert das nicht. Er zahlt nichts, nicht mal Unterhalt. Ich habe ihn dieses Jahr nicht mal gesehen und gemeldet hat er sich auch nicht.

Adrijana, 18

2 Stangen und 16 Schrauben

17. 09. 2015, Punkt 7 Uhr, Landeskrankenhaus Innsbruck. 187 km entfernt von meiner Familie, sitze ich alleine in meinem Zimmer und warte, bis die Krankenschwester mich für meine Operation abholt. Gedanken gehen durch meinen Kopf. Wie wird wohl die 3-stündige Operation enden? Welche Folgen wird sie für mich haben? Wird sie überhaupt Folgen haben? Die Frage, die schon Wochen in meinem Kopf ist: Werde ich die Wirbelsäulenoperation bereuen? Es besteht die Möglichkeit, dass ein Nerv beschädigt wird, oder auch, dass ich meine Beine nicht mehr spüren kann. Was dann? 2 Stangen und 16 Schrauben bekomme ich in meinen Rücken rein. Wow, wie soll ich denn mit so was leben? 7:15: Die Krankenschwester ist schon da, gibt mir das Narkosemittel. Wird bestimmt witzig.

8 Stunden später wache ich auf der Intensivstation auf. Ich spüre rein gar nichts, meine Beine nicht und meinen Rücken nicht. Kaum bin ich wach, kommt die Krankenschwester und fängt an, mit mir zu reden. Ich hoffe einfach nur, dass meine Wirbelsäule endlich nicht mehr s-förmig ist.

Ich konnte nie länger als 1 Stunde normal sitzen oder stehen ohne die unerträglichen Schmerzen.

Seit ich 12 Jahre alt war, musste ich mich mit diesem Thema befassen. 1 Jahr lang musste ich ein Plastik-Korsett tragen und das 23 Stunden am Tag. Dank meiner schiefen Wirbelsäule, auch bekannt als Skoliose. Mein Korsett hat rein gar nichts genützt. Vor dem Korsett war meine Wirbelsäule „nur“ 55 Grad schief und nach dem Korsett über 60 Grad. 2 Jahre lang bin ich zur Physiotherapie gegangen, ich habe es gehasst.

Nach diesen 2 Jahren bin ich, wie so oft, zum Landeskrankenhaus gegangen, um zu schauen, wie es jetzt ausschaut. Auf einmal waren es 70 Grad, ein totaler Schock. In diesem Moment gab es keine andere Wahl außer der Operation, denn würde ich keine machen, könnte ich, falls es noch schlimmer wird, dafür gab es Garantie, drastische Nierenprobleme bekommen, oder meine Nieren könnten auch versagen.

18. 09. 2017: Noch immer auf der Intensivstation, langsam war ich zu mir gekommen, und gleich war auch der Arzt da. Sofort wurden meine Beine „getestet“, ob ich die auch spüre. Gott sei Dank war alles wie immer, außer dass ich meinen Rücken nicht gespürt habe, denn der war taub.

19. 09. 2017: Endlich war ich in meinem Zimmer. Mein Kreislauf war eine pure Katastrophe. 2 Tage habe ich gebraucht, um zu lernen, wie man normal sitzt. Am 3. Tag musste ich lernen zu gehen. War für mich die Hölle, nach nur 2 Schritten musste ich mich sofort in meinen Rollstuhl setzen und mich dann hinlegen. Vor lauter Schmerzen habe ich mehrmals am Tag geweint. Am 4. Tag konnte ich schon vom Bett zur Tür gehen. So ging's 1 Woche lang, jeden Tag konnte ich länger gehen, aber sehr langsam. Am 9. oder 10. Tag konnte ich schon langsam die Treppen runtergehen. Am 14. Tag konnte ich endlich wieder nach Hause, das war für mich das schönste Gefühl.

Nico, 17

Mein einziger Bruder

Ich habe relativ normale Eltern. Meine Mutter ist in Bischofshofen aufgewachsen und wohnt hier noch. Sie hat italienische Wurzeln, wovon sie mir jedoch nichts erzählt hatte. Mein Vater ist in der Steiermark, Bruck an der Mur, geboren und in Deutschland aufgewachsen. Ich bin der Jüngste in der Familie, neben meinem 3 Jahre alten Bruder – mein einziger Bruder.

Sie gaben mir den Namen Nico, ein sehr schön passender Name für mich.

Daniela, 15

Jeder sagt auf Portugiesisch „Hallo" zu mir

Als ich 9 war, hat meine Mutter meinen kleinen Bruder bekommen. Meine Mutter ist nach Österreich geflogen, als ich 11 Jahre alt war, und ich bin mit meinem Stiefpapa, meiner Oma und meinem Bruder in Portugal geblieben. Als ich 12 war, hat meine Mutter zum ersten Mal Urlaub gemacht, seit sie in Österreich war. Es war sehr schön, meine Mutter wiederzusehen, aber sie ist nur 3 Wochen geblieben, dann ist sie wieder nach Österreich geflogen. Mit 13 Jahren bin ich zum ersten Mal nach Österreich gefahren. Das hat 3 Tage mit dem Auto gedauert, aber dann war ich endlich bei meiner Mutter. Ich bin in die HS Hallein-Stadt gegangen und habe meine beste Freundin gefunden. Mit ihr habe ich Deutsch gelernt, ich bin sehr froh, dass ich sie als Freundin habe.

Mit 14 Jahren habe ich zum ersten Mal Urlaub in Portugal gemacht. Es hat noch mal 3 Tage gedauert, aber ich war sehr froh, dass ich meine Familie sah und meine Freunde. Ich war sehr glücklich, aber auch traurig, weil ich dort bleiben wollte. Dort habe ich alles: meine Familie, das Meer, meine Freunde, meine Sprache. Es ist so ein gutes Gefühl, wenn man auf der Straße geht, und jeder sagt auf Portugiesisch „Hallo" zu mir. Ich vermisse das alles.

Mit 17 will ich meinen Vater kennenlernen. Er ist weg, als ich 3 Jahre alt war, und ich weiß nicht, warum. Ich möchte mit ihm reden, ihn sehen und alles fragen, was ich will.

**Ich will fragen, warum er weg ist.
Warum er nicht mehr mit mir geredet hat.**

Ich weiß nur, dass er zurück nach Wien gegangen ist und dass er eine Frau und zwei Kinder hat. Mit 19 Jahren will ich meinen Autoführerschein haben. Ich will so gerne mit meiner besten Freundin fahren. Mit 20 will ich eine gute Arbeit bekommen, ich will in einem Hotel arbeiten. Mit 22 will ich meinen Mann heiraten und für immer mit ihm zusammenbleiben. Mit 25 Jahren will ich ein Kind bekommen und weiter arbeiten. Ich hoffe, dass mir für die Zukunft meine beste Freundin bleibt, dass meine Familie glücklich ist, und ich hoffe, dass ich meinen Vater kennenlerne.

Sarah, 15

Es konnte so nicht mehr weitergehen

Meine Kindheit war sehr schön, ich war ein fröhliches, aufgewecktes Kind. Als ich 3 Jahre alt war, bekam ich einen kleinen Bruder. An meinem ersten Schultag bekam ich eine eigene Katze, auf die ich sehr stolz war. In der Volksschule lernte ich auch meine beste Freundin kennen. Mein größtes Hobby war Geräteturnen, dort konnte ich mich nämlich total austoben. Da meine Freundin einen schweren Schicksalsschlag erlitt, half ich ihr, wo ich nur konnte, und vergaß auf mich selber. Ich fühlte mich für sie verantwortlich und mein ganzes Leben drehte sich damals nur um sie. Ich interessierte mich gar nicht mehr für meine Familie. Mir schwebte nur eines im Kopf: „Ich bin ihre beste Freundin und ich muss für sie da sein." Nach und nach wurde mir immer mehr bewusst, dass sie mich nur ausnutzte. Ich redete mir immer ein, dass es nicht so sei. Ich vertraute dann alles meiner Mutter an und bat sie um Hilfe. Ich beschloss für mich selber, den Kontakt zu ihr abzubrechen, denn es konnte so nicht mehr weitergehen. Es war eine sehr gute Entscheidung, auch wenn es mir schwerfiel.

Ich kam in die PTS und fand meine erste große Liebe. Es war Liebe auf den ersten Blick. Zugleich fand ich wieder eine beste Freundin, mit der ich über alles reden konnte. Ich verbrachte immer mehr Zeit mit meinem Freund, er lernte meine Eltern kennen und ich seine. Ich verstand mich auf Anhieb sehr gut mit ihnen und sie sind mir auch sehr wichtig geworden. Bei ihm war es genauso wie bei mir. Ich und mein Freund haben gleiche Interessen, die wir auch zusammen ausüben. Wir kochen immer am Abend zusammen, wenn wir etwas unternehmen. Und in der Schule sehen wir uns auch alle Tage. Ich war wunschlos glücklich. Bis dann eine Krankheit bei mir festgestellt wurde, die ein ganzes Leben lang bleibt. Dies änderte mein Leben schlagartig. Gott sei Dank war in dieser Zeit mein Freund für mich da und gab mir Halt. Er unterstützte mich, wo er nur konnte. Ich wurde medikamentös eingestellt und kann jetzt ganz gut damit umgehen.

Dies schweißte mich und meinen Freund noch mehr zusammen.

Und trotz allem bin ich sehr zufrieden. Denn alle waren da für mich, als es mir nicht gut ging. Freunde, Familie. Was ich aus allem gelernt habe: Höre nie auf zu träumen, denn es gibt immer einen Weg. Für die Zukunft stelle ich mir vor, dass ich im Büro arbeite und dort auch meine Lehre gut zu Ende mache. Und eine eigene Familie mit Kindern habe. Mit einem großen, schönen Haus.

Moriz, 14

Ich bekomme jede Fortbildung bezahlt

Ich bin in Memmingen geboren. Ich habe, bis ich 4 war, in Deutschland gelebt. Ich zog mit meiner Mutter nach St. Johann, da sie von hier kommt. Hier ging ich in den Kindergarten und in die Volksschule. Mit 10 Jahren zog ich wieder nach Deutschland zu meinem Vater und ging dort 2 Jahre in die Hauptschule. Mit 12 zog ich wieder her und machte weitere 2 Jahre Hauptschule. Nun gehe ich in die PTS, nach dieser Schule mach ich eine Ausbildung als Maurer. Ich ziehe in 2 Monaten um, in ein Haus. Ich habe bald den Mopedschein. Mein Vater hat einen Bauernhof. Ich genieße es, immer in den Ferien bei ihm am Land zu sein. Ich helfe ihm sehr gern am Bauernhof. Ich bin zu dem Beruf Maurer gekommen, da ich am Bau schnuppern war. Die Firma, in der ich anfang, heißt Porr.

In dieser Firma ist mein Polier mein Onkel.

Die Arbeit am Bau gefällt mir sehr gut. Ich möchte mich in diesem Beruf weiterbilden. Ich bekomme jede Fortbildung bezahlt und möchte mich bis zum Polier hocharbeiten. Ich möchte in dieser Firma bleiben.

Gülben, 16

Liebe ist für mich sehr wichtig

Als ich 2 Jahre alt war, ist mein Bruder auf die Welt gekommen. Am ersten Tag im Kindergarten habe ich geweint, weil meine Mutter mich dort alleine gelassen hat. In die VS bin ich gegangen, als ich 6 Jahre alt war. Ich hab dort Freunde kennengelernt und oft gestritten. Als ich 9 Jahre alt war, sind wir nach Hallein übersiedelt. 1 Jahr später ist mein Vater an einem Herzinfarkt gestorben. Dann war ich mit der VS fertig und bin in die HS gegangen. Die 1., 2. und 3. Klasse waren sehr schwierig für mich, weil unser Vater gestorben war.

Wir konnten uns auf nichts konzentrieren. Ich und mein Bruder sind sitzengeblieben.

Er war in der 1. Klasse und ich in der 3. Klasse. Ein Jahr bevor ich sitzenblieb, hab ich meinen 1. Freund kennengelernt und bin noch mit ihm zusammen. Ich bin in der 4. Klasse. Heuer will ich arbeiten. Mein Traumberuf ist Friseurin. Mit 21 Jahren will ich heiraten und glücklich werden und eine gute Hausfrau sein.

Ich will mit 25 ein Kind haben und für immer mit meiner Familie leben. Meine Mutter ist für mich sehr wichtig, weil wenn wir heiraten, dann bleibt sie alleine. Ich wünsche mir für meine Zukunft, dass ich einen Friseursalon aufmache und selbstständig arbeite mit meinen Lehrlingen. Wenn ich verheiratet bin, will ich wegen meinem Freund in die Türkei ziehen, er wohnt dort. Als wir in der Türkei waren, fiel er mir nach ein paar Tagen auf, weil er mich angesehen hat. Nach einem Monat habe ich ihn angeschrieben und wir haben uns kennengelernt. Er wollte sich unbedingt mit mir treffen, aber ich habe mich immer ein bisschen geschämt und habe ein bisschen Angst gehabt, weil ich damals noch nie einen Freund gehabt hatte. Am 21. 08. 12 sind wir dann zusammengekommen.

Liebe ist für mich sehr wichtig. Nicht, dass dein Mann zu dir „Ich liebe dich“ sagt, aber zu anderen Frauen geht. Es ist einfach sehr wichtig. Paare sollten das fühlen, dass man sich liebt und verliebt ist.

Maximilian, 15

Das Interesse für den Fußball wurde geweckt

Ich wohne mit meinen Eltern und 3 Geschwistern in 2 Wohnungen in St. Veit. Mit 3 Jahren bin ich in den Kindergarten gegangen und das Interesse für den Fußball wurde geweckt. Mit 5 Jahren spielte ich in meinem ersten Verein, dem SV Schwarzach. Mit 6 ging ich in die Volksschule mit all meinen Fußballkollegen. Als ich acht Jahre alt war, durfte ich mit ein paar Fußballkollegen zur Aufnahmeprüfung im Landesverbandsausbildungszentrum fahren, die sich in 3 Kategorien aufteilte: Schnelligkeit, Technik, Spielweise im Match. Nach 3 Stunden Warten erfuhr ich, dass ich bestanden hatte. Mit 13 gab ich das LAZ auf, wegen vielen Verletzungen und wenig Spielzeit.

Mit 14 hatte ich den ersten Einsatz in der Kampfmannschaft von Schwarzach, wo ich mich nicht so schlecht geschlagen habe. Ein Jahr darauf kam ich von der Hauptschule in die PTS St. Johann und durfte dort im Laufe der Schulzeit meine Mopedprüfung machen, die ich auch bestanden habe.

Ich verließ den SV Schwarzach wegen unzähligen Streitigkeiten zwischen Spielern und Trainer und spiele jetzt im Derby Club von Schwarzach.

Später möchte ich eine Frau haben und ein cooles Auto. Mit 22 Jahren dann ein Kind und vielleicht ein Designer-Haus. Nach der PTS St. Johann fang ich in der ÖBB-Lehrwerkstatt in Gnigl als Gleisbautechniker an. Nach der Lehre möchte ich die Prüfung zum Wagenmeister oder Verschieber machen.

Shapeer, 17

Meine Familie ist jetzt in Schweden, im Iran und in der Türkei

Ich bin aus Afghanistan. Mein Geburtstag ist der 1. 12. 1999. Ich habe 15 Jahre in Kabul gelebt. Mit 6 Jahren bin ich in die Schule gegangen, und nach der Schule habe ich Fußball gespielt. Ich kann schon 6 Sprachen sprechen: Dari, Paschto und Englisch habe ich in Afghanistan gelernt und hier Russisch, Deutsch und Bulgarisch.

Als ich 15 Jahre alt war, hat mich in Kabul eine Bombe verletzt. Ich habe IT und Englisch (TOEFL) gelernt.

In Afghanistan ist es mir nicht gut gegangen, weil die Taliban und die Mafia Probleme gemacht haben.

Ich habe eine kleine Familie: 1 Bruder, 2 Schwestern, Papa und Mama. Mein Bruder war bis zur 6. Klasse in der Schule. Er heißt Baheer und ist schon 12 Jahre alt. Meine Schwester ist 15 Jahre alt, sie geht in die Schule. Sie hat schon geheiratet. Und meine Mama arbeitet im Haus. Mein Papa ist 45, er hat beim Fernsehen gearbeitet und war Hochzeitsfotograf. Meine Familie ist jetzt in Schweden, im Iran und in der Türkei.

Josef, 16

In der Hauptschule habe ich noch mehr Freunde gefunden

Ich wurde in der Salzburger Stadt Hallein geboren, wo ich bis zu meinem 3. Lebensjahr wohnte. Wir zogen aus beruflichen Gründen in das Nachbarbundesland Oberösterreich. Ich wuchs in einer Marktgemeinde auf und hatte dort viele Freunde. Meine Eltern und mein kleiner Bruder lebten dort mit mir in einem großen Einfamilienhaus mit einem schönen Garten. Mit ca. 7 Jahren bekamen wir einen weißen Kater, der leider frühzeitig an einer Krankheit starb. Ein Jahr darauf kauften unsere Eltern Zwergkaninchen, die wir Max und Moritz tauften. Mit 11 Jahren besuchte ich ein Linzer Gymnasium. Leider schaffte ich die dritte Klasse nicht und musste sie in einer Neuen Mittelschule wiederholen. Als ich 15 Jahre alt war, ließen sich meine Eltern scheiden, und meine Mutter zog mit mir und meinem Bruder zurück nach Hallein, wo wir bei unserem Opa im Haus lebten, bis meine Mutter einen Job gefunden hatte und wir in eine 3-Zimmer-Wohnung zogen. Jetzt gehe ich in die Hauptschule, wo ich gleich sehr viele Freunde gefunden habe.

Dieses Jahr waren wir auf Landschulwoche in Wien, wo wir sehr viel erlebt haben. Ich war mit ein paar engen Freunden im Zimmer und wir hatten sehr viel Spaß.

Ich werde dieses Jahr die Hauptschule positiv abschließen und weiter in eine HTL gehen. Ich habe in 3 Jahren 3 verschiedene Schulen besucht. Im Gymnasium habe ich 3 Jahre lang gelernt und mich mit allen prima verstanden. In der Neuen Mittelschule gab es viele neue Gesichter und auch dort schloss ich schnell Freundschaften. In der Hauptschule habe ich noch mehr Freunde gefunden. Ich stehe mit den meisten meiner Freunde noch immer in Kontakt, wir verstehen uns noch immer sehr gut.

Aminat, 18

Die Geschichte meiner Eltern motiviert mich

Vor 18 Jahren bin ich in Tschetschenien auf die Welt gekommen. Ich habe 3 Jahre in meiner Heimat verbracht. Als ich 3 war, sind wir, also meine Eltern, meine Schwestern und ich, aus unserem Heimatland geflohen. Meine Eltern haben sich im Alter von 25 und 23 entschieden, unser Land zu verlassen, um uns ein besseres Leben zu ermöglichen. In meiner Heimat war zu der Zeit Krieg, und mein Vater wollte, dass es seiner Familie gut geht. Sie haben alles gepackt, sich von allen verabschiedet und sich auf die Reise nach Europa gemacht. Ich kann mich nicht erinnern, durch welche Länder wir gereist sind, aber an eine Geschichte kann ich mich noch sehr gut erinnern. Auf der Flucht landeten wir in einer Nacht in einem Wald, ich weiß nicht, wo das war, es war schon dunkel. Meine kleine Schwester, die zu der Zeit gerade einmal 2 Monate alt war, hat geweint, weil sie hungrig war, und damit hätte sie uns in Schwierigkeiten gebracht, wenn meine Mutter es nicht geschafft hätte, sie zu beruhigen. Wir durften nicht laut sein, sonst hätte uns die „Polizei" entdeckt. Mein Vater hat zu mir und meiner Schwester gesagt, dass wir im Dunkeln keinen Mucks von uns geben sollen, sonst würden sie uns finden und meinen Papa vielleicht einsperren und uns von unseren Eltern trennen. Natürlich beruhigte uns das nicht und meine Schwestern und ich fingen an zu weinen. Um uns zu beruhigen, bekamen wir unsere Kuscheltiere. Dann mussten wir mit einem kleinen Boot auf die andere Seite eines Flusses. Das Boot war so klein, dass wir uns hätten aufteilen müssen, aber das wollte mein Vater nicht. Meine Eltern sind mit meinen 2 Schwestern rüber auf die andere Seite geflohen, und ich musste mit meinem Onkel und Cousin, die uns nachgekommen waren, fahren. Auf der anderen Seite haben wir eine Familie aus unserer Heimat kennengelernt, die waren ebenso mit 3 Kindern unterwegs.

Mit dieser Familie haben wir bis heute Kontakt.

Wir alle sind dann nach Wochen in Wien angekommen und wurden in einem Lager für Flüchtlinge aufgenommen und versorgt. Von Wien ging es nach Bad Gastein, wo wir heute noch wohnen. Meine Eltern haben jahrelang auf eine Aufenthaltserlaubnis gewartet und haben sie letztendlich bekommen. Ich bewundere meine Eltern dafür, dass sie sich in dem Alter so was zugetraut haben, und ich bin ihnen dankbar dafür, dass ich in einem friedlichen Land aufwachsen konnte. Sie haben mir ein normales Leben ermöglicht, das ich in meiner Heimat bestimmt nicht gehabt hätte. Ich DARF in die Schule gehen, ich darf meine Meinung äußern, ich werde für nichts bestraft, was ich nicht getan habe, und ich darf mein Leben so leben, wie ich möchte, ohne jeden Tag aufzuwachen und Angst haben zu müssen. Meine Eltern haben mir eine gute Schulbildung ermöglicht, die sie selbst nicht hatten, und deswegen ist es mein Ziel, meine Eltern stolz zu machen und ihnen zu zeigen, dass es sich für uns gelohnt hat, zu flüchten. Die Geschichte meiner Eltern motiviert mich, selbst etwas aus meinem Leben zu machen. Ich möchte die Matura machen, studieren und erfolgreich sein. In der Zukunft will ich meinem Papa sagen können: „Hey Papa, der ganze Aufwand von Russland bis nach Österreich hat sich gelohnt, in Österreich habe ich eine Zukunft und ein sicheres Leben."

Miriam, 20

Panik, Verzweiflung und Einsamkeit

Ich wurde in Oberndorf geboren und noch im Krankenhaus von meiner Großmutter getauft, heimlich, da meine Eltern zwar an den Glauben glauben, aber nicht an die Notwendigkeit eines Gotteshauses, und nicht bereit waren, für ein solches zu zahlen. Meine Mutter ist die sanfteste und umsichtigste Person, die ich bis jetzt treffen durfte, und so wurde auch ich zu einem Skeptiker und Denker. Während ich bereits in der Volksschule mit meinem Vater über potenziell existente Götter und Welten sprach, tat ich mir schwer, mit Gleichaltrigen eine Basis zu schaffen. So ist meine früheste Erinnerung, mit einem panischen Beigeschmack an der Türe des Hühnerstalls meiner Nachbarin zu rütteln. Natürlich war diese verschlossen und blieb es auch, bis meine Schwester mich zum Essen holen wollte, aber nicht fand.

Viele der Dinge, die zwischen meinem 6. und 16. Lebensjahr geschahen, sind mittlerweile zu tief vergraben, um noch als Erinnerung zu gelten. Hauptsächlich erinnere ich mich an Panik, Verzweiflung und Einsamkeit. An Gemeinheiten der Volksschüler, Beleidigungen der Hauptschüler und Übergriffe in der HTL. An versteckte Schulsachen, Vertrauensbrüche und Hände an falschen Orten. Als ich 16 wurde, war ich zu kaputt, um noch aufzustehen, hatte Schmerzen ohne ersichtlichen Grund und keine Hoffnung. Meinen 17. und 18. Geburtstag feierte ich in einer Psychiatrie. 3 Jahre meines Lebens habe ich damit verbracht, zu richten, was zerbrochen wurde. Und vermutlich werde ich noch viele Jahre meiner Psyche widmen.

Heute ist Mittwoch. Es ist April und der Flieder blüht in den Gärten. Ich bin stärker und selbstbewusster als jemals zuvor. Wut und Schmerz sind zwar tägliche Begleiter, doch die Dankbarkeit meinen Eltern und meiner Schwester gegenüber übertrifft alles. Meine Zukunft liegt im gleichen Nebel, der auch meine Vergangenheit umgibt.

Doch zum ersten Mal glaube ich, dass ich glücklich werden könnte. Zumindest an den guten Tagen.

Die Produktionsschule STEP 4 ist eine Einrichtung für Jugendliche zwischen 15 und 23, die Probleme bei der Jobsuche haben. In max. 2 Jahren bekommt man jede Unterstützung und einen Tagesrhythmus. Es gibt mehrere Produktionsschulen in Österreich, in Salzburg sind es zwei: ein T-Shirt-Shop & eine Werkstätte.

Florian, 18

Was ich gut kann

Mein Dad kommt aus Salzburg und meine Mom aus der Steiermark. Ich habe 3 Brüder und eine Schwester. Mein Dad arbeitet beim Palfinger als Lackierer und meine Mom ist bei der Bäckerei Hofmann. Ich bin schon fast 2 Jahre in einem Kurs, ich habe dort viele Freunde gefunden. Ich habe einen besten Freund und sein Name ist Pascal. Ich war auch mit ihm in derselben Klasse.

Ich bin sehr nett zu jedem, der auch nett zu mir ist. Ich bin immer für meine Familie und Freunde da. Ich und mein Zwillingsbruder sehen uns gar nicht ähnlich. Ich glaub, das liegt dran, dass wir 2-eiige Zwillinge sind.

Ich bin stolz auf das, was ich habe, und auch auf meine Familie, dass sie immer für mich da ist.

Meine Hobbys sind Fußballspielen, Freunde treffen, Mopedfahren und Moped reparieren, zusammen mit meinem Dad. Was ich gut kann, ist nett und höflich sein, Fußball spielen, Freunde aufheitern, Moped fahren, meinen Zwillingsbruder nerven und Freunde finden.

Aylin, 16

Sogar die Straßenhunde vermisse ich

Ich bin in Österreich geboren, aber meine Familie ging in die Türkei zurück und kam ab und zu wieder. Einmal in der Türkei also, und einmal in Österreich. Im Jahr 1999 war in der Türkei ein schweres Erdbeben, das ich miterlebte. Ich habe eine Narbe auf der Stirn, weil mir ein Kasten auf den Kopf gefallen ist. Mit 6 Jahren fing ich an, zur Schule zu gehen. Ich lernte sehr fleißig. Was mich aber bedrückte, war, dass ich nicht rechnen konnte und deswegen gehänselt wurde. Das bedrückt mich heute noch so sehr. Ich habe eine Mathe-Schwäche. Mit 14 Jahren habe ich begriffen, dass ich kein Kind mehr bin. Ich war in der Schule immer schlecht, aber mit der Zeit wurden alle 5er eine 1, und ich hatte wieder Freude am Lernen und Leben.

Mein 17-jähriger Cousin starb an Lungenversagen, weil er so viel rauchte. Danach erfuhr ich, dass meine Mutter ihr 4. Kind abgetrieben hat, ohne dass sie das wollte. Mein Vater hat sie dazu gezwungen. Nach dem ließen sich meine Eltern scheiden. Ich war noch klein, aber ich habe alles mitbekommen.

Mein großer Bruder heiratete sehr jung, mein anderer Bruder trank nur.

Meine Freunde waren auch nicht die besten. Schlechter Umgang, schlechtes sehen, schlechtes machen, natürlich. Aber meine Mutter versuchte immer, das Beste für uns zu machen. Nach einer Zeit lernte jeder, und natürlich auch ich, reifer zu werden und sich mit Problemen auseinanderzusetzen. Aber mein allergrößtes Ereignis war mein Leben, weil ich mir das Leben selber beigebracht habe. Ich war als Kind immer alleine und musste alles alleine machen, wie kochen, putzen, bügeln lernen usw.

Wegen vieler Probleme und wegen dieses Alleinseins fing ich an zu rauchen, nicht nur Zigaretten, sondern auch Weed. Zu trinken fing ich auch an und ich hoffte, dass ich so meine Probleme vergessen kann. Nach einer Zeit lernte ich meinen Freund kennen und er half mir, alles besser zu machen. Ich hörte mit allem auf, und das war nicht leicht für mich, aber er war immer da. Und heute sind wir glücklich. Probleme kommen und gehen.

Ich liebe meine Heimat. Meine Heimat ist für mich alles. Ich vermisse sie so sehr, einmal im Jahr kann ich sie sehen. Das Meer, die Menschen, die Straßen, sogar die Straßenhunde vermisse ich. Den Adhan (Gebetsruf im Islam), der 5x am Tag ausgerufen wird, vermisse ich so sehr. Meine Familie, meine Oma, mein Haus, meine Cousins. In der Heimat ist vieles leichter für mich.

Anonym, 17

Wir besuchten einen Exorzisten

8 Monate lang freuten sich meine Eltern auf einen Sohn, doch ihr Glück war groß, & ich wurde als dritte & zum Glück letzte Tochter in unserer Familie geboren. Ich war einen ganzen Monat namenlos, da meine Familie keine Entscheidung fällen konnte. Ich weiß noch, mein erster Tag im Kindergarten, es war unerträglich. Ich war sehr schüchtern & hatte Angst. Sehr viel Zeit verging & ich hatte immer noch keine Freunde. Im Gegenteil, meine braune Haut, meine schwarzen Haare, die etwas rundere Nase & meine kleinen Augen machten mich zum Opfer. Lange machte ich es durch, bis ich endlich sie kennenlernte. Sie war wie ich, sprach meine Sprache, hatte denselben Hautton & die gleichen Haare. Sie war meine beste Freundin, sie war sogar ein wenig mehr, nur wusste ich nicht, wie man so eine Art von Emotion nannte. Ich träumte oft von uns. Sie war 1 Jahr älter & das schönste Mädchen, das ich kannte. Sie war meine erste Liebe. Unsere Wege trennten sich nach dem Kindergarten & der Horror begann nochmal von vorne. Neue Leute, keine Freunde & sehr viel Rassismus. Mir wurde klargemacht, dass ich nicht gewollt wurde. Viele Tage vergingen mit Weinen & Albträumen. Die Albträume wurden schlimmer & schlimmer, & wir besuchten einen Exorzisten. 10 Stunden vergingen & ich war befreit von meinen „Dämonen". Tatsächlich wurde ich sozialer & fand schnell Freunde. Ich begann mich zu öffnen, & alles wirkte so einfach & schön, bis ich in diese Schule kam. Ich wusste endlich, wie mein Dämon hieß, und zwar Depression. Zudem lernte ich, dass ich nicht heterosexuell bin wie alle anderen. Ich hasse es, nicht so zu sein wie die anderen. Wieso ich?

Mit 13 kam ich endlich mit meinem Gift in Verbindung. Nehmen & trinken, bis man nichts mehr spürt. Kannte ich gut von meinem Vater, der sehr aggressiv nach der 4ten Flasche wurde. Jahre vergehen, & die Sucht wird schlimmer, Augenringe größer, Schlaf immer weniger, & mein Liebesleben existiert nicht. Liebe wird durch Sex verdrängt, Zuneigung durch Alkohol & Trauer durch illegale Substanzen.

Mit 16 hab ich gemerkt, dass sich was ändern muss. Ich stellte meine Ernährung um, ich wurde Vegetarierin.

Ich hatte schon immer eine Faszination für Tiere & unterstützte Tierhilfsorganisationen & arbeitete bei einer. Ich war eine lange Zeit Single, & ich hielt nichts von Alkohol oder jeglichen Substanzen. Ich machte regelmäßig Yoga & fand meine Glaubensrichtung.

2016 war ein gutes Jahr für mich. Die Beziehung zwischen mir & meinen Eltern wurde so gut, dass sogar mein Vater mit dem Alkohol aufhörte. Alles schien gut, bis das Jahr 2017 begann. Mein neuer Freund & der Alkohol stolzierten in mein Leben. Schlaflose Nächte & blaue Flecken prägten mich. Mein Körper war abgenutzt & ekelhaft. Egal, wie oft ich mich wusch, der „Schmutz" verschwand nicht. Habe ich ihn geliebt? Oder habe ich einfach Zuneigung vermisst, habe ich meinen Körper verkauft oder meine Seele? Ich wusste, dass ich nur schlecht rauskommen würde, aber ich habe es geschafft. Ich war nicht mehr seine „Muse" oder „Göttin". Ich war nur mehr eine von den anderen, ich war nur mehr seine Schlampe. Bis heute habe ich keine Ahnung, was Liebe ist, & ich werde es vermutlich auch nicht so schnell kennenlernen. Einen Satz werde ich mir für immer einsagen: „Wenn du drauf bist, brauchst du keine Liebe, da gibt es nur dich & alles, was du siehst & fühlst."

Heute habe ich 7 Piercings & fühle keine Schmerzen. Irgendwann werde ich es verstehen, dann werde ich nichts mehr brauchen. Doch dieser Tag ist nicht heute & auch nicht morgen.

Aida, 18

Bin ich durch diese Geschichte anders?

Ich war das erste Kind meiner Eltern, das mit seiner Geburt auch die österreichische Staatsbürgerschaft bekam. Das war 1999. Zu dieser Zeit hatte meine Familie schon ungefähr sieben Jahre in Österreich gelebt. Das war nie geplant. Doch die Balkankriege kamen den Plänen in die Quere. Es war ein Kampf. Um das Überleben, die eigenen Kinder. Als der Krieg begann, waren meine Brüder noch sehr klein, der eine noch ein Baby. Sie wurden getrennt. Einer kam zur Oma mütterlicherseits, der andere zur Oma väterlicherseits, die in einem Dorf lebte. Dort war die Versorgungslage sehr schlecht, so dass mein Bruder fast verhungerte. Meine Mutter ging als Erste nach Österreich, da ihre Schwester schon vor dem Krieg dorthin gezogen war. Es dauerte lange, bis meine restliche Familie nachkommen konnte. Viele Monate vergingen, und als mein Vater mit meinen zwei Brüdern ankam, erkannte der jüngere meiner Brüder seine eigene Mutter nicht mehr. Ein paar Monate sind für ein Baby eine sehr lange Zeit. Natürlich war das eine sehr schmerzhafte Erfahrung für meine Mutter. Sie redet gar nicht gern über diese Zeit.

Ich habe erst vor ein paar Monaten die ganze Geschichte erfahren. Und immer kommen neue Teile dazu, die sich zu einem großen Bild des Kampfes formen.

Als meine Familie in Österreich ihre Aufenthaltsgenehmigung und meine Eltern ihre Arbeitsbewilligung erhalten hatten, fing meine Mutter bei einer österreichischen Familie als Haushälterin an. Sie hatte dort auch ein Zimmer für sich und meine Brüder. Mein Vater war selten da, weil er Bauarbeiter ist und immer woanders arbeiten musste und dort übernachtete. Irgendwann zog meine Familie aber von Wels nach Salzburg. Meine Mutter hatte eigentlich Hebamme gelernt und wollte nicht für immer Haushälterin bleiben. Heute ist sie diplomierte Krankenschwester.

Mit 14 wurde ich sehr nachdenklich, zog mich zurück, und meine Art zu denken veränderte sich. Dazu hatten sich auch noch meine Eltern scheiden lassen – ich musste mit meiner Mutter umziehen. Meine Brüder hatten schon eigene Wohnungen. Der älteste würde sogar bald Vater werden. Meine Welt geriet durcheinander. Alles änderte sich. Ich hatte Probleme mit meinem Selbstbewusstsein. Mein Selbstbild war verzerrt. Ich bin eine Perfektionistin. Nichts war gut genug an mir. Ich fühlte mich falsch. Und das hielt ungefähr zwei Jahre an. Ich zeigte auch durch mein Äußeres, dass etwas anders geworden war. Die Welt sah ich schon lange nicht mehr durch die Augen eines Kindes. Doch mir stellt sich die Frage: Ist das was Besonderes? Bin ich durch diese Geschichte anders? Wenn es einem schlecht geht, hört man immer, dass es vielen ähnlich ergeht. Doch diese Aussage hilft nicht. Zumindest mir nicht. Sie impliziert doch nur, dass wir alle gleich sind, und das ist dann okay, doch wenn du einmal was hast, womit sich nur wenige identifizieren können, ist es abnormal. So oder so, es passt nicht.

Darijo, 16

Seit 2014 bin ich voll dünn

Ich bin in Hallein geboren. Mit 3 Jahren habe ich einen schweren Autounfall gehabt. Ich habe mit 5 Jahren in einem Fußballverein gespielt. Dann bin ich ins Caritas-Dorf Sankt Anton gekommen. Ich bin in Hallein zur Schule gegangen, dann sind wir nach Salzburg gezogen. Ich habe 1 Jahr in Salzburg gelebt und bin dann wieder nach Hallein gezogen.

Ich hab 3 Jahre beim FC Hallein 04 gespielt. Jetzt spiele ich beim 1. Oberalmer SV. Ich wurde 3 Mal genäht, am Knie, auf der rechten Hand und beim Auge. Zu meinem 14. Geburtstag hab ich ein neues Fahrrad bekommen und mit 13 Jahren mein erstes Handy. Ich hab am 9. Januar 2016 einen Bruder bekommen und vor 2 bis 3 Monaten eine Schwester. Im Jahr 2013 war ich ein bisschen dick und seit 2014 bin ich voll dünn.

Im Urlaub fahre ich Auto, Traktor und Motorrad ohne Führerschein.

Anamarija, 19

Es hat einfach nie 100-prozentig gepasst

Ich beginne einfach mal mit meinen Eltern. Sie sind in Bosnien geboren und konservativ und traditionell aufgewachsen. Meine Mutter heiratete meinen Vater mit 19 Jahren. Die beiden kamen nach Salzburg, um hier ein besseres Leben zu führen. Es war nicht einfach für sie, aber sie haben es geschafft. Oft fahren wir in unsere Heimat über die Ferien, und ich bin jedes Mal heilfroh, dass wir nicht in Bosnien leben.

Ich bin das jüngste Kind von 3. Ich habe 2 ältere Brüder, mit denen ich ein enges und gutes Verhältnis habe. Mit meinem Vater habe ich ein sehr neutrales Verhältnis. Meine Bezugsperson ist meine Mutter, mit der ich sehr oft ein Hoch & Tief durchmache. Meines Erachtens bin ich immer ein gutes Kind gewesen, aber diese Bestätigung oder Aufmerksamkeit habe ich gar nicht bis mäßig bekommen. Es hat einfach nie 100-prozentig gepasst. Daran habe ich mich gewöhnt und mir daher auch nie wirklich Mühe in irgendetwas gegeben, weil ich wusste, dass ich niemandem etwas leisten muss außer mir selbst. Ich möchte nicht sagen, dass ich eine schlechte Kindheit hatte. Mir ging es immer gut, und ich hatte bzw. habe alles, was ich brauche, und das, was ich haben möchte und nie bekomme, verdränge ich einfach.

Mir geht es psychisch nicht so gut, und der Grund dafür ist meine Mutter, aber auch ich selbst. Es gehören immer 2 dazu. Die richtigen & extremen Belastungen haben, denke ich, in meinem 15. Lebensjahr begonnen. Ich hatte Probleme in der Schule, und zu Hause wurde mir damit nicht geholfen, sondern es wurde mir schlimmer gemacht. Ich bewältigte dieses Problem mit eigener Hand. Doch zu Hause werde ich immer noch fertiggemacht. Aus verschiedenen Gründen. Ich koche nicht, ich putze nicht, ich helfe nicht im Haushalt, ich bin nur mit Freunden unterwegs, ich bin nur am Handy. Das sind die Standard-Aussagen meiner Mutter über mich. Diese stimmen zwar teils, teils aber auch nicht, aber ich habe es schon lange aufgegeben, mich zu rechtfertigen. Egal, ob in Worten oder Taten. Es wird nicht reichen.

Wie schon erwähnt, heiratete meine Mutter sehr früh & bekam auch ihr 1. Kind sehr früh. Sie hatte keine tolle Jugendzeit, meiner Meinung nach. Sie hat wenig erlebt. Der Grund waren ihre strengen Eltern und sie selbst. Ich verstehe nicht, warum sie genau aus diesen Gründen, die sie erfahren hatte, es bei mir nicht besser macht. Ich würde es wollen, dass es meine Kinder besser haben in bestimmten Sachen als ich, und ich würde mich darum bemühen. Warum tut es meine Mutter nicht? Ich habe einen innerlichen Stress, den ich nicht loswerde. Nach außen hin zeige ich ihn nicht, aber spätestens wenn ich schlafen gehe, zeigt sich der Stress in meinen Träumen. Ein klassisches Beispiel dafür: Wenn ich aus dem Haus gehen will, werde ich zuerst ausgefragt, wohin und mit wem ich gehe. Gut soweit. Dann werde ich ausgefragt, warum ich gehe, was ich machen werde, wenn ich hinausgehe. Weiters wird mir ein schlechtes Gewissen eingeredet, dass ich nie zu Hause bin. Das stimmt nicht. Nachdem ich ca. 1 Stunde aus dem Haus bin, werde ich mit Nachrichten bombardiert, dass ich sofort nach Hause kommen soll. Zu Hause angekommen, verschwinde ich im Zimmer.

Ich habe ein Problem mit meiner Mutter, welches ich nicht zu lösen weiß. Mit Reden, psychischen Tricks, Lügen & Wahrheit habe ich es probiert. Funktionierte nicht. Ich bin angekettet und habe mir das Ziel gesetzt, dass ich mich befreie. Ich werde wegziehen, nach Wien. Dort werde ich arbeiten und vielleicht studieren. Ich möchte das unbedingt durchziehen.

Wenn ich es nicht jetzt mache, werde ich es nie machen. Davor habe ich Angst.

Meine Persönlichkeit und mein Verhalten sind sehr geprägt durch dieses Problem, und der Teil von mir, der durch Verdrängen entstand, ist eine sehr coole, lustige und offene Person. Auch erwähnen möchte ich, dass ich wundervolle Momente in meinem Leben hatte. Auch mit meiner Mutter. Es tut gut, sich von der Seele zu reden, was einen belastet.

Michael, 17

Ein sogenannter Berufsvorbereitungskurs

Ich mache gerne Sport und spiele Trompete. Manchmal spiele ich mit dem Gedanken, Trompete zu studieren und es zu meinem Beruf zu machen, aber ich bezweifle, dass ich das schaffe, also mache ich einfach als Maschinenbauer und Automatisierungstechniker eine Lehre, denn das wäre das, was ich am zweitliebsten machen würde. Ich habe schon einen Lehrplatz und bin auch glücklich damit. Trompete studieren sehe ich als meinen Plan B, falls ich keine Lust mehr auf meine Arbeit habe oder ich die Lehre nicht schaffe. Ich bin auf einem Bauernhof aufgewachsen und hatte eine schöne Kindheit.

Ich bin mir nur nicht sicher, wer den übernehmen soll, da mein Bruder und ich eher wenig Lust darauf haben.

Meine Lehre fängt im September 2017 an und zurzeit bin ich noch in einer Produktionsschule, das ist ein sogenannter Berufsvorbereitungskurs. Der Kurs selber ist etwas langweilig, aber auch, wie man so sagt, „chillig“, wenn man mal nicht ständig lernen muss und Tests hat.

Qaraib Rahman, 18

Mein Vater war ein guter Mann

Ich bin in Afghanistan geboren. Meine Eltern wohnen in Afghanistan. Meine Stadt heißt Laghman. Meine Muttersprache ist Paschto, und ich spreche Dari und ein bisschen Deutsch. Ich habe 2 Brüder und eine Schwester. Mein Vater hat als Gärtner gearbeitet. Ich bin 6 Jahre in die Schule gegangen. Ein Bruder ist 13 Jahre alt und der andere 10 Jahre. Meine Schwester ist 25 Jahre alt.

Einmal bin ich mit meinem Vater in die Arbeit gegangen. Wir haben viele Taliban gesehen. Die Taliban haben zu meinem Vater gesagt, du und dein Sohn, mitkommen. Mein Vater hat gesagt, nein, wir gehen nicht mit.

Da hat ein Mann meinen Vater mit einem Messer angegriffen, und mein Vater ist gestorben.

Sie wollten, dass ich mit ihnen mitkomme. Deshalb bin ich nach Österreich gegangen. Ich bin vor 18 Monaten hier angekommen. Ich bin in Österreich sehr glücklich. Ich möchte einen guten Job. Ich habe eine Ausbildung in der Küche gemacht, aber ich mag nicht Koch lernen.

Mein Vater war ein guter Mann. Als mein Vater ... ich bin sehr traurig. Und jetzt weiß ich nicht, wo meine Familie ist. Ich war in Afghanistan sehr glücklich. Ich möchte Verkäufer werden, weil mir das gefällt. Ich habe in Afghanistan nicht gearbeitet. Ich arbeite in der Küche und ich gehe jeden Tag ins Fitnessstudio. Mein Fitnessstudio ist in Salzburg, und ich fahre jeden Tag mit dem Bus. Ich gehe nicht in die Schule, aber ich gehe in den Deutschkurs. Ich habe viel Deutsch gelernt.

Patrick, 15

Die größte Veränderung

Als ich mit 3 Jahren in den Kindergarten gegangen bin, war das der erste Schritt in die Selbstständigkeit, ohne dass meine Eltern immer dabei waren. Als ich 5 Jahre alt war, kam meine erste und einzige Schwester zur Welt. Meiner Meinung nach war das die größte Veränderung. Ich musste bei meiner Oma schlafen, weil in diesen Tagen keine Zeit für mich war. Ich war sehr böse auf meine Eltern, weil ich noch nicht wusste, dass ich eine Schwester bekomme. Als ich sie zum ersten Mal sah, war ich sehr neidisch, aber ich wusste ab diesem Zeitpunkt, dass ich nicht mehr alleine war.

Mit 10 Jahren begann ich die Hauptschule St. Johann. Allerdings war mir immer klar, dass jetzt der Ernst des Lebens begann. Mein Opa wurde mein Firmpate. Ab diesem Tag wurde mein Leben wieder umgekrempelt. Jetzt gehe ich in die Polytechnische Schule in St. Johann im Zweig Holz/Bau, weil Tischler auch auf meiner Arbeitswunschliste stand. Bei der ersten Schnupperwoche machte ich jedoch negative Erfahrungen, deswegen entschied ich mich, Elektriker zu werden. Im Frühjahr habe ich dann eine Firma gefunden, die mich nimmt. Vor einer Woche habe ich den Mopedführerschein gemacht.

Nun bin ich sehr selbstständig und nicht mehr auf meine Eltern angewiesen.

In Zukunft möchte ich Spaß beim Arbeiten haben und mein eigenes Geld verdienen. Später möchte ich ein Haus bauen und eine Familie gründen.

Haci, 18

Ich habe nie jemanden gebraucht

Meine Eltern stammen aus der Türkei. Sie sind 1995 nach Österreich gekommen, da die wirtschaftliche Lage zu der Zeit nicht so gut war im Südosten. Sie wollten, dass es ihre Kinder einmal besser haben, denn damals musste mein Vater schon mit 13 Jahren arbeiten, um Geld nach Hause zu bringen, auch wenn es nicht viel war.

Mir geht es sehr gut, ich gehe aufs Gymnasium und arbeite nebenbei. Ich bin auch viel unterwegs mit Freunden. Mit 12 Jahren habe ich angefangen, Fußball in einem Verein zu spielen. Damals war Fußball für mich so viel wert wie mein ganzes Leben. Ich habe jeden Tag trainiert und war immer am längsten am Fußballfeld. Es ging langsam bergauf, ich habe sehr viele Pokale und Medaillen gewonnen. Kurz vor einem Wechsel zu einem Verein, wo mich wahrscheinlich eine gute Zukunft erwartet hätte, kamen die Verletzungen. Jedes Mal, als ich versucht habe, wieder zurückzukommen, habe ich mich verletzt. Nach 4 schweren Verletzungen gab ich letztendlich auf. Ich muss schon sagen, es war ein harter Rückschlag für mich, vor allem mit 16 Jahren. Aber wenn ich jetzt zurückdenke, war das echt eine super Zeit. Ganz aufgegeben habe ich auch nicht. Ich stehe jetzt noch immer am Fußballplatz, nur als Schiedsrichter.

Der Unterschied ist, dass ich jetzt ein bisschen mehr beschimpft werde.

Woran ich mich gern erinnere, ist die Volksschulzeit. Als ich neu angefangen habe, bin ich vor der 1. Klasse in die Vorschule gegangen. Ich habe mich damals sehr bemüht in der Schule und ich war meinen Mitschülern immer einen Schritt voraus. Deshalb musste ich nicht die 1. Klasse besuchen und bin direkt in die 2. Klasse aufgestiegen. Wir haben uns Kaugummizigaretten gekauft und haben so getan, als ob wir rauchen würden. Es gab sogar mal eine Durchsage vom Direktor: „Wer im Hof geraucht hat, kommt sofort in die Direktion." Keiner hat sich gemeldet, natürlich. Wenn ich meine Volksschulfreunde sehe, lachen wir heute noch, weil sich alle so sehr gestresst haben.

Ich denke, dass ich schon sehr viel gesehen habe. Und meiner Meinung nach wird man jedes Mal älter, wenn man was erlebt. Nichts ist so wichtig wie die Erfahrungen, die man selbst sammelt. Ich habe nie jemanden gebraucht, der mir weiterhelfen muss, denn ich weiß, dass fast keine Freundschaft echt ist und dass fast alles eine Lüge ist. Ich weiß jetzt, wie man sich Problemen stellt. Ich weiß, wie man aus dem Dreck rauskommt oder wie man etwas kriegt, was man möchte. Ich werde nie die Erfahrungen bereuen, die ich gemacht habe.

WIR IN SALZBURG II

WIR IN SALZBURG II

Berichte aus Stadt und Land.
Herausgegeben von Ernst Schmiederer

Mit Bildern von Marco Büchl, einem Vorwort von Peter Eder,
einem Grußwort von Martina Berthold und
einem Geleitwort von Bernhard Auinger
Redaktion Oliver Poschner und Ernst Schmiederer

Hürden. Chancen. Ungleichheiten.

AK SALZBURG

LAND SALZBURG

edition
IMPORT/EXPORT

STADT : SALZBURG

Dr. Ernst Schmiederer ist Journalist und Autor. Er betreibt das blinklicht media lab, leitet die Interkultur-Plattform importundexport.at und den Verlag edition IMPORT/EXPORT. Er ist Initiator und Projektleiter der Reihe WIR. BERICHTE AUS DEM NEUEN OE.

Editorische Notiz:

Die in diesen beiden Bänden gedruckten Texte wurden ursprünglich handschriftlich verfasst. Im Rahmen von jeweils zwei Schulstunden dauernden Schreib-Workshops wurden die Autorinnen und Autoren durch ein Team des Blinklicht Media Lab (diesfalls Marco Büchl, Oliver Poschner sowie der Herausgeber) in einem Segment von etwa 30 Minuten an das Schreiben der eigenen Geschichte herangeführt. In der anschließenden Schreibphase – etwa 40 bis 50 Minuten lang – wurden die Geschichten von den Autorinnen und Autoren selbstständig mit Bleistift, Kugelschreiber oder Füllfeder in ein von Blinklicht bereitgestelltes liniertes A5-Heft geschrieben.

Die ersten Texte sind in drei Workshops entstanden, die auf Initiative des Herausgebers im Juni 2015 in Hallein organisiert wurden – und zwar in zwei 4. Klassen der Neuen Mittelschule (NMS) Hallein-Stadt sowie in einer Klasse der Polytechnischen Schule (PTS) Hallein. In einer Kooperation mit der Arbeiterkammer Salzburg, dem Referat Jugend, Generationen, Integration des Landes Salzburg und der Kulturabteilung der Landeshauptstadt Salzburg wurde sodann eine Stadt und Land Salzburg umfassende Workshop-Reihe aufgesetzt. In drei Durchgängen – im April, Mai und Oktober 2017 – wurden in 13 Schulen und Bildungseinrichtungen in Salzburg, Hallein, Bischofshofen, St. Johann im Pongau sowie in St. Gilgen rund 20 Schreib-Workshops angeboten. In Summe sind dabei die hier veröffentlichten 376 Texte entstanden.

Nach Abschluss der Workshops wurden die Texte von Oliver Poschner und Marco Büchl gescannt, archiviert und wortgetreu transkribiert. Für die Publikation mussten einige Geschichten leicht gekürzt werden. Die Orthografie wurde im Sinne einer besseren Lesbarkeit vorsichtig begradigt – als Zielvorgabe galt, dass Rechtschreib- und Grammatikfehler zwar korrigiert werden, der ursprüngliche Tonfall aus Gründen der Authentizität dabei aber weitestgehend erhalten bleiben soll. Das Lektorat besorgte Oliver Poschner. Während der Workshops fotografiert hat Marco Büchl. Für Gestaltung und Herstellung der Bücher sorgte einmal mehr Michael Bergmeister.

Eingebettet sind die hier vorliegenden Berichte aus Stadt und Land Salzburg in unser Projekt WIR. BERICHTE AUS DEM NEUEN OE, bei dem – in Vorarlberg, Oberösterreich, Kärnten und Wien – bis heute mehr als 3.000 Geschichten von jungen Menschen im Alter zwischen 14 und 25 Jahren gesammelt und dokumentiert werden konnten. Die medienpädagogische Grundlage der Workshops hat Sigrid Pohl für das Blinklicht Media Lab entwickelt.

Für die Gesamtkonzeption des Projekts sowie für das Entstehen der vorliegenden Salzburg-Bände und demzufolge auch für allfällige Fehler übernimmt der Herausgeber die Verantwortung.

Ernst Schmiederer — Hallein und Wien, im Februar 2018

In der edition IMPORT/EXPORT erschienen:

2013:
WE ARE FROM AUSTRIA. Berichte aus Oberösterreich.
WIR SCHAFFEN DAS! Berichte aus Vorarlberger Berufsschulen.

2014:
WIR IN WIEN. Berichte aus Margareten und der Donaustadt.
WER WIR SIND. Berichte aus der Landstraße, der Josefstadt und Rudolfsheim-Fünfhaus.
WAS WIR WISSEN. Berichte aus den Wiener Berufsschulen Apollo-, Castelli- und Längenfeldgasse.

2015:
WIR WOLLEN. WIR KÖNNEN. WIR WERDEN. Berichte aus dem AMS.
WIE WIR LEBEN. Berichte aus Favoriten, Simmering und Hietzing.
WOHER WIR KOMMEN. Berichte aus Ottakring, Floridsdorf und der Inneren Stadt.
WOHIN WIR GEHEN. Berichte aus der Landstraße und aus Rudolfsheim-Fünfhaus.
DAS PARLAMENT DER UNSICHTBAREN. Pierre Rosanvallon,
herausgegeben vom Institut für die Geschichten der Gegenwart.

2016:
WIE WIR SCHREIBEN. Ein Handbuch des autobiografischen Schreibens.

1. Auflage 2018

Fotos: © blinklicht/Marco Büchl
Umschlag-, Buchgestaltung und Herstellung: Michael Bergmeister
Lektorat: Oliver Poschner
Kreativdirektion WIR: Ulf Harr
Gesetzt aus der Replica und ITC Lubalin Graph
ISBN 978-3-903108-03-5

Gedruckt mit Unterstützung der Arbeiterkammer Salzburg, des Landes Salzburg und der Stadt Salzburg.

www.importundexport.at
www.wirberichten.at
www.blinklicht.at
www.gegenwart.org
www.leisestimmen.at
info@wirberichten.at

Projektteams:

BHAK/BHAS St. Johann im Pongau:
Angelika Breymann, Elisabeth Höller

Christian-Doppler-Gymnasium:
Angelika Klaffenböck, Sabine Ratzer, Dietmar Rudolf, Anton Stefan

Landesberufsschule 6:
Josef Aufleger, Birgit Kiener, Melitta Rautenbacher

NMS Liefering:
Elisabeth Jeßner, Angelika Koppenwallner, Regina Oedl, Anita Werdenig, Inge Zwickelhuber

NMS St. Johann im Pongau:
Renate Egger, Birgit Höll, Herbert Moldan

NMS/HS Hallein-Stadt:
Brigitte Kogler, Bettina Pann, Karl Schöberl

Polytechnische Schule Hallein:
Johanna Fink, Michael Pann

Polytechnische Schule Salzburg:
Anja Weißböck, Günther Wimmer

Polytechnische Schule St. Johann im Pongau:
Bruno Eder, Hubert Illmer, Wolfgang Lechner

Produktionsschule STEP4 (ibis acam Bildungs GmbH):
Gabriele Schiefer, Karin Weber (Bischofshofen); Christian Keuschnigg (Hallein); Cecilia Herm, Maria Thalmaier, Petra Traintinger (Salzburg)

Rettet das Kind Salzburg:
Johannes Altmüller (St. Gilgen); Markus Manzinger (Salzburg)

blinklicht media lab:
Marco Büchl, Sigrid Pohl, Oliver Poschner, Ernst Schmiederer

edition IMPORT/EXPORT:
Michael Bergmeister, Ernst Schmiederer

Berichte von:

Anja Ackerl
Sonja Ackerl
Laurent Ahmeti
Shapeer Akseer
Mertcan Aksu
Mehmet Alan
Nedžad Alić
Nour Alissa
Rania Al-Samerrai
Jakob Ammerer
Zoé Arentsen
Marlene Arnold
Ayse Aslan
Alper Ates
Gülben Atici
Daniel Bachl
Miriam Bär
Simran Bailwa
Elvedin Balija
Anamarija Barišić
Lisa Baumgartner
Melisa Begić
Mesut Begzati
Julian Beran
Florian Berger
Sebastian Bergmann
Ursula Bergmüller
Belmedin Beslagic
Chiara Bielang
Iman Bisultanova
Marvin Blum
Valentino Bonde
Darco Borisevic
Sandro Brandauer
Melina Breuß
Sarah Budimovic
Samet Bulakli
Alexandra-Tea Bulos
Florian Burger
Josef Campestrini
Domenique-Marcel Campos
Aylin Canbaz
Aybüke Cavas
Aida Cehic
Lin Zhi Chen
Elvina Cinac
Nico Cordes
Chiara Dächert
Quirin Dandl
Raul Danila
Hatice Demirtas
Cynthia Dionela
Dogukan Dis
Lejla Dizdarevic
Teresa Dobner
Yigit Dogan
Annemarie Dopf
Gizem Duman
Alpcan Durmus
Gaye Durmus
Celina Eder
Magdalena Eder
Philipp Eder
Alexander Egger
Simone Egger
Eberhard Egner
Dalia Eisl
Daniel Engel
Sarah Ennemoser
Anna Entfellner
Lea Erbschwendtner
Berkay Eroglu
Tamara Ertl
Abdullah Eskil
Manuel Espernberger
Nicole Evtimov
Qaraib Rahman Faizi
Adnan Fajković
Tina Feichtenschlager
Alexandra Fischer
Magdalena Flöckner
Darijo Floranovic
Lukas Freiberger
Benjamin Fritzenwallner
Andjelo Gajić
Maja Galić
Bledian Gashi
Erëza Gashi
Miriam Gastager
Marlene Gehwolf
Sophie Gerstbauer
Ranko Gigić
Kathrin Girlek
Sebastian Götzinger
Benjamin Grabmayr
Vanessa Gräfischer
Anita Grgic
Anna Grigorovjan
Patrick Grössenberger
Aaron Gruber
Sandro Gruber
Verena Gruber
Zeynep Güleroglu
Abbas Habibi
Haris Hadzalic
Michael Haiml
Hasnija Halkić
David Harasser
Milena Harutunyan
Daniela Hasewend
Hermann Hausbacher
Julia Hechenberger
Jessica Helm
Denise Hemetsberger
Dominik Hirczy
Laura Hödl
Hannah Hofer
Elena-Anna Hoffmann
Tobi Höhenwarter
Dominik Höll
Kevin Höll
Chiara Christina Hollaus
Anna Höller
Sarah Höller
Franz Höllwart
Matthias Holzmann
Nikola Holzmann
Lukas Hörmann
Daniel Huber
Thomas Huber
Tabea Hübl
Nikola Huss
Ardian Ibishi
Sefatullah Ibrahimkhel
Aminat Idalova
Sigrid Ihninger
Srdjan Ilincic
Tolunay Isler
Vait Ismaili
Felix Itzlinger
Majda Jahić
Sanina Jeina
Adrijana Jokić
Filip Joldžić
Amanda Jovanovic
Julia Kaindl
Kerim Kamat
Ugur Kandemir
Umut Kandemir
Jasmin Kantner
Gamze Karabulut
Haci Karadag
Zümra Karademir
Tolga Karadeniz
Deniz Karakaya
Safi Karimi
Irem Kavak
Gamze Keklik
Gizem Keklik
Hasim Keles
Katharina Kellner
Nadile Kiran
Emir Kirmanoglu
Maximilian Kirnbauer
Carina Klabacher
Christina Klappacher
Martin Klausner
Xenia Knailinger
Eva Kobalek
Dilara Köse
Victoria Kostadinova
Sarah Kotay
Jaden Kovacevic
Christian Kranzinger
Stefan Krenn
Fabian Kreuzberger
Sapna Krishan
Lisa Krismer
Josipa Krizanac
Lena Kronberger
Christoph Krug
Moriz Krug
Lisa Kühleitner
Orges Kuqi
David Kurz
Paul Labacher
Angela Lackner
Daniel Lam Si Dan
Daisy Laskowski
Patrick Lassacher
Indrit Latifi
Aleksandra Lazić
Stefanie Lederer
Marlene Leitner
Sandro Lettmann
Daniel Licinar
Chiara Lidl
Niklas Lienbacher
Lukas Lindner

Lukas Linner
Max Lintschinger
Emma Lohninger
Loriola Lokay
Seda Magamadova
Mohamed Ahmed Mahad
Sami Mahouachi
Amelie Manescu
Fabian Masser
Gabriela Matkić
Magdalena Micheu
Ramazan Mirzadi
Markus Mišić
Aleks Mitrović
Khadri Mobin
Hamza Mohammad
Amir Abbas Mohammadi
Nosrat Mohammadi
Mohammad Reza Mohebi
Mahdi Mosavi
Jakob Mösenbacher
Daniel Moser
Martin Mühlberger
Hassan Musawi
Spartak Musheghyan
Albiona Mustafa
Johanna Nadegger
Sarah Nadegger
Theresa Nadegger
Leo Nagler
Rohullah Nazari
Feroz Nooragah
Ali Reza Noori
Kevin Nowak
Hannah Oberhuber
Martina Obermaier
Hannah Öhlinger
Hazal Öksüz
Kristin Oppeneiger
Vanessa Ortner
Nelson Osama
Elif Özcelik
Hilal Öztürk
Meltem Öztürk
Denis Pandzic
Elvis Pandžić
Alma Pasic
Ernes Pašić
Peter Pettinger
Anna Pichler
Tanja Pirchner
Patrick Plank
Jacqueline Pleml
Verena Plettenberg
Fuat Poyraz
Tamara Pranzl
Valentina Predojevic
Lukas Pribil
Lukas Prokop
Lisa-Maria Puntigam
Carina Putz
Mohammad Qadampur
Nessar Ahmad Quraishi
Aleksa Radivojevic
Mumtahena Rahman
Naile Ramabaja
Sarah Reicher
Patrick Reiter
Verena Resch
Elisabeth Rettenbacher
Lena Rettenegger
Drilan Rexhepi
Hannah Rieder
Marcel Rieder
Leah-Victoria Rohrmoser
Pascal Roider
Sebastian Rosenauer
Florian Rosenlechner
Lisa Maria Russegger
Nasar Sadat
Said Hashmat Sadat
Azis Saidian
Edvin Salihodzic
Nazira Samim
Claudia Santner
Maria Saponaro
Daniela Schäfer
Sigrid Schäfer
Claudia Martina Schartner
Nemanja Scheurer
Marcus Scheutz
Simon Schilchegger
Franka Schindlmeier
Sarah Noemi Schmidlechner
Michael Schöberl-Lövquist
Andreas Schorn
Sonja Schwaighofer
Sinan Sehić
Helmut Seibt
Afrdita Selimi
Salih Sentürk
Elor Shallti
Antonio Šimić
Tajana Šimić
Teodora Šipka
Julian Sommereder
Jonas Spechtler
Patrizia Stadler
Jakob Steinlechner
Johann Strauß
Maximilian Strobl
Peter Strobl
Abdifitah Sufi
Ikra Suldan Mohamed
Sanela Sušić
Gramoz Syligi
Marc Symenouh
Martin Szoladi
Mariana Tadić
Vanessa Tano Quehenberger
Romana Thoma
Alicia Thurner
Hannah Thurner
Kristina Tirnanic
Antonija Tokić
Kadir Zafer Toyran
Cindy Tran
David Tran
Bileg Tsogtgerel
Ibragim Tutaew
Simon Valtiner
Iva Vidović
Elena Viehhauser
Erik Vogl
Vanja Vućanović
David Wallinger
Bernhard Wallner
Alexander Weichenhain
Kevin Weinberger
David Weiß
Elisabeth Weiß
Noah Weiß
Katrin Weissacher
Christopher Wich
Danielle Widlroither
Andreas Wimmer
Martina Wimmer
Stefan Wimmer
Kevin Windischbauer
Lydia Winkler
Martin Winkler
Isabella Wohlesser
Nicole Woldrich
Natalia Wollinger
Arisa Michelle Wrana
Sebastian Wurzenberger
Mert Yalcin
Sara Yazici
Muhammed Yildiz
Aytül Yilmaz
Emir Yilmaz
Osman Yilmaz
Serim Yilmaz
Maurice Zabel
Aliakbar Zamani
Umejr Zekiri
Michael Zimmermann
Nikola Živković
Anna-Maria Zlatic
Viktoria Zlatic

Das ist gelebte Demokratie

Ein Vorwort von Peter Eder

In einer Demokratie geht es vor allem darum, dass alle das Wort ergreifen können. Daher ist uns, als gesetzliche und gewählte Interessenvertretung, Mitbestimmung besonders wichtig. Aber es geht nicht nur darum zu hören, was die Menschen zu sagen haben. Man muss auch bereit sein, einander kennen zu lernen. Einen Einblick in Wünsche, Bedürfnisse, Sehnsüchte und Träume zu bekommen. Nur so können wir bei deren Realisierung helfen und unterstützen, wo es uns möglich ist.

So offen sind besonders Jugendliche allerdings meist nicht mit uns „Älteren". Selten geben sie tiefe Einblicke in das eigene Leben und lassen andere daran teilhaben. Das ist schon für Erwachsene schwer genug.

Ich freue mich deshalb ganz besonders, dass WIR. BERICHTE AUS DEM NEUEN ÖSTERREICH zum ersten Mal in Salzburg Halt macht. Ernst Schmiederer und sein Team von Blinklicht motivieren junge Menschen in Österreich, den Stift in die Hand zu nehmen und ihre Lebensgeschichten niederzuschreiben. Die so entstandenen Bücher stellen sicher, dass die Jugendlichen beachtet, gehört und wahrgenommen werden. Sie treten aus dem Schatten, stellen sich nach vorne. Sie ergreifen das Wort und gestalten so auf ganz individuelle Weise ein Stück Gesellschaft mit. Das unterstützen und fördern wir.

Herausgekommen sind zwei Bände voll berührender Biografien, die das Leben von mehr als 370 Jugendlichen in Salzburg widerspiegeln. Gymnasiasten, arbeitslose Jugendliche, Geflüchtete und andere Schülerinnen und Schüler erzählen in *Wir in Salzburg* ihre Geschichten. Geschichten, die betroffen machen. Die anderen Mut geben. Die dazu motivieren, das eigene Leben in die Hand zu nehmen.

Ich möchte mich bei allen bedanken, die an der Realisierung von *Wir in Salzburg* beteiligt waren. Vor allem beim Blinklicht-Team von Ernst Schmiederer, den Schulen und allen Lehrerinnen und Lehrern. Meine größte Anerkennung gilt aber den Autorinnen und Autoren, die sich überwinden konnten, ihr Innerstes nach außen zu tragen. Ihr findet Gehör, das verspreche ich euch.

Peter Eder ist Präsident der Arbeiterkammer Salzburg.

Ihr in Salzburg

Ein Grußwort von Martina Berthold

Wenn wir Erwachsene über euch, DIE Jugend reden, dann haben wir viele Bilder im Kopf. Die eigenen Kinder, Jugendliche im Lehener Park oder am Tamsweger Sportplatz, Mädels im Einkaufs- und Jungs im Fitnesscenter, junge Chorsänger, Graffiti-Sprayer, Schulabbrecher, Lehrlinge, Studierende ...

Was aber bewegt euch junge Menschen in Salzburg wirklich? Was begeistert euch? Was macht euch Angst? Was wollt ihr für eure Zukunft?

Im vorliegenden Buch kommt ihr zu Wort. Ihr erzählt selber, was euch beschäftigt. Und das ist sehr gut so! Denn noch immer glauben wir Erwachsene für die Jugend alles mitbestimmen und entscheiden zu müssen. Damit nehmen wir aber die Kinder- und Jugendrechte nicht ernst. Denn ihr alle habt das Recht auf die eigene Meinung und das Recht auf Teilhabe in allen Angelegenheiten, die euch betreffen.

Daher ist das Projekt *Wir in Salzburg* so wichtig: In vielen Workshops habt ihr über euer Leben, euren Alltag, eure Wünsche und Träume geschrieben. Sie sind im vorliegenden Buch zusammengefasst. Ich danke euch für euer Vertrauen, denn mit euren Geschichten lasst ihr uns in euer Leben schauen.

Ein großes Danke auch an alle anderen, die das Buch möglich gemacht haben: Ernst Schmiederer und sein Team sowie alle Projektpartnerinnen und -partner an den Salzburger Schulen.

Wir in Salzburg ist eine Ermutigung für alle jungen Leserinnen und Leser, auch ihre eigenen Geschichten zu erzählen. Und ein Auftrag an uns Erwachsene, viel mehr hinzuhören.

Eure Jugendlandesrätin
Martina Berthold

Mag.ª Martina Berthold, MBA ist Landesrätin für Bildung, Kinderbetreuung, Gesellschaft, Sport, Integration, Asyl, Frauen, Chancengleichheit.

Geschichten aus dem Leben: Wir sind Salzburg

Ein Geleitwort von Bernhard Auinger

Hunderte Jugendliche haben in Stadt und Land Salzburg – nur mit Schreibheften und Stiften ausgestattet – Geschichten aus ihrem Leben zu Papier gebracht. Die Qualität und Vielfalt ihrer Erzählungen haben die Erwartungen des Projektteams bei weitem übertroffen. In zahlreichen Workshops an Schulen in Stadt und Land Salzburg haben junge Menschen intensiv gearbeitet. Sie lassen – gnadenlos ehrlich – andere Menschen an ihrem Leben teilhaben. Die Offenheit, über die eigenen Sehnsüchte, Sorgen, Ängste und Wünsche zu schreiben, ist faszinierend. Die interessanten Ergebnisse zeigen die Bedeutung der Förderung von Projekten abseits des Mainstreams.

Ich möchte mich bei allen, die am Zustandekommen dieses Werkes mitgewirkt haben, sehr herzlich bedanken. Ernst Schmiederer und sein Blinklicht-Team haben es geschafft, eine produktive Symbiose mit SchülerInnen und LehrerInnen einzugehen und ein sehr vertrauensvolles Klima zu schaffen. Ein ganz besonderes Lob gebührt an dieser Stelle natürlich den jungen Autorinnen und Autoren für die spannenden Inhalte und den Mut, persönlich Erlebtes in eigenen Worten zu veröffentlichen. Das Projekt *Wir in Salzburg* trägt sicherlich einen Teil dazu bei, den gegenseitigen Respekt und die Wertschätzung gerade unter jungen Menschen zu erhöhen. Jeder Mensch ist einzigartig und hat seine eigene Geschichte: Vorurteile und Vorverurteilungen können mithilfe solcher Projekte zurückgedrängt werden.

Allen, die dieses Buch in Händen halten, darf ich viel Freude beim Lesen wünschen!

Bernhard Auinger ist Vizebürgermeister der Stadt Salzburg.

Wovon zu berichten ist: Hürden. Chancen. Ungleichheiten.

Eine Einführung von Ernst Schmiederer

Wer bin ich? Im Salzburger Landeskrankenhaus zur Welt gekommen. In Hallein klein gewesen und groß geworden. Fünf Jahre lang mit dem Bus zur Schule nach Salzburg gefahren. In Glasenbach, Siezenheim, Riedenburg grundwehrgedient. In Innsbruck studiert, in Salzburg auch. Immer Halleiner geblieben. In Bremen studiert. In Hamburg hospitiert und fremd gewesen. Dabei vom Halleiner zum Salzburger zum Österreicher geworden. In Wien Journalist geworden. Gereist. Nach Amerika gegangen. Austrian geworden, European. Mann einer Wienerin und Vater von Wienern geworden. Nach und nach selbst zum Wiener geworden. Und dabei auch noch Halleiner, Salzburger, Europäer geblieben. Immer wieder nach Hallein und Salzburg gekommen. Zuletzt auch, um eben dort, wo ich herkomme, an diesem Buch zu arbeiten, in dem es um all das geht: Wir in Salzburg. Wer sind wir? Woher kommen wir? Wohin gehen wir?

Das Schicksal hat es gut mit mir gemeint. Mir boten sich Möglichkeiten und Chancen zuhauf. Die Hürden, die gelegentlich im Weg standen, waren, retrospektiv gesehen, großteils überwind- oder umgehbar. Gut gelebt? Meistens schon. Glück gehabt? Meist ja. Und jetzt? Wer will ich werden? Werde ich am Ende des Lebens sagen können, es war ein gelungenes?

Den Gedanken, dass die Reise unseres Lebens auf zwei interagierenden Faktoren basiert, hat uns der große Soziologe Zygmunt Bauman hinterlassen: dem Schicksal einerseits und den von ihm ermöglichten realistischen Optionen andererseits. Dieses „Set", sagte er, lässt sich nicht überspringen. „Aber verschiedene Leute werden eine unterschiedliche Wahl treffen, und das ist eine Frage des Charakters. Deshalb hat man zur selben Zeit Anlass zu Pessimismus und Optimismus. Pessimismus, weil es unüberwindbare Grenzen der Möglichkeiten gibt, die einem offenstehen. (...) Optimismus, weil man, im Unterschied zum Schicksal, an seinem Charakter arbeiten kann."*

Wie präzise Bauman damit den Lauf des Lebens seziert, zeigen auch die Texte der 376 jungen Menschen, die in diesen beiden Bänden nun gedruckt vorliegen. Schicksal allüberall. Aber dann eben Möglichkeiten zuhauf, Chancen. Und Hürden. Ungerechtigkeiten. Ungleichheiten. Die ganze Bandbreite.

„Das erste Mal auf Skiern stand ich mit 2 Jahren", berichtet der Gymnasiast Marcus: „Seitdem nutze ich jeden freien Tag im Winter, um diesen Sport auszuüben. Ich liebe einfach alles daran." Während in derselben Salzburger Schule – vielleicht gar am Tisch neben Marcus, beim Schreiben womöglich Ellbogen an Ellbogen – Mumtahena sich daran erinnert, „ein paar Monate in einem christlichen Kindergarten, Kirche und Zeug, all inclusive" verbracht zu haben: „An sich klingt das nicht sonderlich aufregend, aber wir sind (sehr) gläubige Muslime."

Jede dieser Geschichten gewährt also Einblick in ein Leben. In Summe erzählen diese Geschichten aber auch von den Möglichkeiten des Zusammenlebens, vom aktuellen Stand des gesellschaftlichen Zusammenhalts, auch von Schwachstellen, die schnell Bruchstellen werden können. „Warum kannst du so gut Deutsch", wird die 15-jährige Sarah oft gefragt, „warum

---

* Zygmunt Bauman: *Das Vertraute unvertraut machen.* Ein Gespräch mit Peter Haffner. Hamburg, 2017

schaust du nicht aus wie ein Ausländer?“ Sarah, die mit diesen zwei Sätzen nicht nur aus ihrem Leben, sondern eben auch über das Leben in Salzburg erzählt, fragt sich in solchen Momenten eher ratlos: „Wie schaut denn so ein ‚Ausländer‘ aus?“

Insofern diese Textsammlung unsere Gegenwart dokumentiert, hält sie natürlich auch auf solche Fragen angemessen vielfältige Antworten bereit. In diesem Sinn meine Empfehlung: Lesen! Denn auch Lesen ist Arbeit am Charakter.

Das Projekt:

Die Schreib-Workshops des Blinklicht Media Lab werden seit 2011 in Schulen (mittlerweile in fast allen Typen) sowie in zahlreichen anderen Bildungsinstitutionen (anfangs vor allem in Produktionsschulen, seit einiger Zeit auch etwa in Volkshochschulen und im Jugendcollege der Stadt Wien) angeboten. Jahr für Jahr entstehen dabei im Schnitt rund 500 BERICHTE AUS DEM NEUEN OE. Daraus sind bisher elf Bücher entstanden, allesamt erschienen in der edition IMPORT/EXPORT.

Eingeleitet werden die Workshops mit dem Angebot eines Tauschgeschäfts: Jede Autorin, jeder Autor bekommt ein Buch mit 240 Geschichten von Menschen, die Grenzen überschritten haben und davon in der Ich-Form berichten *(IMPORT/EXPORT: Lauter Ausländer/Noch mehr Ausländer)*. Im Gegenzug geben die Jugendlichen ihre Hefte ab und die Geschichten damit zur Publikation frei.

Tief beeindruckend sind oft jene ersten Minuten des Schreibens, in denen eine ganze Workshop-Gruppe in den Flow kommt: die Köpfe nach vorne geneigt, die Blicke auf die Hefte gerichtet; auf die eben noch unberührten Seiten fließen erste Worte; anfängliches Zaudern verebbt, der Geräuschpegel sinkt auf ein Minimum; ein Anfang ist gemacht. Nun geht es Satz um Satz tiefer in die Geschichte. In der Ich-Form erzählen die Schreibenden so aus ihrem Leben. Was in diesen Minuten passiert, lässt sich mit einer Passage aus dem *Tagebuch 1946–1949* von Max Frisch treffend illustrieren: „Man hält die Feder hin, wie eine Nadel in der Erdbebenwarte, und eigentlich sind nicht wir es, die schreiben; sondern wir werden geschrieben. Schreiben heißt: sich selber lesen.“

Das Team:

Nichts von alledem, was auf den folgenden Seiten zu lesen ist, wäre entstanden, hätten uns nicht Pädagoginnen und Pädagogen vertrauensvoll ein paar Stunden ihrer kostbaren Unterrichtszeit überantwortet. Dafür sei allen an dieser Stelle ausdrücklich gedankt. Für die Initialzündung bedanke ich mich bei Margot Wieser vom Wiener Stadtschulrat. Sie hat Bettina Pann, die Direktorin der Neuen Mittelschule Hallein-Stadt, auf unsere Arbeit aufmerksam gemacht. Deren Einladung, an ihrer Schule Schreib-Workshops zu halten, war der Startschuss für das Salzburg-Projekt – und hat mir persönlich eine Brücke in die Vergangenheit gebaut: die ersten Berichte für dieses Buch sind so ausgerechnet in jenem Gebäude entstanden, in dem ich, noch unter dem Porträt von Bundespräsident Franz Jonas, die Hauptschule absolviert habe.

Meinen Vorschlag, um dieses frühe Textkorpus herum ein Buch mit Berichten aus Stadt und Land Salzburg zu entwickeln, hat Wolfgang Schick, Leiter des Referats Jugend, Generationen, Integration im Land Salzburg, engagiert aufgenommen. Ohne ihn, ohne Hilla Lindhuber, die in der Salzburger Arbeiterkammer die Abteilung für Bildung, Jugend und Kultur leitet, und ohne Erich Fritzenwallner, der in der Kulturabteilung der Stadt für Literatur zuständig ist, wäre das Projekt in dieser Form nicht realisierbar gewesen. Dafür bedanke ich mich herzlich bei den drei Genannten persönlich, aber auch bei ihren jeweiligen Dienststellen und all jenen dort, die das Entstehen dieser Berichte durch Buchankäufe und Workshop-Finanzierungen wesentlich unterstützt haben.

Im Zuge unserer Workshop-Reisen durch Stadt und Land Salzburg konnten wir in allen von uns besuchten Bildungsinstitutionen Spuren in den Bibliotheken und Büchereien sowie in den Bücherregalen der Lehrerinnen und Lehrer, der Autorinnen und Autoren hinterlassen. Neben den oben erwähnten IMPORT/EXPORT-Bänden, die dank großzügiger Ankäufe durch Institutionen und Privatpersonen auch zur Basis unserer Workshops und unserer Tauschgeschäfte wurden, konnten wir SIXPACKS mit den BERICHTEN AUS WIEN, unser *Handbuch des autobiografischen Schreibens* sowie das von Pierre Rosanvallon verfasste Manifest des autobiografischen Schreibens, *Das Parlament der Unsichtbaren*, als Geschenke überreichen. Für den Ankauf dieser Pakete und für den Auftrag, diese gezielt so in Verkehr zu bringen, dass damit im Sinne unseres Projekts biografisch gearbeitet werden kann, danke ich dem – damals jeweils so genannten – Bundesministerium für Bildung (BMB) bzw. Bundesministerium für Bildung und Frauen (BMBF).

Dem Kern-Team im Blinklicht Media Lab, das mich bei allen Workshop-Tourneen durch Stadt und Land Salzburg begleitet hat, möchte ich auch an dieser Stelle danke sagen: Marco Büchl dafür, dass er in seiner Doppelrolle als Fotograf und Archivar mit seinem guten Blick für die Bild-Dokumentation sorgte und mit seiner Genauigkeit in der Verwaltung der Hefte und Texte zu jeder Zeit den Überblick über das Gesamtprojekt behält; Oliver Poschner dafür, dass er neben der Transkription dieser 376 – mitunter durchaus herausfordernden – Handschriften auch die anschließenden Korrektur- und Redaktionsarbeiten wie schon so oft präzise, vor allem aber auch liebe- und verständnisvoll erledigt hat; Sigrid Pohl schließlich dafür, dass wir auf ihrem medienpädagogischen Erfahrungsschatz, der auch im *Handbuch des autobiografischen Schreibens* dokumentiert ist, in unseren Workshops aufbauen können.

Dass Ludwig Laher, der selbst einst in einem Salzburger Gymnasium als Lehrer tätig war, diese Ausgabe nun mit einem Vorwort schmückt, freut mich doppelt. Er kennt, erstens, als Lehrer das Habitat, in dem wir unsere Berichte sammeln, aus eigener Anschauung. Zweitens, und wichtiger noch: als Schriftsteller treibt auch ihn, selbst wenn er Romane schreibt, immer die „grundsätzliche Lust aufs Zuhören", auch er verdankt seine Geschichten „echten Menschen aus Fleisch und Blut".

Über all die Jahre, in denen diese BERICHTE AUS DEM NEUEN OE nun schon wachsen, sorgen neben meiner Familie auch Freundinnen und Freunde mit Zuspruch, Interesse und tatkräftiger Unterstützung dafür, dass die Arbeit daran einigermaßen konsequent fortschreiten kann. Insbesondere danke ich in diesem Sinne Patricia Kahane, Harald Krassnitzer und Michael Bergmeister.

Zuletzt sollen nun aber jene in das Scheinwerferlicht gerückt werden, um die es hier geht: die Autorinnen und Autoren dieser Berichte.

„Sprechend und handelnd schalten wir uns in die Welt der Menschen ein, die existierte, bevor wir geboren wurden", schreibt Hannah Arendt in ihrem Buch *Vita activa oder Vom täglichen Leben*: „Diese Einschaltung ist wie eine zweite Geburt, in der wir die nackte Tatsache des Geborenseins bestätigen, gleichsam die Verantwortung dafür auf uns nehmen." Dass sich diese 376 jungen Menschen mit der Erzählung ihrer Lebensgeschichten eingeschaltet, also lesbar, hörbar, sichtbar gemacht haben, lässt mich optimistisch bleiben, was unser aller gemeinsame Zukunft betrifft. Dafür ein großes DANKESCHÖN!

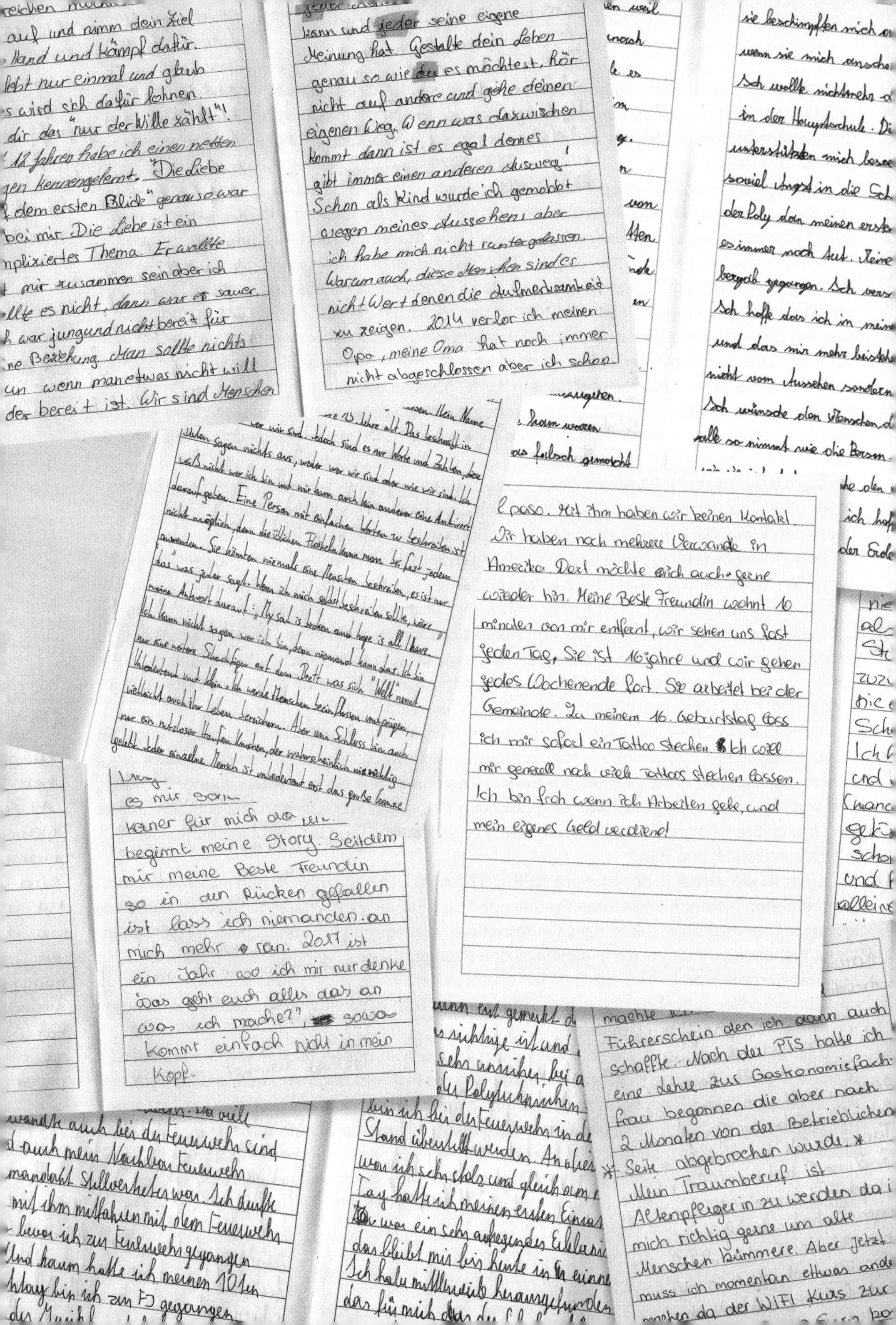
auf und nimm dein Ziel
Hand und kämpf dafür.
lebt nur einmal und glaub
es wird sich dafür lohnen.
dir das "nur der Wille zählt"!
12 Jahren habe ich einen netten
gen kennengelernt. "Die Liebe
dem ersten Blick" genau so war
bei mir. Die Liebe ist ein
mpliziertes Thema. Er wollte
mir zusammen sein aber ich
llte es nicht, dann war er sauer.
h war jung und nicht bereit für
ne Beziehung. Man sollte nichts
un wenn man etwas nicht will
der bereit ist. Wir sind Menschen
kann und jeder seine eigene
Meinung hat. Gestalte dein Leben
genau so wie du es möchtest. Hör
nicht auf andere und gehe deinen
eigenen Weg. Wenn was dazwischen
kommt dann ist es egal denn es
gibt immer einen anderen Ausweg!
Schon als Kind wurde ich gemobbt
wegen meines Aussehens aber
ich habe mich nicht runtergelassen.
Warum auch, diese Menschen sind es
nicht Wert denen die Aufmerksamkeit
zu zeigen. 2014 verlor ich meinen
Opa, meine Oma hat noch immer
nicht abgeschlossen aber ich schon.
sie beschimpften mich
wenn sie mich ansch
Ich wollte nicht mehr
in der Hauptschule.
unterstützten mich
soviel Angst in die Sch
der Poly dann meinen erst
es immer noch gut. Meine
bergab gegangen. Ich
Ich hoffe das ich in mein
und das mir mehr beiste
nicht vom Aussehen sondern
Ich wünsche den Menschen
alle so nimmt wie die Person.
Uhren sagen nichts aus, weder wer wir sind oder wie wir sind. Ich
weiß nicht wer ich bin und mir kann auch kein anderer eine Antwort
darauf geben. Eine Person mit einfachen Worten zu beschreiben ist
nicht möglich, denn die üblichen Floskeln kann man bei fast jedem
anwenden. Sie könnten niemals einen Menschen beschreiben, es ist nur
das" was jeder sagt. Wenn ich mich selbst beschreiben sollte, wäre
meine Antwort darauf: "My soul is broken and hope is all I have."
Ich kann nicht sagen wer ich bin, denn niemand kann das. Ich bin
nur eine weitere Schachfigur auf dem Brett was sich "Welt" nennt.
Unbedeutend und klein. Ich werde Menschen beeinflussen und prägen,
vielleicht auch ihr Leben bereichern. Aber am Schluss bin auch
nur ein nutzloser Haufen Knochen, der wahrscheinlich nie wichtig
gelebt. Jeder einzelne Mensch ist unbedeutend erst das große Ganze
paso. Mit ihm haben wir keinen Kontakt.
Wir haben noch mehrere Verwandte in
Amerika. Dort möchte ich auch gerne
wieder hin. Meine Beste Freundin wohnt 10
minuten von mir entfernt, wir sehen uns fast
jeden Tag. Sie ist 16 Jahre und wir gehen
jedes Wochenende fort. Sie arbeitet bei der
Gemeinde. Zu meinem 16. Geburtstag lass
ich mir sofort ein Tattoo stechen. Ich will
mir generell noch viele Tattoos stechen lassen.
Ich bin froh wenn ich Arbeiten gehe, und
mein eigenes Geld verdiene!
es mir schon
keiner für mich da
beginnt meine Story. Seitdem
mir meine Beste Freundin
so in den Rücken gefallen
ist lass ich niemanden an
mich mehr ran. 2017 ist
ein Jahr wo ich mir nur denke
"Was geht euch alles das an
was ich mache?", sowas
kommt einfach nicht in mein
Kopf.
machte
Führerschein den ich dann auch
schaffte. Nach der PTS hatte ich
eine Lehre zur Gastronomiefach-
frau begonnen die aber nach
2 Monaten von der Betrieblichen
Seite abgebrochen wurde.
Mein Traumberuf ist
Altenpfleger in zu werden da i
mich richtig gerne um alte
Menschen kümmere. Aber jetzt
muss ich momentan etwas ande
machen da der WIFI Kurs zur
bin ich bei der Feuerwehr in de
Stand überstellt werden
war ich sehr stolz und gleich am
Tag hatte ich meinen ersten Einsa
war ein sehr aufregendes Erlebni
das bleibt mir bis heute in Erinne
Ich habe mittlerweile herausgefunden
d auch mein Nachbar Feuerwehr
mandant Stellvertreter war. Ich durfte
mit ihm mitfahren mit dem Feuerwehr
bevor ich zur Feuerwehr gegangen
Und kaum hatte ich meinen 10 ten
tag bin ich zur FJ gegangen

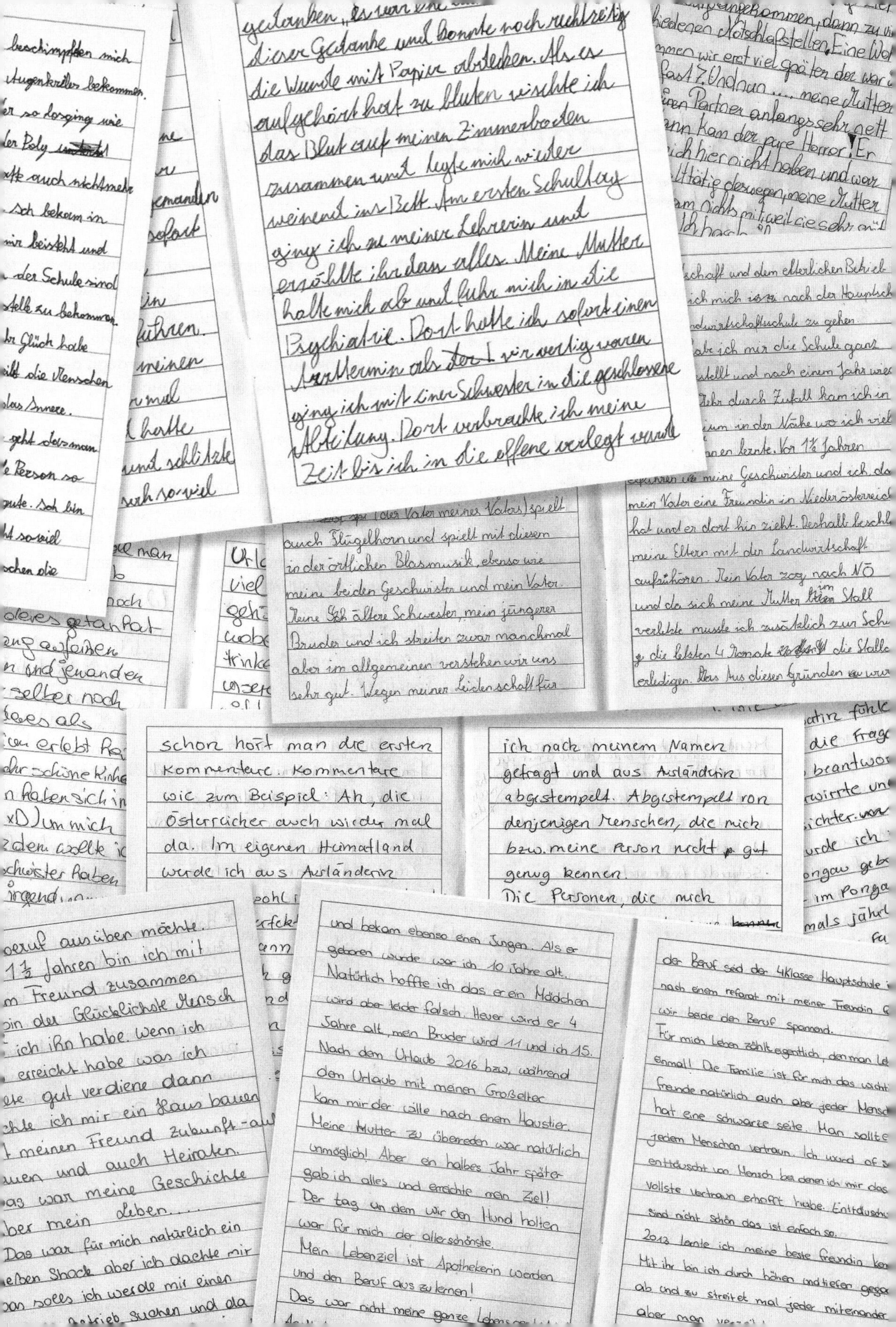
dieser Gedanke und konnte noch rechtzeitig
die Wunde mit Papier abdecken. Als es
aufgehört hat zu bluten wischte ich
das Blut auf meinen Zimmerboden
zusammen und legte mich wieder
weinend ins Bett. Am ersten Schultag
ging ich zu meiner Lehrerin und
erzählte ihr dann alles. Meine Mutter
holte mich ab und fuhr mich in die
Psychiatrie. Dort hatte ich sofort einen
Arzttermin als wir fertig waren
ging ich mit einer Schwester in die geschlossene
Abteilung. Dort verbrachte ich meine
Zeit bis ich in die offene verlegt wurde
(der Vater meines Vaters) spielt
auch Flügelhorn und spielt mit diesem
in der örtlichen Blasmusik, ebenso wie
meine beiden Geschwister und mein Vater.
Meine ältere Schwester, mein jüngerer
Bruder und ich streiten zwar manchmal
aber im allgemeinen verstehen wir uns
sehr gut. Wegen meiner Leidenschaft für
mein Vater eine Freundin in Niederösterreich
hat und er dort hin zieht. Deshalb beschl
meine Eltern mit der Landwirtschaft
aufzuhören. Mein Vater zog nach NÖ
und da sich meine Mutter im Stall
verletzte musste ich zusätzlich zur Sch
die letzten 4 Monate die Ställe
erledigen. Aus diesen Gründen
schon hört man die ersten
Kommentare. Kommentare
wie zum Beispiel: Ah, die
Österreicher auch wieder mal
da. Im eigenen Heimatland
werde ich aus Ausländerin
ich nach meinem Namen
gefragt und aus Ausländerin
abgestempelt. Abgestempelt von
denjenigen Menschen, die mich
bzw. meine Person nicht gut
genug kennen.
Die Personen, die mich
und bekam ebenso einen Jungen. Als er
geboren wurde war ich 10 Jahre alt.
Natürlich hoffte ich das er ein Mädchen
wird aber leider falsch. Heuer wird er 4
Jahre alt, mein Bruder wird 11 und ich 15.
Nach dem Urlaub 2016 bzw. während
dem Urlaub mit meinen Großelter
kam mir der wille nach einem Haustier.
Meine Mutter zu überreden war natürlich
unmöglich! Aber ein halbes Jahr später
gab ich alles und erreichte mein Ziel!
Der tag an dem wir den Hund holten
war für mich der allerschönste.
Mein Lebenziel ist Apothekerin werden
und den Beruf aus zu lernen!
Das war nicht meine ganze
der Beruf seid der 4Klasse Hauptschule
nach einem referat mit meiner Freundin
wir beide den Beruf spannend.
Für mich Leben zählt eigentlich, den man
einmal! Die Familie ist für mich das
Freunde natürlich auch aber jeder Mensch
hat eine schwarze seite. Man sollte
jedem Menschen vertraun. Ich wurd of
enttäuscht von Mensch bei denen ich mir das
vollste Vertraun erhofft habe.
sind nicht schön das ist einfach so.
2013 lernte ich meine beste Freundin
Mit ihr bin ich durch höhen und tiefen
ab und zu streitet mal jeder miteinander
Beruf ausüben möchte.
1½ Jahren bin ich mit
Freund zusammen
bin der Glücklichste Mensch
ich ihn habe. Wenn ich
erreicht habe was ich
gut verdiene dann
ich mir ein Haus bauen
meinen Freund Zukunft
und auch Heiraten.
war meine Geschichte
mein Leben....
Das war für mich natürlich ein
Schock aber ich dachte mir
ich werde mir einen
suchen und da
Notschlafstellen. Eine
wir erst viel später der war
meine Mutter
Partner anfangs sehr nett
kam der pure Horror! Er
ich hier nicht haben und war
deswegen, meine Mutter
nichts mit, weil sie sehr

Lisa-Maria, 16

Alles begann mit meinem Skiunfall

Meine Geschichte begann in Graz. Ich kam 5 Tage nach dem errechneten Geburtstermin zur Welt. Ich wollte es mir noch schön gemütlich in Mamas Bauch machen, bevor ich die große, weite Welt erkunde. An die ersten paar Jahre kann ich mich nicht mehr so gut erinnern. Mit 3 konnte ich dann die Welt im Kindergarten erforschen. Ich freute mich immer riesig, wenn ich hingehen durfte. Abends wollte ich gar nicht heim, weil es mir dort so gut gefiel. Bis dann der große Tag vor der Tür stand. Der erste Schultag in einer komplett neuen Umgebung. Ich freute mich riesig, war aber auch ziemlich nervös, was wohl auf mich zukommt. Und so vergingen die Jahre in der Volksschule, ich hatte neue Freunde kennengelernt und andere verloren. Als ich in die erste Klasse der NMS Fürstenfeld ging, war alles noch okay, ich hatte Freunde und war rundum glücklich. Bis ich dann in die Zweite aufstieg. Alles begann mit meinem Skiunfall. Ich war vollkommen auf meine Mama angewiesen, da ich mir den Fuß brach und nicht mehr selbstständig meine Schultasche tragen konnte. Von dem Tag an wurde ich jeden Tag gemobbt. Es wurde immer schlimmer, bis ich dann gar nicht mehr hinging. Dann kam es so, dass ich aufgrund meiner vielen Fehlstunden die Zweite wiederholte. Das Mobbing wurde nicht besser und so weigerte ich mich weiter. Schließlich war auch das Schuljahr vorüber. Meine Mama wusste nicht mehr weiter und gab mich in eine WG, in der ich knappe 2 Jahre verbrachte. Eines Tages, an einem schönen Samstag, kam mein Papa heim und meinte, er will die Scheidung. Meine Mama meinte, okay, sie auch. Dann war der Tag da, an dem meine Mama und mein Papa getrennte Wege gingen, es war der 26. 4. 2014.

Ich war glücklich, denn mein Papa war eh immer nur unterwegs und hatte nie Zeit für uns.

Ich und meine Mama lebten noch in einer Wohnung nach der Scheidung, in der wir 2 schöne Jahre verbrachten mit unseren Katzen. Wir kamen dann zu dem Entschluss, dass wir nach Bischofshofen ziehen und alles hinter uns lassen. Inzwischen hab ich keinen Kontakt mehr zu meinem Vater. Seit ich in Bischofshofen wohne, hab ich viele nette Leute kennengelernt und viele davon ins Herz geschlossen. Ich hab diese lieben und herzlichen Menschen in der Produktionsschule kennengelernt, wobei ich am Anfang gar nicht hierher wollte. Ich wünsche mir, dass ich mal 'ne richtig schöne Arbeit bekomme, die mir gefällt. Irgendwann dann mal einen Mann, ein Haus und Kinder.

Ibragim, 19

In Hamburg verbrachte ich eine wundervolle Zeit

Nasran, Inguschetien, Russische Föderation. Eine Frau ist hochschwanger im Krankenhaus und wird auf die Entbindung vorbereitet. Es gibt jedoch ein Problem, und das Kind muss operativ entnommen werden.

Die Frau fiel während des Prozesses mehrmals in Ohnmacht. Nachdem das Kind entnommen war und für tot erklärt wurde, verspürte die Frau großen Kummer. Sie war sehr erschöpft und schlief ein. Als sie nach einigen Tagen wieder wach war, erkundigte sie sich nach dem Kind. Sie fragte die Krankenschwester: Was ist mit dem Kind? Wurde es schon begraben? Wissen die Verwandten schon davon? Die Krankenschwester antwortete: Tot? Was redest du denn? Gesund und laut ist er. Dein Junge weinte und schrie so laut, dass fast keiner auf der Station seine Ruhe hatte. Die Frau war sehr froh und erleichtert. Sie ruhte sich noch einige Zeit im Krankenhaus aus. Dann kehrte sie mit ihrem kleinen Jungen heim. Dieses Baby war ich.

Die ersten Jahre verbrachte ich in Nasran. Meine Familie flüchtete nach Europa. Ich jedoch blieb für einige Monate zusammen mit meiner Schwester bei Verwandten in Moskau. Dann kamen wir zwei auch nach Europa, genauer gesagt Deutschland. In Hamburg verbrachte ich eine wundervolle Zeit. Das aber nur etwa 5 Jahre lang. Unser Asylantrag wurde abgelehnt. Wir entschieden uns dann, in Österreich Antrag auf Asyl zu stellen. Wir lebten einige Monate in Flüchtlingsheimen. Als Kind hatte ich den Geschehnissen noch nicht so viel Wert gegeben. Wir wurden von einem Heim ins nächste geschickt, auch eine Zeit lang in ein Heim in Bayern.

Dies andauernd mit der Ungewissheit, abgeschoben zu werden oder nicht.

Das führte dazu, dass wir in einem Flüchtlingsheim in Vöcklabruck landeten. Nun durften wir uns innerhalb Österreichs bewegen. Die Erinnerungen an Vöcklabruck sind ebenfalls gute, zumindest für mich als Kind.

Anonym, 16

Ein stromfreies Holzhaus in Afrika

Meine Eltern haben sich getrennt, als ich sieben war. Ich wohnte, bis ich 13 Jahre alt war, in Neumarkt am Wallersee. Meine Kindergartenzeit fing nicht so gut an, mir wurden die Sachen gestohlen, ich wurde gehänselt und geschlagen, auch ich habe geschlagen. Meine Schulzeit war auch nicht toll. Ich wurde auch da gemobbt, geschlagen. Zuhause wurde ich von dem ehemaligen Freund meiner Mama geschlagen und gehänselt. Meine Mama war zu dieser Zeit Alkoholikerin. Mein Bruder war auch alkoholabhängig und hat mich geschlagen. Ich durfte nicht ins Schwimmbad oder alleine Rad fahren. Meine Mama hat früher zu mir gesagt: „Aus dir wird nichts!"

Als ich 13 Jahre alt war, war alles vorbei, denn ich zog zu meinem Papa. Ich ging in eine andere Schule. Erst mit 16 Jahren habe ich Freunde gefunden, und mit ihnen vertrage ich mich blendend, es sind auch noch wahre Freunde. Mit meinem Papa bin ich mit 15 Jahren nach Puch gezogen. Jetzt möchte ich Tischlerin werden und mit 25 Jahren ein stromfreies Holzhaus in Afrika bauen.

Ich lebe vegetarisch, möchte zwei Kinder und einen Mann haben oder eine Frau.

Zurzeit bin ich in der Produktionsschule Hallein und muss zur Therapie. Ich habe Traumata, Depressionen, Aggressionen und unterentwickelte Gefühle, die geheilt werden müssen. Früher hatte ich Panikattacken auch noch. Im März 2017 ist meine Oma gestorben. Ich lebe in einer Patchwork Family mit 3 leiblichen Geschwistern, 5 Stiefgeschwistern, dem Ehemann von meiner Mutter und der Ehefrau von meinem Vater.

Paul, 16

Ein Sport, eine Leidenschaft

Alles begann im Jahre 2004, als ich gerade 4 Jahre alt wurde. Mein Vater und mein Opa begleiteten mich zu meinem ersten Fußballspiel in die „Red Bull Arena" in Salzburg. Schon als ich das Stadion von Weitem sah, konnte ich mich vor Aufregung kaum mehr halten. Alle 2 Minuten fragte ich meine zwei Begleiter, wann es denn endlich losginge. Schlussendlich war mein Vater so genervt, dass er mir vorlog, dass das Spiel abgesagt sei. Sichtlich bedrückt, lief mir eine kleine Träne über die Wange. Nachdem mein Vater dies bemerkte, spendierte er mir ein Trikot mit der Nummer „21" als Wiedergutmachung. Auf mein erstes Trikot war ich natürlich mächtig stolz, somit wurde es sofort angezogen. Schon als der Ball auf der Mittellinie zum Anstoß bereitlag, entdeckte ich die Leidenschaft für diesen Sport. Es war faszinierend, wie der Ball hin und her gepasst wurde.

Seit diesem Zeitpunkt drehte sich in meinem Leben alles um Fußball.

Ich durchforstete stundenlang das Internet, um mir Fußballvideos auf YouTube anzusehen. So geschah es, dass ich plötzlich mein Idol und zugleich auch meinen Lieblingsspieler, Cristiano Ronaldo, entdeckte. Ich war geschockt und zugleich überrascht, wie der junge Ronaldo durch schnelle Übersteiger ganze Abwehrreihen austanzte. Viele seiner Techniken versuchte ich mir abzuschauen. Anfangs stolperte ich relativ oft über den Ball, doch nun habe ich meine Skills im Griff.

Durch Ronaldo durfte ich auch meinen jetzigen Lieblingsclub, den spanischen Rekordmeister Real Madrid, kennenlernen. Für mich war es erstaunlich, wie perfekt die Spieler untereinander harmonierten. Besonders der Linksverteidiger Marcelo und der Portugiese Ronaldo stachen dabei heraus. Die Saison 2013/2014 unter der Führung von Carlo Ancelotti ging mir besonders unter die Haut. In verschiedenen Lokalen schauten ich und mein bester Freund alle Champions-League-Spiele unseres Vereins. Durch die gemeinsame Leidenschaft gewann ich zahlreiche neue Freunde dazu. Schön langsam bildeten wir den Real Squad. Auch heute noch schauen wir zusammen jedes Spiel und sind dicke Freunde. Man kann nur sagen: Fußball verbindet. Unser zukünftiges Ziel ist es, Ronaldo bei einem Spiel für Real zu sehen. Diesen Kindheitstraum erfüllen wir uns wahrscheinlich nächsten Sommer.

Serim, 19

Der Name meiner Großmutter

Meine Eltern sind mitten in den 70ern in einer kleinen Stadt namens Hatay in der Türkei auf die Welt gekommen. Die 70er und die 80er waren in der Türkei von Revolutions- und Putschversuchen geprägt, und als Kinder von politisch sehr aktiven Familien war auch das Leben meiner Eltern nicht unbedingt ein Kinderspiel. Natürlich hatten meine Familienmitglieder mit ihrem politischen Engagement nicht vor, das Leben der zweiten und sogar der dritten Generation zu beeinflussen, doch genau so kam es. Meine Eltern waren Kindheitsfreunde, sind also zusammen aufgewachsen und können sich heute noch an diese Zeiten zurückerinnern. Mein Vater war zu Zeiten der 1980er Revolution 16 Jahre alt. Für damals alt genug, um politisch aktiv zu sein, was er (sowohl aufgrund seiner eigenen Überzeugungen als auch aufgrund familiärer Beeinflussungen) auch war. In diesen Jahren hat meine Familie sehr viel verloren.

Meine Onkel wurden verhaftet, mein Opa verlor seine Stellung als Schulleiter, und meinem Vater wurde das Recht auf Bildung weggenommen.

1994 heirateten meine Eltern. Diese Ehe war seitens beider Familien sehr erwünscht, und somit wurden zwei Familien mit ähnlichen Geschichten zu einer. Im selben Jahr wurde meine Mutter schwanger. Ein Junge sollte es werden, und die ganze Familie brach in Begeisterung aus. Nach fünf Monaten kam jedoch die schlechte Nachricht. Eine Fehlgeburt – meine Mutter könnte nie wieder schwanger werden, hieß es. Selbstverständlich war jeder traurig, doch genau vier Jahre später kam ich auf die Welt. „Serim“ nannten sie mich, der Name meiner Großmutter. Sie starb, als mein Vater 18 war.

Erst nach unserem Umzug nach Österreich erfuhr ich, weshalb ich nicht den Kindergarten besucht hatte wie die anderen Kinder. Oder warum wir jede Woche „Besuch“ von Soldaten hatten. Es lag an der politischen Vergangenheit meiner Familie. Der Sozialismus hatte nie einen guten Ruf in der Türkei, und somit wurde unsere Wohnung ständig nach „verbotenen“ Büchern, Filmen und CDs abgesucht. Natürlich fanden sie nie etwas, weil meine Eltern alles verstecken konnten. Ihre Ideologie versteckten sie trotzdem nie.

Als ich 5 Jahre alt war, kamen wir nach Österreich. Eine große Umstellung für mich, aber eine sehr wichtige für meine Zukunft und auch die meiner Familie. Die deutsche Sprache lernten meine Eltern schnell, und dank ihrer Studienabschlüsse fanden sie auch gute Jobs. Nach einem Jahr bekam unsere Familie Zuwachs, ich bekam eine Schwester. Nach einem weiteren Jahr wurde ich eingeschult und hatte endlich wieder Freunde, obwohl ich eine sehr introvertierte Person war und noch immer bin.

Jetzt, mit 19 Jahren, merke ich, wie sehr mich meine und die Vergangenheit meiner Familie geprägt hat. Politik und Literatur sind meine 2 größten Interessensgebiete, weswegen ich in der Zukunft Journalistin und Autorin werden möchte. Durchs Schreiben kann ich mich am besten ausdrücken, und genau das möchte ich als Beruf machen und die Stimme jener sein, denen die eigene Stimme weggenommen wird.

Ernes, 14

Die Zeit an der NMS war voll geil

Mein größtes Hobby ist das Fußballspielen. Fußball verfolgt mich mein ganzes Leben lang. Mein Vater, meine Onkel, Opas, Cousins, alle sind Fußballfans und -spieler. Dieser Sport hat mich zu dem Menschen gemacht, der ich jetzt bin, doch bevor es mit Fußball angefangen hat, wurde ich in einer kleinen Stadt namens Jesenice in Slowenien geboren. Meine Eltern und Großeltern wurden alle in Bosnien geboren und sind später nach Slowenien gezogen, wegen der Arbeit. In Jesenice fing ich mit 3 an, in den Kindergarten zu gehen, die Sprache zu lernen und Freunde zu finden. Im selben Jahr passierten 2 ganz schlimme Sachen: zuerst ist mein Opa gestorben, und danach brach ich meinen Arm. Als ich 5 war, starb meine Schwester. Sie war 5 Minuten alt. Mit 6 fing ich an, in die Schule zu gehen. Am Anfang war es sehr schwer, denn jedes von diesen Kindern konnte Fußball spielen oder war gut in einer Sportart, und ich war nur ein Kind mit ganz viel Fantasie. Ich wurde immer als Letzter gewählt (oder gar nicht) in den Turnstunden, wurde in der Klasse oft geschlagen und beleidigt, doch alles hat sich verändert, als ich angefangen habe, Fußball zu spielen. Plötzlich wurden alle, die mich gemobbt haben, meine Freunde, haben mich gemocht und waren mit mir jeden Tag draußen. Ich wurde in kurzer Zeit Kapitän meiner Mannschaft, und jeder hat ganz anders auf mich geschaut. Ich wurde durch Fußball berühmt und beliebt unter den Kindern. Mein Fame dauerte aber nicht lange, denn ich bin mit 10 nach Salzburg gezogen. Ich konnte die Sprache nicht und war wieder ganz am Anfang. Ein ganz normales Kind. Die Kinder hier waren sehr nett zu mir und ich habe mich wohlgefühlt. Mit 11 fing ich an, die NMS Liefering zu besuchen, und habe meine 4 besten Freunde kennengelernt. Die Zeit an der NMS war voll geil. Jeden Tag Chillen, Spielen, einfach ein Traum. Die 3einhalb Jahre sind schnell gegangen und ich war schon in der 4. Klasse.

Ganz genau, wo ich mich auf die Zukunft konzentrieren musste, haben sich meine Eltern getrennt. Meine Mutter und ich sind nach Wels zu meinem Onkel gezogen und mein Vater ist in Salzburg geblieben. Die Zeit war sehr schwer für mich. Wieder neue Freunde, wieder neuer Anfang und mein Vater war weit weg. In Wels hab ich sehr gute Freunde kennengelernt. Die NMS 8 hat mir wirklich gefallen, aber dann haben sich meine Eltern vertragen. Alles wurde wieder normal und ich bin nach Salzburg gezogen.

Jetzt bin ich voll auf die Schule konzentriert, und meine Zukunft schaut gut aus, im normalen Leben und im sportlichen Bereich.

Ich wurde von einem eigenartigen Jungen zum Kapitän meiner Schule und meiner Hobbymannschaft, zum besten Spieler der Schule und einem der besten meiner Mannschaft. Egal, wie jemand ausschaut und wie er ist, mobbt ihn nicht, verarscht ihn nicht, denn derjenige kann besser sein als alle, die glauben, dass sie gut sind. Das hat mich meine Lebenserfahrung gelehrt. Ich möchte nach der HS die HAK besuchen und meinen Führerschein machen. Mit 23 möchte ich heiraten und Kinder haben.

Andreas, 14

Ich interessiere mich sehr für Physik

Meine Eltern sind in Salzburg geboren, genauso wie ich. Ungefähr als ich geboren wurde, sind meine Großeltern väterlicherseits gestorben. Mit einem Jahr bin ich mit meinen Eltern nach Mexiko geflogen. Als ich dann älter wurde und in den Kindergarten kam, lernte ich zwei Freunde kennen, die ich jetzt immer noch meine besten Freunde nennen kann. Einer von ihnen ist jetzt sogar in meiner Klasse. Ich lernte in der Volksschule noch einen Freund kennen. Und diese drei waren meine besten Freunde. Dann, ungefähr mit neun, zog jemand fast direkt neben uns ein, und ab da war das mein bester Freund. Ungefähr in diesem Alter, wenn nicht sogar noch jünger, bekam ich den alten Gameboy von meinem Bruder. Ich habe zwei Geschwister. Eine große Schwester und einen großen Bruder. Mein Bruder ist aber schon ausgezogen und hat ein Kind bekommen.

Schon sehr früh begann ich mich für Elektronisches, wie zum Beispiel Computer, zu interessieren, würde heute auch gerne in dieser Richtung arbeiten. Und da meine Mutter als IT-Technikerin arbeitet, kam ich auch schon sehr früh mit Computern in Kontakt und bekam im Alter von dreizehn Jahren einen eigenen. Meine Eltern trennten sich, als ich noch sehr jung war, deshalb kann ich mich auch nicht mehr wirklich gut daran erinnern. Ich bin bei meiner Mutter geblieben. Fahr aber oft für ein paar Tage zu meinem Vater auf den Berg. Er arbeitet schon ziemlich lange als Koch. Zwei Jahre später ungefähr kam ich in die NMS Liefering.

Wo ich dann unter anderem Markus kennenlernte und mit ihm einen Discord-Server gründete, wo wir sehr oft miteinander reden und spielen.

Inzwischen sind wir schon mehr als zehn Mitglieder. Der Name lautet Salzmine.

Ungefähr als ich in die siebte Schulstufe kam, begann ich viel nachzudenken über das Leben und den Tod und hatte in dieser Zeit wirklich starke Angst vor dem Tod, was sich mittlerweile aber wieder gebessert hat. Ein, zwei Jahre davor zog ein alter Freund von hier weg, der aber vor kurzem wieder in die Nähe zog. Das ist jetzt mein achtes Schuljahr und nach diesem Jahr muss ich noch ins Polytechnische. Meine Noten sind nicht die besten und mein Lieblingsfach ist Physik. Ich interessiere mich sehr für Physik, was ich auch für meinen zukünftigen Traumberuf benötigen werde, also Informationstechniker oder Ähnliches.
Meine Hobbys sind jetzt: Animes schauen, Basketball, Videospiele spielen, Lesen, Philosophieren und Diskutieren.

Anonym, 18

Jetzt bin ich ein halbes Jahr hier

Ich bin in Hallein geboren. Wohne in Kuchl seit 18 Jahren. Mit 4 Jahren bin ich in den Kindergarten gekommen. In die Volksschule kam ich mit 6 Jahren. 2010 hatte ich den Abschluss von der Volksschule. Mit 10 Jahren kam ich in die Hauptschule. 2014 beendete ich die Hauptschule. Im September fing ich im ZIS *(Zentrum für Inklusiv- und Sonderpädagogik – Anm.)* in der Berufsvorbereitungsklasse an. Ich ging 2 Jahre in diese Schule. 2016 im Juli hatte ich den Abschluss im ZIS Hallein. 2016 im November hatte ich ein Probemonat in der Produktionsschule.

Im Dezember bekam ich den Bescheid, dass ich in der Produktionsschule Hallein anfangen kann.

Jetzt bin ich ein halbes Jahr hier.

Sigrid, 17

Die einzige Österreicherin in meiner Klasse

Mein Leben ist eigentlich ganz normal: Ich bin in Salzburg geboren, meine Eltern kommen auch von hier, und ich hatte eine schöne Kindheit. Wir sind dreimal umgezogen, aber immer in der Nähe der Stadt Salzburg geblieben. Jetzt wohne ich mit meiner Mutter und meiner Schwester in einer Wohnung im Stadtteil Lehen und gehe in ein Gymnasium, das nur ca. 10 Minuten von zuhause entfernt ist. Mein Tagesablauf ist fast immer gleich. Ich gehe zur Schule und warte, bis ich endlich wieder heim kann. Natürlich lernen wir etwas in der Schule, und ich passe wirklich in jedem Fach auf, aber daheim gefällt es mir doch besser. Manche Fächer, wie Naturwissenschaften und Mathe, finde ich richtig interessant. Da bin ich wohl die Ausnahme in meiner Klasse, denn die meisten anderen können mit diesen Fächern überhaupt nichts anfangen. Ich bin eine, die es mag, wenn es nur eine richtige Lösung gibt, wenn genau ein richtiger Rechenweg existiert oder wenn man etwas verstehen kann, indem man logisch denkt. Meine Noten müssen in jedem Fach gut sein. Ich brauche zwar nicht immer einen Einser, aber bei einem Dreier bin ich schon meistens enttäuscht (außer in Englisch, da reicht mir ein Dreier vollkommen). Es kommt auch leider nicht so oft vor, dass jemand gerne liest. Da bin ich auch wieder eine Ausnahme. Es lesen zwar ein paar aus meiner Klasse ganz gerne, aber es gibt kaum jemanden, der so gerne und viel wie ich liest (das behaupte ich jetzt einfach mal so).

Auch wenn ich das Mathematische und Logische liebe, brauche ich manchmal eine andere Welt aus den Büchern.

Ich unterscheide mich von den anderen aus meiner Klasse auch noch aufgrund meiner Nationalität. Ich bin, obwohl wir hier in Österreich sind, die einzige Österreicherin in meiner Klasse. Aber das ist mir nicht so wichtig. Ich komme mit allen gut aus. Ein Highlight in meinem Leben gibt es, und das ist für mich die Tanzschule. Dort gehe ich schon seit über zwei Jahren hin und ich werde hoffentlich noch viel Zeit dort verbringen. Standard und lateinamerikanische Tänze sind für mich das Größte und inzwischen zum Mittelpunkt meines Lebens geworden. Okay, das ist jetzt vielleicht ein bisschen übertrieben, da die Schule für mich an erster Stelle kommt, aber die Tanzschule ist für mich in meiner Freizeit das Wichtigste. Ich könnte stundenlang vom Tanzen schwärmen, aber ich hör jetzt damit auf und sage einfach: Wenn ihr noch nie in einer Tanzschule wart, dann probiert es mal aus. Es ist wirklich fantastisch.

Hilal, 15

Tausende Kleider

Vor 10 Jahren ist meine kleine Schwester auf die Welt gekommen. Als ich 10 Jahre alt war, hatte ich meine erste Knieoperation und nach zwei Jahren meine zweite Operation. Ich wurde operiert, weil mir meine Kniescheiben andauernd raussprangen. Mit 14 konnte ich mich wieder wie früher bewegen, trotzdem durfte ich keinen Sport betreiben, in dieser Zeit waren all meine Freunde für mich da. Gestern war mein Geburtstag und ich war endlich 15.

Leider musste ich an meinem Geburtstag ins Krankenhaus fahren, weil meiner Schwester ihre Kniescheibe auch so wie bei mir rausgesprungen ist.

Wir waren bis Mitternacht im Krankenhaus. In der Zukunft möchte ich Schneiderin werden. Ich finde diesen Beruf sehr interessant, weil man nach der Ausbildung selber eigene Kleider entwerfen kann. Ich habe vor, ein eigenes Geschäft aufzumachen und tausende Kleider zu designen und zu nähen, und bin auch sehr glücklich, dass meine Eltern hinter mir stehen und auch meine Lehrerinnen. In vier Jahren möchten wir in die Türkei umsiedeln, das wünsche ich mir sehr, obwohl ich Österreich vermissen werde, weil all meine Freunde hier sind, und es kann sogar sein, dass ich meine Freunde nicht mehr sehen kann. In der Türkei leben alle meine Cousinen und mit ihnen zu leben kann ich mir sehr gut vorstellen. Wenn ich 21 bin, kann ich mir vorstellen, dass ich heirate, natürlich wenn ich auch den richtigen Mann dazu finde.

Kristin, 13

Ich habe so viel erlebt wie noch nie

Ich war schon immer, seit meiner Geburt, unzertrennlich mit meiner Cousine, doch das änderte sich im Sommer 2016. Sie bekam eine Katze, und da sie meine Nachbarin ist, lief die Katze oft zu unserem Haus rüber. Meine Eltern wurden sehr böse und sagten meiner Cousine, dass sie die Katze abholen soll. Meine Cousine rannte nachher mit ihrer Katze wieder heim und war sauer auf meine Familie und auf mich. Sie redet nicht mehr mit mir, und das schon 9 Monate lang. Und ich weiß nicht, wieso. Ich habe nichts mit der Katze zu tun, aber so ist es nun mal. Ein paar Monate später entschloss ich mich, Keyboard zu lernen, weil ich das schon immer mal probieren wollte. Ich spiele jetzt immer noch und mir macht es großen Spaß. Zurzeit schreiben ich und mein Keyboard-Lehrer einen eigenen Song. Ich schreibe den Text, und er macht die Melodie, danach nehmen wir den Song auf (er hat ein kleines Tonstudio). Der Song wird zu MP3 verarbeitet, dann kann ich meinen eigenen Song als Klingelton nehmen. Mein Traum wäre es, mal mit dem Keyboard auf einer kleinen Bühne zu stehen und zu spielen. Doch das wird, glaub ich, lange Zeit nicht passieren, wenn es überhaupt irgendwann passiert. Ich möchte wie mein Idol sein. Er ist Sänger und hat schon so viel erreicht, obwohl er erst 17 ist. Mein Lieblingssong auf dem Keyboard ist „Stitches“ von Shawn Mendes, weil es sich unglaublich schön anhört. Im November letztes Jahr flog ich mit ein paar Schülern aus der Schule nach England. Es war so wunderschön, einfach unbeschreiblich. Meine Freundin und ich waren bei einer Gastfamilie, wir spielten jeden Abend UNO bis spät in die Nacht. Bei der Gastfamilie waren noch 3 andere, die mit der Schule nach England geflogen sind. Es waren 3 Jungs aus Niederösterreich. Wir verstanden uns alle sehr gut und spielten dann oft alle zusammen UNO. Und lachten auch viel zusammen.

Die eine Woche in England war mit Abstand die geilste, lustigste und auch beste Woche in meinem Leben.

Ich habe so viel erlebt wie noch nie, mit meinen Freunden und ohne Eltern. In der Zukunft möchte ich unbedingt wieder nach England und auch nach Spanien. Ich finde die Sprache Spanisch megacool und möchte sie auch lernen. Ich möchte in der Zukunft auch eine gute Keyboard-Spielerin sein. Auch wenn ich es nicht schaffe, auf der Bühne zu stehen, bin ich trotzdem glücklich, wenn ich Keyboard spiele, weil es mir einfach Spaß macht.

Anonym, 15

„Die nicht betrunken sind, bekommen die Frauen."

Bis zu meinem 8. Lebensjahr habe ich immer gerne geschlafen und hatte wirklich eine schöne Kindheit. Ich habe immer viel mit meinen Traktoren gespielt. Da mein Onkel ein Bauer war, durfte ich oft mitfahren, das war für mich immer die größte Freude. Mit der Zeit wollte ich immer länger bleiben, da ich eine Schwester habe, die 4 Jahre älter ist als ich. Es war nicht immer einfach, weil ich nicht einsehen wollte, dass ich nicht so viel darf wie sie. Ich wünschte mir immer ein Luftdruckgewehr, da mein Vater und Verwandte Jäger sind. Doch mein Vater sagte, ich bekomme erst zu meinem 13. Lebensjahr ein Luftdruckgewehr. Als ich dann 13 war, wollte ich keines mehr, und das wusste mein Vater genau, deswegen sagte er, mit 13. Mittlerweile gehe ich oft mit jagen und kenn mich auch gut aus. Ich durfte schon einmal einen Rehbock schießen, das war mir eine große Ehre, aber pssst. Ist aber nicht so schlimm, in einem halben Jahr habe ich eh die Prüfung.

Als ich 14 war, begann die Mopedzeit. Wir schraubten schon vor meinem Führerschein sehr viel an unseren Mopeds herum, ich und meine Freunde. Ich konnte es kaum noch erwarten, bis ich den Schein habe. Als ich ihn am 11. April 2017 bekommen habe, fuhr ich mit meinen Freunden den ganzen Tag.

Es wurde sehr teuer, denn eine Tankfüllung kostet ca. 8 €, und da mein Moped ein wenig schneller als 45 km/h geht, hat es auch viel mehr geschluckt.

Bisher ist es mir mit den Mädchen noch nicht so gut gegangen, aber nicht, weil ich keine bekomme, sondern, so dumm es klingen mag, es hat noch nicht gepasst. Aber zu meinem Glück habe ich am Wochenende bei meinem Freund geschlafen. Wir waren 2 Mädels und 4 Burschen. Da wir unerlaubterweise „1" Bier getrunken haben und 2 von den 4 Burschen völlig ausgefallen sind, musste ich die ganze Zeit „aufpassen", das versprach ich seinem Vater. Ich und ein Freund sind nicht ausgefallen, und mein Freund hatte eine Freundin, die war eine von den 2 Mädels. Als ich die beiden ein wenig Betrunkenen alleine ins Bett getragen hatte (alleine, weil mein anderer Freund mit seiner Freundin beschäftigt war) und sie dann endlich schliefen (die Betrunkenen), konnte ich mich mit dem anderen Mädchen ein wenig unterhalten. Dieses Mädchen war wirklich hübsch und hatte einen echt guten Körper, das spielt mit 15 leider eine Rolle. Sie ist auch noch die beste Freundin von meinem besten Freund. Ich gehe nicht mehr darauf ein, es stimmt nur ein Spruch von meinem Opa: „Die nicht betrunken sind, bekommen die Frauen." Sonst habe ich noch nichts Besonderes erlebt, außer ein paar Jugendsünden, aber die hat jeder. Sonst ist immer alles paletti bei mir und ich bin oft glücklich und zufrieden.

Vanessa, 13

Meine erste Cousine neben 5 Cousins

Meine Familie besteht aus meiner Mutter, Annemarie, meinem Vater, Thomas, und meinem kleinen Bruder, Thomas. Meine Eltern kommen aus Österreich und meine Muttersprache ist Deutsch. Ich bin in Schwarzach geboren. 2006 bekam ich meinen kleinen Bruder. Ich habe mich sehr gefreut. Mit 3 Jahren bin ich in den Kindergarten gekommen und habe viele Freunde gefunden, mit denen ich heute leider keinen Kontakt mehr habe. In dieser Zeit haben meine Eltern geheiratet. Nach 3 Jahren Kindergarten musste ich in die Volksschule St. Johann gehen. Ich wollte viel lieber im Kindergarten bleiben, aber nach dem 1. Schultag fand ich die Schule toll. Ich hatte viele Freunde. Mein Klassenvorstand war die Mutter einer sehr guten Freundin von mir.

Wir hatten viele tolle Ausflüge, aber mir hat die Lesenacht in der 3. Klasse und 4. Klasse am besten gefallen.

Mit 10 Jahren wechselte ich die Schule und gehe nun in die Hauptschule. Ich freute mich auf die neue Schule, aber ich freute mich viel mehr auf meine kleine Cousine Emelie, die am 5. Februar auf die Welt kam. Sie war meine erste Cousine neben 5 Cousins. Ich kannte viele in meiner Klasse, die vorher schon mit mir in die Volksschule gegangen sind. Im 2. Jahr bekamen wir einen neuen Klassenvorstand. In der 3. Klasse waren wir auf Sportwoche, das hat mir sehr gut gefallen. 2 Tage später hatten wir Firmung, wir hatten vorher schon einige Firmvorbereitungen, die viel Spaß machten. Meine Firmgoti ist meine Tante geworden, die lange Zeit mein Vorbild war. Meine ganze Familie ging nach der Firmung essen. Wir hatten auch einen Firmausflug. Meiner Meinung nach konnte der nicht besser sein. In der 4. Klasse verbesserte ich meine Schulnoten sehr. Ich freute mich sehr, als meine Goti zu mir sagte, dass ich Cousine werde. Meine Hobbys sind: Freunde treffen, Schwimmen, Radfahren und Shoppen. Ich mag nicht so gerne Schifahren. Meine Familie und meine Freunde sind mir sehr wichtig. Ich möchte gerne Optikerin werden. Darum muss ich nach der Polytechnischen Schule nach Tirol gehen. Ich freue mich sehr, wenn ich ein Moped habe und arbeiten gehen kann.

Peter, 17

Zu dieser Zeit ist leider mein Hund gestorben

Ich wurde in Schwarzach geboren. Als meine Mutter mit mir nach Hause, nach Bischofshofen, gehen durfte, waren mehrere Wochen vergangen. Da wohnten wir noch in unserer alten Wohnung. Mit 4 Jahren bin ich in den Kindergarten in Bischofshofen gekommen, wo ich ein paar Freunde kennenlernte. Bevor ich in die Schule kam, habe ich mir die Hand gebrochen. Als ich meinen ersten Schultag hatte, war ich aufgeregt. Nach den ersten Tagen in der Schule lernte ich ein paar weitere Freunde kennen. Ich bin im 4. Jahr ins SPZ *(Sonderpädagogisches Zentrum – Anm.)* gekommen, zu dieser Zeit ist leider mein Hund gestorben. 1–2 Jahre später ist meine Tante gestorben.

Als ich mit der Schule fertig war, habe ich eine Zeit lang nichts gemacht.

Als ich in der Produktionsschule STEP 4 anfangen durfte, ist mein Opa gestorben. Und nun bin ich hier.

Pascal, 17

Diesen Schritt bereute ich nie

Aufgewachsen bin ich bei meinen Eltern in einem Haus am Stadtrand von Salzburg. Als ich 3 Jahre alt war, kam mein kleiner Bruder zur Welt. Mit fünf Jahren ging ich das erste Mal ins Fußballstadion, dieser Tag hat mein Leben maßgeblich geprägt. Am Feld war eine große Leinwand aufgebaut, auf der vor dem Spiel „Die wilden Kerle" lief. An diesem Tag entschloss ich, selbst mit Fußball anzufangen. Ich begann beim USK Gneis und lernte dort auch viele Freunde kennen, mit denen ich selbst heute noch befreundet bin.

Nach dem Kindergarten ging es dann erstmal in die Volksschule. Es war eine sehr erfolgreiche Zeit, und somit beschloss ich, meine schulische Laufbahn auf einem Gymnasium fortzusetzen. Dann ging es eigentlich ziemlich unspektakulär weiter, in der Schule gehörte ich so zu den „mittelguten" Schülern, da ich zwar alles kapierte, aber zu faul war, zu lernen oder Hausaufgaben zu machen.

Mit 12 Jahren war es an der Zeit, im sportlichen Bereich den nächsten Schritt zu gehen, somit stellte mich mein Vater vor die Wahl, entweder ich bleibe bei meinem Verein und spiele, weil es Spaß macht, oder ich wechsle zu einem Verein mit besserer Ausbildungsmöglichkeit und mehr Qualität. Ich entschied mich, Abschied von meinen Freunden zu nehmen, und machte mich auf den Weg zum USK Anif. Diesen Schritt bereute ich nie, und nach einem bzw. zwei Jahren folgten mir zwei aus meinem alten Team nach. Ich stand fünf Mal wöchentlich am Platz, ließ so gut wie nie ein Training aus und wollte immer gewinnen. Dies alles hätte ich nie ohne meinen Vater durchgestanden, der mich bis heute immer unterstützt, mich in jedes Training fährt und bei jedem Match mit dabei ist.

Selbiges gilt für meine Großeltern, die seit Tag 1 dabei sind und auch heute noch zu jedem Match, egal, wie weit der Weg ist, mitfahren.

Mit 14 Jahren begann ich mit der Oberstufe auf dem Gymnasium, doch den Umstieg von Unter- auf Oberstufe versäumte ich, und somit musste ich die Klasse wiederholen. Zur selben Zeit zog ich um, mit dieser Entscheidung kann ich mich bis heute noch nicht anfreunden, jedoch verstand ich, dass meine Eltern diesen Schritt gingen, da bei dem Haus ein großer Garten mit Pool dabei ist, wo auch unsere Hunde mehr Platz haben. Ich wiederholte die fünfte Klasse und beendete meine Schulzeit, um eine Lehre zu beginnen.

Im selben Jahr ging es auch sportlich weiter, da ich einer von drei aus unserem Team war, die nach oben in die 1B gezogen wurden, um im Herrenfußball Fuß zu fassen.

Im Sommer 2017 begann ich dann eine Lehre bei Hervis als Bürokaufmann. Im selben Sommer wechselte ich auf Leihbasis für ein Jahr zum FC Hallein, um zu versuchen, in der 1. Landesliga zu spielen. Dort absolvierte ich dann auch mein Debüt, wo natürlich mein Vater und meine Großeltern live dabei waren.

Anonym, 14

Immer bekomme ich die Schuld für alles

Ich habe eine Schwester, die ist 16 Jahre alt, und einen Bruder, der ist 11 Jahre alt. Ich habe eine Cousine, die ist 1 Woche jünger als ich, und mit der bin ich groß geworden. Wir sind gemeinsam in den Kindergarten und auch in die Volksschule gegangen. Wir waren bis zu unserem 11. Lebensjahr Nachbarn und haben somit jeden Tag etwas unternommen. Bis ich dann weggezogen bin. Dann habe ich sie nur mehr täglich in der Hauptschule gesehen, aber da sind wir nicht in der gleichen Klasse. Momentan gehe ich in die vierte Klasse. Ab dem nächsten Jahr besuche ich ein Gymnasium. Ich habe zwei beste Freundinnen, denen ich sehr viel zu verdanken habe. Sie sind immer für mich da und helfen mir in schweren Situationen. Ich habe auch einen besten Freund, auch der hat mein Leben stark geprägt. Zu den wichtigsten Menschen in meinem Leben gehört natürlich auch meine Familie und somit immer noch meine Cousine, die wie eine Schwester für mich ist.

Ich freu mich schon sehr auf die weitere Schule und die neuen Menschen, die ich dann kennenlerne. Besonders glücklich macht mich derzeit ein Junge, wobei er mich auch oft traurig macht.

Für mich ist er etwas ganz Besonderes, aber meine besten Freundinnen sehen es anders.

Früher, als ich noch in der Volksschule war, habe ich oft sehr falsche Freunde gehabt. Mit denen habe ich über alles geredet und sie haben es immer weitererzählt. Zum Glück war meine Cousine in der gleichen Klasse. Sie ist immer zu mir gestanden und hat mir bei allem geholfen.

Seit ich in der NMMS bin, bin ich mit meinen besten Freundinnen mehr als zufrieden. Meine derzeitigen Freundinnen haben mich positiv verändert und mir viel im Leben beigebracht. Ich bin derzeit eigentlich sehr glücklich mit meinem Leben. Nur manchmal verstehe ich mich mit meinen Eltern gar nicht, weil sie immer anderer Meinung sind. Ich streite fast jeden Tag mit ihnen. Immer bekomme ich die Schuld für alles, aber Gott sei Dank habe ich immer noch meine besten Freundinnen, meinen besten Freund und meine Cousine, die alles für mich auf dieser Welt sind.

Lydia, 16

Bunte Haare, zerrissene Hosen oder Nietenarmbänder

Die erste große Veränderung, die ich in meinem Leben mitbekommen habe, war, dass meine zwei größeren Brüder den Kontakt zu mir und dem Rest meiner Familie abgebrochen haben. Da ich noch sehr jung war, als das ganze Drama mit meinen Brüdern war, hab ich nur die Hälfte mitbekommen, jedoch sprach ich oft mit meinen Eltern, weswegen das alles passiert ist, und ich will nicht näher ins Detail gehen, aber ehrlich gesagt finde ich es gut, dass ich zu meinen Brüdern keinen Kontakt pflege. 2011 verstarb die Mama meiner Mama, also meine Oma. Auch wenn wir sie eher selten sahen, weil sie in der Steiermark wohnte und ich mit meiner Mama, meinem Papa und meinen 2 Schwestern in Salzburg, hatten wir meine Oma (Adelinde) übertrieben lieb. Der Tod war besonders schlimm für mich, auch wenn ich noch sehr jung war. Allgemein fiel es keinem leicht, ich mein, wer verliert schon gerne einen geliebten Menschen?

In der Hauptschule gab es Höhen und Tiefen. Viele meinten, sich die Frechheit rausnehmen zu dürfen, mir blöde Sprüche an den Kopf zu werfen, weil ich etwas anders vom Style her aussah, sprich: ich hatte bunte Haare, zerrissene Hosen oder Nietenarmbänder an.

Ich fing nach einer Zeit an, mich zu wehren, da ich mir so was nicht mehr gefallen lassen wollte.

Irgendwann hörte ich nur noch selten doofe Sprüche, die gegen mich waren, und wenn doch, ignorierte ich sie. Es ist mir mittlerweile egal, ob jemand was gegen mich sagt, denn was mich nicht umbringt, mach mich nur stärker! Das Leben kann nicht perfekt sein, denn es gibt schöne und nicht so schöne Zeiten, und wenn du immer den Gedanken festhältst, dass es viele Menschen (wie Freunde und Familie) gibt, die dich lieben und brauchen, fällt alles doch etwas leichter, finde ich. Kurz und knapp hatte ich – obwohl ich einige Menschen verloren habe – eine tolle Kindheit, und dank meiner Familie werde ich noch ein weiteres schönes Leben haben. Meine Familie tut alles, damit es mir gut geht, und dafür bin ich ihnen mega dankbar. Ich liebe meine Familie!

Anonym, 13

Mich interessiert besonders Chemie

Ich bin Christin. Meine Eltern kommen beide aus St. Johann im Pongau. Ich wurde, genau wie meine große Schwester, im Krankenhaus Schwarzach geboren. Im Alter von 3 Jahren habe ich begonnen, in den Kindergarten zu gehen. Zu dieser Zeit habe ich auch meine beste Freundin kennengelernt. Auch mit meiner Verwandtschaft war ich damals schon gut befreundet. Als ich dann vier war, ist meine Oma mütterlicherseits gestorben. Mit sechs Jahren habe ich begonnen, in die Volksschule am Dom zu gehen. Meine beste Volksschulfreundin Kristin habe ich leider erst im letzten Schuljahr kennengelernt. Auch mit sechs Jahren war ich das erste Mal auf Urlaub, wir sind nach Italien, ins Gardaland, gefahren. Außerdem sind unsere beiden Zwergkaninchen gestorben. Es war richtig aufregend, das erste Mal mit Achterbahnen zu fahren, und hat riesigen Spaß gemacht. Im Alter von acht Jahren habe ich die Erstkommunion bekommen. In diesem Jahr ist mein Opa, auch mütterlicherseits, an einer Lungenentzündung gestorben, auch unser Haustier, ein Hund, ist verstorben. Als ich neun war, sind wir nach Ägypten geflogen. Ich fand es dort am schönsten, weil es so viele schöne Fische und Korallen gab.

Auch die Pyramiden und die Wüstenwanderung auf einem Kamel waren toll, man konnte jeden einzelnen Stern erkennen.

Im Alter von zehn Jahren bin ich dann in die NMS St. Johann gekommen. Meine zweitbeste Freundin habe ich erst in der 2. Klasse kennengelernt und seit der dritten Klasse sind wir beste Freunde.

Neben der Schule gehe ich reiten und lerne Gitarre. Meine anderen Hobbys sind Lesen, Spiele spielen, Filme, Serien und YouTube schauen und Musikhören. Ich hätte in diesem Jahr einen kleinen Bruder bekommen, er ist tot auf die Welt gekommen. In der dritten Klasse habe ich meine Firmung empfangen. Zurzeit haben meine Schwester und meine Mutter einige Meinungsverschiedenheiten und streiten oft. Momentan haben die Streitereien aufgehört, aber ich glaube nicht, dass es lange so bleibt. Nächstes Jahr komme ich ins BORG Nonntal. Mich interessiert besonders Chemie, aber auch Biologie, Physik und Geologie. Mit 18 Jahren habe ich dann die Matura, zumindest hoffe ich das, danach will ich studieren.

Cindy, 18

Zurück in den Alltag

Ich bin die 1. und einzige Tochter von zwei in Vietnam geborenen und aufgewachsenen Chinesen, die nach dem Vietnamkrieg vor dem Kommunismus als „Boat People“ nach Österreich geflohen sind. Von daher bin ich trilingual aufgewachsen: Vietnamesisch, Teochew und Deutsch. Ungefähr zwei Jahre nach meiner Geburt kam mein kleiner Bruder zur Welt. Als Familie besuchten wir 2003 zum ersten Mal unsere Verwandtschaft in Südostasien. Ich habe drüben viele Cousinen und Cousins mütterlicherseits und eine Tante väterlicherseits. Mit ihnen konnte ich mich damals allerdings ziemlich schlecht verständigen. Zu diesem Zeitpunkt wollte ich besser Vietnamesisch sprechen, als ich es tatsächlich konnte, aber daraus wurde leider nichts. Nach gut zwei Monaten, die wir dort verbracht hatten, ging es zurück nach Salzburg. Zurück in den Alltag, der für mich daraus bestand, fünf Tage die Woche in den Kindergarten gebracht und wieder abgeholt zu werden. Für meine Eltern bestand er daraus, mich zum Kindergarten zu bringen, auf meinen Bruder aufzupassen bzw. zu arbeiten. Für meine Eltern war es damals nicht einfach, in Österreich eine Existenz aufzubauen ohne jegliche Deutsch- und/oder Englischkenntnisse. Zusammen mit einer kleinen Gruppe von Vietnamesen, die ebenfalls nach Österreich gekommen waren, meisterten sie dies.

In der Vorschule lernte ich viele neue Freunde kennen; diese Freundschaften hielten allerdings nicht sehr lange, da meine damaligen Freunde nach der Vorschule in andere Klassen gekommen sind. In meiner neuen Klasse hatte ich dann drei beste Freundinnen.

Die eine kam aus Tschetschenien, die andere aus Albanien und die dritte aus Tschechien.

Mit den ersten beiden habe ich hin und wieder noch Kontakt. Ich habe die Schule geliebt. Ich hatte nichts dagegen, 5 Mal die Woche früh aufstehen zu müssen, um mich auf den Weg in die Schule zu machen. Aus heutiger Sicht ist dies nahezu unvorstellbar. In den Ferien nach der dritten Klasse ging es wieder als Familie nach Vietnam, diesmal war es meinem Bruder und mir möglich, uns mit unseren Cousinen und Cousins zu verständigen. Zurück in Österreich, musste ich mich in der vierten Klasse der Volksschule nun zusammen mit meinen Eltern entscheiden, auf welche und vor allem auf was für eine Art von Schule ich das Jahr darauf gehen möchte. Ich entschied mich, wie viele aus meiner Klasse, für das nächste Gymnasium von unserer Volksschule aus. Nur einer aus meiner Klasse wurde dort angenommen, deswegen haben ich und noch ein Junge aus meiner Klasse uns beim Christian-Doppler-Gymnasium angemeldet. Wir wurden beide aufgenommen und kamen sogar in dieselbe Klasse. In meiner Klasse war dann auch noch so ein älteres Mädchen aus meiner Nachbarschaft, mit dem ich bis dahin nur wenig zu tun gehabt hatte. Wir wurden ziemlich gute Freunde, da wir den gleichen Heimweg hatten und somit viel Zeit miteinander verbracht haben. Ein Jahr darauf ist sie mit ihrer Familie weggezogen – sie war zwar immer noch in meiner Klasse, aber wir hatten nicht mehr so viel miteinander zu tun. Ich freundete mich daraufhin mit zwei aus dem Balkan kommenden Mädchen an. Mit einer von beiden bin ich jetzt noch sehr gut befreundet. Mit der anderen – na ja, man findet bessere Freunde.

Tolunay, 20

In der Klasse hatten wir Tischfußball und Billard

Als ich geboren wurde, hatte ich schon 3 Brüder. Als ich 4 war, hat meine Mama das fünfte Kind bekommen. Im Kindergarten habe ich ein gutes Jahr erlebt. Nach dem Kindergarten habe ich mit der Volksschule angefangen, da habe ich neue Freunde gefunden. Nach dem 1. Hauptschuljahr bin ich mit meiner Familie in die Türkei gereist, da bin ich zum ersten Mal mit dem Flugzeug geflogen.

Nach der Hauptschule bin ich 2 Jahre in die Sonderschule gegangen. Die Zeit war sehr gut, denn in der Klasse hatten wir Tischfußball und Billard. In jeder Pause haben wir gespielt.

Nach der Sonderschule war ich zwei Jahre arbeitslos, weil ich keine Ahnung hatte, was ich tun sollte.

Nach den zwei Jahren habe ich in der Produktionsschule Step 4 angefangen, 7 Monate bin ich schon da. Da suche ich eine Lehrstelle. Ich hoffe, nach der Produktionsschule eine Arbeit zu finden.

Anonym, 15

Ich möchte so gern einmal den Oscar gewinnen

Meine Mutter kommt aus Großarl und mein Vater aus Bischofshofen. Nun wohnen wir in St. Johann im Pongau. Ich bin das zweite Kind meiner Eltern und habe noch einen jüngeren Bruder. Nicht direkt an meinem fünften Geburtstag wurde ich am Blinddarm operiert. Das Schlimmste aber war, dass ich nur ein Stück Kuchen essen durfte. Nein, Spaß, natürlich nicht.

Mit ca. 8 Jahren fing ich mit Schispringen an. Zuvor spielte ich Fußball. Zum Schispringen bin ich durch meinen Freund gekommen. Zu meinem 10. Geburtstag bekam ich einen Nintendo mit dem Spiel „Need for Speed". Mit 11 Jahren kam ich in die Musik-NMS St. Johann im Pongau und bekam dann zu meinem 12. Geburtstag mein erstes Handy. In der 1. Klasse machten wir ein Musical namens „Farbenreich". Sorry, ich habe ja gar nicht erwähnt, dass man in der Musik-NMS ein Musikinstrument spielen muss. Ich spiele Klavier, seit ich in die Vorschule ging.

In der zweiten Klasse machten wir einen Film namens „Hahnenschrei" mit einem echten Filmteam. Der Film wurde für uns einmal im Kino gespielt. Man kann den Film aber auch auf YouTube sehen.

In der vierten Klasse hatten wir vor den Osterferien wieder ein Musical namens „Spiegelbilder".

Ich spielte den Manager einer Band. Mit 14 Jahren, 1 Jahr vor den Spiegelbildern, bekam ich schon ein neues Handy. Ich wurde bei der HBLW in Saalfelden angenommen und gehe in den Zweig „KOMD", das bedeutet Kommunikation und Mediendesign. Mit 20 Jahren werde ich die Schule abschließen, und hoffentlich kann ich dann in Hollywood studieren, denn ich will Regisseur werden. Ich möchte so gern einmal den Oscar gewinnen.

Lisa Maria, 13

Tausend Schutzengel

3 Monate nach meiner Geburt erlitt meine Familie einen herben Rückschlag: mein Opa starb im Alter von 66 Jahren. Er fiel vom Baum und stieg bei der lebensnotwendigen Operation in den Himmel auf. Ich denke jeden Tag an ihn, obwohl ich mich nicht einmal an meinen Opa erinnern kann. Mein großer Bruder ist mir auch extrem wichtig, früher war er auch mein Vorbild. Mit 3 Jahren der nächste Schock, mein Papa hatte einen schweren Kletterunfall und schwebte in Lebensgefahr. Seine Ferse war zertrümmert, sein Gesicht musste mehrmals genäht werden und er erlitt schwere Knochenbrüche, da er aus über 100 Meter in die Tiefe gefallen ist. Jedoch hatte er tausend Schutzengel bei sich, da er 3 Monate später wieder nachhause durfte. Ich habe mich so gefreut, wie wenn ich ein zweites Leben geschenkt bekommen hätte.

Mit 6 Jahren kam ich gemeinsam mit Lena in die Volksschule Neu, in die gleiche Klasse. Wir waren ein Herz und eine Seele und machten vier Jahre später auch gemeinsam die Aufnahmeprüfung für die Neue Musikmittelschule. Zu diesem Zeitpunkt spielte ich schon 4 Monate ein Instrument, das Saxophon. Mit 10 Jahren kamen Lena und ich gemeinsam in die NMMS St. Johann. In der 2. Klasse lernte ich meine beste Freundin Teri kennen. Wir sind wie Seelenverwandte, wir ticken gleich, sind einfach total dumm und lachen über jeden Schwachsinn. Wir hören ein Wort und lachen uns schlapp, haben einfach genau dieselben Gedanken.

Mit 12 Jahren machte ich das Bronzene Leistungsabzeichen für das Saxophon und kam mit Teri und Anghy (Spitzname für Anna) zur Bauernmusikkapelle. Außerdem bekam ich meine Katze Findus (von „Pettersson und Findus“, der Fernsehserie). Ich lernte auch durch meine Freundinnen mein Hobby kennen, nämlich das Backen. Ich backe bis heute und bin schon richtig gut!

Aus Lebensmitteln Kunstwerke zu erschaffen ist meine Leidenschaft.

In diesem Schuljahr ist sehr viel passiert. In diesem halben Jahr habe ich erfahren, wer mich zu schätzen weiß und wer eine gute Freundin für mich ist. Dadurch ist unsere Gruppe „riddiculus“ entstanden, sie besteht aus meinen besten Freundinnen. Und nicht aus denen, die mich hinter meinem Rücken lächerlich machen und über mich lästern. Vor 1 Woche hatte ich die theoretische Prüfung für das Silberne Leistungsabzeichen und auch die Aufnahmeprüfung für die Kindergartenschule der BAfEP. Ich lasse die Zukunft auf mich zukommen. So, wie es wird, wird es einfach.

Anonym, 16

Ich beschütze, wo ich nur kann

Ich beschreibe mich selbst als witzig, nervig, hilfsbereit und nett. Ich sehe mich als Beschützer, sozusagen als Vaterfigur. Ich liebe Nähe, ich liebe die Familie. Meine Familie! Ich hasse es, jemanden zu verletzen, physisch und psychisch. Ich selbst ignoriere Beleidigungen und andere Diskriminierungen. Mein Vater hat mir erzählt, dass ich nie etwas Schlimmes angestellt habe. Ich war immer schon sehr ehrlich. Nie habe ich gelogen. Habe immer jeden Freund so gut unterstützt, wie es ging. Beim Fußballspielen mit meinen Cousins zum Beispiel: Immer motiviere ich sie und muntere sie auf, wenn sie mal versagen. Ebenso beschütze ich sie vor den anderen Mitspielern. Meinen Bruder beschütze ich immer, egal, was passiert: Er ist mein Ein und Alles. Allgemein meine Familie und Freunde – ich beschütze, wo ich nur kann. Ich habe schon viel erlebt, von der Mandel-OP als Kind über meinen Beinbruch im Gymnasium bis hin zum Tod meines Großonkels. War das ein schlimmer Tag für meine Familie. Das älteste Familienmitglied stirbt. Auch wenn ich ihn das letzte Mal als kleines Kind gesehen habe, hat es mich doch tief getroffen. Ebenso der Tod eines guten Freundes aus der Volksschule. Er war drei Klassen über mir, doch er kam jeden Tag zu mir, um mich zu begrüßen. Egal, wo wir uns sahen, er war der netteste Freund überhaupt. Sein Tod vor ein paar Jahren war ein echter Schock und ein großes Mysterium. Niemand wusste, wie und warum, aber das war egal. Er ist so jung gestorben und ruht jetzt im Himmel.

Ich weiß nicht, wie viel Zeit ich noch auf dieser Welt habe, aber ich möchte sie dazu nutzen, Menschen zu helfen.

Deshalb beschloss ich, Medizin zu studieren, um Menschen zu heilen. Ebenso unterstütze ich auch Menschen in armen Ländern finanziell mit Spenden an Organisationen. Vielleicht gründe ich selbst eine, wer weiß? Hauptsache, ich kann helfen. Ich habe mir versprochen, dass, wenn ich Arzt werde, ich es nicht zulasse, dass jemand stirbt, wenn ich es verhindern kann. Egal, ob an einer Krankheit oder sonst was. Ich will helfen.

Martina, 14

Vor einigen Jahren kam ich zu einem Karateverein

Als ich vor 14 Jahren in Österreich auf die Welt kam, freute sich meine ältere Schwester sehr. Nach einigen Monaten wurde ich auf den Namen Martina getauft. Etwa 9 Monate nach meiner Geburt habe ich ein Familienmitglied verloren. Mit etwa drei Jahren kam ich in den Kindergarten, dort hatte ich sehr viele Freunde, mit denen ich jetzt noch was unternehme. Als ich sechs Jahre alt war, kam ich in die Schule. In dieser Zeit habe ich sehr viel erlebt. Als ich in der vierten Klasse war, musste ich mich entscheiden, in welche Schule ich weiter gehen möchte. Ich entschied mich für die NMS. In der dritten Klasse der NMS starb eine weitere sehr wichtige Person in meinem Leben. Ich hatte sehr große Trauer. Doch einige Monate später passierte etwas sehr Schönes, denn es kam mein kleiner Cousin zur Welt. Einige Monate später wurde auch er getauft, das war ein sehr schöner Moment für mich. Vor einigen Jahren kam ich zu einem Karateverein, bei dem ich jetzt nicht mehr bin. Ich habe ca. 6 Jahre in diesem Verein trainiert. Ich bin auch einmal bei einem Marathon mitgelaufen, daraufhin habe ich sehr oft trainiert.

Nach dieser Schule komme ich in das Elisabethinum *(Private Höhere Lehranstalt und Fachschule für wirtschaftliche Berufe – Anm.)*. Später möchte ich einmal in einen Pflege-/Sozialberuf gehen, denn mir macht es sehr viel Spaß, mit Menschen zu arbeiten und diesen zu helfen. Zurzeit bringe ich meinem kleinen Cousin das Gehen bei.

Es macht mir eine große Freude, wenn ich sehe, wie er schon einige Schritte geht, doch dann wieder hinfällt.

In meiner Zukunft möchte ich einen guten Beruf haben, der mir auch Spaß macht, und eine eigene Familie haben. Bisher bin ich denselben Weg wie meine große Schwester gegangen, denn sie ist auch in diese Schule gegangen (früher hieß diese Schule HS), und jetzt geht sie in das Elisabethinum. Manchmal mache ich mir Gedanken über meine Zukunft, aber im Großen und Ganzen freue ich mich schon auf mein weiteres Leben.

Ali Reza, 16

Nach Afghanistan sicherlich nicht

Ich bin Ali Reza. Ein 16-jähriger afghanischer Bursch, der in Salzburg und genauer in St. Gilgen wohnt und die erste Klasse der HTL Salzburg besucht, in der Abteilung Elektrotechnik. Aber wie? Was ist meine Geschichte? Das erzähle ich nun.

Meine Eltern sind vor ca. 20 Jahren aus Afghanistan wegen dem Krieg in den Iran geflüchtet. Dort hat mein Vater gearbeitet, um ein neues Leben aufzubauen. Ich bin in einer südlichen Stadt im Iran, die Bandar Abbas heißt, geboren. Ich habe einen Bruder und auch eine Schwester, die jünger als ich sind. Ich bin, seit ich 5 Jahre alt war, in die Schule gegangen und habe im Sommer meinem Vater in der Arbeit geholfen. Als ich 11 Jahre alt war, haben unsere Dokumente nicht mehr gegolten, deshalb sollten wir aus der Stadt weggehen. Nach Afghanistan sicherlich nicht. Mein Vater hat entschieden, dass wir nach Teheran fahren sollen. Wir sind nach Teheran gefahren. Immerhin! Der Vorteil war, dass wir nicht nach Afghanistan gegangen sind, und der Nachteil war, dass wir keine Schule besuchen durften, geheim arbeiten mussten, weil wir keine Ausweise hatten. Ich habe dort zwei Jahre in einer Schneidereianlage gearbeitet. Das war echt schwer. Mehr möchte ich davon nicht erzählen! Am Ende wurden wir von der Polizei verhaftet und nach Afghanistan geschickt. In Afghanistan lebten wir in unserem Dorf. Aber wir haben nur 6 Monate dort gelebt. Unsere ganze Familie ist aus Afghanistan geflüchtet. Unterwegs im Iran wurde ich durch Schlepper von meiner Familie getrennt. Bis ich in Österreich angekommen bin, hatte ich keine Nachricht von denen.

Jetzt weiß ich, dass sie in Teheran leben, aber es geht ihnen wie vorher.

Ich bin in St. Gilgen in die Neue Mittelschule gegangen. Ich habe sehr brav Deutsch gelernt, die Österreicher und die Kultur kennengelernt. Ich bin seit fast zwei Jahren in Österreich und bin auch zufrieden. Ich möchte meine derzeitige Schule abschließen und danach arbeiten und mein neues Leben in Österreich aufbauen. Eines Tages werde ich sagen: „Es war nicht immer einfach, aber ich habe es geschafft."

Anonym, 17

Meine Freunde waren alle falsch

Meine Eltern sind in Bosnien geboren. Es ging ihnen in ihrer Heimat nicht gut, weshalb sie ein neues Leben in einem neuen Land beginnen wollten. Sie wohnten einige Jahre in Deutschland, dann in der Schweiz. Am Ende ist es doch Salzburg geworden. Ich verdanke meinen Eltern sehr viel. Sie haben mich, was Bildung angeht, immer sehr unterstützt. Ich besuchte zuerst die Volksschule, keine wirklich angesehene, jedoch hat sie ihren Zweck erfüllt. Daraufhin bewarb ich mich bei einem Gymnasium. Meine Eltern wollten unbedingt, dass ich ein Gymnasium besuche, weil mein älterer Bruder damals auch dorthin ging. Es war nicht meine erste Wahl, da ich nicht unbedingt die Klügste war. Meine Lehrerin hat mir früher auch davon abgeraten, aber meine Eltern bestanden darauf. Ich absolvierte einen Aufnahmetest und kam rein. An die erste Klasse kann ich mich kaum erinnern, das Einzige, was mir einfällt, ist, dass ich immer viel Spaß hatte. Ich war immer die gut Gelaunte und der „Klassenclown". Ich hab auch eigentlich immer auf meine Noten geachtet, trotzdem gingen sie bergab.

Am Ende des Jahres passierte es dann, ein 5er und eine Menge 4er. Leider waren es so viele, dass ich durchgefallen bin.

Ich hatte zwar das Recht auf eine Prüfung, aber die habe ich natürlich auch verhaut. Als ich dann erfahren habe, dass ich meine geliebte Klasse verlassen musste, fing ich extrem an zu weinen.

Wenn ich jetzt an die Zeit denke, muss ich sagen, dass ich mich kaum wiedererkennen kann. In der neuen Klasse war ich ein ganz anderer Mensch. Ich habe in ein paar Monaten so viel gelogen, so viel lüge ich normalerweise in mehreren Jahren nicht. Meine Freunde waren alle falsch, und ich hatte immer das Gefühl, dass meine Eltern auf mich scheißen (oder eben keine Lust auf mich haben). Ich habe jeden Menschen schlecht behandelt, nur Schlechtes erzählt und viel hinterm Rücken geredet. Ich denke, nun habe ich mich endlich gebessert. Ich habe viele gute Freunde kennengelernt und bin allgemein ganz anders. Ich habe zwar noch immer stark das Gefühl, dass ich total überflüssig für jeden bin, aber wenigstens habe ich mich damit abgefunden und behandle Leute daraufhin nicht schlechter. Ich habe Angst, dass ich meine Freunde verliere, da mir das im Leben schon öfters passiert ist. Ich mag es nicht, allein zu sein, und wenn mich alle im Stich lassen, bin ich es.

Diese Angst bezieht sich nicht nur auf Freunde, sondern auch auf meine Eltern. Ich habe extreme Angst davor, dass meine Eltern einmal von mir gehen. Meine Mutter hat mich erst sehr spät bekommen, und dementsprechend sind die beiden schon ziemlich alt. Mein Vater ist so alt wie manche Großväter, und meiner Mutter geht es in letzter Zeit nicht mehr so gut. Sie weint sehr oft und sagt selber, dass sie denkt, dass sie es nicht mehr lange schaffen wird. Ich denke langsam, dass sie die Hoffnung schon aufgegeben hat, aber ich denke, sie schafft das schon.

Hannah, 15

Ich hielt immer seine Hand

Mit 4 Jahren bekamen ich und mein großer Bruder unsere kleine Schwester Sophia. Als ich 6 Jahre alt war, ist mein Opa im Altersheim gestorben. Für mich war das eine schwere Zeit, weil ich ihn einfach gern hatte, und immer wenn ich bei meiner Oma in Mittersill war, haben wir ihn besucht, und ich hielt immer seine Hand. Ich bekam eine Cousine namens Valentina und war überglücklich, weil sie mir sofort ans Herz gewachsen ist.

Die vier Jahre Hauptschule waren eine tolle, aber auch anstrengende Zeit, aber ich habe sie mit einem guten Hauptschulabschluss beendet.

Mit 14 Jahren kam ich in die Polytechnische Schule St. Johann. Die Zeit vergeht sehr schnell.

Nach der Schule fange ich mit einer Lehre als Kosmetikerin und Fußpflegerin in der Alpentherme Gastein an. Ich wusste schon lange, dass ich diesen Beruf einmal ausüben will. Ich schnupperte und sah auch schon vieles von diesem Beruf. Eine Freundin meiner Mutter übt auch diesen Beruf aus.

Drilan, 16

Heimat kaputt!

Ich komme aus dem Kosovo. Habe zuerst in Schladming gewohnt, dann mussten wir ausziehen. Es war sehr schwer für mich – neue Schüler, Lehrer, alles war neu. Ja, ich gebe zu, ich war ein Außenseiter. Es war nie leicht für mich, musste mich mal anpassen und mich voranarbeiten. Wurde oft ausgelacht, geboxt, habe mich nie unterkriegen lassen. Das andere Problem war, meine Eltern mussten fliehen vorm Krieg. Heimat kaputt! Für meine Eltern war alles extrem schwer: keine Ausbildung, nicht mal die deutsche Sprache konnten sie. Meine Mutter arbeitet als Putzfrau, mein Vater bei einer Ski-Firma (Atomic). Ob wir Geld hatten? Keine Chance, wir mussten jeden Cent rauskratzen. Ich hatte kein Fahrrad oder teure Spielsachen.

Ich hatte nichts und ich sah meine Eltern fast nie. Sie mussten ja für 2 € die Stunde arbeiten.

Meine Noten passten einigermaßen, aber nicht perfekt. Manchmal passte meine Oma auf mich auf. Die meiste Zeit war ich alleine, halt mit meiner Schwester. Das alles war mir egal, aber ich wurde sehr oft beleidigt wegen meiner Herkunft, Aussehen, keine Ahnung, was die Spasten hatten. Ich bin mit 50 Cent in die Schule gegangen, die anderen mit 10 €. Mein Vater hatte nie Zeit, mich beim Fußballspielen zu sehen. Diese Scheißarbeit. Also kann man sagen, ich bin alleine erwachsen geworden. Ein Problemkind war ich auch. Natürlich, wenn man den ganzen Tag beleidigt wird, muss man ja was machen. Ich habe sie alle geboxt. Da kam schön langsam der Respekt. Ich spielte den Babo, aber die Konsequenzen wusste ich nicht. Meine Eltern mussten in die Schule. Sie hatten genug Stress mit der Arbeit, und dann noch ich. Meine Schwester war kein Problemkind, ihre Noten passten, sie ging mit ihren Freunden raus. Meine einzige Hoffnung war das Fußballspielen! Spielte nicht schlecht, hatte ein paar Angebote von 1860 München, aber konnte nicht gehen. Wer soll mich hinfahren? Papa in der Arbeit, Mama auch. In der gleichen Zeit spielte ich für Austria Salzburg, dann hörte ich auf.

Wir kauften uns ein Haus in Schwarzach. Meine Eltern schuften jeden Tag für das Scheißhaus. Wir hatten keine Papiere, wir waren illegal hier. Dann plötzlich kriegten wir die Papiere. Meine Mutter fuhr das erste Mal nach 15 Jahren in den Kosovo. Irgendwie entwickelte ich mich zum normalen Kind. Wurde nicht verarscht, auch nicht geschlagen. Ich fand ein paar Freunde und ging raus. Mein bester Freund ist immer noch Mertcan, ich kenne ihn seit 10 Jahren. Er war der Einzige, der mir half in meiner Scheißzeit. Dafür bedanke ich mich. Ich bin immer bodenständig geblieben und meine Eltern auch. Wir haben zurzeit ein fettes Auto, ein Haus, ich hab ein geiles Handy. Was soll ich bitte mehr wollen? Ich vergesse nie, woher ich komme. Und das mit den 50 Cent pro Tag hat sich geändert, bekomme jetzt auch 5 € oder 10 €. Ich besuche meine Heimatstadt regelmäßig, Sommerferien und so. Natürlich vermisse ich den Kosovo. Aber wo wäre ich ohne Österreich? Ich danke euch, dass ich hier sein darf!

Anonym, 19

Eigentlich war ich immer gut in der Schule

20 Monate nach meiner Geburt bekam ich eine kleine Schwester. Wir wohnten in Seekirchen, und als unser Haus umgebaut wurde und wir keinen funktionierenden Herd hatten, kam meine Oma (die Mutter von meiner Mama) jeden Tag zu uns, um uns selbstgekochtes Essen zu bringen und mit mir spazieren zu gehen. Jeden Tag hat sie mich im Kinderwagen stundenlang durch Seekirchen geschoben. Ich war auch oft bei ihr daheim in Salzburg. Meine Schwester ist oft mitgefahren, aber meistens war ich alleine bei ihr. Nach dem Kindergarten hat uns meine Oma besucht, ich bin dann meistens mit ihr heimgefahren, dann sind wir lange spazieren gegangen, z. B. auf den Mönchsberg, oder wir sind in den Mirabellgarten gegangen, haben in der Eisgrotte Eis gegessen, haben auf dem Spielplatz gespielt oder sind auf die Bäume geklettert und haben uns nebenbei von unserer Oma die mitgebrachte Jause füttern lassen. Im Herbst sind wir auch oft die Salzach entlanggegangen und haben Kastanien gesammelt und zu Hause verschiedene Sachen damit gebastelt.

Meine Schwester und meine Oma sind mir die Liebsten aus der Familie, und ich genieße immer noch jede Sekunde, die ich mit meiner Oma verbringen kann.

Bis zur 3. Klasse bin ich in die Volksschule in Seekirchen gegangen, aber als ich 9 Jahre alt wurde, ließen sich meine Eltern scheiden, deswegen sind meine Mama, meine Schwester und ich nach Schleedorf übersiedelt. In der 4. Klasse bin ich dann in Schleedorf in die Volksschule gegangen; weil es dort aber weder ein Gymnasium noch eine Hauptschule gab, bin ich danach jeden Tag in die Hauptschule nach Köstendorf gefahren. Nachdem wir 4 Jahre lang in Schleedorf in einer Mietwohnung gewohnt haben, sind wir Anfang Juli 2011, als ich 13 Jahre alt war, nach Salzburg gezogen, wo meine Mutter sich eine Eigentumswohnung gekauft hat. Seit der 4. Klasse bin ich im Christian-Doppler-Gymnasium. Eigentlich war ich immer gut in der Schule, und in der Hauptschule in Köstendorf war ich sogar immer in der 1. Leistungsgruppe und hatte keine schlechten Noten, allerdings nahm meine Motivation zum Lernen, seit ich im Gymnasium bin, sehr ab, und in der 7. Klasse kam ich dann, ohne zu lernen, leider nicht mehr durch. Das 2. Jahr in der 7. Klasse lernte ich dann aber immer noch nicht, also musste ich die 7. Klasse noch ein drittes Mal machen, bis ich sie endlich (dieses Mal aber wieder mit kaum etwas zu lernen) geschafft habe.

Am 9. Oktober 2015 hatte ich meine 1. Tanzstunde in der Tanzschule Seifert, und inzwischen bin ich das 3. Jahr dort und gehe mittlerweile in den Goldkurs. Seit 9. Oktober 2017 bin ich sogar jeden Montag als Assistentin dort und assistiere in den Tanzkreisen 4 und 5 (welche eigentlich über meinem Kurs sind). Und jeden Montag und Samstag bin ich im Goldkurs. Zurzeit besteht mein Leben also nur aus Schule und Tanzschule, denn für mich gibt es einfach nichts Besseres, als zu tanzen. (Und Schule muss ja, da ich die Matura haben will, sein.)

Hannah, 14

Anna und der Tod

Ich wurde 2003 im Krankenhaus geboren. Meine Schwester ist 17 und arbeitet bereits. In den Kindergarten ging ich schon mit ca. 2 Jahren. Dort hatte ich viele Freunde, doch mit einer verstand ich mich besonders gut. Sie hieß gleich wie ich und wir gingen durch dick und dünn. Mit 6 Jahren kam ich in die Volksschule. Mein Weg zur Schule war nicht weit, da wir in der Nähe wohnten. In der Schule waren wir anfangs sieben Mädchen und 7 Knaben. 1 Mädchen hieß Anna. Ich war öfters bei ihr. Wir erlebten viele Sachen zusammen. Doch Anna war nicht sehr oft in der Schule, da sie eine Krankheit hatte. Sie infizierte sich schon als kleines Kind damit. Ihr fiel z. B. das Atmen schwer. So ca. in der dritten Klasse VS ging es ihr immer schlechter. Letztendlich starb sie an dieser Krankheit. An dem Tag, wo unsere Lehrerin dies verkündete, hatten wir keinen Unterricht. Wir sprachen viel über Anna und den Tod. Bis jetzt erinnere ich mich noch an diesen Tag.

Ich hatte auch eine Nachbarin, die im selben Alter wie ich ist. Sie hatte auch einen Zwillingsbruder. Wir unternahmen täglich etwas, bis sich ihre Eltern trennten und sie wegzogen. Wir sahen uns trotzdem noch jedes zweite Wochenende. Irgendwann starb ihr Vater bei einer Operation. Die Beerdigung war der letzte Tag, wo ich sie gesehen habe.

Mich würde es sehr interessieren, wie es ihnen heute geht und wie sie sich verändert haben. Ich vermisse sie ein wenig.

Als ich in der vierten VS war, wollte ich unbedingt in die NMMS *(Neue Musikmittelschule – Anm.)* St. Johann gehen. Ich bestand die Aufnahmeprüfung und ging somit mit 10 Jahren in diese Schule. Am Anfang kannte ich dort keinen, doch ich freundete mich schnell mit jemandem an. Ich lernte viele neue Menschen kennen, mit denen ich viel Spaß habe. Jetzt bin ich am Ende der Vierten und schon etwas traurig, dass ich meine jetzigen Freunde nicht jeden Tag sehen werde. Wir haben viel zusammen erlebt und durchgemacht. Jedoch freue ich mich auf die neue Schule und auf neue Leute.

Azis, 15

Deutsch habe ich sehr schnell gelernt

Mein Vater ist in Armenien geboren und meine Mutter in Russland. Ein Jahr nach meiner Geburt zogen wir nach Deutschland. Dann ist meine Schwester zur Welt gekommen. Mein großer Bruder wurde in Armenien geboren. Als ich 2 Jahre alt war, zogen wir nach Österreich. Wir lebten für kurze Zeit in Oberösterreich. Ich bin in St. Johann im Pongau in den Kindergarten gegangen Mit 6 war ich in der Volksschule.

Die Sprache Deutsch habe ich sehr schnell gelernt. Die Hauptschule habe ich vom 10. bis zum 14. Lebensjahr besucht. Mit 15 ging ich in die Polytechnische Schule in St. Johann.

Mein Vater ist Maurer und meine Mutter arbeitet als Reinigungstechnikerin. Mein großer Bruder ist Installateur.

Ich helfe meiner Mutter manchmal im Haushalt. Ich helfe meinem Vater beim Autowaschen. Ich muss auch oft mit meinem kleinen Bruder spazieren gehen. Er wurde 2012 geboren.

Emma, 14

Eine wunderschöne Zeit

Ich wurde im Schwarzacher Krankenhaus geboren. Nach einer Woche bin ich in meinen Heimatort gekommen und nach einem halben Jahr bin ich mit meiner Familie in unser neu gebautes Haus eingezogen, wo wir immer noch leben, meine Eltern, meine Schwester und ich. Bis ich in den Kindergarten kam, verbrachte ich mit meiner Freundin, die auch meine Nachbarin war, und meiner Schwester sehr viele Tage mit Spielen. Mein Vater war beruflich sehr viel unterwegs, doch ich verstehe mich sehr gut mit ihm. Mit 4 Jahren bin ich in den Kindergarten gekommen, wo auch meine Mutter arbeitet. Dort habe ich zwei schöne Jahre verbracht. In meinem letzten Kindergartenjahr habe ich mit meiner Freundin bei meiner Mutter Flötenunterricht genommen.

Danach kam ich in die Volksschule, und ich habe sehr viel Zeit mit meiner Freundin verbracht, aber auch mit meiner Nachbarin. Ende des 1. VS-Jahres habe ich mit dem Querflötenunterricht begonnen, zu dem ich seit ca. 8 Jahren wöchentlich gehe. Ich war auch einige Male im Jugendblasorchester dabei. Als ich 8 Jahre alt war, verlor ich ganz plötzlich meine Oma, zu der ich sehr viel Kontakt hatte. In der 4. Klasse VS habe ich den Eignungstest der NMS St. Johann gemacht und diesen auch bestanden. Meine Freundin aus der Volksschule ging auch dorthin, und meine 3 Jahre ältere Schwester und meine Nachbarin waren bereits in dieser Schule. Deshalb fiel mir das Busfahren, täglich 1 h hin und zurück, nicht schwer. In der 2. Klasse NMS ist auch noch mein Opa verstorben, bei dem ich ebenfalls fast täglich war.

Nun habe ich nur noch einen Opa, da meine andere Oma schon vor meiner Geburt verstorben ist.

Ein Jahr später, also mit 12 Jahren, trat ich der Trachtenmusikkapelle Taxenbach bei, bei der ich noch immer bin.

Am Ende der 3. Klasse musste ich mich entscheiden, in welche weiterführende Schule ich gehen möchte, da für mich eine Lehre ausgeschlossen war. Nach einigen Schnuppertagen an höheren Schulen habe ich mich schlussendlich für die Tourismusschule in Bad Hofgastein entschieden. Das letzte Jahr der NMS ist sehr schnell vergangen. Zu Ostern führten wir ein Musical vor. Und jetzt sind es nur noch 2 Monate bis Schulschluss. Wenn ich so zurückdenke, war es eine wunderschöne Zeit, ich habe neue Freunde kennengelernt. Wir, unsere Klasse, haben 2 Musicals aufgeführt und trotz kleinerer und größerer Streitereien haben wir eine recht gute Klassengemeinschaft.

Ich bin jetzt schon etwas traurig, dass ich meine ganzen Freunde und Klassenkameraden nicht so oft sehe, da ich ganz alleine in die Tourismusschule gehen werde. Doch ich bin auch gespannt, was mich in der neuen Schule erwarten wird. Was danach passiert, weiß ich noch nicht.

Anonym, 17

Ich bin fast täglich im Fitnessstudio

Plötzlich war meine Erinnerung da. Ich wachte auf und musste zum Kindergarten. Ich habe mich mit allen sehr gut verstanden, obwohl ich ein sehr schüchterner Mensch war.

In meiner Volksschulzeit ist nicht viel passiert. Ich habe, wie die meisten, neue Freunde kennengelernt. Die meiste Zeit hatte ich nur 1–2 Freunde in der Volksschule. Meinen besten Freund habe ich beim Baden im Bach kennengelernt, da war ich sechs oder sieben Jahre alt.

Mit 10 Jahren war es so weit, ich musste in eine höhere Schule. Als schüchterner Mensch hatte ich es nicht leicht im neuen Umfeld mit neuen Menschen. In den ersten 2 Jahren hatte ich viel Streit mit einem Klassenkollegen, wir waren nicht immer der gleichen Meinung. Ab der 3. Klasse kam ein neuer Schüler zu uns, der genauso schüchtern war wie ich. Er wurde mein „bester Schulfreund". Jedes Wort, das ich vor der Klasse oder mehreren Menschen sagen musste, fiel mir schwer, ich wurde rot und fing an zu stottern – bis ich einen Freund kennengelernt habe, mit dem ich Dinge gemacht habe, die ich mich niemals getraut hätte. Ende der 4. Klasse im Gymnasium war ich dann nicht mehr so schüchtern.

Hobbymäßig spiele ich noch Fußball. Der Sport hat dazu beigetragen, mehr Selbstbewusstsein zu erlangen. Mit 16 durfte ich schon bei den Größeren in der 1B-Mannschaft spielen, was mich sehr gefreut hat. Ich hatte viele Testspiele, die ich mehr oder weniger gut absolviert habe, der Trainer war zufrieden. Als ich erfahren habe, dass ich beim allerersten Saisonspiel in der Startelf stand, ging mir das Herz auf. Ich war sehr nervös, vor allem vor so vielen Zuschauern, das hat sich auch auf meine Leistung ausgewirkt. Es war gefühlt das schlechteste Spiel überhaupt von mir.

Nach einer Zeit machte mir Fußball nicht mehr so Spaß wie früher, und ich musste mich auch jedes Mal ins Training quälen, bis ich beschloss, eine Jahrespause zu machen.

Ich habe dann angefangen, mit Freunden ins Fitnessstudio zu gehen, es hat mir richtig Spaß gemacht, und ich bin seitdem fast täglich im Fitnessstudio. Im selben Jahr habe ich meine erste Freundin kennengelernt (wir kannten uns eigentlich schon 7 Jahre, aber hatten nichts miteinander am Hut), mit der ich nun seit fast einem Jahr zusammen bin und hoffentlich auch noch viel länger.

Irgendwann hat Motorradfahren ein großes Interesse in mir geweckt, nun mache ich mit dem Autoführerschein meinen Motorradschein. Ich habe sehr großes Interesse daran, ein Rennen zu fahren. Ich habe vor, eine Supersportler zu kaufen, um auf der üben zu können und hoffentlich bald auf einer Rennstrecke fahren zu können.

Mumtahena, 17

Ja, echt!

Ich war ein sehr ruhiges Baby, erzählte meine Mami immer. Lustig, viel hat sich daran nämlich nicht geändert. Mein Gedächtnis ist nicht das beste, deswegen vergesse ich immer sehr schnell, was passiert ist. Also über Filme kann man schlecht mit mir reden. Das Früheste, an das ich mich aus meiner Kindheit erinnern kann, war, dass meine Mami mir das bengalische 1x1 beigebracht hat. Leider hat sie aufgehört, mich zu unterrichten, als ich in den Kindergarten kam. Mir fällt gerade auf, dass ich vergessen habe, eine der wichtigsten Personen meines Lebens zu nennen: meine Schwester, vier Jahre jünger, aber viermal so schlagkräftig.

Jedes Mal, wenn ich erwähne, dass ich nicht in Österreich geboren bin, löst das ein erstauntes „Echt?" aus. Ja, echt! Meine Familie ist 7 Monate nach meiner Geburt hierher gezogen. Irgendwie macht mich diese Tatsache voll stolz. Wahrscheinlich wünschen sich meine Eltern trotzdem, dass sie in Bangladesch geblieben wären, weil 6 Monate danach mein Opa gestorben ist.

Kindergarten war komisch. Ich war für ein paar Monate in einem christlichen Kindergarten, Kirche und Zeug, all inclusive. An sich klingt das nicht sonderlich aufregend, aber wir sind (sehr) gläubige Muslime. Tja, kann mal passieren. Durch einen Wohnungswechsel gab's auch einen Kindergartenwechsel. Von klein auf hat meine Mami immer gesagt: „Je weniger du redest, desto weniger Probleme bereitest du dir." Kein Wunder, dass ich ruhig bis zum Geht-nicht-mehr bin. Es gibt zwar Veränderungen, aber vor Massen kann ich immer noch nicht sprechen. Es sollte kein Vorwurf an meine Mami sein, auf keinen Fall! Sie ist der Grund, warum ich so geworden bin, wie ich jetzt bin. Sie ist die sanftmütigste, netteste & lustigste Person der Welt.

Ich weiß nicht, ob meine Oma bekifft war, aber sie hat mir den schrecklichsten Spitznamen der Welt gegeben.

Dank dem ganzen Hänseln in der Volksschule wollte ich im Gymnasium strikt mit meinem Vornamen angesprochen werden. Doof nur, dass jemand, der mit mir in dieselbe VS ging, auch in meiner Klasse war. So verging nicht viel Zeit, bis jeder meinen Spitznamen kannte, leider.

Auch eine große Rolle spielt Musik in meinem Leben. Wetten, das schreiben viele? Warum soll es bei mir besonders sein? Ganz einfach, ich höre K-Pop, und das seit 2013. Eine lange Zeit ist das, habe ich recht? Leider hörte das keiner außer mir & meiner Schwester. „Es ist nur eine Phase." „Verstehst du überhaupt, was die da singen?" „Ching chong all the way." „Die sehen ja alle gleich aus!" Tja, witzig. Ich wusste gar nicht, dass ihr alle Spanisch könnt, „Despacito" – ist ja auch so meaningful & jeder kann's verstehen. Auf jeden Fall traf ich Anfang der 4ten ein Mädchen mit einem „Exo"-Sweater und war hin und weg. Ich habe sie sofort angesprochen, und wir wurden sofort Freundinnen. So leicht kann eine neue Freundschaft beginnen, wenn man denselben Musikgeschmack hat.

Obwohl sie schon längst maturiert hat, stehen wir immer noch in Kontakt. Uns gehen niemals die Gesprächsthemen aus.

Mohammad, 17

Ich kann sehr gut mit meinen Händen arbeiten

Meine Eltern sind in Behsud, Afghanistan, geboren. Jetzt gerade lebt meine Familie im Iran, deshalb bin ich im Iran aufgewachsen. Ich war 3 Jahre alt, als ich von Afghanistan in den Iran gekommen bin. Ich war 10 Jahre alt, als mein Vater gestorben ist. Mit 12 Jahren habe ich als Friseur gearbeitet. Mit 15 Jahren bin ich nach Österreich gekommen. Ich habe eine kleine Familie. Ich habe 3 Geschwister, eine Schwester und zwei Brüder. In Österreich bin ich ein Jahr in die Schule gegangen. Am 30. Juli 2018 ist mein Pflichtschulabschluss fertig, und ich werde versuchen, auf einer Baustelle zu arbeiten. Ich kann sehr gut mit meinen Händen arbeiten.

Ich fahre jeden Tag nach Salzburg und ich gehe in die Schule. Am Wochenende spiele ich sehr gern Fußball und Volleyball. Manchmal arbeite ich in der Küche.

Ich freue mich, wenn ich eine positive Antwort habe, dann darf ich eine Arbeit suchen.

Anonym, 17

Wir hatten Glück im Unglück

Als Erstes möchte ich über meine Eltern erzählen, die 1998 zusammen mit meinen zwei älteren Brüdern aus Kosovo geflohen sind. Ich wurde zwei Jahre später in Österreich geboren. Für meine Eltern war es nicht leicht, in einem fremden Land ein neues Leben anzufangen, genauso wie für meine Brüder, welche erst die Sprache lernen mussten. Ich bin in Österreich groß geworden und bin dementsprechend mit zwei Sprachen aufgewachsen, Deutsch und Albanisch. Mein Vater hat damals in Kosovo studiert und somit sehr viel Wissen mitgebracht. Es fiel ihm nach den ersten paar Jahren immer leichter, einen guten Job zu finden. Wir hatten also Glück im Unglück. Abgesehen von der Kriegszeit hat meine Familie nie leiden müssen, und dafür danke ich Gott. Deutsch zu sprechen war für mich kein Problem, jedoch bin ich ein sehr fauler Mensch, und das könnte zum Problem werden. Ich besuche zurzeit ein Gymnasium, meine Brüder studieren, und meinen Eltern geht es gut. Ich hoffe auf weiteres Glück im Leben meiner Familie sowie in meinem.

Meine Pläne sind Astrophysik zu studieren, ein großes Haus zu besitzen und eine gesunde Familie zu haben.

Ich mache mir sehr viele Gedanken über meine Zukunft. Doch eines ist sicher. Ich werde in Österreich bleiben. Dieses Land ist mir sehr an mein Herz gewachsen, und ich kenne mich hier am besten aus. Nach Kosovo zu ziehen, sosehr ich das Land auch liebe, kommt nicht in Frage.

Vanessa, 15

Da war für mich die Welt kaputt

Geboren bin ich auf den Philippinen. Ich bin dort 1 Jahr in die Schule gegangen. Als meine Tante auf die Philippinen gekommen ist, hat sie mit meinen Eltern geredet. Meine Tante hat mich gefragt, ob ich mit ihr nach Salzburg gehe. Ich habe gedacht, dass ich nur für eine Woche in Salzburg bleibe, aber es war nicht so. Ich musste mich von allen verabschieden, es war so schwer für mich, ich war am Boden zerstört. Meine Eltern haben mich und meine Tante zum Flughafen begleitet, ich wollte am Anfang nicht mitgehen. Als der Mann vom Flughafen gekommen ist, hat er mich genommen und in das Flugzeug reingetan. Ich habe im Flugzeug geweint, geschrien. Ich habe die ganze Zeit gesagt, ich will zu Mama, aber es war zu spät, das Flugzeug war schon gestartet. Ich habe nur geweint und geweint, weg von den Eltern, da war für mich die Welt kaputt. Ich war am Ende. Später ist eine Frau gekommen und hat mir einen Teddy gegeben, aber das hat nichts gebracht, ich wollte einfach zurück zu meiner Familie. Als wir in München angekommen sind, warteten mein Onkel und mein Cousin auf mich und meine Tante. Ich hatte Angst. Neues Land, Menschen, das Wetter war anders als auf den Philippinen. Ich bin dann in das Auto von meinem Onkel gestiegen, wir sind in Richtung Salzburg gefahren. Nachhause. Für mich war das kein Zuhause. Mein Onkel und mein Cousin waren für mich fremde Menschen. Meine Tante kannte ich schon, das ist die Schwester von meiner Mutter. Mein Onkel hat mir mein Zimmer gezeigt. Ich bin sofort eingeschlafen. Am nächsten Tag ohne Eltern aufzuwachen war schrecklich, und schon habe ich wieder angefangen zu weinen. Mein Onkel und ich sind dann zu einer Schule gefahren. Die Schule heißt Volksschule Mülln, da bin ich in die Vorschule gegangen, damit ich Deutsch lerne, aber ich wollte nicht in diese Schule gehen. Es waren so viele fremde Menschen. 1 Woche später war mein Geburtstag, das war nicht schön für mich, ohne Eltern zu feiern. Ich hatte viel Streit mit meinem Onkel und meiner Tante, mein Cousin hat mich geschlagen. Ich bin weggelaufen, habe mich mit einer Freundin im Park versteckt, ich hatte Angst vor meinem eigenen Onkel. Ich wollte nicht mehr zurück in die Wohnung, ich wollte weg, zurück auf die Philippinen zu meinen Eltern, meiner Familie, einfach alle in die Arme nehmen. Aber es ging nicht. 2 Jahre später bin ich in eine WG gekommen, das ist eine Kinderwohngemeinschaft. Ich hatte jeden Tag Heimweh. Ich hatte keine Fotos von meinen Eltern, nichts, habe nicht mal gewusst, wann meine Eltern Geburtstag haben. Meine Eltern wollten nie, dass es eines Tages so wird.

Dass ich geschlagen werde und in einer WG bin, das haben meine Eltern erst erfahren, als ich 11 war.

Meine Mutter hat geweint, als sie meine Stimme gehört hat. Ich habe bis jetzt meine Eltern nicht gesehen, 9 Jahre, aber ich habe mir vorgenommen, wenn ich 17 werde, dann fliege ich dorthin, zu meinen Eltern. 2 Jahre noch, dann werde ich meine Eltern sehen. Ich freue mich schon, endlich, nach so vielen Jahren. Jeden Tag vermisse ich meine Eltern. Aber ich bin sehr dankbar, dass ich in Österreich viele Freunde habe und dass ich mich jetzt mit meinem Onkel, meiner Tante und meinem Cousin verstehe!

Salih, 15

Fuat war immer an meiner Seite

Als ich geboren wurde, wurde eine Krankheit bei mir entdeckt. Ich wurde direkt nach 22 Stunden in Salzburg operiert. Gott sei Dank habe ich es überlebt, weil die Überlebensquote sehr niedrig war. Ich wollte angeblich zu dieser Zeit nur essen, deswegen war ich auch sehr übergewichtig. Mit 4 fing ich an, in den Kindergarten zu gehen, meine besten Freunde zu dieser Zeit waren Daniel und Medea. Es war, finde ich, die beste Zeit in meinem Leben. Dann kam ich in die Volksschule Neu. Meine Klassenlehrerin war Frau Stadler. Ich mochte sie sehr, doch ich musste die Klasse nach einem Jahr verlassen, da mein Deutsch ziemlich schlecht war und mein Vater darauf bestanden hat. Doch dann kam das Grauen meines Lebens.

Am ersten Tag hatte ich schon Angst vor ihr, da sie auf den Tisch gesprungen ist und wie ein behinderter Bär herumschrie.

Ich mochte die Lehrerin nicht und sie mochte mich nicht. Eines Tages kam es dazu, dass sie mich in die Sonderschule schicken wollte. Meine Eltern waren dagegen, also blieb ich in dieser Schule. Doch eines Tages hat es meinem Vater gereicht und er beschimpfte sie.

Da meine Noten nicht die besten waren, habe ich mich in der NMS angemeldet und gehofft, dass es keine andere Lehrerin wie die Volksschullehrerin gibt. Ich kam in die Klasse und hatte wirklich keinen Bock. Die ersten 2 Jahre waren nicht so gut für mich, da ich nur 1 Freund in der Klasse hatte namens Fuat. Fuat war immer an meiner Seite. Dann, ab der 3. Klasse, war es eine ziemlich schwere Zeit für mich, da ich meine Oma am 12. 03. 2016 verloren habe. Die ganze Familie war am Boden zerstört. Meine Eltern waren zu dieser Zeit in der Türkei, also waren sie auch bei der Beerdigung dabei. Es kamen sogar Verwandte und Freunde von mehr als 500 km zur Beerdigung, es waren alle da außer mir und meiner Schwester. Und im Sommer erwartete mich noch eine Überraschung. Als wir mit der Familie in der Türkei ankamen, kam es direkt nach 3 Stunden zu einem Putsch. Es war eine schreckliche Nacht für mich, da ich nicht wusste, was das ist. Doch heute geht es mir gut und meiner Familie auch.

Sara, 16

Ich hatte keine Lust mehr

Ich hatte eine ganz normale Kindheit. Bis ich 11 wurde. Eines Tages habe ich keine Luft mehr bekommen. Als wir im Krankenhaus waren, hat sich herausgestellt, dass ich Asthma habe. Zuerst war ich traurig, aber mit der Zeit habe ich mich daran gewöhnt, und es wurde immer weniger und weniger.

Ich hatte mich für ein Gymnasium entschieden (mit meiner damaligen besten Freundin). Am Anfang war alles ganz schön. Wir hatten voll viel Spaß, aber dann wurden meine Noten schlechter. Ich hatte eine Fünf in Mathematik bekommen und die Nachprüfung nicht geschafft. Ich habe eine Klausel genutzt, und somit bin ich weiter in diese Schule gegangen, aber das war ein Fehler. Im 2. Semester hatte ich einen kleinen Streit mit meiner besten Freundin. Aus einem kleinen Streit wurde ein großer. Alle meine Klassenkameraden waren auf ihrer Seite. Ich wurde jeden Tag verarscht, gemobbt. Ich hatte keine Lust mehr, in die Schule zu gehen. Dann hatte ich wieder Fünfer. Dieses Mal nicht nur einen, sondern zwei! Ich hatte eine Chance auf eine Nachprüfung, aber die habe ich nicht gemacht. Ich hatte sowieso keine Lust mehr. Gleich nach dem Zeugnis haben meine Eltern und ich eine neue Schule für mich gesucht. Kurz darauf hat mich die NMS Liefering aufgenommen. Von einem Gymnasium in eine Neue Mittelschule zu kommen war nicht besonders leicht. Da war FREIARBEIT. Das war neu für mich. Fremde Lehrer, Schüler. Die Gedanken, ob sie mich mögen würden oder nicht. Man gewöhnt sich nun mal daran. Hab sehr gute Freunde bekommen. Dieses Jahr (2017) ist es leider zu Ende. Unsere Wege trennen sich. Ich bin sehr traurig. Ich hoffe, dass wir uns wiedersehen, beim Klassentreffen oder so. Ich werde in eine neue Schule gehen und hoffe, dass es so wie hier wird, dass ich wieder gute Freunde habe.

Natürlich werden die meine alten Freunde nicht ersetzen können. Ich werde sie vermissen.

Marcel, 15

Die Wasserrettung ist mein Leben

3 Monate nach meiner Geburt ist mein Opa von uns gegangen. Obwohl ich ihn nicht wirklich kannte, vermisse ich ihn. Ab da hatten wir eigentlich kaum noch Kontakt mit unserer Familie, denn wir wohnten in St. Johann und die anderen überall verstreut in ganz Österreich. Im Kindergarten war ich am liebsten, ich hatte viele Freunde, aber nach dem Kindergarten hatten wir leider keinen Kontakt. Ich habe einen Freund kennengelernt, aber wir hatten nur 1 Jahr miteinander zu tun, weil wir in verschiedenen Klassen waren. Die Volksschule war sehr schwer für mich, ich hatte eine sehr strenge Lehrerin, die mir das Leben zur Hölle machte. Aber in der 4. Klasse kam ich zur Wasserrettung B'hofen, da konnte ich mich entspannen. Ich bin dann immer bei den Meisterschaften mitgeschwommen, ich habe auch gute Plätze erzielt. In der Hauptschule hatte ich wieder mehr zu tun mit dem damaligen Freund, und seitdem sind wir beste Freunde und machen alles gemeinsam, außer der Wasserrettung.

Die Wasserrettung ist mein Leben, ich war letztes Jahr bei den Bundesmeisterschaften in Wien und konnte auch zwei 3. Plätze machen, und jetzt bin ich in ganz Österreich bekannt in der Wasserrettung. Heuer wurde ich in Tirol eingeladen, bei ihren Landesmeisterschaften mitzuschwimmen, und konnte einen 5. Platz und einen 1. Platz abräumen. Jetzt habe ich auch Kontakte nach Osttirol und nach Nordtirol.

Im Februar habe ich eine Lehrstelle bekommen. Ich bemühe mich schon das ganze Jahr, dass ich gut in der Schule bin, sogar mit Erfolg. Seit Februar darf ich Moped fahren, das ist schon toll, du bist nicht mehr abhängig, ob deine Eltern Zeit haben oder nicht, du kannst einfach fahren. Bei unseren Landesmeisterschaften habe ich mich noch mal qualifiziert für die Bundesmeisterschaften, die heuer in Salzburg stattfinden.

Ich trainiere hart, weil ich Möglichkeiten habe, zu den Weltmeisterschaften zu fahren.

Ich könnte mir ein Leben ohne die Wasserrettung nicht mehr vorstellen. Ich bin jede Woche 3 Mal bei der Wasserrettung, weil ich auch dort meine Tauchsachen aufbewahre. Den Tauchschein habe ich vor einem Jahr gemacht. In der Zukunft möchte ich alle Ausbildungen machen, denn dann wäre ich der Erste, der alles hat im ganzen Pongau.

Marc, 15

Ich bin froh, anders zu sein

Ich bin in Österreich geboren. Meine Mutter kommt ursprünglich aus Afrika. Meinen Vater kenne ich nicht. Ich möchte ihn auch nicht kennen. Zwei Jahre nach meiner Geburt starb mein Opa und später dann auch meine Oma. In meinem zweiten Lebensjahr habe ich die österreichische Staatsbürgerschaft bekommen. Mein erster Urlaub war in Frankreich, wo ich zum ersten Mal meine Cousine gesehen habe. Mit 5 Jahren habe ich Fahrradfahren gelernt und ging zum ersten Mal in einem Verein Fußball spielen.

Mit 6 Jahren bin ich in die Volksschule gekommen. Dort habe ich Schule gemocht. Mit 10 bekam ich mein erstes Handy und kam in die Hauptschule. Zu meiner Firmung trug ich eine Lederhose, die ich weiterhin mit Stolz tragen werde. Mit 14 ging ich das erste Mal, und nur einmal, zu einer Bierzeltparty. Mit 15 kam ich in die Polytechnische Schule und wurde dort Klassensprecher. Ich will Koch werden und später die Welt bereisen.

Ich habe mir vorgenommen, mit 18 den Autoführerschein zu machen und dann für ein Jahr bei meiner Tante in Frankreich zu bleiben.

Nach dem Jahr in Frankreich werde ich viel Geld sparen, damit ich reisen kann. Ich werde als Erstes nach Afrika fliegen und dann in die USA, Kanada, Brasilien, Japan, Schweden und vielleicht nach London. Es ist ein schwerer Weg, aber ich werde es schon schaffen.

Ich wurde zweimal Klassensprecher. Ich habe viele Schwierigkeiten mit anderen Leuten gehabt. Zum Beispiel Rassisten oder Leuten, die mich wegen meiner dunklen Hautfarbe verarschten. Irgendwie ist mir das aber egal, und ich bin froh, anders zu sein. Ich werde nie vergessen, woher ich ursprünglich komme.

Nazira, 15

Wir hatten in Afghanistan alles

Als ich geboren wurde, war mein Bruder schon auf der Welt. Er hatte einen Zwilling, aber mein anderer Bruder ist leider gestorben, weil er Probleme mit dem Herz hatte. Seinen Tod habe ich nicht miterlebt, weil er nur 20 Tage alt wurde. Ich hatte eine tolle Kindheit. Wir hatten in Afghanistan alles, was wir brauchten. Ein Haus mit einem schönen, riesigen Garten, Geld und die ganze Familie beieinander. Aber dann kam etwas dazwischen, nämlich Krieg. Es gab zwar nicht so einen Krieg, wo man sich fürchten musste rauszugehen, aber meine Eltern hatten immer Angst, und deswegen durften wir nur im Garten spielen. Aber wir waren es gewohnt, und es hat Spaß gemacht. Meistens waren die Nachbarskinder bei uns und manchmal wir bei ihnen. So lief es in meiner Kindheit, bis ich langsam älter wurde.

Als ich 7 war, hatten mein Vater und meine Mutter die Diskussion über Schule. Mein Vater wollte nach Österreich kommen, weil es hier bessere Schulen gibt, aber meine Mutter hatte Angst, dass meinem Vater auf dem Weg nach Österreich etwas passiert. Nun war ich 8. Meine Mutter, mein Bruder und ich zogen nach Kabul zu meinen Großeltern. Mein Vater hat sich auf den Weg nach Österreich gemacht. 2010 ist er angekommen. Sie haben ihn interviewt und mein Vater hat einen Pass bekommen. 1 Jahr später bin ich nach Österreich gezogen, also mit meinem Bruder und meiner Mutter. Wir haben auch Pässe bekommen. Hier in Salzburg war alles toll, aber es hat etwas gefehlt. Meine Onkel, meine Großeltern, meine Tanten, meine Cousinen und meine Cousins. Mit der Zeit wurde es eigentlich normal.

Mein erster Volksschultag stand nun vor der Tür. Diese Zeit war meine schlimmste Zeit. Ich wurde in der Schule gemobbt wegen meinem Deutsch. Zum Glück waren es nur zwei Jahre. Aber in diesen zwei Jahren ist auch was Erfreuliches passiert. Meine kleine Schwester ist geboren worden. Sie heißt Susanne und ist nun bald 5 Jahre alt. Dann bin ich in eine höhere Schule gekommen, mein Deutsch wurde besser, und ich hab sehr viele Freundinnen gehabt. Eine ist jetzt eine von meinen besten Freundinnen. Die andere ist in der 2. Klasse gekommen.

Mit den beiden habe ich das erste Mal gespürt, wie es ist, wahre Freunde zu haben.

Ich hoffe, nach der Schule werde ich mit ihnen genauso gut befreundet sein. Auf jeden Fall wurden mir sehr viele wichtig. Und ich hatte nie wieder Zeiten, wo ich mir dachte, ich kann nicht mehr. Natürlich gibt es immer wieder Zeiten, wo es bergauf und bergab geht, aber das ist irgendwie normal im Leben. Mir ist ein guter Schulabschluss sehr wichtig. Ich bin in letzter Zeit nicht mehr so gut wie früher, und das will ich ändern und alles dafür machen, einen guten Abschluss zu bekommen.

Jakob, 15

Ich wurde genommen

Ich wurde in Schwarzach im Pongau geboren. Als ich zwei Jahre alt war, bekam ich eine Schwester. Mit 14 kam ich in die Polytechnische Schule, wo ich dieses Schuljahr noch fertigmachen werde. Seit drei Monaten darf ich jetzt auch schon überallhin fahren. Wenn ich mit der Pflichtschule fertig bin, fange ich auch schon einen Monat später zum Arbeiten an, als Elektriker, worauf ich mich sehr freue.

Ganz am Anfang wollte ich eigentlich Karosseriebautechniker und Lackierer werden, aber als ich schnuppern war, hat es mir doch nicht so gefallen, wie ich gedacht hatte.

Mein Vater hat auch Elektriker gelernt und hat mir gesagt, ich sollte Elektriker auch einmal schnuppern. Dann habe ich in einer Firma angefragt, ob ich schnuppern darf, weil mein Vater den Chef dort sehr gut kennt, weil der mit ihm gelernt hat. Dann durfte ich schnuppern und mir hat es sehr gefallen. Deshalb habe ich angefragt, ob ich anfangen darf, und ich wurde genommen.

Sarah Noemi, 14

Meine Leidenschaft ist Singen

Ich bin geboren und aufgewachsen in Salzburg, aber meine Wurzeln liegen in Nicaragua. Meinen Vater habe ich die ersten paar Jahre meines Lebens nicht gekannt, aber dafür hatte ich einen Ersatz-Vater, und zwar den Vater meines Bruders, der nach mir geboren ist. Nach der Geburt meines Bruders bekam meine Mama Depressionen, und deswegen kümmerte sich meine Oma viel um mich. Wir haben bei ihr gewohnt, und sie wurde wie meine zweite Mutter. Nach einigen Jahren zogen wir dann aus, es fiel mir sehr schwer, denn meine Oma war mein Ein und Alles. Danach waren wir im Urlaub in Italien mit meiner Mutter, meinem Vater und Bruder. Meine Mutter war zu dieser Zeit mit ihrem dritten Kind schwanger. Sie freute sich sehr darüber, doch dann verlor sie es. Es war eine sehr traurige Zeit in unserem Leben, denn das war nicht das Einzige, was passierte: Meine Oma starb nämlich kurz danach. Eine Welt brach für mich zusammen! Danach hatten wir lange Zeit immer Streitigkeiten in unserer Familie, vor allem mit meinem Opa und meiner Tante. Doch wir haben uns immer wieder vertragen, und das war das Wichtigste. Leider erkrankte mein Bruder dann auch noch und wäre fast gestorben, aber er hatte Glück. Nach ein paar Jahren kam er in eine WG, um alles wieder in den Griff zu bekommen (Noten, Aggressionen, Umgang mit uns, seine Krankheit). Meiner Mutter ging es danach sehr schlecht, denn obwohl er schon ca. 8–9 Jahre alt war, war er ihr „kleines Baby“, und sie wollte ihn beschützen. Nach ca. 1 Jahr kam dann auch ich in eine WG.

Es war sehr schlimm für mich, denn ich wusste über den Plan nicht Bescheid. Sie haben mich einfach von der Schule abgeholt.

Mittlerweile wohne ich noch immer in der WG, manchmal ist es zwar schwer, aber mit Hilfe meiner allerbesten Freundin Laura meistere ich alles. Sie ist wie eine Schwester für mich, und ich bin froh, sie kennengelernt zu haben, denn ohne sie wäre ich aufgeschmissen.

Meine Leidenschaft ist Singen. Ich hab schon immer gern gesungen, doch richtig angefangen hat das alles in der NMS Liefering. Es gab nämlich Fächer, die man sich aussuchen konnte, und eines davon hat mir am besten gefallen, und das war Musik. Am Anfang dachte ich mir zwar, dass es langweilig wird, denn in meiner alten Schule war es immer langweilig. Doch es gefiel mir gleich am ersten Tag, denn wir hatten Mikrofone und viele Instrumente, und wir haben keine alten Lieder gesungen. Ich singe noch immer und hatte auch schon ein paar Auftritte.

Anonym, 18

Hier bin ich stumm

Heutzutage wird es mittlerweile als normal angesehen, wenn einer daherkommt mit „meine Eltern kommen aus dem Ausland". Ja, auch ich habe ausländische Wurzeln. Und zwar bulgarische. Die Geschichte Bulgariens war lange Zeit keine positive, dennoch bin ich stolz auf sie. Nicht jedes Land kann von sich selbst behaupten, nach 500 Jahren Versklavung noch immer dieselbe Religion, dieselbe Tradition, dieselbe Sprache und dieselbe Mentalität zu haben. Willensstärke, Tapferkeit und Mut sind eine Seltenheit. Aber darum geht es hier jetzt nicht. Das kann man auch auf Wikipedia (oder besser in einer verlässlicheren Quelle) nachlesen. Doch ich verbinde vielerlei Erlebnisse und Geschehnisse mit diesem Land. Ist es nicht eigenartig, wie jemand, der in Österreich geboren und aufgewachsen ist und so ziemlich 90 % seines Lebens hier verbracht hat, dennoch eine unverwechselbare, tiefere Verbundenheit mit dem Ursprungsland der Eltern hat? Mein ganzes bisheriges Leben fühle ich, dass ich nicht hierher gehöre. Sogar die Leute dort gefallen mir mehr. Mehr Temperament. Mehr Gemeinsamkeiten. Hier verstelle ich mich mein ganzes Leben lang. So richtig automatisch, ohne Absicht. Dort bin ich ich, dort bin ich das, was ich wirklich bin: die Extrovertierte, die, die alle mit ihrem Lachen, ihren Witzen, ihrer Positivität ansteckt. Buchstäblich „the life of the party". Hier? Hier bin ich stumm.

Österreich ist wirklich schön, einzigartig auf seine Art & Weise. Aber es fehlt etwas, das gewisse Etwas, vergleichbar mit dem fehlenden Salz in der Suppe. Oder dem Gewürz. Versteht mich nicht falsch. Kindergarten, Volksschule, Hauptschule (teilweise), Gymnasium. Alles war hier. Von positiv bis negativ und wieder zurück. Und das schätze ich auch. Auch wenn ich schwer jene Freunde gefunden habe, die ich suchte. Auch wenn ich enttäuscht war. Ich meine, ich habe viel erlebt. Ich war Stepptänzerin, hab als Kind geschauspielert, war Springreiterin mit diversen Auszeichnungen, bin etliche Male Landesmeisterin im 400-m.-Lauf gewesen und hab sogar als Kind drei Mal den ersten Platz bei einem Schirennen ergattert. Seit meinem elften Lebensjahr schreibe ich an einem eigenen Roman. Und, und, und. Es ist ja nicht so, dass mein Leben langweilig gewesen ist oder gegenwärtig so abläuft. Oder dass ich nichts erreicht habe und alles schwarz-weiß sehe. Das Gefühl ist nicht schön, wenn Gleichaltrige aus der Klasse aus irgendwelchen Gründen anfangen, einen zu hänseln. Da begannen auch die Probleme. Ich habe mich schon immer besser mit Bulgaren verstanden, einfach weil ich so ticke wie sie. Ich konnte ich selbst sein. Doch diese Mitschüler haben einen anderen Menschen aus mir gemacht. Wegen ihnen wurde ich zur leisen, unauffälligen Schülerin, die eigentlich in ihrem Inneren keine solche ist, die am liebsten genauso wie alle anderen sie selbst sein möchte. Aber irgendetwas lässt es nicht zu. Ich bin gefangen in meiner Vergangenheit, und Bulgarien ist die einzige Medizin, die mich heilt und mir das Gefühl gibt, wirklich lebendig zu sein. Und da kommt auch schon das Problem:

In einem wohlhabenden Land mit langweiligen, temperamentlosen Robotern leben (oder selbst so sein) oder in einem korrupten Land mit Menschen auf einer Wellenlänge leben?

Das soll keine Kritik an meinem bisherigen Leben sein, denn ich bin stolz auf mich. Obwohl jeder gegen mich war, jeder gleichgültig auf mein Leiden reagiert hat, kam ich wieder raus. Und zwar stärker denn je. Alles hat sich gebessert, und es wird nur Gutes auf mich zukommen, wenn ich mit dem Gymnasium fertig werde. Ich war schon immer ein positiver Mensch. Denn einen starken Charakter hat man nur dann, wenn man vorher die Qual am eigenen Leib erfahren hat. Yin & Yang. Das ist mein Lebensmotto. Das Gute im Schlechten und das Schlechte im Guten.

Aleksa, 14

Jetzt können wir uns mehr leisten

Ich bin mit 4 Jahren von Serbien nach Österreich gezogen. Ich und meine Familie haben einen der letzten Züge nach Österreich erwischt. Wir sind nach Bregenz gefahren. Von Bregenz sind wir nach Neumarkt gezogen, in ein Apartment. In dem Apartment, in einem kleinen Zimmer zu viert, gab es ein Bad/WC, wo alle Männer zusammen waren, und eines, wo alle Frauen zusammen waren. Mein Vater war ein Fußballprofispieler, er spielte in Anif.

Der Co-Trainer mochte meinen Vater so sehr, dass er ihm half, seine Aufenthaltserlaubnis zu bekommen.

Mein Vater war der Einzige, der Geld verdiente, und begann, auch auf der Baustelle zu arbeiten. Er ist von Neumarkt immer nach Salzburg gefahren, um zu arbeiten. Nach ein paar Monaten bekamen wir unsere Reisepässe. Mein Vater hat in Salzburg eine Wohnung gefunden, wo wir jetzt immer noch leben. Nach nicht so langer Zeit hat mein Vater sich eine Malerfirma aufgemacht. Diese Firma wurde 2011 gegründet und geht sehr gut. Jetzt können wir uns mehr leisten als früher und haben 6 Firmenautos und 10 Mitarbeiter. Meine Mutter hat eine Technikfirma.

Nächstes Jahr geh ich in die HTL in Itzling. Ich habe vor, ein Fußballer zu werden, der in der 2. Liga spielt, und ein guter Ingenieur zu werden. Ich habe vor, 2 oder 3 Kinder zu haben und ein guter Mann zu sein. Ich habe viele Freunde und Freundinnen. Ich geh öfters laufen, um meine Koordination zu verbessern. Daheim mache ich Sixpack-Übungen, damit ich mehr Kraft bekomme. Ich habe auch 3 Geschwister, die jünger sind als ich.

Ich werde am 23. Mai 15 Jahre alt, da werde ich mein Moped bekommen. Warum will ich ein Moped? Damit ich mit meinen Freunden überallhin fahren kann. Die Fahrt ist immer kurz, man fährt mit dem Moped zum Schwimmbad, man kann sogar zu zweit fahren. Ich werde mit meiner Freundin zusammen fahren.

Anonym, 17

Ich bin ein sehr ehrgeiziger Mensch

Ich kam in Österreich auf die Welt. Für meine Eltern das dritte und letzte Kind. Meine Schwester, die Älteste, wurde ebenfalls in Österreich, genauer Salzburg, geboren, mein Bruder, der Mittlere, in Schärding. Meine Eltern zogen, bevor ich geboren wurde, viel um. Aus Bosnien aufgrund des Krieges nach Österreich geflüchtet. Von Salzburg mit dem ersten Kind nach Schärding und dann mit dem zweiten Kind wieder zurück nach Salzburg.

Ich musste nicht in die Vorschule gehen, da ich sowohl Bosnisch als auch Deutsch sprechen konnte. Sprachen liegen mir. Mathe nicht. Meine Volksschulzeit war eine schöne Zeit. Da lebte ich noch in der Stadt. Mit 14 zog ich dann aufs Land, da meine Eltern sich ein Haus gebaut hatten. Mitten im 4ten Schuljahr des Gymnasiums wohnte ich nun weiter weg, aber ich war und bin immer noch froh darüber. Da meine Eltern auch ein Haus in ihrem Heimatland Bosnien hatten, fuhren wir oft nach Bosnien. Dort hatte ich ebenfalls Freunde und Familie. Ich fühle mich in beiden Ländern zuhause. Bis zu meinem 16. Lebensjahr führte ich ein normales Leben, nichts Besonderes: Schule, Freunde, Familie.

September 2016 starb mein Opa. Durch dieses zutiefst traurige Ereignis änderte sich viel für mich. Zum ersten Mal verlor ich einen Menschen, der mir alles bedeutete. Ohne ihn war es ruhig. Ich beschloss kurz darauf, meinen Führerschein zu machen, um ihn oft alleine besuchen zu können. Mit ihm redete ich am liebsten. Natürlich könnte ich auch mit meinen Eltern zu ihm fahren, aber das wäre nicht dasselbe für mich. 4 Monate nach meinem 17. Geburtstag bestand ich meine Prüfung und bekam meinen Führerschein. Seitdem wiederholt sich alles wieder: Freunde, Schule, Familie.

Meine Eltern kommen zwar beide aus Bosnien, jedoch ist der eine Ort von dem anderen 6 Stunden entfernt. Ich liebe die Stadt meines Vaters, denn dort leben meine Großeltern, meine Freunde und mein Freund. Nach meinem 16. Geburtstag beschlossen meine Eltern aber, das Haus dort zu verkaufen und sich eine Wohnung in der Stadt, in der meine Mutter geboren war, zu kaufen. Dies änderte viel in meinem Leben.

Früher besuchte ich diese Stadt 18 Mal im Jahr, aber daraus wird jetzt nichts mehr werden.

Es wird noch vieles auf mich zukommen. Ich bin ein sehr ehrgeiziger Mensch. Ich beiße mich durch. Ich gebe nicht auf. In der Schule war ich immer gut, bis ich ins Gymnasium kam. Ich wurde ohne Probleme aufgenommen, da ich immer nur 1er hatte. Im Gymnasium änderte sich das aber schnell. Ob es nun an der Pubertät lag oder an den neuen Menschen und der ganzen Umstellung, weiß ich nicht. Aber eines weiß ich, ich tat mir schwer. Schwer beim Lernen, schwer beim Verstehen. Ich gab aber nicht auf und habe es bis in die 7te Klasse geschafft. Jetzt sitze ich hier und werde weiterhin versuchen, das Beste von mir zu geben.

Sami, 15

Die Klasse respektiert mich

Als ich von Herrnau in die Altstadt umgezogen bin, war es nicht einfach, alles stehen und liegen zu lassen, um ein neues Leben aufzubauen, nachdem unsere Wohnung beinahe abgebrannt wäre. Ich bin der Sohn eines Tunesiers und einer Österreicherin und das einzige Kind in dieser Ehe. Ich wollte immer einen Bruder oder eine Schwester. Nach dem Tod meines Großvaters habe ich versucht, Freunde zu finden, was mir auch gelang. Als ich in die Volksschule ging, fand ich viele Freunde. Ich wollte immer Pilot werden, aber als ich in die Neue Mittelschule kam, begrub ich diesen Traum. Mit der Zeit ging es mit mir immer weiter den Bach runter. Ich wurde das Ziel von Mobbing, es gab nur wenige Tage, wo ich nicht geschlagen, beleidigt und terrorisiert wurde. Am Ende des ersten Schuljahres wurde es leicht besser, aber mit Beginn des zweiten Schuljahres wieder schlimmer.

Das Schlimmste waren nicht die Wörter oder die Schläge, sondern die Tatsache, dass ich keine Freunde mehr fand.

Zwischenzeitig kam der Tod von zwei meiner Tanten und ich schlitterte weiter in mein Verderben. Aber ich konnte es noch abfangen und schaffte es, auch das zweite Schuljahr zu überstehen. So richtig schlecht ging es mir im dritten Schuljahr, am Anfang wählte meine Klasse mich zum Klassensprecher, und dann ging es richtig los mit dem Mobbing. Ich sagte es meinen Eltern nicht, und meine Seele konnte das nicht mehr verarbeiten. Ich wurde psychisch krank, ich ging nicht mehr gerne zur Schule. Ich war 2 Monate krank durch das Mobbing.

Im vierten Schuljahr hörte meine Klasse langsam auf. Und als ich in die Polytechnische Schule kam, konnte ich mich von vier Jahren blankem Horror erholen. Die Klasse respektiert mich und sie wählten mich zum Klassensprecher. Und halfen mir, mein Leben wieder aufzubauen. Die alten Sprüche über die Polytechnische Schule, dass nur Leute, die eine Amsel im Hirn haben, dahin gehen, sind nur Vorurteile. Und nun stehe ich am Anfang von einem neuen Leben. Ich will gerne Großhandelskaufmann werden und will auch Karriere machen. Ich war schon in meiner Kindheit ein schwieriger Typ. Ich habe oft erfahren, dass das Leben kein Wunschkonzert ist.

Martin, 14

Vor kurzem hab ich mir ein Moped gekauft

Als ich 5 Jahre alt war, kam mein kleiner Bruder auf die Welt. Ich freute mich sehr, als wir mehr Leute in der Familie waren. Mit 6 Jahren kam ich in die Schule. Dort kannte ich schon mehrere Kinder. Auch mein bester Freund war in meiner Klasse. Als ich 10 war, bewarb ich mich für die MHS St. Johann. Dort bin ich auch reingekommen. Seitdem spiel ich Ziehharmonika. Seit September 2016 bin ich in der PTS St. Johann. Dort bin ich im Bereich Metall. Im Oktober 2016 schrieb ich 3 Bewerbungen für die Metall-Branche.

Ich habe 3 Zusagen bekommen und mich dann sofort entschieden, wo ich anfange.

Ich habe mich für den Betrieb Liebherr entschieden und mache eine Ausbildung als Metall- und Maschinenbautechniker. Die ersten 3 Jahre bin ich in der Lehrwerkstatt. Dort lerne ich bzw. kann schon: Drehen, Schweißen, Fräse bedienen, Bohren, Flexen usw. Für 2 Monate bin ich in der Werkzeugausgabe. Ich lerne also viele verschiedene Bereiche kennen. Einmal bin ich auch beim Radladerbau. Ich habe diesen Betrieb gewählt, weil er mir beim Schnuppern am meisten gefallen hat. Erst vor kurzem hab ich mir ein Moped gekauft. Es ist eine Derbi Senda DRD.

Arisa, 18

Ich finde es gut, dass es diese Einrichtungen gibt

Ich bin in Wien geboren. Meine Mutter kommt ursprünglich aus Thailand und mein Vater aus Ungarn. Ich habe 2 Halbgeschwister, einen kleinen Bruder und eine kleine Schwester. Ich beherrsche die Sprachen Englisch, Thailändisch, Serbisch und etwas Italienisch. Ich habe den Kindergarten in Wien, im 2ten Bezirk, besucht. Die Volksschule habe ich im 3ten Bezirk besucht. Nach der Volksschule bin ich nach Salzburg gezogen, mit meiner Mutter & meinem Stiefvater. Hier in Salzburg habe ich die Musikhauptschule Maxglan 2 besucht. Mittlerweile kann ich gut singen, beherrsche die Instrumente Klavier & Gitarre.

Nach der Hauptschule habe ich die Polytechnische Schule Salzburg besucht und war dort in dem Zweig Tourismus. Nach dem Poly habe ich eine Lehre als Restaurantfachfrau beim Imlauer Bräu Restaurant begonnen. Ich war dort 2-einhalb Jahre Lehrling.

Da es dort nicht gepasst hat, wegen den Überstunden & den Mitarbeitern, habe ich meine Lehre abgebrochen.

Momentan bin ich im Kurs 3 Steps 2 LAP, um meine Lehre fertig zu machen. Sobald ich meine LAP bestanden habe, werde ich alleine wieder zurück nach Wien ziehen. Eventuell habe ich mal vor, in der Schweiz auf Saison zu arbeiten. Mal schauen, was sich ergibt. Ich finde es gut, dass es diese Einrichtungen wie ibis acam gibt. Dass man die Berufsschule ohne Lehrbetrieb besuchen kann und man sich hier auf die LAP vorbereiten kann.

Said Hashmat, 17

Ich habe keinen Vater

Ich komme aus Afghanistan. Ich habe 3 Jahre in Afghanistan in einem Fotogeschäft gearbeitet und bin 8 Jahre in die Schule gegangen. Ich habe einen Bruder und zwei Schwestern. Mein Bruder ist 13 Jahre alt. Ich bin 2016 nach Österreich gekommen. Ich habe 3 Monate in Wien gelebt, dann bin ich nach Salzburg gekommen. Ich wohne jetzt in St. Gilgen. Ich gehe jeden Tag in Salzburg in den PSA-Kurs. Ich habe bis A2 Deutsch gelernt. Ich spreche 3 Sprachen, Dari, Paschto und ein bisschen Deutsch. Ich habe keinen Vater. Die Taliban haben ihn getötet.

Ich möchte in Österreich Asyl bekommen, weil ich ein schönes Leben möchte.

Ich habe in Salzburg eine Woche in der Küche und eine Woche im Spar eine Ausbildung gemacht und bin in die Schule gegangen. Ich gehe in der Freizeit gerne laufen, spiele Fußball und lerne Deutsch.

Anonym, 17

Diese zwei Sachen halfen mir durch schwere Zeiten

Am Tag meiner Geburt wurde ich von meinem Vater verlassen. Meine Mutter redet nicht viel über ihn. Ich bekomme zwar manchmal Nachrichten von ihm, aber bei mir war er trotzdem nicht. Meine Mutter hatte es schwer deswegen in meiner Kindheit. Sie musste dauernd arbeiten und gab mich zu meiner Oma. Dort traf ich meistens auf meinen Cousin. Er ist wie ein Bruder für mich. Wir schliefen zusammen im Bett, unsere Oma las uns Geschichten vor. Manchmal alte aus ihrer Zeit. Die fand ich immer am besten. Das weckte mein Interesse an Büchern, und ich begann zu lesen. Ein anderer wichtiger Moment in meinem Leben war der Tag, an dem ich anfing, Fußball zu spielen. Ich spielte nie wirklich professionell, doch es entspannte mich auf eine andere Art, als Bücher es getan haben. Diese zwei Sachen halfen mir durch schwere Zeiten. Durch meinen Stiefvater verschlechterte sich die Lage von meiner Mutter und mir. Ich erinnere mich nicht mehr richtig daran oder vielleicht will ich mich nicht daran erinnern, aber ich weiß noch, wie schlecht es meiner Mutter damals ging. Zum Glück verließ sie ihn. Es war zu der Zeit, als ich mit der Schule anfing.

Das Leben ging weiter, und die schlechten Zeiten lagen hinter mir. Wir zogen viel um, und ich konnte viele neue Erfahrungen machen. Ich wohnte zum Beispiel in Mondsee auf einem Hügel, und unser Haus war von Bauernhöfen und Wald umgeben. Ich konnte bei der Saht und Ernte zusehen, Früchte von Bäumen pflücken und viele Tiere streicheln. Doch zogen wir bald nochmal um und nochmal, bis wir hier in Salzburg landeten und blieben. Wir zogen hierher, weil es nah an der Schule ist und meine Mutter ihre Arbeit schneller erreichen konnte. Mein Aufstieg ins Gymnasium war für mich ein Schock. Er war gut und schlecht. Hier im Gymnasium fand ich Freunde, welche mich bis heute begleiten, aber leider musste ich auch zum ersten Mal etwas für die Schule lernen. Es war eine große Umstellung für mich, aber ich bin froh darüber, denn es war das erste Mal, dass ich mich für etwas anstrengen musste. Ich habe in dieser Schule viel gelernt, und sie hat mich verändert, zum Besseren, hoffe ich. Ich hoffe für die Zukunft, dass das Leben mir mehr gibt, als es mir nimmt und schon genommen hat. Die Umstände in meinem Leben waren nie die besten, aber ich glaube, andere Menschen denken gleich.

Doch genau weil ich so viel erlebt habe, werde ich alles für eine bessere Zukunft geben.

Ikra, 13
Weil ich eine Ärztin sein möchte

Meine Eltern haben 2002 in Somalia geheiratet. Ich bin 2003 auf die Welt gekommen, zwei Monate vor meiner Geburt ist mein Opa gestorben. Dadurch ist mein Vater ein Sultan geworden und hatte die Macht, wie mein Opa die Macht hatte. Ich habe mich in Somalia wohlgefühlt, ich hatte viele Freunde und war berühmt, weil ich die Tochter vom Sultan war. Mein Vater war immer unterwegs, er hatte nie Zeit für mich, weil ich davor drei andere Geschwister hatte, und er musste sich um die kümmern. Nur am Wochenende ist er zu mir gekommen. Als ich 7 Jahre alt war, bin ich aufs Land gezogen. Da habe ich ein neues Leben angefangen und habe neue Freunde gefunden. Da habe ich angefangen, in die Schule zu gehen. Dort habe ich vieles gelernt. Nach ein paar Monaten hat mein Vater fast die Macht verloren, weil er gegen die Herrscher war. Deswegen ist er nach Österreich geflüchtet. Da wollte meine Mutter nichts mit ihm zu tun haben. Sie ließ sich von ihm scheiden. In einer Nacht ist sie verschwunden. Seit dieser Zeit habe ich meine Mutter nicht mehr. Darunter litt ich auch. Ich habe jedes Mal geweint, wenn ich sah, dass meine Freunde mit ihren Müttern unterwegs waren. 1 Jahr später sagte mein Vater, dass wir nach Österreich ziehen müssen. Wir haben einen Asylantrag gestellt. Wir haben ein Jahr auf den Bescheid gewartet. Dann haben wir ihn bekommen.

Als wir zum Flughafen fahren mussten, also ich, meine Stiefmutter, meine 2 kleinen Brüder und meine kleine Schwester, wollten wir uns verabschieden. An diesem Tag ist meine allerbeste Freundin gestorben. Dadurch musste ich auch weinen, ich war 9 Jahre alt. Wir mussten 3 Stunden im Flugzeug sitzen, bis zu einer Stadt in Asien. Diese 3 Stunden habe ich geweint und geweint. Wir haben 1 Stunde auf das andere Flugzeug gewartet. Ich konnte nichts essen, für mich war alles neu und anders. Dann ist das Flugzeug gelandet und wir sind eingestiegen. Ein paar Stunden später sind wir in Wien gelandet. Wien war so schrecklich für mich, alles war schwarz. Ich konnte nicht mal meinen Vater erkennen. Wir sind einkaufen gegangen und sind losgefahren und waren in Zell am See. Da hat unser Vater uns verlassen. Nach 1 Monat bin ich in eine andere Stadt gezogen. Dort wurde ich gemobbt.

Am 25. 10. 2013 bin ich nach Salzburg gezogen. Dort bin ich in die NMS Liefering gegangen. Da wurde ich auch gemobbt, von Jungs. Die haben mich jeden Tag ausgebuht wegen meinem Kopftuch. Andererseits hatte ich eine Freundin, die war nett zu mir und hat mir immer geholfen. Sie hieß Nour. Nach zwei Jahren konnte ich gut Deutsch und hatte viele Freunde in Salzburg. Salzburg ist für mich meine Heimat. Ich hatte immer gute Noten und war immer fleißig.

Ich war nicht die Beste, aber meine Lehrerinnen waren immer stolz auf mich.

Nach der 4. Klasse will ich in die PTS gehen und dadurch meine Noten verbessern. Nach dem Poly gehe ich in eine weiterführende Schule, das BORG. Mein Ziel ist, dass ich die Matura habe und danach zur Uni gehe. Weil ich eine Ärztin sein möchte. Wenn ich eine Ärztin bin, will ich mir in der Türkei ein Ferienhaus kaufen. Und danach, wer weiß, vielleicht heirate ich und bekomme Kinder. Das Wichtigste für mich ist, dass ich bis zu meinem Tod ein glückliches Leben habe.

Anonym, 14

Schön, abenteuerlich und spannend

06. 01. 2003: Da fing alles an. Meiner Mutter ist die Fruchtblase geplatzt, und mein Vater ist in Ohnmacht gefallen. Das nenn ich einen guten Start. Meine Tante hat meine Mutter ins Krankenhaus gefahren. Dabei hatte sie große Panik, dass ich schon im Auto zur Welt kommen könnte. Danach kam ich genau um 7:43 Uhr im Krankenhaus Schwarzach zur Welt. 1 Woche später waren wir dann auch wieder zuhause. Zumindest meine Mutter, ich kannte mein Zuhause ja noch nicht. Uns erwartete die ganze Familie, und alles drehte sich nun um mich. Ich sah zum ersten Mal alle meine Familienmitglieder und sie mich auch.

**Und so wuchs ich dann auf.
In einer kleinen Wohnung mit 7 Personen.**

Meine Mutter und mein Vater arbeiteten im gleichen Hotel in Flachau. Meine Eltern haben beide in der Küche gearbeitet, aber konnten beide noch nicht gut Deutsch. Danach zogen wir um und ich musste mir ein Zimmer mit meinem Bruder teilen. Als ich in die Volksschule Neu in St. Johann kam, bekam ich eine große Schultüte am ersten Schultag. Ich lernte viele neue Freunde kennen. In der 3. Volksschule wollten 2 meiner Freundinnen nichts mit mir zu tun haben. Obwohl ich nicht wusste, warum. Nach der Volksschule wurde ich in die NMS St. Johann aufgenommen. Hier lernte ich ganz viele neue Freunde kennen. Im Großen und Ganzen war mein Leben schön, abenteuerlich und spannend, obwohl es auch viele Tiefen gab.

Julian, 16
An einem schöneren Ort

Als ich geboren wurde, hatte ich gleich eine schwerwiegende Krankheit und konnte nur mit einer 50-%-Chance überleben. Da ich so willensstark war und eine so tolle Familie hatte, habe ich es geschafft, die Krankheit zu besiegen, und somit konnte ich ein stolzes Leben führen. In meinem 4. Lebensjahr bekamen wir einen Hund, sein Name war Lejo. Lejo war ein sehr guter Hund, aber nach 2 Jahren wurde er sehr krank, er hatte eine schwere Knochenverletzung. An einem Tag kamen ich und mein Bruder von der Schule zurück und wollten ihn sehen, aber er war fort. Wir fragten unsere Eltern, wo er sei. Sie sagten, an einem schöneren Ort. Ich und mein Bruder wussten nicht, dass er tot war, aber nach 2 Tagen waren meine Eltern bereit, es uns zu sagen, und als ich die Wahrheit hörte, war ich am Boden zerstört!

Aber man sollte immer in die Zukunft schauen und nie die Hoffnung verlieren.

Elisabeth, 17

Das 4-blättrige Kleeblatt

Ein Mensch ist die Summe seiner Eigenschaften. Gut, was bin ich? Geboren bin ich im Juli 1999 in Schwarzach im Pongau, somit gehöre ich vielleicht zu den seltenen Menschen, die zwei Mal eine Sonnenfinsternis miterleben dürfen. Blöd nur, dass ich bei der 1. zu klein war und bei der 2., wenn ich noch lebe, schon zu senil bin. Nach dem Krankenhausaufenthalt wohnte ich im Haus meiner Großeltern, weil meine Eltern gerade unser Haus bauten. Dieses Haus steht im wunderbaren Lammertal, nämlich in Annaberg. Als unser Haus dann so weit fertig war, dass wir dort einziehen konnten, wurde aus meinem Wohnort dann Lungötz, das Nachbardorf von Annaberg (jedoch eine Gemeinde, Annaberg-Lungötz). Ist doch genau dasselbe Saukaff? Nein! Jeder dieser Orte hat seinen eigenen Charme und seine eigenen Besonderheiten, vor allem in der Kirche. Fragen Sie einmal einen Annaberger, was er von Lungötz hält. „Nicht viel. Die Hälfte davon gehört sowieso der Firma Kaindl." Ich muss allerdings sagen, dass ich zu den Glücklichen gehören darf und von beiden Orten die Besonderheiten kenne, da beide Elternteile aus Annaberg stammen, meine Verwandten fast alle in Annaberg wohnen, ich selbst aber in Lungötz beheimatet bin. Stolz auf die Heimat zu sein kenne ich nur zu gut.

Mit 3 Jahren war ich plötzlich nicht mehr der Star unserer Familie, denn ich bekam einen kleinen Bruder, oder wie ich ihn nenne: meine kleine Nervensäge. Man sagt ja, dass, wenn sich zwei Geschwister immer streiten, sie sich im Erwachsenenleben gut verstehen. Na ja, wir werden sehen, was die Zukunft bringt, der Anfang war sehr vielversprechend. Mit 4 Jahren bin ich schließlich in einer österreichischen Sozialanstalt gelandet: dem Kindergarten. Das war eine völlig neue Erfahrung für mich, mit Gleichaltrigen in Kontakt zu sein. So viele Freunde hatte ich damals noch nicht, als Spielkolleginnen gab es für mich meine beiden um ein Jahr jüngeren Cousinen. Jedoch hatte ich bald zwei Freundinnen gefunden. Auch der Weg in die Volksschule war einfach, denn die Kameraden blieben in so einem kleinen Dorf die gleichen. Einen muss ich jedoch hervorheben. Kevin besuchte mit mir schon den Kindergarten, und bis heute „bin ich ihn nicht mehr losgeworden".

Meine Volksschulzeit verlief problemlos; ich hatte gute Noten, alles in Ordnung, es gab nur ein paar Schreibschwächen. Ein Spruch meines Lehrers ist mir im Gedächtnis geblieben. „In der Kürze liegt die Würze." Gemeint waren zwar die etwas zu kurzen Antwortsätze in Mathematik, allerdings hat das mein Körper etwas zu ernst genommen, denn im besten Fall kann man zu meinem Körperwuchs „klein" sagen. Auch der Übergang zur Hauptschule war einfach, ich bin mit meinen Freunden in einer Klasse gewesen. In der 3. Klasse war allerdings ein Freundinnenwechsel angesagt.

Meine damalige beste Freundin beschloss, dass sie ab sofort zu den „Coolen" gehören will.

Ab diesem Zeitpunkt war Julia ein fixer Bestandteil in meinem Leben. Wir können gemeinsam reden und lachen so viel, dass ich immer einen Lachmuskelkater bekomme, wenn wir zusammen sind. Uns verband noch eine wichtige Gemeinsamkeit: das Reiten. Seit ich 8 Jahre alt war, sitze ich auf Pferden. Sie sind ein wichtiger Bestandteil meines Lebens. In der Hauptschule bekam ich auch meine beiden Ziegen, die perfekt zu unseren Hasen passten. Auch eine weitere Katze erhielten wir zu unserem alten Kater, die uns immer wieder mit einem Wurf Kätzchen begeisterte. In der 4. Klasse Hauptschule verendeten unsere beiden Katzen tragisch. Eine in einem Autounfall, eine an Altersschwäche. Da bekamen wir dann unsere Katze Aloisia, gerufen „Loisi".

Der Einstieg in die HAK war etwas holpriger, da ich nur Kevin kannte. Am 2. Tag sicherte ich mir aber gleich die Freundschaft von Sapna, die seit diesem Zeitpunkt neben mir sitzt und mich jeden Tag zum Lachen bringt. Am Anfang waren wir noch das 4-blättrige Kleeblatt, das ging jedoch in einem Streit auseinander. Jetzt stellen Sapna und ich uns zu zweit dem Schulalltag. Nach der Hauptschulzeit wurde auch der Kontakt zu Anna mehr, die zwar mit mir in der Hauptschule war, jedoch in der Parallelklasse.

Ab dem 16. Lebensjahr wurde das Fortgehen aktueller. Mit 16 Jahren trat ich auch der Volkstanzgruppe Annaberg bei, die mir sehr viel Freude bringt. Seit 2017 sitze ich auch im Ausschuss des Vereins. Ein weiteres großartiges Erlebnis war das Schaffen des Führerscheins, auf das ich nach fast einem Jahr noch immer sehr stolz bin. Sehr traurig war der Tod meiner Großmutter im Dezember 2014, um die ich noch immer trauere.

So lebe ich weiter, momentan immer der Matura entgegen. Ja, ich bin die Summe meiner Eigenschaften, aber auch die Summe meiner Erlebnisse. Jeder Mensch verändert sich im Laufe seines Lebens, schauen wir mal, was die Zukunft bringt. Ich freue mich darauf.

Lukas, 15

Schule interessiert mich nicht mehr

Beide Elternteile von mir kommen aus Österreich. Sie arbeiten beide, mein Vater als Elektriker und meine Mutter als Rezeptionistin. Ich hab noch einen älteren Bruder und eine ältere Schwester. Mein Bruder arbeitet bei Porsche im Büro, und meine Schwester ist Lehrerin. Ich gehe noch zur Schule, schweres Los, obwohl ich schon einen Lehrberuf habe, nämlich Tischler. Ich habe immer gern mit Holz gearbeitet.

Schon als ich 8 Jahre alt war, war ich immer in der Natur und habe mit Freunden Baumhäuser gebaut.

Mein Bruder und Vater haben mir immer dabei geholfen, sie sind die wichtigsten Personen in meinem Leben und werden es auch immer bleiben, aber genauso wichtig sind für mich meine Mutter und meine Schwester. Ich verbringe viel Zeit mit Freunden, egal, ob wir im Sommer eine Moped-Tour nach Kärnten machen oder im Winter einfach nur Schifahren gehen, mit meinen Freunden unternehme ich fast alles gemeinsam. Schule interessiert mich nicht mehr, lieber Geld verdienen und keine sinnlosen Hausaufgaben mehr. Meine Samstage und Sonntage sollten nicht wirklich für Hausaufgaben draufgehen, lieber mit Freunden oder meinem Bruder Zeit vertreiben und Spaß haben, das wäre ein besseres Leben.

Kevin, 16

Man braucht mehr Aufklärung

Mein Vater verließ uns sehr früh. Es war eine schwierige Zeit, aber man gewöhnt sich dran, ohne Vater aufzuwachsen. Als ich 7 Jahre alt war, starb meine Oma. Seitdem glaube ich nicht mehr. In der Schule ließ ich meine Trauer und Wut raus. Schrie meinen Religionslehrer an, dass es Gott doch gar nicht gäbe und uns nur Schwindel beigebracht wird. Ab zirka der 2./3. Volksschule fing das Mobbing an. Am Anfang ging ich zu den Lehrern. Nach einer Zeit sah ich es ein. Es brachte nichts. In der 4. wurde es besser. Ich muss zugeben, schon damals fühlte ich mich mehr zu Jungs hingezogen.

In meiner Hauptschulzeit wurde alles schlimmer. Ich wurde auf die Schule geschickt, auf die ich gar nicht wollte. Aber Mutter und Volksschullehrerin haben es so vereinbart. Ich hasste die Schule die ersten 2 Jahre lang. Ich war ein ziemlicher Rabauke. Ab dem Jahr 2012 ging es mir schlechter. Ich sagte natürlich keinem was. Es fing mit Selbstverletzung an. (Ich trage von der Zeit damals heute keine Narben.) Ab der 3. Haupt wurde es, na ja, nicht besser, aber ich lernte meine jetzt bestige Freundin kennen. Liebe geht an dich, falls du die Story irgendwann lesen wirst. Ab da veränderten sich mein Körper, Charakter und Aussehen. Vom „Rebellen" mit zu viel Selbstbewusstsein zum schüchternen Asia-Fan. Dafür bin ich meiner alten Nachbarin dankbar, dass sie mir K-Pop (Korean Pop Music) gezeigt hat. Es beeinflusst mich heute noch sehr positiv. Die 3. Klasse war auch eine meiner „Ich bin verliebt in meinen BF (bester Freund) Was nun" Phasen. So dumm es war, sagte ich es ihm per Telefon. Es lief o. k., bis wir uns in der Schule trafen. Seit dem Tag redeten wir kaum. Auch meine Klasse bekam Wind davon, dass ich homosexuell bin. (Ganz problematisch, und schnell wurde ich Schulthema Nummer 1.) Ab da wusste ich: Man braucht mehr Aufklärung in der Schule. Wir hatten Klassenfahrt. Ich wollte eigentlich gar nicht mitfahren, aber ich wurde überzeugt. Ich hasste die Woche.

Das 4. Jahr in der Hauptschule. Und das letzte, dachte ich, dann hast du die Hölle geschafft. Meine beste Freundin wusste von meinen Problemen. Das erste Semester verlief für meine Verhältnisse gut. Im Februar zogen wir um in eine kleine Wohnung für mich und meine Mom. Und dann kam der März. Wohl der schlimmste Monat für meine Familie. Ich hatte genug von meinem Leben. Ich sah keinen anderen Ausweg, als mich umzubringen. Es war am 11. 3. 2015 um zirka 16:45 (ich war 14). Ich nahm laut Ärzten 152 Tabletten.

Am Rande angemerkt: Sprecht mit Freunden oder mit einer Person darüber, der ihr vertraut.

Ich kam in Therapie (in der ich heute noch bin). Und es kann helfen, wenn man mitmacht und es will. Meine Klasse wusste davon nichts bis zu dem Tag, wo ich es meinem anderen besten Freund anvertraut habe. Er hat es allen gesagt in der Klasse. Ich sag nur, Karma wird jeden treffen. Ich lernte auch übers Internet meinen jetzigen best friend kennen. Ohne ihn kann ich's mir gar nicht vorstellen. 2016 fing ich in der Produktionsschule Step 4 Bayerhamerstraße an. Ich liebe diese Arbeit. Natürlich hatte auch dieses Jahr Höhen und Tiefen. Ich besuchte auch 2mal meinen besten Freund. Einmal im Sommer und einmal an Silvester.

Anonym, 17

Ich wollte eine „schöne“ Familie

Eigentlich hat alles bei der Geburt von meinem Bruder 1996 angefangen. Wir waren „Wunderkinder“, laut meiner Mama. Meine Eltern haben öfter versucht, Kinder zu bekommen, und wir sind das Produkt vom jahrelangen Probieren. Auch wenn mein Bruder vier Jahre älter ist als ich, haben wir viele Sachen gemeinsam. Wir beide wuchsen gleich auf und wurden von unseren Eltern verwöhnt, da sie selbst eine schwere Kindheit hatten und sich deshalb so viel Mühe bei uns gaben. Aber das heißt nicht, dass wir die teuersten und besten Sachen bekamen. Wir spielten mit Spielzeug von älteren Familienmitgliedern oder hatten unseren Spaß beim Puzzlelegen.

Je älter ich wurde, desto mehr kam die Rolle meines großen Bruders ins Spiel. Er war die erste Person, die mich ärgerte, aber dennoch an meiner Seite stand, als ich einen Teller kaputtgemacht habe. Er war auch der Erste in unserer Familie, der die Auseinandersetzungen zwischen meinen Eltern miterleben musste. Aber auch da standen wir uns sehr nah. Nicht zu vergessen, war unser Cousin immer da und wurde sozusagen ein zweiter Bruder. In meiner Kindheit gibt es nur wenige Ereignisse, welche ich wichtig finde. Aber die einzigen Ereignisse, die ich schätze, sind die wunderschönen Ferien, welche ich anfange zu vermissen.

Im Jahr 2010 lernte ich eine Person kennen, die ich bis heute als eine der wichtigsten Personen ansehe. Durch „Zufall“ entstand eine starke Freundschaft, und es entstanden viele Geschichten! Die sieben Jahre im Gymnasium vergingen schneller als gedacht, und die Sehnsucht nach der Matura wurde immer größer. Die Klassengemeinschaft wurde immer schlechter, und keiner hat mehr Lust, einen weiteren Tag mit den gleichen Leuten zu verschwenden. Auch ich will raus aus diesem Gymnasium, aber wir müssen zusammenhalten, um alles zu schaffen,

März 2017: Die Wende meines Lebens. Könnte ich diesen Monat vergessen und all seine Ereignisse, dann würde ich es wollen. Ich dachte immer, dass sich in einer Ehe zwei Menschen lieben, aber wahrscheinlich ist das ein Fremdwort für meine Eltern. Ich habe zur Kenntnis genommen, dass mein Vater hinter dem Rücken meiner Mutter einer Frau schreibt. Nicht auf einer freundschaftlichen, sondern auf einer romantischen Ebene. In diesem Moment hab ich den Respekt vor meinem Vater verloren. Meine Perspektive hat sich verändert, und ich fing an, ihn zu hassen. Ich hab es gleich meinem Bruder gesagt, und er hat meinem Vater gleich eine SMS geschickt. Wir wollten sein Leben zerstören.

Wir wollten ihm Mama wegnehmen, aber wir haben es einfach nicht geschafft.

Wir haben es nicht unserer Mama gesagt, da wir wissen, wie sie reagieren würde. Wir wollen nicht, dass sie sich selbst ruiniert. Aber deshalb ruinierten wir das Leben meines Vaters. Wir ignorierten ihn, aßen in unserem Zimmer, begrüßten ihn nie, sprachen kein Wort mit ihm und hofften, dass er sich schlecht fühlt. Aber er ist immer noch unser Vater, und ich hab ihn lieb. Ich wollte eine „schöne“ Familie.

Martina, 18
Die besten Zeiten

Vor 18 Jahren bin ich in einem Krankenhaus in Salzburg auf die Welt gekommen, mehr weiß ich davon leider nicht. Es gibt vermutlich viele Sachen aus meiner Kindheit, an die ich mich kaum oder gar nicht erinnern kann. Einiges davon blieb mir jedoch schon in Erinnerung, wie z. B. die eine oder andere Streiterei mit meiner großen Schwester oder mit Freundinnen, von denen einige sehr unschön waren. Ich weiß noch, dass ich in meiner Volksschulzeit eine ziemlich gute Schülerin war, was aber nicht nur Vorteile hatte. Wie jeder weiß, können kleine Kinder böswillig sein und anderen Kindern wie mir den Schulalltag vermiesen. Noch dazu war ich extrem schüchtern und traute mich kaum, mit jemandem zu reden, außer mit meinen Freunden natürlich. Meine extreme Schüchternheit wurde von Jahr zu Jahr besser, bis ich endlich selbstbewusster und offener wurde. Schüchtern bin ich immer noch, aber nur mehr ein kleines bisschen. Während meiner Hauptschulzeit war ich eine normale, unauffällige Schülerin mit einem kleinen Freundeskreis. Das Schöne daran ist, dass ich heute noch mit 1 Freundin aus der Volksschule und einer aus der Hauptschule befreundet bin. Auch die schlimmsten Streitereien haben wir überlebt.

Als ich vor 4 Jahren in die Höhere Schule gekommen bin, habe ich meine beste Freundin und meine restlichen Freunde kennengelernt. Ab einem gewissen Alter hat man dann ja richtige Freunde und nicht nur „Schulfreunde“. Heute kann ich sagen, dass der Kleidungsstil von meinen Freundinnen und mir wirklich grauenhaft war und wir uns heute dafür schämen. In der einen oder anderen Situation haben wir uns auch ziemlich peinlich verhalten. Aber dafür haben wir jetzt Erinnerungen, über die wir lachen können. Die besten Zeiten waren die, die ich mit meinen Freunden erlebt habe. Da ich jetzt auch endlich meinen Führerschein habe, ist es noch leichter, Sportausflüge mit meinen Freunden zu machen, als noch vor kurzem. Das Beste an unserem Freundeskreis ist, dass wir alle dieselben Interessen u. denselben Musikgeschmack teilen, u. trotzdem hat jeder von uns seine eigene Art. Die Kombination von 2 Österreicherinnen, 1 Bosnierin u. 3 Kosovo-Albanerinnen ist wohl die beste, die man sich vorstellen kann. Das Besondere an dieser Clique ist, dass jeder einen anderen Hintergrund hat und wir vieles voneinander lernen. Langweilig wird es so nie. Rassismus war für mich sowieso nie ein Thema, da ich von klein auf Freunde aus anderen Ländern hatte.

Heute habe ich durch diese Offenheit tolle, unbezahlbare Freunde.

Lukas, 15

A fixe Lehrstelle

Hallo, i bin da Luki und i verzö eich moi was aus mein Leben. Ich wurde in der Stadt Salzburg geboren, aber ich wohne am Land, bis zu meinem 10. Lebensjahr wohnte ich in Eichet. Als sich meine Eltern trennten, zog ich mit meiner Mutter und Schwester nach Grödig, da war ich 10einhalb und verkraftete es gut. So, nachdem ich jetzt Hochdeutsch geschrieben habe, werde ich mich wieder auf meinen Dialekt konzentrieren. In meinem 11. Lebensjahr ging 's ma echt schlecht in der Schui und ich wurde oft gehänselt, da i grod ned da Schönste bin, aber i hob nie aufgeb'n, und i werd 's a ned. Mittlerweile bin ich 15 Jahre alt und lern bald den Beruf Koch. I hob beim Friesacher a fixe Lehrstelle, nachdem i mal bei ihm Praktikum g'mocht hob, und er wü mi nemma da i perfekt dafür g'eignet bin. Mein Leben wird sie nu sehr oft spalt'n, oba nur ins Positive.

Mein Leben ist und bleibt nichts Besonderes, wie jedes andere. Lebt euer Leben, wie ihr es wollt, es wird sich nichts ändern.

Clia, 16

Höhen & Tiefen

Geboren wurde die gesamte Familie im Lungau, also eine rein österreichische Familie. Als ich geboren wurde, na ja, sehr dramatisch, kann man sagen. Nachdem ich leider einen Herzfehler hatte, kam ich von einem Krankenhaus ins nächste. Mit 3 hatte ich dann sehr viele Untersuchungen, bis ich 10 geworden bin, da waren diese nur noch alle halben Jahre. Ich und meine Mutter zogen nach Salzburg, da war ich fast 5 Jahre alt. Nachdem mein Vater damals sehr aggressiv war, beschloss eben meine Mutter, dass wir sofort wegziehen. In Salzburg angekommen, dann zu vielen verschiedenen Notschlafstellen. Eine Wohnung bekamen wir erst viel später, da war ich schon fast 7. Meine Mutter fand einen Partner, anfangs sehr nett, doch dann kam der pure Horror! Er wollte mich hier nicht haben und war sehr gewalttätig deswegen, meine Mutter jedoch bekam nichts mit, weil sie sehr spät heimkam. Ich hasste ihn und er hasste mich. Die Einzige, die gemerkt hat, dass er wegmuss, war meine große Schwester, sie war damals 19. Sie sprach sehr oft mit unserer Mutter, doch die nahm kein Wort ernst. So ging es Jahre weiter. Dann, zu meinem 9. Geburtstag, kam das Beste meiner damaligen Kindheit: eine Katze, meine Katze.

Meine große Schwester brachte mir eine Glücksbabykatze, diese war leider ein bisschen krank, aber sie schaffte es durch jeden Tierarzt. Wir waren die besten Freunde!

Jahre vergingen & ich wurde 11. Super! Ich kam in eine WG. Anfangs war's 'ne lustige Zeit mit einer coolen Gruppe. Ich zog ein & da lernte ich sie kennen, meine Bezugsbetreuerin, die für mich wie eine Ziehmutter war. Doch die ersten 2 Monate waren hart. Ich durfte keinen Kontakt zu meiner Mutter haben, nicht mal 1 Telefonat! Für mich hieß es daher, dass ich nicht mal wusste, wie es meinem Baby, meiner Katze, geht. Ich war nun in der 1. HS-Klasse und es war Ski-Landschulwoche angesagt. Damals war's Februar & ich hatte heimlichen Kontakt mit meiner Mutter und konnte jeden Tag fragen, wie's meiner Katze geht. Jedoch lief sie am 27. 2. weg. Dieses Datum bleibt ein Leben lang im Herzen.

Ich war bis 15 in dieser WG. Nun war's so weit – Sommer! Ich konnte wieder zu meiner Mutter ziehen, jedoch lief es anfangs nicht so gut. Streitereien mit meinem Stiefvater, und daher haute ich 'n paar Mal ab. Doch ich war nicht alleine, ich hatte eine Familie, die mich verstand. Also quasi eine Familie aus 4 Leuten. Diese waren meine allerbesten Freunde. Mit 15 war's nicht so leicht, ich kam dann in 'nen Kurs. Es war Herbst und ich lernte my true love kennen. Wir waren wie Seelenverwandte. Als mein 16ter GB kam – OMG! Meine Family (Freunde) überraschten mich sehr.

Nun bin ich in einem weiteren Kurs und my true love ist doch nur ein Griff ins Braune gewesen! Doch mal positiv sehen, ich hab meine Familie, meine große Schwester & meine neue Katze. Ich habe ein sehr chaotisches Leben, jedoch bin ich froh darüber, wie es nun ist.

Carina, 16

Was Liebe für mich bedeutet

Geboren wurde ich in der Stadt Salzburg. Als ich drei Jahre alt war, beschlossen meine Eltern, sich scheiden zu lassen. Im Alter von drei Jahren ist man sich leider nicht bewusst, was es bedeutet, wenn Eltern nun geschieden sind. Erst jetzt verstehe ich es, wie weh es tut und wie sehr ich mir vielleicht wünsche, dass meine Eltern noch in einer glücklichen Beziehung wären. Für meine Eltern war der Weg bis zur Trennung sehr hart. Im Oktober 2004 zogen meine Mutter und ich gemeinsam in eine kleine Wohnung am Land. Nach einer Weile lernte meine Mutter ihren neuen Lebensgefährten kennen, und wir zogen gemeinsam in ein großes Haus am Land.

Ich kann mich noch genau daran erinnern, dieser einzigartige Moment, als ich meine Mutter endlich mal wieder mit einem Lächeln im Gesicht sah. Es war einfach perfekt.

Mit 7 Jahren besuchte ich die Volksschule in Bad Vigaun. Mit 10 Jahren besuchte ich die Neue Mittelschule und beschloss dann, meinen Weg weiter in die Tourismusschule zu gehen. Als ich mein 9. Schuljahr erfolgreich absolviert hatte, beschloss ich, meine Karriere als Bürokauffrau zu starten. Ja, der Weg bis jetzt war nicht einfach. Jungs und das erste Mal fortgehen. Discos und Bars. Ja. Ein weiterer Lebensabschnitt hat begonnen. Doch das Leben kann nicht nur aus Freudentränen, sondern auch aus wirklichen Tränen bestehen. Ich lernte einen Jungen kennen, welcher es nicht zu schätzen wusste, was ich bin. Ich litt als kleines Kind schon sehr unter der Scheidung meiner Eltern und weiß, wie wichtig es ist, zu lieben und geliebt zu werden, und wie wichtig es ist, Treue zu geben. Doch leider ist in der heutigen Zeit der Wert von Liebe und Vertrauen verschwunden.

In meiner Zukunft will ich eine Familie, eine große Wohnung, Kinder und einen Freund (vielleicht auch Mann), der es zu schätzen weiß, mich als seine Freundin zu haben. „Was ist Liebe?" Diese Frage stelle ich mir öfter, als ihr denkt. Ich will wieder dieses tolle Gefühl spüren, wie ich meine Mutter mit einem Lächeln gesehen habe. Ist es denn so schwer, Liebe zu schenken? Ja, Partys sind wichtig, doch nicht dazu gedacht, sich bis zum Koma zu betrinken und sich dann alle Bitches zu krallen, welche nicht wissen, was Liebe bedeutet.

Anonym, 15

Alles falsche Ratten

Mit 4 bin ich von München nach Hallein gezogen. Im Kindergarten verstand ich so gut wie keinen. Mundart lernte ich jedoch sehr schnell. Die Volksschule war eine tolle Zeit. Ich hatte eine wunderschöne Bilderbuchkindheit. Mit Haus und Hof und Hund, Mama, Papa, meiner Schwester & mir. Im Winter 2008 begann die Wirtschaftskrise und mein Papa war bankrott. 200.000 € Schulden, wir konnten uns nichts mehr leisten. Die Ehe meiner Eltern ging im Jahr 2010 kaputt. Ich zog mit meiner Mutter und meiner Schwester von einem großen, schönen Haus in eine kleine Wohnung. Mein Vater ging daran zu Bruch. Er ist immer alleine, hat keine richtigen Freunde und kifft viel. Ich vermute, dass er schwer krank ist & es uns nicht sagt. Bei ihm war mal Verdacht auf Prostatakrebs. Jedes Mal, wenn ich ihn darauf anspreche, lenkt er ab. Meine Mutter steckt mit ihrem Freund voll in der Midlife-Crisis, die ekelhaftesten Menschen, die ich kenne. Meine Schwester hat Depressionen, die sie aber langsam mit Tabletten in den Griff bekommt. Im Großen & Ganzen habe ich eine komplett gestörte Familie. Mit 13 lernte ich meinen jetzigen Freund kennen. Ich habe mit ihm schon die größte Scheiße durchlebt. Ich bin kurzzeitig dem Kiffen verfallen, rauche, seit ich 13 war.

Ich schau aus wie ein Engel, aber in mir steckt der Teufel.

Mein Freund hat 200.000 € mit Drogendealen gemacht, jetzt ist er ein braver junger Kerl. Ich habe wenige Freunde, alles falsche Ratten. Ich bin froh, wenn ich weg bin, bei meiner Arbeit in einem 5* Superior Hotel. Ich hatte ein recht gutes Zeugnis. Als das mit meinem Freund aus war, bin ich beim Alk & beim Ritzen hängengeblieben. Die Narben machen mich heute noch fertig und das war vor einem Jahr. Mittlerweile habe ich mein Leben im Griff. Meine Mama hat viel Kohle, mein Stiefpapa auch. Mein Dad nicht, dafür hat der Zeit, die meine Mama nicht hat. Lieber kein Geld, aber Zeit, das ist besser.

Meine Mama kümmert sich einen Scheißdreck um mich, alles dreht sich um ihre Pizzeria. Der Einzige, der mir Kraft und Halt gibt, ist mein Freund! Ich bin so froh, ihn zu haben. Wir haben uns gegenseitig aus der Scheiße geholfen, das macht die Bindung so stark zwischen uns. Ich will ihn heiraten, dann wird er Starkoch, und wir haben ein Hotel. Wir bekommen Kinder und 100 Hunde (wirkliche Hunde). Ich hoffe, er bleibt für immer bei mir! Nach 1½ Jahren Hin und Her kann uns keiner mehr trennen!

Andreas, 14

In 10 Jahren möchte ich mit Immobilien handeln

Ich bin als erstes Kind in meine Familie geboren worden und hatte eine sehr tolle Kindheit. Mit einem Jahr bekam ich eine kleine Schwester und wir wohnten in einer kleinen Wohnung. Als ich zwei Jahre alt war, zogen wir ca. 500 m weiter und bekamen von meinem Großvater, der ein sehr erfolgreicher Geschäftsmann ist, ein Haus mit 300 m^2 Wohnfläche und 2000 m^2 Garten. Mein Vater hat alle seine Firmen übernommen. Mit 6 Jahren kam ich in die Volksschule, und mit 8 bekam ich einen Bruder, der mir viel Freude bereitet. Mit 10 startete ich in die Hauptschule und mit 12 bekam ich einen weiteren Bruder. Ich und meine Familie haben das Glück, dass wir wohlhabend, sehr gesund und glücklich sind.

Ich bin sehr aufgeweckt und lebensfreudig, weil ich gute Freunde habe und in der Schule auch sehr gut bin (außer in Deutsch). Wir fahren jedes Jahr mehrmals auf Urlaub und unsere Eltern sind sehr bemüht um uns. Wir sind nicht die, die jeden Tag ein neues iPhone bekommen.

Mein Vater will, dass wir wissen, dass unser Wohlstand auch mit sehr viel Arbeit verbunden ist.

Ich bin bei vielen Vereinen, z. B. Feuerwehr, Schiklub, Landjugend und vieles mehr. Wir machen auch viele Ausflüge.

Ich werde Koch/Kellner in einem der besten Häuser in Österreich. Ich möchte noch meine Lehre abschließen und dann in der Schweiz arbeiten. Mein Lebensmotto ist: Ich lebe jeden Tag so, als wäre es mein letzter. In 10 Jahren möchte ich mit Immobilien handeln und sie vermieten, denn ich weiß, dass das meist lukrativ ist. Häuser und Wohnungen bedeuten finanziellen Wohlstand und ein hoher Kontostand ist im Leben nicht von Nachteil. Ich freue mich auf ein gesundes und glückliches Leben mit meiner „Traumfrau“, lieben Kindern und meiner Familie.

Muhammed, 14

Nur Fußball, sonst nichts

Das Schönste in meinem Leben ist Fußball. Ich mache nichts anderes als Fußball. Ich habe mit 7 Jahren angefangen und spiele noch immer. Für mich ist Fußball wichtiger als Schule und Arbeit. Ich bin ein stolzer Türke, auch ein stolzer Ausländer. Ich habe sehr gute Freunde, die so sind wie ich: nur Fußball, sonst nichts. Als ich 10 war, habe ich mit Blödsinn angefangen. Klingelstreiche oder was mir sonst noch eingefallen ist. Mein größter Blödsinn war, dass ich Schuhe von Kindern in die Salzach geworfen habe. Das Blöde daran war, uns ist es damals in der Familie sehr schlecht gegangen, und solche Schuhe, die ich weggeworfen habe, konnte ich mir nicht leisten. Die waren zu teuer. Alle Schuhe waren Markenschuhe, und ich war zu blöd, habe sie weggeworfen. Vielleicht war ich nur eifersüchtig auf die Kinder, die sich die Schuhe leisten konnten. Es war eine schlechte Zeit. Danach bin ich einmal beim Fahrradfahren gestürzt und habe mich am Kopf verletzt. Ich bin mit dem Fahrrad gegen eine Mauer gefahren, weil meine Bremsen nicht funktioniert haben. Ich hatte eine schwere Kopfverletzung und durfte mich nur ganz langsam bewegen, weil sonst weitere Gehirnerschütterungen die Folge gewesen wären. Zurück zum Fußball. Manchmal durfte ich nicht zum Training, aber mir war das egal.

Ich bin immer aus dem Fenster gesprungen und zum Training. Hauptsache, spielen. Mir war egal, was meine Eltern sagen würden.

Ich habe noch Ziele in meinem Leben. Ich will bei Red Bull Salzburg spielen, seit ich mit Fußball angefangen habe, und ich hoffe, ich werde es auch schaffen. Ich hatte eine Knie-Operation und konnte nicht spielen, deswegen habe ich mich verschlechtert. Nach ein paar Wochen war ich wieder der Alte. In einem Monat habe ich noch eine OP am Knie, da nehmen sie mir die Schrauben wieder heraus. Nachher werde ich wieder nicht spielen können und muss extra trainieren. Das sind die schlimmsten Zeiten in meinem Leben.

Ich hoffe, das werden sich Menschen durchlesen, und ich hoffe, dass es der Trainer, die Spieler oder sonst jemand von Red Bull liest. Ich wünsche mir sonst nichts. Ich hoffe, dass mein Traum wahr wird.

Anonym, 17

Wir sind heute noch glücklich zusammen

Meine Eltern lernten sich schon in jungen Jahren kennen. Nach ein paar Jahren mussten sie das damalige Jugoslawien verlassen und entschlossen sich, nach Österreich zu kommen, wo sie relativ schnell einen Job fanden. Im Jahr 2000 kam ich zur Welt. Von da an wurde ich schon mit allem verwöhnt, bis mein Bruder 2002 auf die Welt kam. Ich war nicht glücklich damit, weil er viel mehr Aufmerksamkeit bekam, und er hat mich auch etwas genervt, da er mir immer alles nachmachen musste. Mit drei Jahren kam ich dann in den Kindergarten, wo ich sofort eine Freundin gefunden habe, mit der ich heute noch befreundet bin.

Mit 6 Jahren kam ich in die Volksschule, worauf ich mich sehr gefreut habe. Mit 10 kam ich dann in die Unterstufe, und jetzt sitze ich in der Oberstufe und wiederhole eine Schulstufe. Ich war nie so richtig beliebt und gab mir auch keine Mühe, es zu sein.

Ich hatte gute Freunde, und der Rest war mir unwichtig.

Bis vor einem Jahr, da kam ich mit meinem ersten Freund zusammen. Er ging 7 Jahre mit mir in die Klasse, aber wir haben uns nie so richtig wahrgenommen. Irgendwann fingen wir an zu schreiben, und es wurde immer mehr. Wir sind heute noch glücklich zusammen. Irgendwann möchte ich erfolgreich werden und meinen Kindern alles bieten können, genauso wie meine Eltern es für mich tun. Ich bin ihnen sehr dankbar und weiß, dass sie alles tun würden und auf alles verzichten würden, nur damit es mir gut geht.

Michael, 15

Ich war nie ein beliebter Schüler

Ich wurde in Stockholm geboren und mit drei Monaten kam ich nach Österreich. Im Alter von zwei Jahren zog ich mit meinen Eltern in eine Wohnung in Hallein. Meine erste Sprache war Deutsch, denn meine Mutter hielt es für wichtig, dass ich die deutsche Sprache perfekt beherrsche. Im Alter von 5 Jahren hatte ich meine erste Sucht, nämlich Videospiele. Ich spielte von morgens bis abends, wenn ich konnte. Im Alter von 6 Jahren kam ich in die Musik-Volksschule, denn meine Mutter sah großes Potential in mir, was Musik betrifft, unter anderem als Sänger. Im Alter von 10 Jahren bekam ich mein erstes Handy und ging auf das Herz-Jesu-Gymnasium in Salzburg. Ich war nie ein beliebter Schüler. Nicht bei den Lehrern und erst recht nicht bei meinen Mitschülern. In der Volksschule wurde ich immer von vier Typen verhauen, alleine trauten sie sich nicht, und im Gymnasium wurde ich aufs Extremste gemobbt, sowohl psychisch als auch physisch. Ich war ein ziemlich aggressives Kind und schlug immer gleich zu, wenn mich jemand ärgerte. Weil ich so gemobbt wurde, hatte ich schon früh „Hilfe", sprich: Therapeuten und Psychologen. Ich hatte für eine sehr lange Zeit Selbstmordgedanken. Das Schlimmste war aber, dass ich so gemobbt wurde. Nach 2 ½ Jahren wechselte ich in die Sporthauptschule, dort funktionierte es einigermaßen. Wir trennten uns auch von meinem Vater und zogen nach Hallein-Neualm.

Nachdem ich durch meine Aufenthalte im Krankenhaus nicht fit genug war, wechselte ich nach einem halben Jahr in die Parallel-Klasse. Dort fühlte ich mich erstmals wohl und geborgen. Meine Noten wurden auch wieder besser. Ich hatte aber in dem Schuljahr (4. Klasse) einen stationären Aufenthalt in der Psychiatrie, denn ich war und bin einfach unberechenbar. Ich führte mich wirklich auf wie ein Geistesgestörter, doch nach einem Monat war mein Aufenthalt vorbei. Sie meinten, ich hätte ein Trauma, und der Grund wäre meine Vergangenheit. Zum Beispiel beleidigten sich meine Eltern, seit ich 5 Jahre alt war, gegenseitig mit extrem schlimmen Wörtern. Mein Vater ist ein Alkoholiker und ich habe seit 2 Jahren schon keinen Kontakt mehr zu ihm. Meiner Mutter ging es psychisch extrem schlecht, genauso wie mir. Dann hatte ich im Alter von 12 Jahren von meiner Halbschwester erfahren. Ich war am Boden zerstört. Doch ich habe sie getroffen und wir mochten uns von Anfang an.

In meinen Augen ist sie nicht meine Halbschwester, sondern meine Schwester und das Wichtigste in meinem Leben.

Ich werde noch immer geärgert, und leider habe ich sehr große und viele Konflikte mit meiner Mutter. Dazu kommt, dass am Sonntag vor zwei Wochen ein Freund von mir gestorben ist, und vor drei Monaten ist mein Großvater an Altersschwäche und meine Tante an Krebs gestorben. Jetzt hat auch mein anderer Großvater Krebs. Deshalb geht es mir und dem Rest der Familie nicht gut. Das war der Großteil meines Lebens.

Fuat, 14

Nachtschicht

Meine Mutter ist mit ihrer Schwester nach St. Johann gekommen, weil sie nicht mehr in der Türkei leben wollte. Hier hat sie meinen Vater, der schon seit einigen Jahren in Österreich lebte, getroffen und geheiratet. Kurz vor ihrer Ehe wurde meine Mutter schwanger. 1995 kam dann mein 2ter Bruder auf die Welt. Als ich 3–8 war, haben sie immer auf mich aufgepasst, da meine Eltern meistens Nachtschicht hatten und ich sie wegen dem Kindergarten und der Schule nicht so lang sah. Ab meinem 9ten Lebensjahr hatten meine Eltern keine Nachtschicht mehr, also waren meine Brüder nicht mehr verpflichtet, bis meine Eltern kommen, aufzupassen, weil sie selber zur Schule gingen oder arbeiteten.

So langsam lernte ich, wie ich für mich selber sorge und nicht Hunger leide, bis meine Eltern von der Arbeit kommen.

Wir fuhren alle paar Jahre in die Türkei, um meine Großeltern zu besuchen. Wir waren deshalb auch öfter am Grab von meinem im Jahr 2007 verstorbenen Cousin.

Vor 4 Jahren hat sich mein Vater so verletzt, dass er arbeitsunfähig wurde, weil er Rückenschmerzen bekam und keine schweren Sachen aufheben durfte. Zurzeit hat er eine Arbeit in einem Casino. Vor zwei Jahren verletzte ich mich beim Longboarden und musste während der Sommerferien mit einer Schiene am Bein herumgehen. Letztes Jahr verlobte sich mein Bruder und er wird 2018 heiraten. Ich will nächstes Jahr zur HAK gehen und sie erfolgreich abschließen. Danach will ich bei Eurofunk als IT-Techniker arbeiten. Mit meinem ersparten Geld will ich mir mein Traumauto, einen BMW M4, kaufen.

Magdalena, 14

Zurzeit interessieren mich Management und Tanz

Meine Oma kommt aus Südtirol. Als sie klein war, musste sie flüchten und nach Österreich kommen. Deshalb wurden mein Vater und seine drei Brüder auch in Salzburg geboren. Die andere „Hälfte“ der Familie ist in Kärnten. Vor 17 Jahren kam meine Mutter nach Salzburg, als sie meinen Vater kennenlernte. Trotzdem wurden meine Geschwister und ich in Kärnten geboren. Meine Schwester ist ein gutes Jahr älter als ich und mein Bruder zwei Jahre jünger. Aufgewachsen sind wir alle hier in Salzburg. Nach drei Jahren Kindergarten kam ich in die Volksschule. Nicht sehr spannend, ich weiß. Meine Geschwister, meine Mutter, meine Kärntner Oma und ich fahren jedes Jahr für eine Woche in den Urlaub. In der vierten Klasse waren wir in Kroatien, da habe ich mir eine lebenslange Narbe am Fuß geholt. Bei der Aufnahmeprüfung für die NMS St. Johann habe ich es zwar nur auf die Warteliste geschafft, bin aber trotzdem auf die Schule gekommen, zum Glück. Hier habe ich beste Freunde gefunden. Wir alle nennen uns „Lungauzimmer“, weil wir bei einem Ausflug alle in einem Zimmer waren. Natürlich gibt es bessere Namen, aber es ist etwas, was uns verbindet. Vor ein paar Monaten habe ich mit meiner Schwester Kickboxen angefangen.

Sie ist deutlich besser als ich, und manchmal frage ich mich, ob ich etwas anderes auch gut kann, als nur gute Noten zu schreiben.

Dieses Jahr hat meine Klasse ein Musical aufgeführt und ich bekam eine Hauptrolle. Ich liebe es, zu schauspielern, und konnte es richtig genießen, mit meinen Freunden auf der Bühne zu stehen. Heuer holen wir unseren Abschluss an dieser Schule, worauf ich mich sogar ein bisschen freue. Klar werde ich meine besten Freunde jetzt nicht mehr täglich sehen, bin aber schon sehr gespannt auf meine nächste Schule. Auf dieser ist Tanz ein eigener Zweig, und da Tanz ein großer Teil meines Lebens ist, freue ich mich sehr darauf. Wenn ich älter bin, will ich viel reisen und neue Leute kennenlernen. Studieren werde ich wahrscheinlich auch, zurzeit interessieren mich Management und Tanz. Mein zukünftiger Beruf soll mich um die Welt bringen und mir neue Leute vorstellen. Ich habe keine Krankheit, und meiner Familie und mir geht es sehr gut hier in Österreich. Und damit andere Kinder auf der Erde auch einmal so etwas von sich behaupten können, will ich mich für sie einsetzen und anderen helfen, sobald ich die Chance dazu habe. Wie ich mir all das vorstellen kann? Ich weiß es selber nicht.

Sinan, 18

Meine Eltern sind sehr unterschiedlich

Als Zweitgeborener habe ich sehr viel Aufmerksamkeit genossen. Ich habe im Laufe meines Lebens viele Sachen erlebt. Da sind sowohl gute als auch schlechte Erlebnisse dabei, und dennoch bin ich nicht traurig darüber, sondern ich bin glücklich und sehr froh, dass ich noch so viel zu erleben hab. Ich habe in meinem Leben sehr viele Freunde gewonnen und verloren, aber es scheint, als würde mein bester Freund sich nie von mir abwenden. Ich und mein bester Freund sind beide in die Volksschule und in die gleiche höhere Schule gegangen. Ich kenne ihn schon 12 Jahre, und selbst nach den ganzen Schwierigkeiten sind wir Freunde geblieben.

Ich habe eine ältere Schwester, die immer auf mich aufpasst.

Meine Eltern sind sehr unterschiedlich, und dennoch kann ich mir keine besseren Eltern vorstellen. Trotz unserer Differenzen, die wir ab und zu haben, sind wir eine Familie. Ich habe viele falsche Entscheidungen in meinem Leben getroffen. Manchmal wünschte ich mir, diese rückgängig zu machen. Aber dann denke ich mir, wenn ich nicht all diese Entscheidungen getroffen hätte, dann wäre ich heute nicht hier, und ich wäre auch nicht so, wie ich jetzt bin.

Alexander, 18

In Manchester war alles anders

Eigentlich war alles wie immer. Wir saßen am Esstisch, haben geredet, was wir heute so gemacht haben. Plötzlich sagten meine Eltern zu mir und meinem Bruder, dass sie mit uns reden müssten. Es ging um die Trennung. Meine Eltern trennten sich. Natürlich war das nicht einfach zu verkraften für uns. Ich war gerade mal 10 Jahre alt und wusste überhaupt nicht, wie ich damit umgehen sollte. Meine Mama erzählte uns von ihrer neuen Wohnung und dass wir schon in den nächsten Wochen ausziehen würden. Von nun an veränderte sich mein Leben. Meine Mama wohnte in Salzburg und mein Papa in Freilassing. Die ständige Fahrerei hin und her nervte mich.

Mit der Zeit hatte ich mich an die Umstellung gewöhnt. Ich spielte weiter erfolgreich Fußball im Verein, ging weiter zur Schule und hatte dieselben Freunde, mit denen ich weiterhin viel unternahm. Eines Tages spielten wir wieder wie jede Woche gegen einen anderen Fußballverein. Doch irgendetwas war anders. Ich wusste nicht, was, aber es waren viel mehr Zuschauer als sonst da. Es war ein sehr wichtiges Spiel, und ich spielte wie ein Weltmeister, schoss die 2 entscheidenden Tore und war danach überglücklich, gewonnen zu haben. Nach dem Abpfiff applaudierten alle, und alle Blicke waren auf mich gerichtet. Ich sah, wie neben meinen Eltern ein Mann saß, den ich zuvor noch nie gesehen hatte. Nachdem ich mich geduscht hatte, kam mein Trainer auf mich zu und sagte zu mir, dass er mit mir reden müsse. Wir gingen raus, und draußen standen meine Eltern mit dem Mann, der während des Spiels neben ihnen gesessen hatte. Während des Gesprächs merkte ich, dass der Mann ein Scout war. Ein Scout von Manchester United. Ich dürfte 3 Monate in Manchester Probe spielen. Alle wussten schon lange davon, auch meine Eltern und meine Trainer. Ich war überglücklich. Schon kurz vor den Sommerferien ging es los.

In Manchester war alles anders. Der Fußball war viel härter, ich war auf einmal nicht mehr der Beste, und es war auch schwer, mich mit den anderen Leuten zu verständigen. Wir trainierten viel intensiver und öfter als bei uns daheim. Ich versuchte immer mein Bestes zu geben und hatte weiterhin viel Spaß am Fußball. Unsere Mannschaft hatte ein wichtiges Pokalspiel. Es regnete in Strömen. 2 Monate der Probezeit in Manchester waren schon vorbei, und ich machte einen guten Eindruck. Ich spielte wie immer sehr gut. Dann kam ein Gegenspieler hinter mir auf mich zugelaufen. Ich hatte den Ball, doch unterschätzte sein Tempo. Mit beiden Beinen voraus grätschte er mir hinein. Ich schrie laut auf, alle wussten sofort, dass was Schlimmeres passiert war. Mein linkes Knie tat höllisch weh, und ich konnte nicht mehr auftreten. Ich wurde ins Krankenhaus gefahren, und mir wurde gesagt, dass ich nie wieder mit 100 % Einsatz Fußball spielen kann, da die Schmerzen sonst zurückkommen.

Es war schlimm für mich, das zu hören. Sehr schlimm.

Doch ich lebte mein Leben weiter, ganz normal. Nur eben ohne Fußball. Vor ca. einem Jahr habe ich meine Führerscheinprüfung bestanden. Auch mit einer Lehre als Bürokaufmann bei Porsche Salzburg habe ich vor zirka 3 Monaten begonnen. Es gefällt mir sehr gut, und generell kann man sich nicht über mein Leben beschweren.

Aleks, 14

Ich bin der Profi-Sucukmacher

Ich bin in Salzburg geboren und komme ursprünglich aus Serbien. Meine Eltern sind in Serbien geboren und wohnen auch in Salzburg. Ich habe zwei Geschwister, einen Bruder und eine Schwester. Meine Hobbys sind Fußball, Fahrradfahren, Mopedfahren und Kickboxen. Ich treffe mich oft mit meinen Freunden und unternehme etwas mit ihnen, zum Beispiel Kebap essen oder Fußball spielen, aber ich spiele auch oft PS4, am liebsten spiele ich UFC 2 oder GTA 5. Mein Wunschberuf ist KFZ-Mechaniker, weil ich gerne an Motoren schraube und weil es interessant ist.

Gestern habe ich Sucuk gegessen, und das exzellent, denn ich bin der Profi-Sucukmacher. Sucuk ist eine türkische Knoblauchwurst, sie ist klein, dick, länglich. Man muss sie in der Pfanne braten, bis sie so eine Beule kriegt, dann Ei dazugeben, Salz, Pfeffer und fertig. In meiner Freizeit höre ich oft Musik, zum Beispiel Ufo 361 oder 187 Strassenbande, das sind deutsche Rapper.

Mit 6 Jahren habe ich das Mopedfahren gelernt, und es hat mir Spaß gemacht. Dann fing ich an, das Moped zu tunen mit einem Stage 6 70 ccm Zylinder, einer Stage 6 Innenrotorzündung und einem R/T-Auspuff.

Somit fährt das getunte Moped 120 km/h.

Und jetzt habe ich angefangen, jeden Tag etwas zu verbessern und es schneller zu machen. Meine Mutter und mein Vater haben sich in meinem 14. Lebensjahr getrennt. Derzeit lebe ich bei meiner Mutter und mir geht es sehr gut.

Jacqueline, 15

Ich weiß, was wichtig im Leben ist

Ich wurde in Schladming geboren und lebe jetzt in Thalgau. Dort lebe ich mit meinen Eltern und mit meinem Bruder (22). Ich habe ein gutes Verhältnis zu ihm. Ich kann mit ihm über alles reden. Er ist immer für mich da. Ich habe auch seit stolzen 3 Jahren ein Pferd. Er macht mich jeden Tag aufs Neue zum glücklichsten Menschen der Welt. Mit seiner sensiblen Art weiß er genau, was er machen muss, wenn ich mal wieder schlecht drauf bin. Zudem begleiten mich auch tolle Freunde in meinem Leben. Auf die ist immer Verlass. Ich habe auch seit 1 Jahr einen Freund, den ich über alles liebe. Er unterstützt mich, wo es nur geht, und zeigt mir viele schöne Dinge im Leben.

Natürlich mache ich auch eine Lehre. Ich arbeite als Bürokauffrau in einer tollen Firma. Meine Arbeitskollegen sind echt nett und super lustig. Nach den 3 Lehrjahren würde ich gerne ins Ausland gehen. Afrika oder Irland wären meine Ziele. Ich will die große weite Welt entdecken und viele Lebenserfahrungen mitnehmen. Zu sehen, wie die Menschen dort leben.

Ich hoffe, dass ich mit 20 meine Reisen starten kann.

Für die Zukunft wünsche ich mir vielleicht ein Kind, mit 25 oder so. Mal sehen, vielleicht habe ich bis dahin auch schon einen Mann und bin verheiratet. Ich will auf jeden Fall mein Leben ausnutzen und in vollsten Zügen genießen. Vor allem meine Jugend. Ich will raus in die Welt und viele tolle Dinge erleben und alles sehen. Am meisten hoffe ich, dass es meiner Familie dann später immer noch gut geht. Und dass ich meinen Freund für immer behalten kann. Er gibt mir die Kraft, die mir fehlt, und hilft mir in jeder Situation. Durch ihn bin ich der Mensch, der ich jetzt bin. Ich bin reifer geworden, ich denk und seh die Welt ganz anders. Ich weiß, was wichtig im Leben ist und wer meine wahren Freunde sind. Ich hoffe, dass alles so wird, wie ich mir das erhoffe. Man kann sagen, mein Leben ist zurzeit perfekt!

Tanja, 18

Danke, dass ihr so seid, wie ihr seid

Meine Mutter kam in jungen Jahren aus der grünen Steiermark in das wunderschöne Salzburg. Mein Vater ist schon sein Leben lang in Salzburg. Und daraus entstand ich. Ich bin aber nicht das erste Kind meiner Eltern. Ich habe 5 ältere (Halb-)Geschwister. Das „Halb" in Klammer, weil sie viel mehr sind als „nur" Halbgeschwister. Deshalb hatten meine Eltern schon Erfahrungen und wussten, wie es ist, Kinder großzuziehen. Obwohl sie es bei mir besser geschafft haben, denn ich bin größer als meine 2 Schwestern. Aber das darf keiner wissen, denn meine älteste Schwester war früher immer die Größte von uns. Zuzugeben, dass ihr ihre jüngere Schwester schon über den Kopf gewachsen ist, das fällt ihr schwer.

So kam ich am 15. 12. 1998, einem schönen Wintertag, auf die Welt. Aber ich habe nicht nur Eltern u. 5 Geschwister, die mir seit diesem Tag den Rücken stärken, sondern noch einen Vorteil durch meine älteren Geschwister. Ich war, schon als ich das Licht der Welt erblickte, 4-fache Tante. Im Kindergartenalter vor allem noch schwer zu merken, die Namen meiner Großfamilie. Doch mit der Zeit merkt man sich ja alles, und wenn auch manchmal noch Spitznamen nötig sind, weil mir die richtigen Namen nicht gleich einfallen. Als ich dann zum 6. Mal Tante wurde, war ich sofort entzückt. Dann endlich konnte ich meine Tante-Rolle in vollen Zügen genießen. Jede freie Minute verbrachte ich bei meiner Schwester und meinen Neffen.

Manchmal musste ich auch ganz schön zickig sein, bis mich mein Vater freiwillig zu meiner Schwester schickte.

Ich verbrachte viele freie Nachmittage, Mittage und Tage bei ihr. Durfte mir öfters „Thomas & seine Freunde" anschauen. Bis heute kann ich die Songmelodie noch auswendig. Es kam noch ein weiterer entzückender kleiner Fratz in unsere Familie. Im ersten Moment eine Enttäuschung, weil man sich als Mädchen natürlich eine kleine Nichte wünscht. Aber als ich meinen Neffen das erste Mal sah, schaffte er es sofort, mich zu verzaubern.

Der größte Teil meines Lebens ist meine Familie. Weil ich die meiste Zeit mit ihr verbracht habe. Danke für diese Zeit, vor allem Danke an meine Schwester, die die beste Schwester ist, die man sich vorstellen kann! Danke, dass ich „Thomas & seine Freunde" mit euch schauen durfte und mit euch Züge spielen durfte. Ihr seid die besten, tollsten, hübschesten, nettesten, sympathischsten, wunderbarsten Neffen der Welt. Danke, dass ihr so seid, wie ihr seid.

In St. Johann

WIR.
BERICHTE
AUS DEM
NEUEN OE

WIR.
BERICHTE
AUS DEM
NEUEN OE

BERICHTE
AUS DEM
NEUEN OE

BERICHTE AUS DEM NEUEN OE

Broncos

PUMA

WIR
BERICHTE AUS DEM NEUEN OE
IMPORT/EXPORT

Jonas, 15

Ich hoffe, ich werde sehr alt

Ich habe meine 3 ersten Lebensjahre in Wien verbracht. Nach diesen drei Jahren wurde mein Leben ruckartig geändert. Aus Familiengründen kam es dazu, dass ich nach Salzburg zog. Ich kam in einen Waldorf-Kindergarten, in dem ich meinen damaligen besten Freund kennengelernt habe. Die Volksschulzeit war die schwerste Zeit in meinem Leben, da sich meine Eltern geschieden haben. Ich besuchte daher einen Sozialkurs, damit ich mit dem Schmerz umgehen konnte. Ich machte ein Jahr eine Vorschule und kam dann in die Rudolf-Steiner-Schule Mayrwies. Ich lernte sehr viele soziale Dinge für mein Leben, aber leider nicht die perfekten Voraussetzungen für ein Gymnasium. In meinem 10. Lebensjahr entdeckte ich meine Leidenschaft für das Singen. Mein Chorleiter, Wolfgang, half mir, meine Leidenschaft halbwegs professionell auszuüben. Bis heute ist Musik eines der wichtigsten Dinge in meinem Leben. Nach meinen vier Jahren Volksschule dachte ich, ich wäre bereit für ein Gym, in dem Fall das Musikgymnasium Salzburg.

Doch leider fehlte mir die benötigte Praxis, und meine Legasthenie machte es mir nahezu unmöglich, aufgenommen zu werden.

So kam ich in die NMS Liefering, in der ich in Rekordzeit viel nachgeholt habe. Jetzt versuche ich erneut, einen Platz in einer Höheren Schule zu bekommen. Aber es ist mal wieder sehr schwer. Meine größte Leidenschaft bis heute – neben dem Singen – ist das Krampuslaufen bei den Grödiger Krampussen. In meinem 16. Lebensjahr werde ich ein vollwertiges Mitglied. Ich will noch viele Dinge erleben, z. B. ein Wochenende bei dem Festival „Tomorrowland". Mein größter Traum ist es, eine USA-Reise zu machen und viel über die Welt zu lernen. Ich wünsche mir eine Familie mit einer wunderschönen Frau und 2 Kindern. Ich hoffe, ich werde sehr alt und kann ein guter Vater und Großvater sein. Und vielleicht als Papageno das Stück „Die Zauberflöte" vor Tausenden Menschen aufführen.

Anonym, 14

Zuhause reden wir immer Türkisch

Ich wurde in Hallein geboren und begann mit 6 Jahren, Deutsch zu sprechen. Die Volksschule habe ich mit 10 Jahren abgeschlossen, dann habe ich mit der Hauptschule begonnen. Meine Hobbys sind Basketball und Fußball. Zuhause reden wir immer Türkisch, daher kann ich diese Sprache sehr gut. Ich spiele seit 4 Jahren Basketball und früher habe ich 3 Jahre in einem Verein Fußball gespielt. In meiner Kindheit hatte ich eine Operation, weil ich mich sehr tief mit einem Messer geschnitten habe. Als ich 5 Jahre alt war, stürzte ich mit meinem Fahrrad und habe mir die Hand gebrochen. Mit 13 Jahren habe ich richtig zu fasten begonnen, weil das bei uns Pflicht ist. Zuhause geht Fasten am leichtesten, weil man sich nicht bewegt.

Beim Fasten darf man 18 Stunden lang nichts essen und trinken, damit man spürt, wie es armen Menschen geht.

Mit 13 habe ich meine erste Freundin gehabt. Ich bin jetzt im vorletzten Schuljahr, denn ich muss auch noch ein Jahr im Poly machen, damit ich 9 Schuljahre habe. Nach dem 9. Schuljahr möchte ich beginnen zu arbeiten. Mein Traumberuf ist KFZ-Mechaniker oder KFZ-Mechatroniker, weil ich mich seit meiner Kindheit sehr für Autos interessiere. Vielleicht werde ich mit meinen Eltern in die Türkei ziehen. Dort kann ich vielleicht mein eigenes Geschäft haben und selbst Geld verdienen, ohne Probleme.

Naile, 17

Wünsche mir nichts mehr als ein Kind

Meine Eltern stammen ursprünglich aus dem Kosovo. Ein kleines Land auf dem Balkan, kennen wenige. Meine Eltern leben seit 20 Jahren in Österreich. Schon vor dem Krieg flüchtete mein Vater hierher. Nach meinem Bruder kam ich 1999 zur Welt. Eine kleine Schwester kam nach mir. Seit ich auf dieser Welt bin, lebe ich in Radstadt, im Bundesland Salzburg. Ich teile seit 12 Jahren mein Leben mit den gleichen Freunden und bin glücklich wie vor 12 Jahren, als wir draußen mit dem Ball gespielt haben. Meine Kindergartenzeit war interessant. Zu Fasching klaute ich jedem den Krapfen, weil ich Krapfen liebte. Das schönste Erlebnis in meiner Volksschule war die Lesenacht. Jetzt bin ich in der Handelsakademie und hasse Französisch. Jedes Jahr quäle ich mich durch und habe am Ende trotzdem immer eine Prüfung. Eine große Herausforderung war auch mein Führerschein. Keiner glaubte an mich, nur mein Vater. Ich habe den Führerschein mit nur 3 Tage lernen geschafft und bin nach 9 Monaten immer noch stolz auf mich. Ach ja, meine große Liebe habe ich noch vergessen. Mit 15 Jahren fand ich ihn. Ja, sehr jung.

Keiner glaubte, dass es hält, aber mittlerweile bin ich schon fast 3 Jahre mit ihm zusammen und glücklich wie am ersten Tag.

Zurzeit denke ich an nichts anderes, als wie ich die Matura schaffen soll, da ich mich schon in der vierten Klasse befinde. Heiraten will ich mit ca. 20 Jahren und wünsche mir nichts mehr als ein Kind. Ich liebe Babys. Doch bevor das passiert, möchte ich mit meinem Zukünftigen sehr viel um die Welt reisen. Tja, ein normales, nicht allzu spannendes Leben, aber dennoch GLÜCKLICH!

Rohullah, 16

Hier kann man beim Essen seine Nase putzen

Ich komme aus Afghanistan. Ich bin im Jahr 2000 in der Provinz Maidan Wardak geboren. Zweieinhalb Jahre später ist mein kleinerer Bruder geboren. Bei uns im Dorf gab es keinen Kindergarten und keine Schule. Als ich 7 Jahre alt war, bin ich in eine Moschee gegangen, um lesen und schreiben zu lernen. In der Zeit habe ich noch kleinere Geschwister bekommen. Ich habe insgesamt 7 Geschwister, 3 Schwestern und 4 Brüder. Mein älterer Bruder, der noch lebt, ist jetzt 18 Jahre alt. Ich bin nur 2 Jahre in die Moschee gegangen, und dann konnte ich nicht mehr, wegen Terroristen und Taliban. Wir waren eine kleine Minderheitengruppe (Hazara).

Als ich 13 war, habe ich meine große Schwester und meinen großen Bruder verloren. Die sind im Krieg gestorben. Im Jahr 2013 griffen die Taliban noch einmal unser Dorf an, da verließen ich und mein 18-jähriger Bruder das Dorf und verloren unsere Eltern. Mit Hilfe meines Onkels verließen wir Afghanistan und flohen nach Europa. Durch den Iran, die Türkei, Bulgarien, Serbien und Ungarn. Im Jahr 2014 bin ich mit meinem Bruder in Wien angekommen. Wir suchten einen Platz, um in Frieden zu leben, und stellten einen Asylantrag.

Von Wien sind wir nach Salzburg geschickt worden. Damals wohnte ich in einem Asylheim mit meinem Bruder, und ich habe mich bei der NMS Liefering angemeldet. Zuerst war das sehr schwierig für mich, weil ich kein Deutsch konnte. Ich hab versucht, Deutsch zu lernen, und mein Bruder auch. Ich musste die 4. Klasse wiederholen. Ich wohne jetzt bei einer Gastfamilie. Dieses Jahr schaffe ich meinen Hauptschulabschluss, und danach mach ich eine Lehre als HGA. Mein Bruder hat seinen Schulabschluss geschafft und macht jetzt eine Lehre.

Ich bin froh, dass ich noch lebe, und ich bin den netten Menschen in Österreich dankbar!

Die Leute hier haben eine ganz andere Kultur als wir. Zum Beispiel: Hier kann man beim Essen seine Nase putzen, was bei uns in Afghanistan nicht so gut ist, es ist irgendwie peinlich. Oder die Kleidung der Frauen und Mädchen. Ich finde es gut. Es interessiert mich sehr, die österreichische Kultur kennenzulernen und darüber Informationen zu bekommen. Ich vergesse meine eigene Kultur nicht, aber ich konzentriere mich auf die österreichische Kultur.

Anonym, 13

Die Aufnahmeprüfung dauerte den ganzen Tag

Meine Eltern sind beide in Österreich auf die Welt gekommen. Mit meinem kleinen Bruder verstehe ich mich meistens sehr gut. Er kann ziemlich nerven, doch ich liebe ihn. Bis auf meine Urgroßeltern habe ich noch nie ein Familienmitglied verloren, und darüber bin ich auch sehr froh. Als ich 1 Jahr alt war, zogen wir in ein Reihenhaus in Bischofshofen. An meine Kindergartenzeit kann ich mich kaum erinnern, aber einige Freunde von damals habe ich heute auch noch. Mit 6 Jahren kam ich in die Volksschule Markt. In diesen 4 Jahren hatte ich meistens viel Spaß, und ich liebte es, draußen zu spielen. Ich war beim Schiklub und spielte Querflöte und Gitarre. Die Aufnahmeprüfung in die NMMS St. Johann schafften ich und eine Freundin aus der Schule. Sie war leichter als gedacht. Die Sommerferien verbrachten mein Bruder und ich bei unseren Großeltern an einem See und zu Hause, wo ich viel mit Freunden und Familie unternahm. Ein Handy habe ich schon in der 4. Volksschulklasse bekommen, da ich erreichbar sein musste.

Die Mittelschule ist schnell vorbeigegangen und ich hatte dort sehr viel Spaß mit meinen neuen Freunden. Die Ausflüge, die wir unternommen haben, schweißten unsere Klasse noch mehr zusammen. Natürlich gab es auch viele Streitereien, doch meist nicht ohne Happy End. In der 2. Klasse fing ich an, E-Gitarren- und Saxophonunterricht zu nehmen, doch mit dem Schiklub hörte ich auf. Es hat mir gefallen, Rennen zu fahren.

Im letzten Jahr der Mittelschule ist viel passiert.

Wir waren in London und haben ein Musical hinter uns.

Ich mache das Bronzene Abzeichen vom Saxophon, wobei ich das von der Querflöte schon habe. Nach der Mittelschule werde ich ins Musische Gymnasium in Salzburg gehen. Die Aufnahmeprüfung dauerte den ganzen Tag, doch es war eine tolle Erfahrung. Ich weiß jetzt schon, dass ich später einmal studieren möchte, doch noch nicht, was. Ich werde mich vielleicht im kreativen Bereich versuchen. Noch ein wichtiger Punkt in meinem Leben sind meine Verwandten in der Steiermark, zu denen wir mehrmals im Jahr fahren.

Kevin, 19

Mein Vater hat keinen Respekt

Als ich 9 Jahre alt war, haben sich meine Eltern getrennt. Es war eine sehr schwere Zeit für mich. Im ersten Moment habe ich es nicht ganz wahrgenommen. Bis ich realisiert habe, dass mein Vater nicht mehr nachhause kommt. Ich und meine Geschwister waren sehr traurig. Aber meine Mutter und Oma und Opa waren für uns da. Das hat mir und meinen Geschwistern sehr geholfen. Meine Mutter hat sehr viel geweint. Aber wir haben immer zueinander gehalten, und das sieht man jetzt auch: Meine Mutter ist wieder glücklich. Als ich etwa 13 Jahre alt war, habe ich mit meiner Mutter über die ganze Situation gesprochen. Ich war über das schockiert, was mein Vater ihr angetan hat. Er hat sie belogen und geschlagen. Das habe ich einmal mitbekommen, als ich noch klein war, das war kein schöner Moment für mich. Ich habe am nächsten Tag meiner Oma erzählt, was ich gesehen habe. Meine Oma war sehr schockiert über diese Nachricht. Sie sprach sofort mit meiner Mutter. Ich habe mir Sorgen um meine Mutter und meine 2 Geschwister gemacht. Denn mein Vater hat auch meine große Schwester geschlagen. Es war nicht schön zum Ansehen. Aber was will man als kleines Kind machen? Mein Vater hat keinen Respekt. Denn wenn man Frauen schlägt, dann kann man sich nicht mehr anders wehren. Ich würde niemals eine Frau schlagen. Denn ich habe Respekt vor Frauen. Wenn ich das nochmal sehen würde, dass ein Mann meine Mutter angreift, ich glaube, ich würde ausrasten. Ich bin für meine Familie da und steh hinter ihnen, egal, was kommt. In guten wie auch in schlechten Zeiten.

Meine Mutter hat jetzt einen neuen Freund, der richtig nett ist. Mit ihm verstehen wir uns alle sehr gut. Er ist sozusagen mein Vaterersatz. Er ist jetzt für mich da, wenn ich jemanden zum Reden brauche. Darüber bin ich auch froh. Mit meinem Vater habe ich mittlerweile keinen Kontakt mehr. Ehrlich gesagt, will ich auch keinen. Denn wie es jetzt ist, so passt es für alle am besten. Bei uns in der Familie gab es viele schwierige wie auch schöne Momente. Ich glaube, durch diese Vorfälle hat es uns sehr dicht zusammengeschweißt. Ich bin auch froh darüber, dass meine Mutter jetzt wieder glücklich ist. Ich hoffe, so eine Situation wird es nie wieder geben. Denn ich liebe meine Familie.

Ich bin bei ibis acam, weil es in meiner alten Firma nicht mehr gepasst hat. Ich habe nur mehr die ganze Drecksarbeit machen dürfen. Ich habe deswegen öfter mal schon mit meiner Mutter geredet. Sie sagte immer zu mir, „Beiß durch“, aber es ging nicht. Dann habe ich am 2. Februar gekündigt. Und seit 28. Februar bin ich bei ibis acam. Es ist ein sehr nettes Team. Irgendwie bin ich auch froh, dass ich hier bin, hier im Kurs habe ich eine sehr tolle Frau kennengelernt. Wir haben sehr viel Spaß miteinander. Alle anderen im Kurs denken, wir sind ein Paar. Aber sind wir nicht. Unseren Spaß verstehen nur sehr wenige.

Alle glauben, man muss die Frau lieben, um mit ihr so Spaß zu haben.

Wir machen sehr viele Witze übereinander, oder wenn wir uns sehen, fangen wir einfach lautstark zu lachen an. So muss eine Freundschaft zwischen Mann und Frau funktionieren. Ich bin froh, sie kennengelernt zu haben. Denn sie ist mir sehr wichtig geworden. Vielleicht liest du das hier mal.

Anonym, 15

„Dein Vater ist gestorben, Kind."

2007 hat meine Mutter mich von der Schule abgeholt. Ich ging in die 1. Klasse Volksschule. Sie hat mir gesagt, dass wir zu ihrer Freundin auf Besuch gehen. Als wir dort waren, spielte ich mit der 2–3-jährigen Tochter von der Freundin meiner Mutter. Wir haben türkischen schwarzen Tee getrunken. Ich hab mit der Kleinen Barbie gespielt, danach ging ich in ihr Zimmer, um andere Spielzeuge zu holen. Ich sah eine Lego-Kiste, ich nahm sie und ging wieder zurück ins Wohnzimmer. Nach einer halben Stunde fing das Baby an zu weinen. Ich versuchte sie zu beruhigen, doch sie hörte nicht auf. Ihre Mutter sagte, dass sie Hunger hätte, und ging in die Küche und machte ihr einen Babybrei. Ich schaute ihr zu und fand es interessant. Sie nahm den Teller und ging wieder zurück ins Wohnzimmer. Meine Mutter hielt das Kind auf dem Arm.

Ihre Mutter gab ihr einen Löffel Babybrei, und ich fing an zu lachen, weil es lustig war, wie sie so schnell aufhörte zu weinen.

2 Stunden später wollten wir aufstehen und nach Hause gehen. Meine Mutter musste noch kochen. Auf einmal rief mein Onkel aus der Türkei an, meine Mutter hob ab und fragte, wieso er anrufe, ob es nicht teurer sei, wenn man von dort anruft. Er sagt zu ihr: „Papa ist im Krankenhaus. Mama hat mich angerufen und gesagt, dass es ihm nicht gut ginge." Meine Mutter antwortete darauf: „Ich ruf dich zurück, ich bin nicht zu Hause. Leg du auf, sonst musst du eine noch höhere Handyrechnung bezahlen." Er legte auf. Meine Mutter war voll in Sorge. Wir verabschiedeten uns und fuhren schnell nach Hause. Zu Hause rief meine Mutter vom anderen Handy meine Oma an. Mit dem Handy konnte sie nur die Türkei anrufen. Als meine Oma abhob, fragte meine Mutter schnell, was mit meinem Opa los wäre. Meine Oma sagte zuerst nichts und dann: „Dein Vater ist gestorben, Kind." Meine Mutter fing an zu weinen. Am Abend sagte sie es meinem Vater. Am nächsten Tag kaufte mein Vater für meine Mutter ein Flugticket in die Türkei. 2 Tage später war die Beerdigung, und meine Mutter flog mit meiner Tante und meinem Onkel einen Tag vorher. 4 Tage später kamen sie zurück. Meine Mutter erzählte, wie es gewesen sei, wer gekommen sei usw. Ich war sehr traurig, denn ich kannte meinen Opa kaum.

Katrin, 17

Ich merke oft selbst, wie falsch ich mich verhalte

Ich verbinde die ersten Gedanken meines Lebens mit dem Tod meines Großvaters. Wie sein Spitzname für mich bis heute noch in meinen Ohren klingt und ich fast zu weinen beginne. Der Verlauf meiner weiteren Kindheit ist nicht immer mit schönen Momenten verbunden. Über die Jahre habe ich einige Tiefschläge verkraften müssen, wie den Tod meiner Uroma oder mein Abschlussjahr in der Hauptschule, wo ich alle meine Freunde verloren habe. Trotz all dem habe ich immer noch nicht aufgegeben und kämpfe täglich weiter. Ich selbst bin jedoch leider nicht immer stolz darauf, was aus mir geworden ist. Ich merke oft selbst, wie falsch ich mich verhalte. Jedoch sehe ich meine Fehler ein und stehe zu meinen Macken, denn die machen mich zu dem Menschen, der ich heute bin.

Nicht nur die schlechten, sondern auch die schönen Momente prägen mein Leben. Wie oft habe ich mit meiner großen Schwester gespielt? In unserem kleinen Dorf konnten wir den ganzen Tag mit Freunden herumlaufen und uns austoben, bis wir am Abend, völlig verdreckt und erschöpft, nach Hause gekommen sind. Die Zeit werde ich nie vergessen, wo wir mit den Nachbarskindern im Garten gezeltet haben und uns bis spät in die Nacht Gruselgeschichten erzählt haben.

Ein großer Wendepunkt in meinem Leben war die Scheidung meiner Eltern. Früher war es unvorstellbar für mich, meinen Papa nur noch an den Wochenenden zu sehen, doch heute mache ich das Beste daraus, denn ich habe einen Stiefvater, der mich liebt und immer für mich da ist. Meiner Familie habe ich viel zu verdanken, vor allem meiner Mama.

Sie hat mich durch alle Höhen und Tiefen begleitet und ist oft Teil meiner Erfolge.

Wenn ich zurückblicke, bin ich froh darüber, wie sich mein Leben entwickelt hat, jedoch schaue ich viel lieber in die Zukunft, wo mich hoffentlich noch sehr viele schöne Augenblicke erwarten werden. Danke an alle, die mich begleitet haben und mich in der Zukunft begleiten werden.

Maximilian, 18

Weiß noch nicht, wie es danach weitergeht

Ich heiße Maximilian. Vermutlich deswegen, weil mein Großvater und Urgroßvater auch so hießen und ich damit Maximilian der III. bin. Ich wuchs in einer ruhigen und wohltuenden Gegend auf. Obwohl meine Eltern nicht sehr viel Zeit hatten für die Erziehung von mir und meinem großen Bruder, da sie eine Firma mit rund 50 Mitarbeitern zu leiten hatten, habe ich ein gutes Verhältnis zu ihnen. Da sie kaum Zeit hatten, musste ich schnell lernen, mich selbst zu organisieren, worüber ich im Nachhinein ganz froh bin.

Ich lernte schnell, wenn man etwas macht, dann mit vollem Einsatz, oder man lässt es bleiben.

Aber ich konnte dieses Motto, zumindest im Sport, nicht umsetzen. Ich stand mit 2 Jahren bereits auf Ski, aber mit der Profikarriere wurde es nichts, vor allem hat es an der Motivation, jeden Samstagmorgen um 8 Uhr auf der Piste zu stehen, gelegen. Das Gleiche ist es mit dem Fußball, ich spiele bereits seit über 10 Jahren, aber davon leben werde ich nie können. Dennoch werde ich weiter Fußball spielen, da es mir Spaß macht. Vermutlich begann ich mit dem Fußball, weil es ein Mannschaftssport ist und ich so den fehlenden sozialen Kontakt von zu Hause kompensierte. Durch den Fußball lernte ich auch viele interessante Menschen und gute Freunde kennen.

Eine schwere Entscheidung stand für mich an, nachdem ich das Gymnasium nach 4 Jahren verließ. Ich wollte eine solide Ausbildung, wo mir danach alle Türen offenstehen, sprich entweder Berufseinstieg oder Studium. Mittlerweile bin ich in der 4. Klasse der Handelsakademie, aber weiß noch nicht, wie es danach weitergeht. Wahrscheinlich wird ein Studium der Rechtswissenschaften folgen.

Johann, 24

Man ist überall nur eine Nummer

Ich komme aus dem wunderschönen Salzburg. Ich hatte eine sehr schöne Kindheit, ich war teils bei meiner Oma und teils bei meiner Mutter. Da meine Mutter damals noch arbeiten ging, hatte sie nicht so viel Zeit für mich. Meine Oma und mein Opa haben damals auch noch gearbeitet. Sie waren selbstständig, hatten eine Firma in Lauter in Bayern, gegenüber von Oberndorf. Sie stellten Kassetten her zum Musikhören und Videokassetten. Meine Oma war bei meinem Opa Sekretärin und konnte sich dadurch sehr oft freinehmen und auf mich schauen, während meine Mutter arbeiten war. Damals hat meine Uroma noch gelebt. Wir hatten sehr viel Spaß. Zusammen haben wir auch meine Oma geschreckt, mit einer Plastik-Spinne. Und mein Vater und meine Mutter sind geschieden, seit ich ca. 3 Jahre alt war. Ich lebte mit meiner Mutter zusammen in einer Wohnung. Der Kindergarten war eine sehr schöne Zeit. Dann bin ich in die Volksschule gekommen, und die war auch schön, in Liefering. In den Ferien war ich immer bei Oma und Opa. Die Oma hat ein großes Haus mit Garten, zwei Huskys, und wir spielten immer dort. Ich spielte am liebsten mit den zwei Nachbarskindern, Steffi und Mario. Wir bauten Baumhäuser, spielten Brettspiele. Ich hatte schon viel Spaß.

Ich hatte immer zu Weihnachten und Ostern Kontakt zu meinem Vater. Ich bin dann in die HS Liefering 2 gegangen, das war eine schwierige Zeit. Ich wurde gemobbt, weil ich dicker war, und ich war in der Sonderschule, hatte keine Freunde. Als die Hauptschule beendet war, ging ich statt ins Poly in die Hauptschulabschlussklasse nach Maxglan und habe den ganzen HS-Abschluss nachgeholt, von der Sonderschule bis in die 2. Leistungsgruppe. Damit hat keiner gerechnet, dass ich das schaffe. Ich habe mir dann überlegt, was möchte ich werden, und bin dann auf Landschaftsgärtner gekommen, da ich immer gerne in der Natur war. Habe eine Lehrstelle gefunden in Salzburg und absolvierte die Lehrzeit und die Berufsschule in Hall in Tirol, das war eine schöne Zeit.

Die Berufsschule hatte ich geschafft, dann versuchte ich 2012 die Lehrabschlussprüfung und habe es nicht geschafft und war danach bis 2014 bei einer Firma als Hilfsarbeiter, wurde nur ausgenützt. Das ist mir dann zu viel geworden. Ich war als behindert eingestuft, obwohl ich gar nicht behindert bin, und habe dadurch einen Sachwalter bekommen. Meine Mutter ist inzwischen in Frühpension. Sie hatte Krebs, zwei Mal, und hat ihn immer besiegt. Mein Vater ist gestorben, leider. Er war sehr krank.

Ich bin inzwischen in eine eigene Wohnung gezogen, die Sachwalterschaft wurde aufgelöst und das Behindertsein auch.

Ich bin dann kurze Zeit später zur Loretto-Gemeinschaft gegangen, weil ich geglaubt habe, da fühle ich mich wohl, bis ich dann verstanden habe, dass das eine Sekte ist. Von der römisch-katholischen Kirche. Ich habe immer schon gemerkt, dass ich mehr auf Männer stehe, und habe mich nach langer Zeit geoutet. Das hat Loretto nicht akzeptiert, und ich bin dann ausgetreten, war sehr glücklich. Ich kann nur jedem empfehlen, der solche Gedanken hat: Egal, was andere sagen, es geht um dein Leben, und du kannst entscheiden und lieben, wen du willst.

Seit 2014 habe ich viele Hilfsarbeiter-Jobs gemacht. Ich war beim Sicherheitsdienst, bei den Nachtzügen der ÖBB, man ist überall nur eine Nummer. Und deshalb habe ich dann entschieden, ich mach den Lehrabschluss nach. Und hab vom AMS die Möglichkeit bekommen, und da bin ich gerade dabei. Ich habe einen Freund, der in Oberösterreich lebt. Wir sehen uns immer am Wochenende und verbringen Zeit und leben noch nicht zusammen. Ich habe ihn im November 2015 über einen Online-Chat kennengelernt. Wir wollen heiraten, ein Haus bauen und Kinder kriegen. Ich mach neben dem Lehrabschluss die Studienberechtigungsprüfung für Mathematik und Biologie (da ich keine Matura habe), denn ich möchte Mathematik und Biologie auf Lehramt studieren, um später an einem Gymnasium unterrichten zu können. Das ist ein großer Traum von mir. Ich finde es sehr schön, dass wir in einer Demokratie leben können und dass man alles erreichen kann, was man will. Es hat mich sehr gefreut, dass Sie meine Geschichte gelesen haben, ich danke Ihnen. Vielleicht lesen wir uns wieder.

Anonym, 16

Meine Stadt heißt Kunduz

Ich bin in Afghanistan geboren. Ich war in Afghanistan acht Jahre in der Schule und habe mit meinem Bruder und Vater zusammen in einem Geschäft gearbeitet. Meine Stadt heißt Kunduz, und in meiner Stadt gibt es so viele Taliban. Alles haben sie kaputtgemacht, weil sie nicht wollen, dass alles gut wird. Die Taliban haben auch alle Schulen und Krankenhäuser kaputtgemacht. Danach konnte ich nicht mehr lernen und mein Bruder konnte auch nicht mehr in die Schule gehen. Mein Vater hat gesagt, du und dein Bruder müsst weggehen von diesem Land und in einem anderen Land wohnen. Mein Bruder hat ja gesagt und ich auch. Einen Monat später kam ich nach Österreich, ich bin nach St. Johann gekommen.

Ich habe mir gedacht, warum ist mein Land nicht wie Österreich.

Letztes Jahr war ich in der Hauptschule, und ich habe nicht gewusst, was ich machen soll. So viele Lehrer und Lehrerinnen haben mir beim Lernen geholfen. Ich danke ihnen. Langsam, langsam habe ich gelernt, was ich machen soll.

Ich bin mit dem Rad gestürzt und war acht Tage im Krankenhaus. Ich konnte nur Suppe essen und Tee trinken. Dann war alles wieder gut. Dieses Jahr bin ich in die PTS gekommen. Ich habe so viel gelernt in dieser Schule. Ich will nach der Schule einen Beruf machen, z. B. Küchen verkaufen.

Meltem, 18

In Gefühlen steckt die Sprache

Als ich noch klein war, wusste ich nicht, was Musik ist. Mit 7–8 Jahren fing ich an, türkische Lieder anzuhören, ohne sie zu verstehen. Ich liebte es einfach, aber ich verstand nicht, was die Liedtexte mir sagen wollten. Mit ungefähr 11–12 hörte ich auf, türkische Lieder zu hören, und begann, nur englische Lieder zu hören. Im Laufe der Zeit konzentrierte ich mich auf die Texte. Ich wollte wissen, was diese Lieder mir sagen wollten. Mein Englisch wurde besser und ich verstand den Sinn der Texte. Ich bin draufgekommen, dass es in den meisten türkischen Liedern nur um die Liebe zwischen einer Frau und einem Mann geht. Ich hasste es.

Natürlich ist Liebe sehr toll und alles, aber es gibt wichtigere Dinge im Leben.

Ich entschloss mich, keine Lieder anzuhören, die ich nicht verstehe. Ich hatte viele Freunde, die sich schwedische Lieder anhörten, ohne ein Wort zu verstehen. Ich habe das damals lächerlich gefunden und dachte mir, so was könnte ich nie machen.

Mit 14 änderte sich alles. Meine Schwester entdeckte damals eine K-Pop-Gruppe, diese Gruppe hieß BIG BANG. Sie zwang mich, ihre Lieder anzuhören. Ich wollte es nicht. Ich habe mich, so lange ich konnte, gewehrt, aber dann hörte ich die Gruppe singen und liebte es. Ihre Stimmen, das Lied, alles war perfekt, außer der Sprache. Koreanisch. Mit der Zeit war es mir egal, in welcher Sprache sie sangen. Ich liebte es einfach, und nur das zählte für mich.

Ich entdeckte andere Gruppen und andere tolle Stimmen. Nach drei Jahren ist K-Pop mein Ein und Alles. Ich verstehe Koreanisch nicht, aber diese Lieder geben mir das Gefühl, als würde ich verstehen, was sie mir sagen wollen. Ich bereue, dass ich meine Freunde ausgelacht habe. Um Musik zu hören, muss man die Sprache nicht verstehen. Die Gefühle muss man verstehen können, in Gefühlen steckt die Sprache. Wenn sich zwei taube Menschen lieben können, ist es auch möglich, sich Lieder in verschiedenen Sprachen anzuhören.

Noah, 17

Die ganze Welt steht vor meiner Tür

Ich führe ein ganz normales Leben, welches nun schon 17 Jahre andauert. Im Wesentlichen gibt es nichts, was mich von anderen unterscheidet. Doch so stimmt das, glaub ich, nicht ganz, denn jeder Mensch unterscheidet sich in seinen Eigenschaften und Gefühlen, und es sind die Ereignisse, gute oder schlechte, die jemanden geprägt haben, welche uns voneinander unterscheiden. Ich bin wie eine verschlossene Truhe, doch wenn man den Schlüssel des Vertrauens findet, öffne ich mich.

Das nenne ich Freundschaft.

Ich bin sehr wissbegierig und mich kann man nur schwer unterkriegen. Wenn ich könnte, würde ich gern die Welt entdecken und jeden Winkel der Erde erkunden. Mit meinen Eltern bin ich schon viel gereist. Die ganze Welt steht vor meiner Tür, aber ich habe doch nur einen Bruchteil davon gesehen.

Verena, 17

Im Leben bekommt man nichts geschenkt

Als ich noch klein war, dachte ich immer, mit 17 habe ich bestimmt den vollen Durchblick. Na ja, nun bin ich so alt und habe nicht die geringste Ahnung vom Leben, von der Welt, von so ziemlich gar nix eigentlich. Aber das ist nicht so schlimm. Es gibt nämlich auch viele Dinge, die ich bereits gelernt habe. Zum Beispiel, dass Familie eine der wichtigsten Konstanten im Leben ist. Sie war schon immer da und hat auf einen aufgepasst. In meinem Fall begrüßten mich meine wundervollen und liebevollen Eltern sowie meine große Schwester, Bianca, und mein großer Bruder, Patrick. Sie alle haben mich von klein auf in ihr Herz geschlossen, und dafür bin ich ihnen sehr dankbar. Mit ihnen habe ich meine ersten Schritte gemacht und so viele andere Dinge. Ich liebte es, stets die Kleinste zu sein, deswegen war ich nicht gerade begeistert, als meine kleinen Geschwister auf die Welt kamen, doch mittlerweile würde ich sie für nichts auf der Welt hergeben. Mit der Zeit wurde ich älter und habe viele neue Erfahrungen gesammelt sowie auch neue Freundschaften geschlossen. Freundschaften sind sehr wichtig. Das habe ich gelernt. Ohne Freunde kommt man nicht weit, außerdem ist das Leben ohne sie viel weniger lustig. Wer liebt es nicht, mit seinen besten Freunden die Nacht durchzufeiern und Spaß zu haben? Außerdem tut man mit Freunden Dinge, die man sich sonst nie trauen würde.

Ich denke, dass ich nach Abschluss der HAK studieren werde. Vorausgesetzt, ich bekomme einen Studienplatz. Falls ich dann später wirklich mal einen Universitätsabschluss habe, werde ich anfangen zu arbeiten. Ich würde später wirklich gerne ins Marketing gehen, also an Werbespots mitarbeiten oder Marktforschung betreiben. Das ist zurzeit alles, was ich so für meine Zukunft geplant habe. Im Allgemeinen halte ich nichts von Plänen, die noch so weit entfernt liegen, da sich Pläne, Situationen und das Leben ständig ändern. Das weiß ich.

**Deswegen bemühe ich mich,
nicht alles immer bis ins kleinste Detail zu planen,
auch wenn mir das nicht immer leicht fällt.**

Ich bin nämlich ein klein wenig perfektionistisch veranlagt. Aber man muss das Leben so nehmen, wie es kommt. Im Leben bekommt man nichts geschenkt, man muss für all seine Wünsche kämpfen. Das ist nicht immer einfach und auch nicht immer schmerzfrei. Doch mit Freunden und der Familie hat man immer Personen, die einem zur Seite stehen. Das sollte man nie vergessen, denn sie unterstützen einen bei jedem Kampf.

Anonym, 16

Österreich ist ein ruhiges Land ohne Stress

Ich bin im Iran geboren, obwohl ich Afghane bin. Ich habe eine Zwillingsschwester. Mit 7 Jahren habe ich mit der Schule angefangen. Die eine Hälfte des Tages ging ich in die Schule und die andere arbeitete ich in einem Kleidungsgeschäft als Schneider. Als ich 8 Jahre alt war, wurde mein Bruder geboren. Mit 12 Jahren habe ich die Schule wegen einiger Probleme verlassen. Im Iran hatten wir keine Ausweise, also konnte ich nicht weiter in die Schule gehen. Als ich 14 Jahre alt war, verließ ich meine Familie.

Jetzt bin ich seit einem Jahr und 5 Monaten in Österreich.

Österreich ist ein ruhiges Land ohne Stress, ohne Krieg. In Afghanistan ist jeden Tag Krieg und im Iran jeden Tag Stress wegen der iranischen Polizei. Falls sie gemerkt hätten, dass wir keine Ausweise hatten, hätten sie uns nach Afghanistan deportiert. Ich habe in meinem Leben viele Menschen kennengelernt.

Antonio, 18

Fühlten uns wie 2 Gauner

Ich wurde vor 18 Jahren in Schwarzach im Pongau mit bosnisch-kroatischen Wurzeln geboren. Meine Eltern arbeiteten zu dieser Zeit im Gastronomiebereich, ich hatte auch schon einen Bruder, der in Bosnien geboren wurde und mit etwa 8 Jahren nach Österreich kam. Wie jedes Baby verbrachte ich mein Leben bis zum 4. Lebensjahr zu Hause, danach begann die Kindergartenzeit, für einige die schönste Zeit des Lebens und für manche die schlimmste. Anfangs war es schwer für mich, in den Kindergarten zu gehen, da ich immer geweint habe und nach Hause gehen wollte. Aber dies beruhigte sich nach einiger Zeit und mir gefiel der Kindergarten immer mehr und mehr. Dort lernte ich meinen besten Freund Christian kennen, mit dem ich noch heute sehr gut befreundet bin, obwohl er wegen seines Fußballtalents nach Deutschland gezogen ist. Für mich war die Kindergartenzeit die schönste Zeit. Christian und ich trieben nur Blödsinn und waren schon bei allen Kindergartentanten bekannt, also fühlten wir uns wie 2 Gauner. Danach ging es für mich in die VS St. Johann, wo ich aber erst die Vorschule besuchte, und gleichzeitig begann meine Fußballkarriere beim TSV, wo ich heute noch ein festes Mitglied bin.

Eines der wohl wichtigsten Ereignisse war der Fahrradführerschein, den man in der 2. Klasse VS absolvieren musste, darauf folgte eine Lesenacht in der Schule, wo man mit der ganzen Klasse in der Bibliothek übernachtete. Nach den 5 erlebnisreichen Jahren, die ich mit Christian verbringen durfte, trennten sich unsere Wege, ich ging ins Gym St. Johann und er in die Sporthauptschule Bischofshofen. Im Gym verbrachte ich 4 klassische Unterstufenjahre, wobei ich den ECDL-Führerschein absolvierte und sozusagen meine „erste große Liebe“ fand. Ich kann mich glücklich schätzen, dass ich im Gym Latein, oder auch tote Sprache genannt, lernen durfte, somit konnte ich mich mit den restlichen Lateinern prima unterhalten. Nach den 4 Jahren schlug ich den Weg in eine Wirtschaftsschule, nämlich in die HAK St. Johann, ein, wo ich nächstes Jahr die Matura absolvieren werde. Eine der wichtigsten Sachen im Leben durfte ich erfolgreich mit 18 absolvieren, und zwar den Autoführerschein.

Nach der Matura erwartet mich erst mal eine harte Maturareise, von der wir hoffentlich alle heil nach Hause kommen, danach werde ich 9 Monate lang den Zivildienst machen.

Nach dieser Zeit steht es noch offen, ob ich studieren gehe oder erst mal arbeite und mich neben der Arbeit fortbilde. Über die Zukunft kann ich noch nicht viel sagen, ich hoffe, dass ich eines Tages ein Mädel finde, welches mich mein ganzes Leben lang begleiten wird, und wir eines Tages eine Familie gründen werden. Einer meiner größten Wünsche wäre es, jede Hauptstadt jedes Landes zu bereisen und natürlich glücklich & hoffentlich nicht alleine zu sterben.

Simon, 19

Zu dieser Zeit gab es noch keine Smartphones

Ich war nach meiner Schwester Kathrin das 2. von heute 4 Kindern. Aus Erzählungen meiner Eltern weiß ich, dass ich einen sehr eigenartigen Krabbelstil hatte, ganz anders als alle anderen Kinder. Ich habe relativ schnell gehen gelernt und so lernte ich die Welt schnell kennen. Mit 5 Jahren kam ich in den Kindergarten. Dort lernte ich meine ersten richtigen Freunde kennen. Manche von ihnen habe ich bis heute und einer davon ist sogar mein bester Freund. Im Kindergarten haben wir viel gespielt. Zu dieser Zeit war mein Vater ein sehr guter Fußballer, er verdiente sogar ein bisschen Geld damit, z. B. in der Regionalliga beim USK Anif. Logischerweise hat er mir auch das Fußballspielen beigebracht und der Ball war bald mein bester Freund. Mein Vater meldete mich beim FC St. Martin an und dort spielte ich bis zur U-11. Zu dieser Zeit, als ich mit dem Fußballspielen begann, kam ich in die Volksschule, wohin einige aus meiner Mannschaft auch gingen. Ich verstand mich immer gut mit meinen Mitschülern und wir hatten sehr viel Spaß.

In der Schule war ich stets ein ruhiger und braver Schüler. Meine Lieblingsfächer waren damals natürlich Turnen und Rechnen. Ich habe immer schon sehr gut Kopfrechnen gekonnt, deswegen Lieblingsfach. Zuhause hatten wir 3 große Katzen und 2 Laufenten. Diese vermisse ich heute sehr, da sie sehr süß waren. Zu dieser Zeit gab es noch keine Smartphones, worüber ich heutzutage sehr glücklich bin. In der 3. Volksschule wurde die Schule umgebaut, und so waren wir ein Jahr lang in einem Container, was sehr lustig war, aber auch blöd, weil ich weiter gehen musste. Das war auch die Zeit, in der ich mir zum 1. Mal den Unterarm gebrochen habe. Meine Schwester schubste mich eine Rutsche hinunter. Ich hatte 8 Wochen lang einen Gips. Das war sehr nervig, da ich nicht Fußball spielen konnte. Dafür aber schreiben, da es die linke Hand war.

Im 2. Halbjahr der 4. Volksschule zogen wir wieder in die alte VS und die war sehr schön! Wir machten auch den Radführerschein, und somit konnten wir jeden Tag mit dem Fahrrad in die Schule fahren. Bis auf 2–3 Reifenplatzer ist Gott sei Dank nichts passiert. Dann waren wir fertig mit der Volksschule, und es zog mich in die HS der Nachbargemeinde Annaberg, wohin ich immer mit dem Bus fahren musste. Das war eine neue Erfahrung. Fußballerisch spielte ich zu dieser Zeit schon beim SK Bischofshofen, da ich bei einer besseren Mannschaft spielen wollte. Ich kam auch noch ins LAZ, wo die Besten aus der Umgebung zusammen spielten. In der HS lief es gut, war kein Musterschüler, aber ich kam locker durch.

Beim Fußball lief es überragend. Ich war Stürmer und schoss bei Bischofshofen über 100 Tore in 2 Saisonen.

Danach wechselte ich mit 12 zu St. Johann, da sich in Bischofshofen die Mannschaft auflöste. Dort spielte ich mit ein paar jetzigen Klassenkollegen zusammen. Wir wurden Meister und Hallenlandesmeister. Durch den Fußball fand ich viele Freunde und hatte eine gute Ablenkung. Nach der HS entschied ich mich, in die Fußballschule in Tamsweg zu gehen, wo ich 3 Jahre verweilte. Ich erhoffte mir jedoch mehr von dieser Schule, deswegen brach ich sie nach 3 Jahren ab, weil ich mich im Fußball verbessern wollte. Zu dieser Zeit spielte ich schon bei Altenmarkt und konnte schon mit 16 Jahren gegen die Erwachsenen antreten. Nun spiele ich in der Kampfmannschaft in Altenmarkt und bin sehr zufrieden. Da ich dadurch auch ein bisschen Geld verdiene neben der Schule, ist das für mich ein Zeichen, dass ich vieles richtig gemacht habe, und ich hoffe, dass das noch nicht meine letzte Fußballsaison ist und dass ich wie mein Vater mal in der Regionalliga spielen kann. Schulisch besuche ich derzeit die 4. HAK in St. Johann und kämpfe sehr.

Jasmin, 15

Mein kleiner Prinz

Ich war total aufgeregt. Ich kann mich noch genau erinnern, es war ein Tag vor meinem sechsten Geburtstag. Ich freute mich schon auf die Schule, die ich im Herbst beginnen würde. Doch dieser Tag war ganz anders als sonst. Meine Eltern schienen eher gestresst, vor allem mein Stiefpapa. Als an diesem Tag dann noch Oma zu Besuch kam, war mir klar, dass irgendetwas nicht richtig lief. Verstanden hätte ich sowieso nichts, und nachfragen wollte ich wahrscheinlich nicht. Als es schon spät wurde, erzählte mir Oma noch eine Gutenachtgeschichte, die mich wie jede ihrer Gutenachtgeschichten in den Schlaf brachte. Dann hörte ich ein Reden. Ich war mir nicht sicher, ob es in meinem Traum war oder aber ganz in meiner Nähe. Ich machte meine Augen auf. Oma hatte schon bemerkt, dass ich wach wurde, und sagte: „Dein kleiner Bruder ist gerade auf die Welt gekommen!“

Als ich das hörte, konnte ich vor Freude überhaupt nicht mehr schlafen.

Meine Oma erklärte mir dann, wenn er eine halbe Stunde später auf die Welt gekommen wäre, hätten mein Bruder und ich am gleichen Tag Geburtstag. Also musste es kurz nach halb zwölf gewesen sein. Am nächsten Tag fuhren Oma und ich sofort ins Krankenhaus. Nun ist er neun Jahre alt, und mir kommt es so vor, als wär der 12. April erst gestern gewesen. Er ist mein ganzer Stolz.

Anonym, 13

Leider muss ich bald die NMS verlassen

Vor mir gab es schon meinen um 1 Jahr älteren Bruder. Der auch halb aus Tschechien und halb aus Österreich kommt. Als ich drei Jahre alt war, kam ich in den Kindergarten, wo ich meine ersten Freunde kennengelernt habe. Das letzte Jahr im Kindergarten war sehr aufregend, weil ich in die Vorschule ging. Dann war es auch schon so weit, dass ich in die Volksschule kam. Ich habe viele neue Freunde gefunden, die mir jetzt auch noch gut beistehen. In der 3. Klasse ging ich ins Musikum zur Singschule. In der 4. Klasse war ich die ganze Zeit mit Singen beschäftigt, denn ich wollte in die Musikmittelschule. Als der Tag der Aufnahmeprüfung kam, war ich sehr nervös. Ein paar Wochen später kam ein Brief, der beinhaltete, dass ich in der NMMS St. Johann aufgenommen worden war.

Ich lief schreiend durch die ganze Wohnung, doch leider hatte es niemand meiner Freunde geschafft. Ich hab mich aber trotzdem für diese Schule entschieden.

Der erste Tag in der neuen Schule war für mich sehr aufregend, aber man hat sich bald an den Schulalltag gewöhnt. Ende der 1. Klasse war unser Singspiel. Es war toll, bei so etwas mitzumachen. In der 2. Klasse waren wir auf Singwoche in Mauterndorf. Ich war mit meinen besten Freunden im Zimmer. In der 3. Klasse waren wir auf Sportwoche in Schielleiten. Man konnte sich eine Kategorie von Sport aussuchen, ich war beim Überlebenstraining. Ich finde, die 4. Klasse ist am besten, denn wir waren in England und werden noch nach Wien fahren. In der 4. Klasse war auch noch toll, dass wir ein Musical gehabt haben. Außerdem habe ich jetzt ganz gute Freunde gefunden und bin mit ihnen zusammengewachsen. Vor kurzem hatte ich eine Aufnahmeprüfung für eine Schule zur Ausbildung von Kindergartenpädagoginnen. Sie hat einen ganzen Tag gedauert und war in vier Aufgaben gegliedert. Sport, Werken, Zeichnen und Soziales. Am nächsten Tag kam eine Nachricht, dass ich aufgenommen bin. Ich hab mich so gefreut. Leider muss ich bald die NMS verlassen, doch ich freue mich schon auf die nächste Schule. Das Traurige ist, dass ich meine Freunde verlassen muss. In Zukunft werde ich mich aber noch mit ihnen treffen.

Verena, 17

Familiensonntag

Alles begann damit, dass meine Eltern ein zweites Kind wollten, welches sie dann auch bekamen, mich. Meinem Vater waren zwei Kinder mit der gleichen Frau anscheinend nicht spannend genug, weshalb er mit einer anderen Frau noch eines bekam, was wir alle aber erst erfahren haben, als das kleine Mädchen schon ein paar Monate alt war. Aber dazu später mehr. Als ich noch in den Kindergarten gegangen bin, habe ich mit meinen beiden Eltern und meiner großen Schwester in einer Wohnung in der Nähe von Frankfurt gewohnt. Im Kindergarten war das Leben eigentlich echt super fetzig, ich hatte meine beste Freundin, meine große Kindergartenliebe und Erzfeindinnen, es war echt eine tolle Zeit bis zu diesem einen schicksalhaften Tag, an dem die Schuleinladungsbriefe kamen. Da fiel mir gleich auf, dass alle einen Marienkäfersticker hatten, aber ich einen Delfin. Ich bin in die 1a gekommen und ALLE anderen in die 1b, auch meine beste Freundin.

Im Nachhinein habe ich erfahren, dass ich der Direktorin einfach nur zu jung war und sie vielleicht sauer war, dass sie mich trotzdem nehmen musste.

Aber für Trauer war keine Zeit, weil wir endlich in ein Haus gezogen sind, und zu meiner Freude war das Haus drei Häuser neben meiner besten Freundin und auch direkt neben meiner Schule. Die Schule war nicht besonders spannend, ich hatte viele Freunde und Spaß. Ich war auch im Chor und zusätzlich noch bei einem Schauspielkurs, weil mir das damals schon Spaß gemacht hat. Nach der Schule habe ich immer mit Freunden gespielt, meistens mit Marisa, die schon erwähnte beste Freundin. Ich habe direkt am Bach gewohnt, also war dort unser Haupt-Spielort. Marisa und ich hatten auch eine gemeinsame Begeisterung, verrückte Dinge zu bauen, die meistens nicht funktioniert haben oder so oder so keinen Nutzen hatten. Wir waren auch oft bei den Dreieichhörnchen, einer Kinder- und Jugendfarm, wo meine und Marisas Mutter gemeinsam arbeiteten. Es war wirklich perfekt dort, und man hatte immer was zu tun.

Die Ferien verbrachten wir immer bei meinen Großeltern in Bayern, die in einem riesigen Forsthaus lebten und uns natürlich super verwöhnten. Es hätte ewig so weitergehen können, doch als ich in der Vierten war, hat meine Mutter herausgefunden, dass mein Vater sie betrügt, und nicht nur ein Ausrutscher, sondern eine jahrelange Beziehung mit Kind. Ich erinnere mich noch an den Tag. Sophie, die beste Freundin meiner Schwester, war bei uns, und wir haben, wie des Öfteren, unseren Balkon zu einer Festung umgebaut und uns dann Snacks geholt und diese auch gegessen. Meine Mutter saß unter uns auf der Terrasse und hat auf einmal angefangen zu heulen, richtig stark. Ich hab meine Mutter davor noch nie heulen gehört, aber als ich sie trösten wollte, hat sie mir natürlich nichts gesagt, ich war ja auch erst 9. Ein paar Tage später war Familiensonntag, und unser Vater fragte uns, wer denn vor kurzem Geburtstag hatte, und wir fingen an, zu raten, und meine Mutter weinte wieder. Da sagte mein Vater: „Eure Schwester auch." Dann holte er ein Bild von ihr aus seiner Geldtasche, gab es mir in die Hand und ging, einfach so. Ich bin ihm nach, aber er wollte nicht mit mir reden, obwohl ich auch schon weinte, weil ich einfach nicht verstand, was gerade passiert war. Danach ging ich gleich zu Marisa, und wir rätselten, wie wohl alles weitergehen sollte.

Am nächsten Familiensonntag sagten sie uns, dass sie sich trennen würden. Meine Mutter hätte es für uns nochmal versucht, aber mein Vater wollte nicht. Kurz darauf kamen meine Tante, Onkel, Cousin und Cousine aus Salzburg zu Besuch. Wir hatten viel Spaß, und kurz vor ihrer Abreise redeten wir darüber, wie cool es wäre, wenn wir uns öfter sehen könnten, und ich dachte mir und sagte auch: „Wenn wir eh umziehen müssen, warum dann nicht gleich nach Salzburg?“ Wir blieben nicht im Haus, sondern mein Vater, der meinte, entweder wir alle, also er mit seiner Neuen und wir unter einem Dach, oder meine Mutter soll die Kinder nehmen und ausziehen, was sie auch tat. Wir zogen nach Salzburg in eine superkleine Wohnung. Meine Mutter schlief im Wohnzimmer, und meine Schwester und ich hatten gemeinsam ein eigenes Zimmer.

Am Wochenende war ich immer bei meinen Großeltern, was fantastisch war, weil ich das Forsthaus über alles liebte. Aber unter der Woche hab ich alles gehasst. Ich hab meine Freunde und meinen Vater vermisst und wollte nur zurück. Ich war so unglücklich, hier habe ich alles, jeden und vor allem mich gehasst. Das einzig Positive war zu wissen, dass ich in den Sommerferien wieder bei meinem Vater bin. Nicht, dass ich meine Mutter nicht über alles liebe, denn das tue ich wirklich, aber mein Vater war auch mit meinem alten, besseren Leben verbunden. Ich hatte nur Angst davor, meine Schwester kennenzulernen. Vor der Freundin meines Vaters hatte ich keine Angst, denn die hatten sich schon wieder getrennt – aus dem gleichen Grund wie meine Eltern, nur umgekehrt: Sie hat ihn betrogen und mit jemandem anderen ein Kind bekommen. Als es dann so weit war und ich die beiden kennenlernte, war ich sofort in meine Schwester über beide Ohren verliebt, und das bin ich bis heute. Aber Lala, ihre Mutter, kam mir sehr bekannt vor, und das zu Recht. Als meine Schwester auf Landschulwoche war, ist meine Mutter mitgefahren, und sie hat bei uns auf der Couch geschlafen. Mittlerweile sind meine Mutter und mein Vater wieder glücklich vergeben, und ich mag mein Leben. Meine kleine Schwester hat noch zwei kleine Schwestern dazubekommen, die zwar nicht mit mir blutsverwandt sind, aber trotzdem auch meine Schwestern. Ich habe keine Pläne für die Zukunft, außer viele Kinder und mich nach Möglichkeit nicht von meinem Partner zu trennen.

Anonym, 13

Meine Cousine war schon immer alles für mich

Ich würde meine Vergangenheit als nicht gerade einfach bezeichnen. Ich bin auf die Welt gekommen, ein ganz normales Mädchen. Sehr klein, sehr zierlich, aber gesund und glücklich. Mein Vater – adoptiert. Meine Mutter hat eine ganz normale Familie. Eine sehr liebe Familie, zu der ich von klein auf eine sehr starke Bindung hatte. Als ich 1 Jahr alt war, hatte ich eine ziemlich schlimme Krankheit im Kopf.

Man konnte es behandeln, aber es war für meine Familie eine schwere Zeit.

Nachdem wir diese Zeit überwunden hatten, konnte mein Leben so richtig losgehen. Zuerst war der Kindergarten. Diese Zeit war eigentlich total normal und es ist nicht viel passiert. Am 26. 01. 07 ist mein Bruder zur Welt gekommen. Mein Leben hat sich total ins Positive gewendet. Mein Bruder hat mir schon immer sehr viel bedeutet. Ich hatte zu der Zeit, wo ich in der Volksschule war, sehr, sehr viel mit meiner Cousine zu tun. Meine Cousine war schon immer alles für mich. Sie ist der wichtigste Mensch in meinem Leben und das wird sie auch immer bleiben. Sie bedeutet mir mehr als alles andere. Ich konnte ihr schon immer alles anvertrauen. Als meine Mutter diese Krankheit bekommen hat, war ich am Boden.

Alma, 19

Meine Eltern haben ihr ganzes Leben gearbeitet

1992 machte sich meine Mutter auf den Weg nach Österreich, nachdem sie erfahren hatte, dass ihre Heimatstadt von serbischen Truppen bombardiert wurde. Sie hatte zu diesem Zeitpunkt mittlerweile 3 Jahre in Kroatien als Saisonarbeiterin verbracht, da sie in ihrer Geburtsstadt keine Anstellung als Chemielaborantin bekommen hatte. In Österreich angekommen, landete sie in Tamsweg, wo sie meinen Vater kennenlernte, der mit 20 alleine nach Österreich kam, um das große Geld zu machen. Kurze Zeit darauf verdiente mein Vater für eine 50-Stunden-Woche rund 1500 € ohne Weihnachts- und Urlaubsgeld.

Meine Eltern zogen zusammen, unverheiratet, da es unmöglich war, eine Ehebescheinigung aus dem damaligen Bosnien zu bekommen.

’94 kam meine Schwester im tiefsten Lungau zur Welt. Meine Eltern, geplagt von finanziellen Schwierigkeiten, entschieden sich, in die Stadt zu ziehen, wo mein Vater eine feste Anstellung bekam. ’96 besuchte meine Mutter nach vier Jahren erneut ihre Heimat, zum ersten Mal nach langer Zeit sah sie ihre Familie wieder. 1998 kam ich in Salzburg zur Welt. Ein halbes Jahr nach meiner Geburt lebte ich bei meiner Großmutter in Bosnien, bis zum Kindergartenalter, da meine Mutter gezwungen war, zu arbeiten. Mit gerade 7 zogen wir um, da sich meine Eltern ihren Wunsch nach einer Eigentumswohnung endlich erfüllen konnten. Kurz darauf folgte der Tod meines Großvaters, bis dahin hatte ich nie einen Todesfall in der Familie gehabt. 2010 starb der Bruder meiner Mutter, zwei Monate darauf mein Großvater und ein Jahr später auch meine Großmutter. Mit 15 Jahren wechselte ich auf das Christian-Doppler-Gymnasium und lernte meine besten Freundinnen kennen, die mein Leben verändert haben. 2015 verlobte sich meine Schwester, die Hochzeit folgte 2016. Die Hochzeit fand am gleichen Tag wie die Geburt meiner Cousine statt. 4 Tage später wurde mein Vater am Herzen operiert, nach einigen Komplikationen erstreckte sich der Krankenhausaufenthalt auf 8 Monate. Kurz darauf erkrankte auch der ältere Bruder meiner Mutter an einer Immunkrankheit. Meine Cousine verlor den Kampf gegen den Krebs und starb mit gerade 17 Jahren. Bei meiner Großmutter wurde ein Tumor in der Schilddrüse entdeckt. Mein Vater ist derzeit wieder nicht in der Lage, zu arbeiten, aus gesundheitlichen Gründen. Meine Eltern haben ihr ganzes Leben gearbeitet, um meiner Schwester und mir ein gutes Leben zu bieten. Erschüttert von Schicksalsschlägen, haben sie es nie verpasst, mir und meiner Schwester viel Liebe zu geben.

Martin, 17

Danach stehen mir alle Türen offen

Ich wurde in Siófok als Sohn zweier ungarischer Eltern geboren. Dort besuchte ich bis zu meinem 5. Lebensjahr den Kindergarten. Danach folgte der Umzug nach Österreich.

Ich hatte noch ein Pflichtjahr im Kindergarten vor mir, wo ich mit Hilfe meiner Eltern rasch die deutsche Sprache erlernte.

Mit sechs Jahren kam ich in die Volksschule in Filzmoos, einer kleinen Gemeinde im Pongau. Mit zehn Jahren kam ich in die Hauptschule Radstadt. Dort fiel die Entscheidung, meine schulische Laufbahn in der Handelsakademie St. Johann im Pongau fortzusetzen. Mein Ziel ist es, die Matura zu meistern. Danach stehen mir in der Arbeitswelt mit meinen Fremdsprachenkenntnissen wie Deutsch, Englisch, Französisch und Ungarisch alle Türen offen.

Anna, 16

In meinem Jahrgang waren wir nur zu dritt

Ich komme vom Land Salzburg, wo ich schon seit meiner Geburt lebe. Meine Kindergartenzeit war toll, ich habe viele Freundschaften damals geschlossen, die heute noch aktuell sind. Im Großen und Ganzen war ich ein „braves“ Kind, aber meistens nur zu Hause. Ich war sehr lange Einzelkind, bis dahin wuchs ich sozusagen mit meinen Cousinen und Cousins auf, wir sind fast wie Geschwister. Als Einzelkind steht man meist im Mittelpunkt, aber als ich meinen Bruder bekommen habe, wendete sich das Blatt sehr schnell. Plötzlich musste ich den Platz teilen, aber na ja. In der Volksschule war ich nicht immer das brave kleine Mädchen. In meinem Jahrgang waren wir nur zu dritt. Wir waren keine große Volksschule, aber dafür kannte jeder jeden, und so hatten wir viel Spaß. Als einziges Mädchen in meinem Jahrgang hatte ich es nicht leicht, ich wuchs sozusagen nur mit Jungs auf.

In der Hauptschule konnte ich mich auch nicht über die Zeit beklagen, abgesehen davon, dass wir die Lehrerin mit unseren Ideen und Streichen in den Wahnsinn trieben, z. B. die Tafel mit Seife einrieben, so dass man sie nicht mehr beschriften konnte, oder unsere Klassentiere freiließen, damit die Physikstunde ausfällt.

In der Dritten war ich Klassensprecherin, in der Vierten dann Schülersprecherin, wo man nicht sehr viel machen muss.

Danach bin ich in eine Tourismusschule gegangen, wo ich nach 5 Wochen abgebrochen habe, da es nicht der Beruf ist, den ich einmal machen will, also bin ich in eine Polytechnische Schule gegangen. Das war die beste Zeit meiner Schulzeit, darüber könnte ich sehr viele Geschichten und Erlebnisse erzählen. Am 1. August begann ich eine Lehre als Bürokauffrau in der Stadt Salzburg. Vielleicht fange ich neben meiner Lehre die Matura an, aber das steht noch in den Sternen.

Stefanie, 16

Genieße die schönen Momente im Leben

Von Natur aus bin ich eine sehr aufgeweckte und lebensfrohe Persönlichkeit, seitdem ich klein war. Wenn Menschen in meinem Umfeld nicht gut drauf sind, versuche ich meistens, sie glücklich zu machen, und bin fast immer erfolgreich. Für mich ist es ein Gefühl der Erfüllung, andere lachen zu sehen oder sie zu motivieren. Mein Freundeskreis kennt mich nur so, immer voller Energie, lachend und mit Lebensfreude. Meine Freunde beschreiben mich als gute Seele in der Gruppe, da ich immer Streit schlichte oder andere aufmuntere oder einfach nur zuhöre. Für mich selbst ist das Reden über meine Gefühle sehr schwer. Ich bin ein Mensch, der gerne alles für sich behält und alles in sich reinfrisst.

Aus diesem Grund sind für mich die Glücksgefühle, die ich spüre, wenn andere lachen, lebenswichtig.

Sie geben mir Halt, wenn ich das Gefühl habe, in einem tiefen schwarzen Loch zu versinken. Und genau in solchen Momenten, wenn es mir nicht gut geht und ich das Gefühl habe, nichts mehr zu spüren, und mich einfach nur leer fühle, ist das mein „Licht“ am Ende des Tunnels. Was ich euch mit auf den Weg geben möchte, ist: Genießt die schönen Momente in eurem Leben, auch wenn sie nur kurz sind, und erinnert euch in schlechten Zeiten an diese. Denn eines habe ich gelernt, wir Menschen klammern uns viel zu oft an die schlechten Erinnerungen und Erfahrungen in unserem Leben, anstatt aus diesen Dingen zu lernen.

Anonym, 16

Ich möchte eine Ausbildung machen

Ich bin in Afghanistan geboren. Ich habe einen Bruder. Er ist 2 Jahre alt. Meine Eltern haben im Iran gelebt. Mein Papa ist gestorben, als ich 4 Jahre alt war. Ich lebte mit meiner Mutter und meinem Bruder in einem Haus. Ich habe in Afghanistan große Probleme gehabt.

Ich habe 5 Monate im Iran als Tischler gearbeitet. Aber im Iran geht es Afghanen nicht so gut.

Ich bin nach Europa gekommen. Von Afghanistan bis Österreich habe ich 5000 km zu Fuß und ein bisschen mit dem Auto zurückgelegt.

Ich lebe seit 2 Jahren in Österreich. Ich bin letztes Jahr sieben Monate in die Hauptschule gegangen und gehe jetzt in die PTS. Ich möchte eine Ausbildung machen. Aber jetzt muss ich besser Deutsch lernen.

Bernhard, 17

Ich war ein Wunderwuzzi

März 2000. Der schönste Tag in meinem Leben. Ich, ein reinblütiger Knabe mit braunem Haar, erblickte das Licht der Welt. Neben meinen beiden Geschwistern war ich nun der Sonnenschein der Familie. Auf unserer traditionell geführten Agrarwirtschaft, auch Bauernhof genannt, verbrachten wir unsere Kindheit. Ein sehr lieblicher Ort für Kinder unseres Alters. Wenn man bedenkt, dass wir 3-Käse-hochs allerlei Zugang zu scharfen, spitzen, gefährlichen und schweren Maschinen hatten. Ja, rückblickend kann ich sagen, dass es ein innerliches Blumenpflücken war. Auch damals, zur Kindergartenzeit, war ich schon ein Jüngling, der sein Fach verstand. Nach unzähligen Beziehungen mit den reifsten Damen dieser Zeit, die für Schokolade wirklich alles machten, begab ich mich in die Volksschule. Tests und Rechenaufgaben interessierten mich zu dieser Zeit nicht besonders. Damals wusste ich schon, was ich will: Frauen! Ja, ich, der kleine Womaniser, gehörte zu den unglaublich Glücklichen, die beim Flaschendrehen mitmachen durften. Extreme Nervosität und unvorstellbare Angst, nur wegen dem ersten Kuss. Die Glückliche erzählt heute noch Geschichten von mir, wie gut ich damals war, vermute ich zumindest. Schulisch lief es auch einwandfrei. Einsen über Einsen, ohne viel Lernaufwand. Man könnte sagen, ich war ein Wunderwuzzi.

Machen wir ein Sprünglein in die Hauptschule. Natürlich war ich in der HS und nicht in der NMS. Ich bin selbstverständlich noch vom alten Schlag. Neben meinen auffälligen Frisuren war ich auffällig unauffällig. Nur gute Noten, leichtes Lernen, ja, ich war hochbegabt. Deshalb schickten mich meine familiären Genossen in die HAK. Aus mir sollte etwas werden, da ich so leicht lernte. Neue Gesichter, neue Leute. Plötzlich war der 14 Jahre alte Bruder wieder ganz klein. Dennoch überwand ich mich und fand, dank herausragender, charismatischer Arbeit, neue Freunde. Freunde, die mich im Kampf ums Überleben förderten. Einen möchte ich ganz besonders herausheben: Gerald.

Dank diesem wohl mächtigen König, auch Vorbild genannt, schaffte ich es, über den Tellerrand hinauszublicken und neue Dimensionen zu betrachten.

Ja, er ist mein Lehrer, aber Alter ist auch nur eine Zahl. Ebenso ein wichtiger Bestandteil ist meine zuckersüße Freundin. Auch sie stammt aus bäuerlichen Verhältnissen. Ich erwarte mir, dass in hunderten von Jahren von mir erzählt wird mit den Worten: Und wenn er nicht gestorben ist, dann betriebswirtschaftet er noch heute.

Gizem, 16

Jeden Tag Gaudi und Spaß

Mit 3 Jahren begann ich den Kindergarten in Hallein. Kindergarten war für mich als Kind sehr toll, ich bin gerne in den Kindergarten gegangen und habe gespielt. Meine Cousine war auch mit mir in derselben Gruppe. Mit 5 Jahren bin ich in die Vorschule gegangen. Ich habe meine Lehrerin sehr gehasst. Nach einem Jahr bin ich in die 1. Klasse Volksschule gegangen und habe viele Freunde kennengelernt, aber leider war ich in der Schule sehr schlecht. Ich hatte eine Schwäche in Mathematik. Leider musste ich die 1. Klasse wiederholen. Ich war sehr traurig, es hat mich kaputtgemacht. Als ich die Klasse wiederholte, habe ich meine beste Freundin kennengelernt. Ich kannte sie eigentlich schon länger, aber wir waren halt nicht beste Freunde. In unserer Klasse waren ich und meine Freundin die einzigen Mädchen, die aus der Türkei stammen. Wir waren Außenseiter, keiner wollte mit uns reden oder sich mit uns unterhalten. Wir wurden im Völkerball nie gewählt, aber trotzdem waren wir zu zweit sehr stark, und unsere Freundschaft hält bis jetzt.

Mit 10 Jahren war ich endlich mit der Volksschule fertig. Ich habe mich sehr auf die neue Schule gefreut. Meine Freundin war ebenfalls in derselben Klasse. Jeden Tag Gaudi und Spaß, es war die beste Zeit meines Lebens. Jetzt bin ich bald fertig mit der HS und bin sehr traurig, weil ich ein paar Freunde von mir nicht mehr sehen werde.

Mein Vater ist in Vorarlberg aufgewachsen und hat dort gelebt. Meine Eltern haben sich über einen Bekannten kennengelernt. Meine Mutter hat damals in Hallein gelebt. Als sie geheiratet haben, ist meine Mutter ohne ihre Familie nach Vorarlberg gezogen. Nach einem Jahr wurde ich geboren und dann meine Schwester, dann wollten meine Eltern nach Hallein ziehen. Wir haben immer noch Kontakt nach Vorarlberg, weil dort meine Oma und mein Opa leben.

**Als Türkin in Österreich zu leben ist anders.
Das Essen, die Kultur, die Menschen, fast alles ist anders.**

Ich liebe mein Land, die Türkei, sehr, die Luft, das Wetter. Ich fliege einmal im Jahr für ein paar Monate in die Türkei. Diese Zeit genieße ich jedes Jahr mit Bekannten und Freunden. Trotzdem liebe ich auch Österreich, es ist ein tolles Land, in dem es sehr freundliche Menschen gibt. Das Wetter passt nicht immer, aber man kann trotzdem viel Spaß haben.

Anonym, 14

Kämpft bis zum Schluss!

Als ich geboren wurde, war ich blau, weil ich die Nabelschnur um den Hals hatte. Paar Minuten später, und es wäre zu spät gewesen, aber zum Glück ist alles gut ausgegangen. Ich bin auf einem Bauernhof aufgewachsen und liebe Tiere heute auch noch über alles, sie sind ein Teil meines Lebens. Ich habe zwei Geschwister, einen Bruder und eine Schwester. Sie sind die besten, die es gibt, sie helfen mir überall, und ich kann ihnen alles erzählen. Mein Bruder ist 20 und meine Schwester 24, beide wohnen noch zu Hause, aber wer weiß, wie lange noch. Als kleines Mädchen war ich süß, ich lachte viel und war echt fröhlich, ich hatte so viel Spaß mit Babyhasen und Schwammerlsuchen. So Sachen haben mich einfach glücklich gemacht. Ich habe auch zwei gleichaltrige Cousinen. Die eine hasse ich jetzt noch. Sie ist so komisch und eingebildet. Kindergarten war eigentlich nichts Besonderes für mich. Volksschule war aber 'ne tolle Zeit, in einer Klasse mit 20 Buben und 6 Mädchen. Da war auch so ein süßer Junge, den ich erst in der 4. Volksschule nett und süß gefunden habe. Dann haben sich unsere Wege getrennt, aber wir sind trotzdem noch in die gleiche Hauptschule gegangen. Und dann, wie ich in der zweiten Klasse mein Handy bekommen habe, habe ich ihm geschrieben, auf Whatsapp, und er hat mich immer voll ignoriert. Dann habe ich so lange geschrieben, bis er mich auch bissi gern gemocht hat, und nach einem halben Jahr sind wir zusammengekommen, aber das war nur eine Handybeziehung.

Nicht mal Hallo haben wir gesagt, so arm von uns. Dann sind wir wieder auseinandergegangen, leider.

So ist es immer weitergegangen, von der 1. bis zur 3. Hauptschule. 5–6 Mal war das so, dass ich für 2 Tage mit ihm zusammen war und dann doch nicht mehr.

In der Sportwoche 2016 (4. Hauptschule) waren alle Klassen in der Steiermark für 5 Tage. So cool. Da hab ich seinen besten Freund kennengelernt, der war echt nett. Dann wollte er immer mehr von mir, sein bester Freund, und ich war immer am Schwanken zwischen den zweien. Dann war es so, dass wir zu dritt Schi fahren waren, und dann war sowieso klar, ich will was von dem einen, dem ich schon seit 4 Jahren nachlaufe. Ich habe wirklich Gefühle für ihn aufgebaut. Er für mich auch. Dann war es so, dass wir jedes Wochenende mit Freunden was gemacht haben, das ging Wochen lang so weiter, dann, am 14. Februar, genau am Valentinstag, hat er mich gefragt, ob ich mit ihm zusammen sein will. Und ich war der glücklichste Mensch der Welt. Jetzt sind wir fast 3 Monate zusammen und ich liebe ihn über alles. Jetzt ist es so weit, dass meine Eltern es auch wissen, obwohl es eigentlich geheim gewesen wäre, aber gut, es weiß eh schon der ganze Bezirk.

Er kommt auch mega oft zu mir nach Hause, zwar geheim, aber meine Eltern checken es so und so. 2–3 Mal treffen wir uns in der Woche. Ich liebe ihn echt, er mich auch, und wir sind unzertrennlich. Also an alle, die da draußen sind: Kämpft bis zum Schluss und gebt nicht auf, egal bei was, ihr schafft das! Ich habe auch 4 Jahre um diesen Jungen gekämpft, und jetzt hab ich ihn, also kämpft, kämpft, bis euch alles wehtut, und seid stark!

Hannah, 15

Es erstaunt mich, was man alles mit Pflanzen machen kann

Mit 4 Jahren bin ich in den Kindergarten gegangen. 1 Jahr später bekam ich einen kleinen Bruder. In der zweiten Volksschule ist mein Opa gestorben. Dann kam mein kleiner Cousin Marcel auf die Welt und 1 Jahr später der kleine Marius. Als Nächstes stand meine Erstkommunion an. Dann bekam ich den Radfahrführerschein und 1 Jahr später ging ich in die Hauptschule. Später kam meine kleine Cousine Carina auf die Welt. In der dritten Hauptschule stand meine Firmung an. Ich bekam eine Babykatze als Haustier. Später kam noch der kleine Elias auf die Welt, und 3 Jahre später der Jonas.

Nun gehe ich ins Poly, und ich freue mich schon, meine Lehre als Floristin anzufangen. Meine Pläne für später sind entweder eine Matura oder der Helferkurs für die Kinderpädagogin.

Ich möchte eine Familie gründen und ein Haus bauen mit meinem Freund.

Ich will Floristin erlernen, weil ich mich sehr für Pflanzen und Blumen interessiere, und ich liebe das Kreative. Es erstaunt mich, was man alles mit Pflanzen machen kann, und ich freue mich schon sehr darauf. Am 1. August fange ich in Schwarzach beim Tautermann an.

Max, 16

Mein erstes Wort: Tor!

Ich bin ein Sonntagskind, somit wurde mir eine glückliche Zukunft vorhergesagt.

Meine Mutter wurde in St. Pölten geboren und hat ihre gesamte Kindheit in Niederösterreich verbracht. In Mühlbach am Hochkönig wurde mein Vater geboren. Die beiden haben sich auch in Mühlbach kennengelernt, während meine Mutter dort einen herrlichen Skiurlaub verbrachte. Einige Jahre später hat sich meine Mutter entschlossen, von Niederösterreich ins wunderschöne Salzburg zu ziehen. Seitdem leben sie in Mühlbach, wo meine kleine Schwester und ich aufgewachsen sind.

Bereits mit drei Jahren habe ich meine Leidenschaft für Fußball entdeckt. Mein erstes Fußballtrikot habe ich von meinem Vater geschenkt bekommen. Schnell wurde der FC Bayern München zu meinem Lieblingsverein, er ist es auch jetzt noch. Meine Liebe zum Fußball bestätigt sich auch durch mein erstes Wort: Tor!

Ich bin seit der Volksschule immer der Jüngste in meiner Klasse gewesen, da ich mit fünf Jahren eingeschult wurde. Die Volksschulzeit hat mir gezeigt, wie intelligent ich bin, da ich seit damals immer einer der besten Schüler gewesen bin. Mit fünf Jahren habe ich auch mit dem Vereinsfußball begonnen. Damals war mein Vater mein Trainer. Er hat mir bereits in jungen Jahren sehr viel beigebracht. Dafür bin ich ihm heute noch sehr dankbar.

Später habe ich in die SHS Bischofshofen gewechselt. Dort wurde Englisch zu meinem Lieblingsfach. Mit zwölf Jahren bin ich nach New York zu meiner Tante geflogen. Dort war ich 3 ½ Wochen, und ich habe zahlreiche neue Leute kennengelernt und Dinge gesehen, die man hier nie zu Augen bekommt. Deshalb möchte ich irgendwann in den USA eine Familie gründen.

Mit 13 Jahren habe ich begonnen, die HAK zu besuchen. Diese Schule habe ich gewählt, da ich meine Zukunft in der Wirtschaft verbringen möchte.

Natürlich ist es mein Traum, später Fußballprofi zu werden, aber man braucht immer einen Plan B im Leben.

Nach der Matura möchte ich gerne Sportmanagement studieren, um meine Zukunft zu sichern und später einmal ein wohlhabendes Leben zu führen. Wer weiß, vielleicht ergibt sich ja mit dem Fußball etwas Größeres.

Tamara, 14

Eigentlich habe ich mein Lebensziel schon vor mir

Meine Mutter kommt aus Ghana. Mit ungefähr 20 Jahren hat sie meinen Vater kennengelernt, in Wals. Dort haben sie gemeinsam gearbeitet. 1999 wurde meine Schwester Laura im Landeskrankenhaus Salzburg geboren. Jahre später kam ich dann auf die Welt, auch im Landeskrankenhaus Salzburg.

Laura war sehr eifersüchtig auf mich, aber nicht lange hat es gebraucht, dass wir uns gut verstanden haben.

Mit ungefähr 6 Jahren kam ich dann in die Volksschule. Dort hat es mir eigentlich gut gefallen, dort habe ich meine Freunde gefunden. Mit den meisten bin ich dann in die Neue Mittelschule gekommen. Und jetzt bin ich in der PTS Salzburg. Nach dieser Schule gehe ich zur Caritas, wo ich 3–5 Jahre verbringen werde. Nach diesen Jahren will ich eine Lehre machen, wo, weiß ich noch nicht, und später, so mit 20 Jahren, möchte ich Pädagogik studieren. Als Letztes will ich eine Familie gründen und vielleicht sogar aus Salzburg weg. Eigentlich habe ich mein Lebensziel schon vor mir und das macht mich stolz!

Anonym, 17

Wahnsinn, Gewalt & Rache

Als ich circa 6 Jahre alt war, bekam ich eine Katze, ich nannte sie Oger. Als ich dann in die Volksschule kam, erfuhr ich, dass meine Mutter eine chronische Bauchspeicheldrüsenentzündung hatte, die nie wieder verheilen würde. Mit 7 Jahren habe ich herausgefunden, dass mein Vater meine Mutter verprügelte und beschimpfte. Als ich circa 9 war, begannen meine Mitschüler, mich zu verprügeln und zu beleidigen. Dies hielt bis zu meinem 14. Lebensjahr an. Als ich im Juni 2014 vom Poly nachhause kam, sah ich vier Polizeiwagen vor meiner Tür stehen. Ich dachte: „Was ist denn hier los?!“ Sie haben meinen Vater abgeholt, weil er meine Mutter wieder einmal verprügelt hat. Mein Vater war zu dieser Zeit ein schwerer Alkoholiker.

Mein dummer Vater wurde zu vierzehn Monaten Haft verurteilt.

Darum spiele ich seit circa 2009 Videospiele. Als ich das erfuhr, schwor ich meinem Vater Rache. Die ich vor circa 1,5 Jahren bekam, als ich ihn aufs Grausamste vermöbelte. Vielleicht verfiel ich damals dem Wahnsinn. Darum schwor ich am 1. 1. 2013 allen menschlichen Wesen ab, außer meiner Mutter, Schwester und dem Vater meiner Schwester, der nicht meiner ist. Am 12. 10. 2015 habe ich in der Produktionsschule Step 4 begonnen, da auch gute Freunde, wie Florian, Fabian, Michael und Oliver, gefunden. Nun habe ich meinen Wahnsinn und meine Aggression unter Kontrolle. Bullet Club 4 Life. Es ist jetzt alles Oger.

Isabella, 15

Erst das große Ganze wird Sinn ergeben

Würde man nach meinen biografischen Eckdaten gehen, wäre ich in Salzburg geboren und in Elsbethen aufgewachsen. Mein Name wäre Isabella und ich wäre 15 Jahre alt. Das beschreibt in unserer Welt, wer wir sind. Jedoch sind es nur Worte und Zahlen, diese Daten sagen nichts aus, weder wer wir sind noch wie wir sind. Ich weiß nicht, wer ich bin, und mir kann auch kein anderer eine Antwort darauf geben. Eine Person mit einfachen Worten zu beschreiben ist nicht möglich, denn die üblichen Floskeln kann man bei fast jedem anwenden.

Wenn ich mich selbst beschreiben sollte, wäre meine Antwort darauf: „My soul is broken and hope is all I have." Ich bin nur eine weitere Schachfigur auf dem Brett, das sich „Welt" nennt. Unbedeutend und klein. Ich werde Menschen beeinflussen und prägen, vielleicht auch ihr Leben bereichern. Aber am Schluss bin auch ich nur ein nutzloser Haufen Knochen, der wahrscheinlich nie richtig gelebt hat. Jeder einzelne Mensch ist unbedeutend, erst das große Ganze wird Sinn ergeben. Mein Leben wurde schon oft geprägt, für mich zu oft. Für mich ist die Welt schwarz/weiß. Ich weiß, irgendwann wird es besser. „One day, someone will hug you so tight that all of your broken pieces will fit back together."

Es sind die Ketten der Vergangenheit, die uns festhalten, und wenn wir sie nicht loslassen, werden sie uns in die Tiefe reißen.

Wir verschwenden unsere Zeit mit Dingen, die uns nichts bedeuten sollten, und am Ende fragen wir uns: „Warum?" Vielleicht sehe ich alles zu schwarz, aber für mich ist das Realität, und sie wird mich immer weiter prägen. Ich kann nicht sagen, dass ich morgen noch lebe, aber ich weiß, das Einzige, was bleibt und schon immer da war, ist Hoffnung. „Books are all I need", ein Lebensinhalt, der mich mit Freude erfüllt und mich an eine bessere Welt glauben lässt. Bücher berühren, und für mich sind sie Lebensretter.

Patrick, 14

Ich will Spengler werden

Aufgewachsen bin ich in Lehen. Mein Bruder ist vor mir auf die Welt gekommen und ist in dieselbe Schule gegangen wie ich. Ich glaub, er ist gern in die Schule gegangen. Er arbeitet jetzt bei BMW und hat seine Ausbildung bald fertig. Ich will das Gleiche wie mein Bruder machen. Ich will Spengler werden bei BMW und ich hab auch schon die Lehrstelle bekommen.

Ich freue mich auf die Arbeit, da braucht man handwerkliches Geschick, aber ich freue mich nicht darauf, dass man den ganzen Tag steht.

Aber ich will die Ausbildung auf jeden Fall schaffen. Ich mag Fußball und spiele hobbymäßig mit Freunden. Als ich klein war, habe ich zwei Katzen bekommen. Eine Katze ist gleich alt wie ich, und die andere Katze ist 18 Jahre alt, genauso alt ist mein Bruder auch. Ich mag es, wenn ich mit meiner Familie am Wochenende was unternehme. Mein Vater arbeitet als Spengler und ist glücklich mit dem Job, den er macht, und meine Mutter arbeitet an der Kassa.

Hannah, 15

Es ist schön so, wie es ist

Ich hatte eine sehr schöne Kindheit. Ich habe ziemlich schnell Schifahren gelernt, mit 4 Jahren haben es mir die Eltern von meinem Vater beigebracht, und Schwimmen konnte ich auch recht schnell erlernen, ebenfalls mit Oma und Opa. Als ich noch kleiner war, bin ich so oft, wie es nur ging, mit meinem Papa in die Feuerwehr gegangen, da er sich sehr für diese Organisation engagiert. Mit 6 Jahren bin ich in die Volksschule gekommen, es war auf einmal alles neu und anders, es war einfach Schule. Ich war immer glücklich, ich hatte Freunde und Spaß an dem, was ich gemacht habe. Doch die Lehrerin, die ich hatte, hat mir die Schulzeit ziemlich schwer gemacht. Ich war in der VS eine nicht so gute Schülerin, und das war auch das Problem. In dieser Zeit haben sich meine Eltern sehr für mich eingesetzt und mir geholfen.

Das brauchte ich auch, denn meinen zu dieser Zeit 18-jährigen Bruder habe ich fast nie gesehen, da er beim Bundesheer war und ein halbes Jahr im Ausland verbrachte.

Das war für mich sehr schlimm. Ich habe bei seinem Abschied nur geweint. Doch auch das ging vorüber. Als er wieder zuhause war, war das sooo schön. In der 4. Klasse VS habe ich eine neue Lehrerin bekommen. Mir ging es von da an in der Schule viel besser.

In der HS Schwarzach habe ich mich in den ersten 2 Jahren um einiges gebessert, und es machte mich immer glücklich, wenn ich eine gute Note schrieb. Natürlich bin ich auch da in meiner Freizeit oft mit meinem Vater entweder in die Feuerwehr gegangen oder habe sonst irgendetwas gemacht, da ich nicht so viele Freunde hatte. In der 1. Klasse HS haben sich meine Eltern scheiden lassen. Es war irgendwie komisch für mich, aber sie wohnen immer noch zusammen. Da geschah dann auch noch etwas Schlimmes. Mein Papa erkrankte an Krebs. Dieses Ereignis schweißte mich und meinen Bruder enger zusammen, es war nicht einfach. Mittlerweile geht es ihm wieder gut.

In der 4. Klasse war es dann so weit, der Abschluss. Es waren 4 sehr schöne Jahre, und auch irgendwo schade, da man sich nicht mehr so schnell wiedersehen wird. Ich habe mich schon sehr gefreut auf etwas Neues, und zwar die PTS St. Johann. Am Anfang fühlte ich mich sehr unwohl, da ich niemanden in meiner Klasse kannte, doch das änderte sich schnell. Ich habe Freunde gefunden und bin froh, dass ich diese wundervollen Menschen kennenlernen durfte, und ich bin irgendwie traurig, dass ich sie bald nicht mehr so oft sehen werde. Außerdem bin ich bei der Feuerwehr. Ich bin so froh, dass ich dabei bin. Meine halbe Familie ist dabei, ich und mein Bruder verstehen uns sehr gut, aber leider habe ich ein nicht so gutes Verhältnis zu meiner Mutter. Wobei, ich bin sehr zufrieden mit meinem Leben. Es ist schön so, wie es ist, mit seinen Höhen und Tiefen.

Stefan, 16

Ein sehr aktives Mitglied bei der Feuerwehr

Ich bin in einer sehr kalten Nacht bei einem Schneesturm zur Welt gekommen. In den darauf folgenden Tagen hat mich meine ganze Familie im Krankenhaus besucht. Alle hatten eine große Freude, obwohl ich fast nur geschlafen habe. Nach ein paar Tagen durfte ich endlich mit meiner Mutter heim. Nach einem Jahr feierten wir meinen Geburtstag, wo meine ganze Familie zu uns nachhause gekommen ist. Da hatten wir großen Spaß. Nach weiteren paar Monaten sind wir in eine größere Wohnung umgezogen, wo ich dann endlich mein eigenes Zimmer bekommen habe.

Mit ein bisschen mehr als zwei Jahren bin ich in die Krabbelstube gekommen. Am Anfang hat es mir nicht so gefallen, ich habe immer geweint. Nach der ersten Woche habe ich nur noch geweint, bis meine Mutter wieder gefahren ist.

Da hatte sie immer ein schlechtes Gewissen, und ich hatte schon meinen Spaß.

In der Krabbelstube habe ich sehr viele Freunde kennengelernt, und das war eine sehr schöne Zeit. Mit drei Jahren hab ich in den Kindergarten gewechselt, wo wieder alles neu war, aber der Anfang ist mir nicht schwergefallen, weil meine Oma dort eine Putzfachkraft war und ich sie sehr oft gesehen habe. Ich habe wieder sehr viele neue Persönlichkeiten kennengelernt. Am liebsten habe ich gesungen und war mit meinen Freunden im Turnsaal, wo wir immer sehr viele Spiele gespielt haben. Am Ende meiner Kindergartenzeit ist leider mein Opa sehr plötzlich gestorben. Da ist es mir am Anfang sehr schlecht gegangen, weil ich immer sehr viel Zeit bei meinen Großeltern verbracht habe. Mit sieben Jahren bin ich dann in die Volksschule gekommen, und meine Schulkarriere hat damit begonnen. Nach der Schule bin ich immer zu meiner Oma gegangen, weil sie mittlerweile in Pension gegangen war. Bis heute sagt sie, dass ihr das sehr geholfen hat, weil ich immer ein fröhlicher und lustiger Mensch bin. Nach dem Essen haben wir immer gemeinsam die Hausaufgaben gemacht, und dann sind wir runter in den Hof gegangen und haben gemeinsam gespielt, oder ich habe mit den Nachbarskindern gespielt. Am späten Nachmittag ist meine Mutter gekommen und hat mich entweder abgeholt oder ist auch bei meiner Oma geblieben, weil ich mit den Nachbarn gespielt habe. Wir haben also sehr viele Nachmittage bei meiner Oma verbracht. Wenn wir mal gleich nachhause gefahren sind, hat mich meine Mutter umgezogen, und dann sind wir in den Wald oder zur Salzach gegangen und haben Steine geschmissen. Daran erinnere ich mich noch heute gerne zurück. Wir sind bei jeder Witterung hinausgegangen. Oftmals sind wir dreckig und nass nachhause gekommen, aber das war uns egal, wir hatten trotzdem viel Spaß. Mein Vater war leider nicht so oft zuhause, da er beruflich viel wegmusste.

Am Ende der Volksschulzeit hatte ich meine erste große Prüfung, die Fahrradprüfung, da war ich sehr nervös, aber ich habe sie gut gemeistert und mein Fahrradfähnchen bekommen. Nach der Fahrradprüfung hatte ich die Aufnahmeprüfung für die Musikhauptschule. Auch die habe ich bestanden, und so habe ich 2011 in der Musikhauptschule meine Schulkarriere fortgesetzt, auch das war eine sehr schöne Zeit. In der vierten Klasse haben wir eine CD aufgenommen, die wir dann verkauft haben, und mit dem Geld sind wir nach Venedig zu einem internationalen Musikwettbewerb gefahren. Das war eine sehr coole Sache in Venedig, und wir haben auch eine Silberne Medaille bekommen.

2010 habe ich auch meine Karriere bei der Feuerwehr begonnen. Ich bin ein sehr aktives Mitglied bei der Feuerwehr. Da viele Verwandte auch bei der Feuerwehr sind und auch mein Nachbar Feuerwehrkommandant-Stellvertreter war. Ich durfte öfter mit ihm mitfahren im Feuerwehrauto, bevor ich zur Feuerwehr gegangen bin. Und kaum hatte ich meinen 10ten Geburtstag, bin ich zur FJ gegangen. In der Polytechnischen Schule bin ich in den Elektrozweig gegangen, leider hab ich dann erst gemerkt, dass der Elektrozweig nicht das Richtige ist, und dadurch war ich mir sehr unsicher bei der Berufswahl. Während der Polytechnischen Schule bin ich bei der Feuerwehr in den aktiven Stand überstellt worden. An diesem Tag war ich sehr stolz, und gleich am nächsten Tag hatte ich meinen ersten Einsatz. Das war ein sehr aufregendes Erlebnis, und das bleibt mir bis heute in Erinnerung. Ich habe mittlerweile herausgefunden, dass für mich der Lehrberuf Bürokaufmann sehr gut passt. Leider hab ich so bald keine Lehrstelle gefunden und ich besuchte einen Kurs beim WIFI. Kurz nach dem Kurs hab ich eine Zusage bekommen und fing im Juli meine Lehre als Bürokaufmann an. Ich bin sehr glücklich, diese Lehrstelle bekommen zu haben. Mir gefällt es sehr gut, und ich bin froh, wenn ich in 3 Jahren meine LAP geschafft habe und ein neuer Lebensabschnitt beginnt.

Claudia, 15

Mir war klar, dass er meine „Große Liebe“ ist

Meine Kindheit war wirklich toll, ich habe jeden Tag mit meiner Familie draußen gespielt. Als ich 2 Jahre alt war, kam meine kleine Schwester Vanessa auf die Welt. Mit 6 Jahren hatte ich meinen ersten Schultag, wobei ich gleich von der Kirchenstiege flog und mir meinen Fuß brach. In den 4 Jahren Volksschule war ich nicht die Beste, doch ich strengte mich an. Als ich in die Hauptschule kam, wurden meine Noten besser, und ich wurde mit meinen Klassenkollegen wirklich eng befreundet. Dann kam ich in die 2. Klasse Hauptschule. Ich habe angefangen, Fußball zu spielen. Wir wurden sogar immer Erste bei den Turnieren. In der 3. Klasse haben sich meine Eltern scheiden lassen. Es war wirklich nicht leicht für mich, doch heute komm ich wirklich gut damit klar, da mein Papa fast mein Nachbar ist und ich ihn immer sehen kann.

In der 4. Klasse fing ich an zu tanzen, so konnte ich mich immer abreagieren, wenn ich keine guten Noten schrieb. Dann kam ich in die Polytechnische Schule. Gleich am Anfang habe ich durch die Schnuppertage meinen Traumberuf gefunden, den ich auch ausüben werde: Masseurin. Ich kann das aber erst mit 17 lernen, deshalb mache ich vorher eine 3-jährige Lehre als Kellnerin. Im Poly machte ich auch den Mopedführerschein. Ich habe ihn schon 3 Wochen und bin stolz auf mein Moped. Jetzt habe ich schon fast die PTS beendet und starte in die ernste Welt, das Berufsleben.

Ich bin wirklich froh, dass ich nicht so „cool“ wie die anderen sein muss und nicht schon mit 15 angefangen habe zu rauchen oder zu trinken, denn das bringt nichts.

Es schadet nur meiner Gesundheit und kann mein ganzes Leben zerstören. In der PTS lernte ich einen Jungen kennen, er ging in meine Klasse. Am Anfang habe ich nicht wirklich etwas von ihm gehalten, doch dann lernte ich ihn besser kennen, er war wirklich nett, hilfsbereit, einfach süß. Ja, er ist einfach mein Traumjunge, und mir war klar, dass er meine „Große Liebe“ ist. Immer wenn ich ihn sehe, fang ich an zu grinsen, weiß auch nicht, warum.

Ich freue mich schon auf meinen neuen Lebensabschnitt, auf die Berufswelt und was das Leben noch so bringt.

Anonym, 18

Bin auf der Suche nach einer Arbeit

Ich bin in Hallein geboren. 2005 bin ich in die Vorschule Burgfried gegangen. Dann 5 Jahre in die VS Burgfried. Und dann 5 Jahre ins ZIS *(Zentrum für Inklusions- und Sonderpädagogik – Anm.)*. Dann war ich beim Jugendcoaching, das war 2015. Das AMS hat mir angeboten, in die Produktionsschule zu gehen, ich soll das mal anschauen. Bin auf der Suche nach einer Arbeit, aber weiß noch nicht, was. Am Computer schreibe ich Lebenslauf + Bewerbungen.

Ich bin in großen Gruppen, da hab ich mich nie wohl gefühlt.

Ich habe 2 ältere Geschwister. Mein Bruder arbeitet beim Kaindl. Meine Schwester bei der Billa, beim Frischdienst. Papa arbeitet auch bei der Billa, bei der Warenübernahme. Papa war in Salzburg. Jetzt wohnt er in Hallein. Ich wohne mit meinen Eltern in Burgfried.

Mert, 18
Ich habe jedes Jahr ein Ziel

Seit meiner Geburt arbeitet meine Mutter nicht mehr. Sie ist also seit gut 18 Jahren eine Hausfrau. Ich war ungefähr mit 3–5 Jahren im Kindergarten. Ich habe es nicht besonders gemocht. Hatte Freunde, mochte jedoch die Tanten und ein Kind nicht. Ich weiß nicht genau, wieso. Später ging ich in die Volksschule. Hatte wirklich tolle Freunde, mit denen ich mich heute noch zeitweise treffe. Meine Klassenvorständin war auch sehr nett. Meine Mutter hatte etwas Angst um meine Zukunft. Die Klassenvorständin beruhigte jedoch meine Mutter, weil sie an mich glaubte. Schließlich habe ich es geschafft, ins Gymnasium zu gehen. Ach ja, ich habe auch bei ASK, danach bei der Austria Fußball gespielt. Als ich im Gymnasium war, hatte meine Mutter (mein Vater eigentlich auch – aber meine Mutter mehr) Angst bezüglich meiner Deutschkenntnisse. Sie sagte wirklich sehr oft, dass ich lernen sollte. Auch meine Schwestern sagten das, weil ich immer sehr lange draußen mit meinen Freunden Fußball spielte. Später war es dann die PS4. Meine beiden Schwestern waren ziemlich gut in der Schule, deswegen waren meine Eltern daran gewöhnt, dass man gute Noten nach Hause brachte, jedoch war es bei mir etwas anders. Ich bin jetzt nicht der schlechteste Schüler, jedoch um einiges schlechter als meine beiden Schwestern. Allerdings habe ich es geschafft, ohne sitzenzubleiben, bis in die achte Klasse zu kommen. Ich habe jedes Jahr ein Ziel. Mein Ziel ist es, mit einem guten oder ausgezeichneten Erfolg die Klasse zu absolvieren.

Doch letztes Jahr war sehr anstrengend für mich. Ich hatte das Jahr mit einer 1 in Psychologie begonnen, doch unglücklicherweise kamen danach viele Vierer und paar Fünfer. Ich musste alles abgesichert haben, damit ich das Jahr schaffen konnte, weil ich in Englisch schon einen Fünfer hatte. Die letzten drei Wochen habe ich mit meiner Schwester so sehr gelernt, dass ich extreme Kopfschmerzen hatte.

Mit sehr großer Mühe habe ich es, auch dank meiner Schwester, geschafft, alle Fächer abzusichern.

Doch die Lehrer und die damalige Direktorin haben beschlossen, dass ich keine Klausel bekommen werde. Somit musste ich zur Herbstprüfung antreten. Der Grund war, dass ich zu viele Vierer hatte. Doch wenn sie es gewollt hätten, hätten sie mir die Klausel geben können, weil es im Gesetz nicht konkret steht, ab wie vielen Vierern man sitzen bleibt. Außerdem waren meine Vierer sehr gute Vierer: Meine Physik-Lehrerin wollte, dass ich ihr verspreche, nächstes Jahr auch so gut zu sein wie im zweiten Semester der siebten Klasse. Hätte ich also nur „Okay“ oder „Ja“ gesagt, hätte ich eine Drei in Physik bekommen. In Deutsch, Französisch und Mathe war es auch sehr nah an der Drei. In Biologie und Chemie waren es solide Vierer. Tja, letztendlich hab ich im Sommer gelernt und die Prüfung bestanden.

Ich habe paar Mal mit dem Fußball aufgehört und dann wieder begonnen. Ich spiele seit ein paar Monaten wieder bei der Austria. Mein Ziel ist es, die Schule erfolgreich zu absolvieren und dann zu studieren. Natürlich habe ich auch vor zu heiraten. Das Schlechte an der Sache ist, dass ich sehr wählerisch bin. Doch ich will die Sache nicht so schnell aufgeben.

Bileg, 18

Das erste Highlight in Salzburg

Mein Leben begann in meinem Heimatland. Da mussten meine Familie und ich das Land verlassen, wegen politischer Verfolgung. Meine Mutter ging damals nur mit mir, weil Vater noch aufgehalten wurde. Also nur meine Mutter mit mir als Baby. Unsere neue Heimat hieß dann Österreich. Mein Vater kam später. Meine Mutter erzählte schon einige Male, wie schwer die Anfangszeiten waren: ohne meinen Vater, allein mit mir. Dazu litt ich schon als Kleinkind an Bronchitis, weswegen ich meiner Mutter einige Sorgen bereitete, weil sie mit mir immer zum Krankenhaus oder zum Arzt musste. Ich erinnere mich noch, dass wir (Vater, Mutter, ich) in einem Flüchtlingslager bzw. in einer Pension wohnten, am Land, irgendwo in Kärnten. Aber es war für mich nicht schlimm. Ich habe ganz normal gelebt. Mit den Kindern gespielt, ferngesehen oder Zeit mit meinen Eltern verbracht.

Im Alter von 6 Jahren zogen wir dann nach Klagenfurt, wo ich auch den Kindergarten besuchte. Nach dem Kindergarten ging ich zur Volksschule. Aber nach einem Semester mussten wir wieder umziehen. Salzburg war das neue Ziel. In Salzburg waren auch weitere Verwandte von uns: mein Onkel mit seiner Familie. Das erste Highlight in Salzburg war die Geburt meiner ersten kleinen Schwester, und ich wurde auf einmal großer Bruder. Ein Jahr danach wurde ich mit der Geburt meiner 2ten kleinen Schwester beglückt. Dass auch damals schwierige Zeiten waren, hab ich erst später realisiert.

Denn SOMA war nicht nur irgendein Laden mit sehr günstigen Produkten.

Doch auch diese Zeiten hielten nicht lange an. Im Alter von 10 besuchte ich dann das Christian-Doppler-Gymnasium. Im ungefähren Alter von 15 Jahren trennten sich dann meine Eltern. Vieles veränderte sich, auch in der Schule lief nicht alles rund, und ich musste die 5te Klasse wiederholen. Die Trennung war zwar stressig, doch es war nicht alles schlecht. Beide fanden neue Lebenspartner, und ich hab dann 3 weitere kleine Schwestern dazubekommen.

Mittlerweile stehe ich kurz vor der Matura und hoffe darauf, dass ich es schaffe und dann anfange, zu studieren. Für die Zukunft hoffe ich auf ein glückliches Leben: genug Geld verdienen, heiraten und selber eine Familie gründen.

Leo, 19

Auf der Suche nach dem Richtigen

Yo! Zu meinem langweiligen und meiner Meinung nach uninteressanten Leben. Ich weiß nicht, wieso man jetzt weiterliest, aber OK. Geboren bin ich Nähe München, in Deutschland also. Aufgewachsen in Bad Reichenhall, ebenfalls in Deutschland. Meine Mutter und meine Katze waren immer für meinen Bruder und mich zuständig und da. Mein Vater war eigentlich immer in der Arbeit. Kindergarten und Grundschule waren extrem angenehm. Kaum war ich dann im Gymnasium, war's nicht mehr so cool. Hm, Schule. Zu dem Zeitpunkt mit 10 Jahren trennten sich meine Eltern. Vom großen Haus rein in eine kleine Wohnung. Yeee boii. Stress in der Schule und zuhause auch. Crippling Depression is real. Am Wochenende immer weg. Draußen. Raven is life. Immer auf der Suche nach dem Richtigen. Aber eigentlich weiß ich, dass ich überhaupt nichts weiß. Ich werde nie verstehen, wieso die Leute so ignorant, egoistisch und unehrlich sind. Sinnlosigkeit & Sucht. Ich bin im Jetzt angelangt. Keine Veränderungen! Das Bett – einer meiner engsten Freunde.

Zukunft. Ich weiß nicht mal, was ich in zwei Stunden essen soll, bzw. kann mich nicht entscheiden. Wie so oft bei allem. Matura wird hart und idk, ob ich's schaffe.

Danach erst mal 50 Jahre Pause, um mich davon zu erholen.

Mann, freu ich mich auf meine Pension (falls wir überhaupt eine bekommen und nicht schon lange durch 20000 Atombomben das Zeitliche gesegnet haben). Na ja, nach der letzten Prüfung kann ich schon 5 leere Jahre in meinem Lebenslauf eintragen. Jeder will mir einreden, ich muss das und jenes. Ich MUSS gar nichts! SKATE OR DIE.

Patrizia, 15

Auf und ab und kreuz und quer

In meinem Leben geht es zurzeit drunter und drüber, auf und ab und kreuz und quer. Bis vor 6 Monaten war ich das bravste Mädchen, ein kleiner Engel. Ich war super in der Schule, ging nach der Schule sofort nachhause und half dort meiner Mutter. Ich war nie mit meinen Freundinnen unterwegs oder war bei ihnen zuhause. Ich hab nicht geraucht, hatte keinen Freund, einfach gar nichts. Doch seit einem halben Jahr hab ich mich verändert, ins Negative. Ich habe Schule geschwänzt, kam und ging, wann ich wollte, hatte Freunde ohne Ende. Ich hab meine Mutter so oft angelogen. Ich hab mich wegen diesen scheiß Jungs geritzt. Ich rauche seit Dezember. Und das alles ist mir erst vor kurzem klargeworden. Ich hatte 12 Jahre eine Katze, und als sie gestorben ist, habe ich angefangen nachzudenken. Und mir wurde erst dann klar, was ich meinen Mitmenschen und vor allem meiner Mutter angetan habe mit meiner Art. Ich saß an der Salzach und habe nachgedacht. Sehr viel nachgedacht. Ich ging dann zum Bahnhof, um einen Rosenstrauß und Schokolade als Entschuldigung zu kaufen. Ich schrieb noch einen Brief dazu, in dem alles stand, was ich gemacht habe, und auch, dass es mir leid tut und ich mich wirklich ändern möchte. Ich habe ihr auch gesagt, dass ich mich geritzt habe, weil ich alles loswerden wollte und einfach ehrlich sein wollte. Ich habe auch in kürzester Zeit 7 Kilo abgenommen, wäre es mehr gewesen, dann wäre ich untergewichtig und magersüchtig. Ich hab das alles nicht nur durch den Tod meiner Katze begriffen, sondern auch aus dem Grund, dass ich bis vor kurzem extrem verliebt war. Doch dieser Junge hat mir ins Gesicht gesagt, dass er mich leiden sehen will. Und ich war so dumm und bin ihm davor auch noch nachgerannt.

Als er mir das sagte, schrie ich ihn an und rannte weinend weg.

Als ich dann an der Salzach war, kam ich zu dem Entschluss, dass ich wieder die Alte werden will und die Finger von den ganzen Jungs lasse und mich auf mich selbst konzentriere und auf meine Familie und vor allem auf meine schulischen Leistungen.

Anonym, 22

Der Wunsch war immer präsent

Meine Eltern haben sich sehr über meine Geburt gefreut. Mein erstes Lebensjahr verbrachte ich in Salzburg. Danach zogen wir in eine Wohnung nach Hallein. Mit drei Jahren kam ich in den Kindergarten. Ich ging sehr gerne dorthin. Ich hatte eine wundervolle Kindheit. Ich wuchs sehr behütet auf und meine Eltern kümmerten sich liebevoll um mich.

Da ich gute Noten hatte, beschloss ich im Alter von 10 Jahren mit meinen Eltern gemeinsam, dass ich das Gymnasium in Hallein besuchen möchte. Ich fieberte meinem ersten Schultag am Gymnasium monatelang entgegen. Im Großen und Ganzen hat mir die Schule Spaß gemacht, bis auf das Fach Latein, auf das ich gerne verzichtet hätte. Ab dem 15. Lebensjahr hatte ich gesundheitliche Probleme, die dazu führten, dass ich das Gymnasium in der 7. Klasse vorzeitig beenden musste. Die Jahre darauf war ich öfters im Krankenhaus, doch der Wunsch, die Matura zu machen und danach Medizin zu studieren, war immer präsent. Mit 21 Jahren ging es mir gesundheitlich immer besser, und ich begann, das Abendgymnasium zu besuchen.

Heute geht es mir gut, ich besuche das Abendgymnasium und die Produktionsschule. Ich stehe kurz vor der Deutsch- und Englischmatura.

Wenn ich alle Maturaprüfungen erfolgreich abgelegt habe, möchte ich in Graz Medizin studieren. Medizin deshalb, weil mich Naturwissenschaften sehr interessieren und ich Menschen mit gesundheitlichen Problemen helfen möchte.

David, 16

Ein ruhiger, braver und schüchterner Schüler

Meine Eltern sind beide in Vietnam geboren und haben ihre Kindheit dort verbracht. Sie gingen in die Volksschule und anschließend in die Hauptschule, jedoch hat weder mein Vater noch meine Mutter die Hauptschule abgeschlossen, da die Schule damals kostenpflichtig war und meine Eltern in armen Familien gelebt haben, die sich das nicht leisten konnten. Schlussendlich entschieden sich meine Eltern, nach Österreich auszuwandern. Und nur wenige Jahre später kamen meine große Schwester und anschließend ich zur Welt. Es war schwierig, sich mit den Kindergartenkindern zu unterhalten, da meine Eltern kein Deutsch sprechen konnten und es mir von niemandem beigebracht wurde.

In den ersten drei Jahren gingen meine Schwester und ich gemeinsam zur Schule, aber in der vierten Klasse musste ich alleine zur Schule, weil meine Schwester da schon ins Gymnasium gewechselt hatte.

Im vierten Jahr in der Volksschule war es besonders schwierig, da keiner mir bei meinen Hausaufgaben helfen konnte.

Kurz darauf musste ich mit der Schule den Fahrradführerschein machen, woraufhin ich mit dem Fahrrad in die Schule fahren durfte. Als ich dann auch ins Gymnasium kam, konnte ich wieder mit meiner Schwester in die Schule fahren. Noch im selben Jahr verstarb meine Oma, was mich sehr traurig gemacht hat, da ich keine Großeltern mehr hatte. Seit der ersten Klasse im Gymnasium konnte ich Deutsch sprechen, zwar nicht perfekt, aber relativ gut. Meinen ersten Fünfer auf einen Biologietest hatte ich in der dritten Klasse. Dieser Fünfer hat mich sehr lange deprimiert und mich dazu motiviert, mehr zu lernen und mich hauptsächlich auf die Schule zu konzentrieren. Ich habe weniger ferngesehen, weniger Computer gespielt und noch mehr gelernt, bis ich schlussendlich eine Drei in Biologie bekam. Das habe ich die ganze Unterstufe lang durchgezogen. In der Oberstufe wurden die Klassen dann durchgemischt. Dadurch habe ich viele neue Freundschaften geschlossen. Letzten Endes wurde aus mir ein ruhiger, braver und schüchterner Schüler.

Seda, 15

Ich kann Lärm noch immer nicht ertragen

Ich bin in Nasran (Russland) geboren. Meine Mutter kommt aus Tschetschenien und mein Vater kommt aus 2 Ländern (Deutschland & Russland). Mein Opa kommt aus Tschetschenien und meine Oma aus Deutschland. Mein Opa war mit meinem Vater im Jahr 2000 in Russland, wegen dem Krieg. Ich habe 4 Schwestern. Ich bin die Einzige in der Familie, die keinem ähnlich ist, ich habe grüne Augen und bin viel heller. Mein Opa & Vater sind fast gestorben im Krieg, & ich hab meinen älteren Bruder mit 1 Jahr verloren.

Ich hatte eine sehr schlechte Kindheit, in der Zeit haben wir nichts Gescheites zu essen gehabt. Meine Mutter erzählte mir, dass ich fast gestorben bin, weil ich mit 6 Monaten eine unbekannte Hautkrankheit hatte. Kein Arzt wusste, was ich hatte. Doch dann gab es eine alte Frau, die mich geheilt hat. Mit 1em Jahr war ich dann schon gesund. In der Zeit, wo wir geflüchtet sind, haben wir fast nichts zum Essen gehabt & nichts Neues anzuziehen, konnten uns nicht einmal duschen.

Meine ältere Schwester wurde in der Zeit, wo Krieg war und ich im Bauch meiner Mutter, fast erschossen.

Das Allerschönste war, als wir frei waren, also nach Österreich gezogen sind, mit viel Geduld, denn mein Vater musste ins Gefängnis für 6 Monate. Ich war noch nie so glücklich, wie als ich in den Kindergarten ging und dann in die Volksschule. Aber ich kann sagen, in der Volksschule und in der Hauptschule wurde ich gemobbt, weil ich immer so leise war und, wenn es laut war, immer geweint habe. Ich kann Lärm noch immer nicht ertragen. Aber in der Hauptschule habe ich eine sehr warmherzige Person, die mich bei allem unterstützte und immer für mich da war, kennengelernt, sie hieß Didem. Doch jetzt sind wir 2 fremde Personen, weil dazwischen vieles war, und ich bereue es sehr. Ich habe Tag und Nacht geweint. Es gibt in der PTS einen Jungen, den ich 3 Jahre geliebt habe & mit dem ich dann auch zusammen war, er heißt Aaron. Meine beste Freundin ist mit ihm zusammen, aber ich habe noch Gefühle für ihn, und das macht mich sehr traurig.

Sandro, 16

Lebe mein Leben

Ich wurde in Zwenkau geboren, einer Kleinstadt, die kaum jemand kennt. Sie liegt etwas unterhalb von Leipzig. Als zweites Kind von insgesamt 3 Geschwistern. Ich hab einen großen Bruder und eine etwas jüngere Zwillingsschwester. Bis dato sind wir 4mal umgezogen. Die letzten zwei Umzüge waren die schlimmsten. In der alten Stadt war ein Amoklauf. Der hat meine ganze Familie ziemlich mitgenommen. Daraufhin sind wir nach Salzburg gezogen.

Mir ging es nie gut, so habe ich vor knapp 5 Jahren begonnen, regelmäßig in Psychotherapie zu gehen. Bis heute tue ich das. In der Schule wurde ich aus mir nicht ersichtlichen Gründen gemobbt und habe mich auch mit den Lehrern nicht gut verstanden. Aus diesem Grund war ich auch für 3 Monate in der Psychiatrie. Nachdem ich entlassen wurde, ging es wieder halbwegs in der Schule. Doch habe ich mich dann mit meinen Eltern nicht verstanden.

Nach einem Jahr ständiger Diskussionen und Streitereien wurde ich nach einem sehr starken Streit wieder in die Psychiatrie gesteckt.

Nachdem ich wieder entlassen wurde, bin ich noch mal zu meinen Eltern. Das ging aber nicht gut. Die Vorfälle der letzten 5 Jahre haben mich ziemlich mitgenommen. Ich habe mich in die Depressionen ziehen lassen. Aus dem Grund bin ich dann letzten Frühling in die Psychosomatische Klinik in Prien am Chiemsee eingewiesen worden. Dort hat sich mein Zustand so weit verbessert. Seit einem Jahr wohne ich jetzt in einer WG, die auch in Salzburg ist.

Seither gab es wieder viele positive und negative Phasen, hab mich in meiner Persönlichkeit ziemlich häufig und extrem geändert. Bin jetzt leider auch durch einen Unfall und eine angeborene Störung zum Teil blind und auch fast taub, um genau zu sein, 40 % blind und 60 % taub. Bin jetzt aber auch der Mensch, der ich bin. Mir geht es gut, und ich habe den Rest hinter mir gelassen, bereite mich auf das Arbeitsleben vor und lebe mein Leben.

Helmut, 16

Das drehte mein Leben gewaltig

Ich erinnere mich nicht an vieles aus meiner frühen Kindheit, aber es gibt 2–3 Dinge, die mein Leben prägten. Als ich 2 Jahre alt war, passierte etwas, was meine ganze Familie erschütterte. Meine Großeltern starben. Es war lange Zeit vorher klar, dass die Eltern meines Vaters sterben würden, denn immerhin starben sie nicht durch einen Unfall, sondern sie starben an Krebs. Zuerst erwischte es meinen Großvater, und ungefähr ein halbes Jahr später, kurz nach der Geburt meiner Schwester, starb auch meine Großmutter. Mein Vater begann nach diesem Schicksalsschlag immer mehr, sich in seiner Arbeit zu vergraben, und vernachlässigte sowohl meine Mutter als auch meine Schwester und mich. Eigentlich verständlich, nach so etwas Schrecklichem.

Nach nicht allzu langer Zeit begann er wieder, seinen Fokus auf uns zu legen, denn mein Vater hat ein Talent, das nicht viele haben, Ehrgeiz.

Er gab nicht so einfach auf und bekam sein Leben wieder in den Griff. Das Ganze hat jedoch eine tiefe Narbe bei uns allen hinterlassen.

Mit 4 bekam ich meine ersten Skistunden, welche Skifahren bis heute zu meinem Lieblingssport machten. Außerdem zogen wir in das Haus meiner Großeltern, welches uns sowohl neue Möglichkeiten als auch neue Rechnungen brachte. Mit 6 Jahren fing ich an, wie es für jedes Kind in Österreich üblich ist, in die Schule zu gehen. Mit zwei meiner besten Freunde habe ich sogar noch bis heute Kontakt. Die Volksschule absolvierte ich mit hervorragenden Noten, wobei auch das nicht allzu unüblich ist. Ich wechselte also mit 10 Jahren an das BRG, an welchem ich mich nicht wirklich wohlfühlte. Dies führte schlussendlich dazu, dass ich nach der zweiten Klasse an das Christian-Doppler-Gymnasium in Lehen wechselte. An dieser Schule bin ich auch jetzt noch, was die Frage, ob ich mich dort wohlgefühlt habe, beantworten sollte.

Mit 14 Jahren fing ich das für mich damals Unmögliche an: zu trainieren. Ungefähr ein Jahr danach machte ich eine lange Trainingspause, mit der ich ungefähr Anfang Juni 2017 aufhörte. Zuvor, ungefähr als ich 15 war, starb meine Urgroßmutter, die für mich alles war. Das drehte mein Leben gewaltig. Aus dem schüchternen Jungen wurde ein selbstbewusster Mensch. Seitdem geht mein Leben bergauf. Auch bekam ich im selben Winter noch meine erste Freundin, die mich bis zum August 2017 begleitete. Mein Vater und meine Mutter ließen sich scheiden, da sie eh schon seit 7–8 Jahren getrennt waren. Mein Vater heiratete kurz darauf eine neue Frau, und jetzt bauen wir das Haus um, um es zu vergrößern. Es ist nun Oktober 2017 und mein Leben dürfte auch weiterhin spannend bleiben.

Lisa, 15

Am Bau fühle ich mich einfach wohl

Mein Vater, der immer ein verantwortungsvoller Familienvater war, verließ unsere Familie am 22. 12. 2016. Er hatte jemand anderes kennengelernt. Im ersten Moment war ich schockiert und traurig, aber ich habe die Geschehnisse gut verarbeitet und sehr bald wieder begonnen, ein gutes Verhältnis zu meinem Vater aufzubauen. Vor diesem Vorfall hatte ich nie wirklich ein gutes Verhältnis zu meiner Mutter, ich war schon immer auf Papas Seite. Aber das hat sich seitdem verbessert. Meine Mutter musste 2 Mal ins Krankenhaus, weil sie die Geschehnisse nicht gut verarbeiten konnte, einmal musste ich sogar bei der Polizei eine Aussage machen, weil sie weggelaufen war. Mittlerweile geht's ihr viel besser. Manchmal ärgert sie sich noch. Mit meinem Vater treffe ich mich regelmäßig und meine Eltern sind mittlerweile geschieden.

Es war nicht immer einfach mit mir. Schon als kleines Kind wurde ich auf ADHS und Hochbegabung getestet. Meine Eltern waren der Meinung, ich sei unterfordert in der Volksschule, also habe ich zu einer Schule in Deutschland gewechselt. In dieser Schule ging es mir anfänglich gut, ich wurde aber dann nicht ausreichend gefördert, also nahmen mich meine Eltern auch aus dieser Schule. Dann kam ich wieder nach Salzburg, auf eine katholische Privatschule. Ich fand in den 3 Jahren viele Freunde und konnte mich gut integrieren. Als meine Freunde damit begannen, mich zu mobben und zum Suizid zu verleiten, musste ich auch diese Schule verlassen.

Diese Wunden sitzen tief, ich bin aber auch gewachsen und dadurch stärker geworden.

Ich kann mich besser wehren. Dann kam ich in eine Schule, die in meiner Umgebung war. Dieses Jahr hat schon viel Spaß gemacht, ich habe viele Freunde gefunden und auch meinen festen Freund, mit dem ich schon über ein Jahr zusammen bin. Derzeit besuche ich die PTS Salzburg und möchte dann eine Lehre als Maurerin machen und dann eine Polierin werden. Am Bau fühle ich mich einfach wohl. Das hab ich von meinem Vater.

Marcus, 16

Meine größte Leidenschaft

Ich bin im wunderschönen Salzkammergut geboren. Meine Familie und ich hatten dort eine kleine Wohnung, in der wir, bis ich 7 Jahre alt war, wohnten. Wir lebten dazwischen aber auch zweimal ein halbes Jahr in Amerika, da mein Vater wegen seiner Arbeit dort etwas zu erledigen hatte. Ich war zu dieser Zeit gerade einmal vier Jahre alt, weswegen die meisten Erinnerungen an diese Aufenthalte in Amerika schon verloren gegangen sind. Aber ich weiß noch, dass ich mich, obwohl ich kein Englisch sprach, mit den anderen Kindern gut verstand. Wir müssen uns irgendwie mit Händen und Füßen verständigt haben. Das Komische an der ganzen Sache ist, dass ich ungefähr ein Jahr in Amerika verbracht habe und trotzdem zu den Schlechteren in Englisch in der Schule gehöre.

Als ich 7 Jahre alt war, zogen meine Familie und ich in ein neu erbautes Haus. Von nun an wohnte ich im Flachgau, ungefähr 25 km von der Stadt Salzburg entfernt. Der Umzug war nicht leicht für mich, da ich meine alte Heimat sehr mochte, aber mit der Zeit habe ich mich an den neuen Ort gewöhnt. Immerhin ist es ein großer Vorteil, alleine mit der Familie in einem Haus zu wohnen. Man muss sich keine Gedanken darüber machen, ob man zu laut ist und die Nachbarn damit belästigt. Jetzt habe ich die Möglichkeit, immer laut Musik zu hören. Na ja, nur so lange, bis meine Mutter wegen der lauten Musik die Fassung verliert. Ich absolvierte die Volksschule und ging schließlich ins Gymnasium in Salzburg. Ich muss zwar immer eine Stunde mit dem Bus hin und her pendeln, aber dafür kann ich im Bus entspannen und Musik hören. Ich höre immer mindestens zwei Stunden Musik pro Tag, da es ein wichtiger Bestandteil meines Lebens ist. Auf jeden Fall komme ich in der Schule gut zurecht, außer natürlich in Englisch, und die Gedanken sind immer mehr bei der Matura, da sie mit großen Schritten näher kommt.

Zum Schluss kommt das Beste, meine größte Leidenschaft: Skifahren. Das erste Mal auf Skiern stand ich mit 2 Jahren. Seitdem nutze ich jeden freien Tag im Winter, um diesen Sport auszuüben. Ich liebe einfach alles daran. Die Geschwindigkeit, die Berge, die Aussicht, den Schnee, einfach alles.

Dieser Moment, wenn du als Erster auf dem Berg oben stehst und eine unbefahrene Piste vor dir hast. Es gibt für mich nichts Schöneres im Leben.

Wenn ich Ski fahre, vergesse ich einfach alle Sorgen und kann frei sein und den Moment in vollen Zügen genießen. Leider waren auch schon einige Verletzungen dabei. Ich brach mir beim Skifahren einmal die Hand und einmal den Fuß. Das Blöde war, dass ich mir meinen rechten Arm gebrochen hatte, mit dem ich normalerweise in der Schule schrieb. Daher musste ich mit links schreiben. Am Anfang war es sehr komisch, aber mit der Zeit war es dann halbwegs leserlich. Wenn man einen Sport ausübt, muss man auch mit Verletzungen rechnen. Man kann niemals Stürze vermeiden. Ich sage immer: Wenn man beim Skifahren nie hinfällt, fährt man nicht schnell genug. Das waren ein paar wichtige Ausschnitte aus meinem Leben, und das Beste ist: Der nächste Winter steht vor der Tür!

Anonym, 14

Meine Freunde haben mich wieder aufgemuntert

Aufgewachsen bin ich in Salzburg, in der Nähe von Glanspitz, mit meinem großen Bruder und meiner Mutter und meinem Vater, aber wir mussten umziehen, da die Wohnung zu klein war, deswegen sind wir nach Liefering gezogen. Ich ging dort in die Vorschule, und nach der Volksschule ging ich in die Neue Mittelschule Liefering. Als ich 11 war, haben sich meine Mutter und mein Vater getrennt. Seitdem lebe ich bei meiner Mutter, aber meinen Vater sehe ich jedes Wochenende. Mit 12 habe ich angefangen, mir über alles Gedanken zu machen, wie meine Zukunft wird, und weitere Sachen. Mit 13 wollte ich blaue Haare haben. Meine Mutter sagte nein, aber nach langen Diskussionen habe ich blaue Haare bekommen. Im November war einer meiner schlimmsten Tage, denn ein Familienmitglied ist gestorben (mein Hund), er hatte Krebs. Wir mussten ihn einschläfern.

Mein Traum ist es, Tierpfleger zu werden. Ich hoffe, ich schaffe es.

Ich bin sehr froh, gewisse Personen in meinem Leben zu haben. Sie haben mir aus sehr schlimmen Situationen geholfen, z. B. als mein Hund starb oder ich einen Streit mit einer sehr guten Freundin hatte. Ich hatte Angst, sie zu verlieren, aber meine Freunde haben mich wieder aufgemuntert und mir Ratschläge gegeben, wie ich jetzt weitermachen soll mit meiner Bekannten. Danke an die Personen, die mir geholfen haben, vielen Dank.

Afrdita, 15

Liebe kann Wunden heilen!

Ich komme aus Mazedonien, bin in Salzburg geboren und bin 15 Jahre alt. Ich finde, dass ich bis jetzt sehr viel erlebt hab. Als ich 10 Jahre alt war, passierte mir was ganz Schlimmes, meine Eltern kamen weinend ins Zimmer und erzählten in aller Ruhe mir und meinen 2 jüngeren Brüdern, dass unser Opa bei einem Autounfall gestorben sei. Mein Opa und ich hatten eine sehr enge Beziehung, jeden Tag haben wir gemeinsam Dinge unternommen. Was wir auch sehr liebten, war Fußball. Nachdem uns das mitgeteilt wurde, sind ich und meine Familie sofort nach Mazedonien gefahren. Mein Opa wollte für ein paar Tage nach Mazedonien fahren, um zu schauen, ob bei unserem neuen Haus alles in Ordnung ist, auf dem Weg nach Mazedonien hatte er den Autounfall in Serbien. Auf jeden Fall war das ein Riesenschock, ich habe darüber sehr lange getrauert und tue es bis heute noch, wenn Erinnerungen hochkommen. Wir waren wegen dem Begräbnis ca. 1 Woche in Mazedonien, dann mussten wir wieder nach Salzburg, weil wir in die Schule mussten und meine Eltern in die Arbeit, denn es war Anfang Mai.

Einige Zeit später trennten sich meine Eltern. Es fiel mir wirklich schwer, das alles zu verarbeiten, weil ich kein kleines Kind mehr war, sondern schon alles verstanden und mitbekommen habe. Zu dieser Zeit, als das alles passierte, ging ich ins Gymnasium, was jetzt nicht mehr der Fall ist. Nach einer Zeit hatte ich keine Lust mehr aufs Lernen und habe dann in die NMS Liefering gewechselt. Hier lernte ich neue Menschen kennen und fühlte mich ein bisschen besser, weil es auch ein bisschen in eine andere Richtung gegangen ist. Irgendwie musste ich dann nicht mehr so viel über das Geschehene nachdenken. Natürlich denke ich bis heute noch an meinen Opa und vermisse ihn sehr, auch an meinen Vater, weil er nicht immer bei mir ist, aber ich muss damit leben, das Leben geht weiter. Ich war schon immer eher ein Vaterkind, ihr wisst ja, was ich meine: Es gibt Kinder, die sind eher mit der Mama und erzählen der Mama alles, das sind meine beiden Brüder zum Beispiel. Ich war schon immer Papas Prinzessin.

Egal, was war, habe ich es immer meinem Papa zuerst erzählt.

Das war die schlimmste Zeit, die ich hatte. Da es jetzt schon ein paar Jahre her ist, geht es mir besser, obwohl ich eigentlich immer noch sehr, sehr an meinem Vater hänge, also immer, wenn er zu Besuch kommt und wieder geht, weine ich den ganzen Tag lang. Ich bin froh, dass meine Mutter und meine Brüder immer hinter mir stehen und mich trösten. Klar waren meine Brüder auch sehr traurig über das Ganze, aber denen fiel es nicht so schwer, das zu verkraften.

In Liefering geht es mir blendend. Ich habe eine tolle Klasse und sehr viele Freunde und Freundinnen an dieser Schule. Hier habe ich auch meine erste Liebe gefunden. Das war so: Ich habe mich in einen Jungen verliebt, der mit meinem Bruder in die Klasse ging. Wir redeten am Anfang nicht so viel. Als wir uns dann näher kennengelernt hatten, hatten wir viel mehr Kontakt. Nach einer Zeit sagte er mir, dass er mich liebte. Obwohl ich ihn nicht so schön fand vom Aussehen her, verliebte ich mich in ihn. Ich fühlte mich einfach wohl in seiner Nähe, ich konnte mit ihm über alles reden, er wusste sogar das mit meinem Opa und meinem Vater. Ich habe mich noch nie so wohl gefühlt bei jemandem wie bei ihm. Wir waren ca. 2 Jahre zusammen, das war das Schönste! Leider sind wir jetzt nicht mehr zusammen, aber wir sind in Kontakt und verstehen uns immer noch sehr gut. Liebe kann Wunden heilen!

Was ich an dieser Schule so toll finde, ist, dass es eine Montessori-Schule ist, wo viele verschiedene Kinder lernen können. Ich bewundere meine Schule wirklich, denn ich finde, dass unsere Schule was Besonders ist. Wo alle verschiedenen Kinder gemeinsam klarkommen. Meine Klasse ist die beste, denn man kann allen vertrauen.

Edvin, 17

Ich habe mir über meine Karriere schon viele Gedanken gemacht

Ich wurde in Bosnien geboren, genauso wie meine Eltern. Ich habe eine große Familie, da meine Oma fünf Kinder auf die Welt gebracht hat, und eines davon war meine Mutter. Bevor ich und meine Schwester geboren wurden, herrschte jedoch Krieg, und meine ganze Familie, außer meinen Eltern, flüchtete nach Österreich und nach Belgien. Genau ein Jahr nach dem Krieg kam meine ältere Schwester auf die Welt. Ich sah die Welt dann vier Jahre später, im Jahre 1999. Meine Mutter hatte zwar Probleme bei der Geburt und befand sich in einer kritischen Situation, jedoch hat sie es geschafft, sich völlig zu erholen. Später im Leben besuchte ich ein Mal den Kindergarten und kam dann nie wieder, da ich damals noch sehr ängstlich war. Mit circa 6 Jahren erfuhren ich und meine Eltern, dass meine Tante, die mittlerweile in Österreich eine Familie gegründet hatte, Probleme hatte. Also kamen wir nach Österreich, um sie zu unterstützen. Meine Mutter ist Softwareentwicklerin und mein Vater ist Buchhalter. Sie hatten in Bosnien hohe Positionen in einem Krankenhaus, und ich lebte ein ziemlich angenehmes Leben. In Bosnien verdienten sie sehr viel, aber im Vergleich zu Österreich war das unter dem Mindestgehalt. Meine Mutter sah eine bessere Zukunft in Österreich und entschied sich, zu bleiben. Ich lernte so in einem Jahr ziemlich gut Deutsch und konnte auch schon die Schule besuchen. Nach einiger Zeit hatten wir es dann geschafft.

Meine Tante hatte ihre eigene Baufirma und arbeitete als Architektin, und meine Eltern halfen bei anderen Aufgaben.

Als einige Jahre vergangen waren, entschloss ich mich, Basketball zu spielen, und traf dort neue Freunde. Jedoch habe ich nach einem Jahr mit Basketball aufgehört, da ich viel für die Schule tun musste und meine Noten etwas schlechter wurden. Nachdem ich die Volksschule beendet hatte, ging ich ins Christian-Doppler-Gymnasium, wo ich neue Freunde kennenlernte, mit denen ich heute noch, sieben Jahre später, Sachen unternehme. Außerdem habe ich ein neues Hobby entdeckt, Fitness und Krafttraining. Da ich sehr gerne Kampfsportarten sehe, besonders Boxen, werde ich diesem Sport nun eine Chance geben. Ich habe mir über meine Karriere schon viele Gedanken gemacht, und meine Eltern versuchen mich mit ihren Visionen zu beeinflussen, jedoch bin ich mir immer noch nicht sicher, was ich in der Zukunft machen will. Ich habe mir vorgestellt, entweder im Bereich der Programmierwelt zu arbeiten oder vielleicht im Tourismus, da ich sehr gerne reise. Länder, die ich besucht habe, sind England, Belgien, Niederlande, Frankreich, Italien, Tschechien, Türkei, Bosnien, Kroatien und Spanien. Ich möchte noch auf jeden Fall Japan und die USA besuchen. Aber jetzt konzentriere ich mich auf das Krafttraining und auf die Schule.

Christoph, 15

Mit 14 bekam ich Kronen eingesetzt

Ich bin in Salzburg geboren, wo ich auch die ersten fünf Jahre meines Lebens verbracht habe. Seit ich fünf Jahre alt war, wohne ich in Seekirchen am Wallersee. Ich habe einen Stiefvater, bei dem ich mit meiner Mutter und meiner Schwester lebe. Mit meinem leiblichen Vater habe ich trotzdem Kontakt. Mit fünf Jahren begann ich beim SV Seekirchen das Fußballspielen.

Außerdem fotografiere ich seit meinem sechsten Lebensjahr professionell Sport für die Kronenzeitung und die Salzburger Nachrichten.

Meine Schwester kam auf die Welt, da war ich gerade mal sieben. Als ich 9 Jahre alt war, brach ich mir meine Nase und schlug mir meine vorderen zwei Zähne aus. Die Zähne konnte man mir wieder fixieren. Leider musste ich mit zwölf Jahren eine Zahnprothese tragen. Diese trug ich 2 Jahre. Mit 14 bekam ich Kronen eingesetzt, die ich bis heute trage. Als ich 10 Jahre geworden bin, wechselte ich meinen Fußballverein. Vom SV Seekirchen ging ich zur Union Woerle Henndorf. Dort durchlief ich die U-12, U-14, U-16 und jetzt spiele ich bei der Reserve und bei der ersten Mannschaft. Nach vier Jahren Hauptschule schloss ich das neunte Schuljahr im Annahof Salzburg ab. Ich ging in den Kommunikations- und Mediendesign-Zweig. Seit August 2017 nehme ich an der Berufswelt teil. Ich arbeite bei der Firma Ebster Bau in Henndorf als Bürokaufmann.

Anonym, 15

Sie konnten mich nicht fangen

Ich bin in Somalia geboren. Meine Eltern kommen auch aus Somalia bzw. Mogadischu. Ich habe 8 Jahre bei meiner Oma gelebt, weil meine Mutter nach einem Ort gesucht hat, wo ich und meine Brüder leben können und wo wir in die Schule gehen können. Ich habe viele Freunde in Somalia gehabt. Meinen ersten Freund hatte ich schon, als ich 4 Jahre alt war, hat mir meine Mutter erzählt. Heute kann ich mich an keinen meiner Freunde erinnern. Aber an ein paar Sachen kann ich mich erinnern, z. B. wie wir immer um die Wette gelaufen sind. Als ich drei war, kam mein kleiner Bruder zur Welt, und ich habe einen älteren Bruder, der ist vier Jahre älter als ich. Bei meiner Oma musste ich ihr bei den Tieren helfen, z. B. Ziegen, Kühe, Schafe. Sie hatte nämlich einen Bauernhof. In Somalia herrschte natürlich Krieg, darum waren wir bei meiner Oma, aber wo meine Oma lebte, gab es keinen Krieg, bis zu dem Tag, als wir angegriffen wurden. Zum Glück überlebte jeder, weil wir in den Wald gelaufen sind. Wir hatten alle wichtigen Sachen mitgenommen. 3 Tage waren wir im Wald, bis wir mitbekommen haben, dass die Terroristen weggegangen waren. Wir kamen zurück, aber alles war zerstört, und die Tiere waren weggelaufen wegen den Schüssen. Ich habe die Tiere wieder eingefangen. Weil ich sie immer ausgeführt hatte, habe ich gewusst, wo sie sein könnten.

Wir haben alles wieder aufgebaut, und weil ich die Tiere wieder eingefangen habe, hat mir meine Oma 5 Schafe geschenkt.

Als ich 8 war oder 9, kamen wir nach Österreich per Flugzeug. Ich bin dann das erste Mal in die Schule gegangen. Aber ich habe mit der 2. Volksschule angefangen. Erstmal wurde ich gemobbt, aber sie konnten mich nicht fangen, weil ich schneller war als sie. Ich habe sie immer ignoriert, also haben sie mich nach einiger Zeit in Ruhe gelassen. Aus einem von denen, die mich gemobbt haben, ist jetzt einer meiner besten Freunde geworden, und auch die anderen sind meine Freunde geworden. In der Schule war ich nicht gut, aber auch nicht schlecht. Ich war so mittig. Ein halbes Jahr haben wir in Gnigl gewohnt, aber wir zogen dann nach Lehen. Als ich in die Hauptschule kam, zogen wir zum Messezentrum, und da wohnen wir immer noch.

In der Hauptschule fand ich die Leidenschaft für den Sport. Ich bin sehr sportlich, aber ich war nie in einer Mannschaft, weil ich keine Lust hatte. Ich habe mich immer mit Älteren gemessen. In der neuen Schule habe ich viele neue Freunde gefunden. Wir treffen uns sogar nach der Schule. Auch wenn ich sportlich bin, esse ich sehr viel. Viel mehr, als ich brauche. Als ich 12 war und noch in Lehen gewohnt habe, kam mein kleinster Bruder zur Welt. Er ist jetzt 4, und jeden Morgen muss ich ihn zum Kindergarten bringen. Das nervt sehr, aber ich will, dass mein Bruder ein besseres Leben hat als ich und normal leben kann. Ich interessiere mich für Technik. Ich baue viel zusammen, z. B. die Schränke bei mir zuhause, wenn meine Mutter Hilfe braucht. Oder ich putze, weil meine Mutter die Einzige ist, die das Haus sauber hält. Wenn ich was will, dann gebe ich meine Meinung dazu ab, damit man versteht, warum ich das will. Ich beende gleich meine 4. Klasse. Ich möchte nach der Schule in die Poly gehen und dann arbeiten. Ich bin nicht gut in der Schule, darum will ich schnell anfangen zu arbeiten. Meine Mutter will, dass ich in die HTL gehe, aber wir haben längst geklärt, dass ich nicht in eine weiterführende Schule gehe. In Zukunft möchte ich eine glückliche Familie haben. Mir ist ein guter Abschluss wichtig, damit ich einen guten Job finde. Mir sind meine Freunde wichtig, ohne sie könnte ich gleich zuhause bleiben. Jeden Tag, wenn ich nicht aufstehen will, denke ich an meine Freunde und springe aus dem Bett.

Kristina, 15

Die Liebe ist ein kompliziertes Thema

Meine Freunde nennen mich Kiki. Ich bin ein Mädchen, das über vieles nachdenkt. Meine Hobbys sind Lesen, Schreiben, Singen und Klavierspielen. In jungen Jahren liebte ich schon die Musik, ich wollte immer ein Instrument erlernen. Mit 10 Jahren habe ich eine Liebe für das Klavier entwickelt. Meine Eltern wollten mich in einer Musikschule anmelden, aber ich wollte das nicht, ich wollte es mir selbst beibringen. Etwas sich selber beizubringen ist eine Herausforderung, aber nur der Wille zählt! Wenn du ein Ziel hast, das du erreichen möchtest, dann steh auf und kämpf dafür. Man lebt nur einmal, und glaub mir, es wird sich lohnen.

Mit 12 Jahren habe ich einen netten Jungen kennengelernt. „Die Liebe auf den ersten Blick", genauso war es bei mir. Die Liebe ist ein kompliziertes Thema. Er wollte mit mir zusammen sein, aber ich wollte es nicht, dann war er sauer. Ich war jung und nicht bereit für eine Beziehung. Man sollte nichts tun, wenn man etwas nicht will oder nicht bereit ist. Wir leben in einer Zeit, in der jeder Mensch selbst entscheiden kann und jeder seine eigene Meinung hat. Gestalte dein Leben genau so, wie du es möchtest, hör nicht auf andere und gehe deinen eigenen Weg. Wenn was dazwischen kommt, dann ist es egal, denn es gibt immer einen Ausweg! Schon als Kind wurde ich gemobbt wegen meines Aussehens, aber ich habe mich nicht runterziehen lassen.

Warum auch, diese Menschen sind es nicht wert, dass man ihnen Aufmerksamkeit schenkt.

2014 verlor ich meinen Opa, meine Oma hat noch immer nicht abgeschlossen, aber ich schon. Einen Menschen zu verlieren ist nicht einfach, zu trauern ist was Normales, aber ein Leben lang trauern sollte man nicht. Denk zurück und lächle, weil es schön war! Ich möchte Psychologin werden. Das ist mein Ziel, aber es wird schwer, es zu erreichen. Ich kämpfe dafür, weil ich es will!

Anonym, 21
Das kann sich keiner vorstellen

Ich bin in Hallein geboren. Ich habe 2 Schwestern und bin auf einem Bauernhof aufgewachsen. Ich ging in den Kindergarten, die Volksschule, Hauptschule und in die Polytechnische Schule. Dann fing ich eine Lehre als Mechatronikerin an und ging auch in die Berufsschule. Bis dahin war mein Leben ganz normal, bis ich einen Schicksalsschlag erlitt. Ich war da schon längere Zeit verkühlt und immer müde und einfach nicht gut beieinander. Ich bekam vom Arzt immer Medikamente, die ließen meine Symptome aber nicht ganz verschwinden. Als ich mit meiner Freundin shoppen war, fiel mir auf, dass sich ein Knoten an meinem Hals befand. Als ich den Knoten dem Arzt zeigte, wusste er sofort, was los ist, und schickte mich ins LKH zum Untersuchen. Es ging von einer Untersuchung zur nächsten. Bis ich dann die Diagnose bekam, dass ich eine Lungenentzündung habe, aber das war nicht alles, es bestand Verdacht auf Krebs. Danach hatte ich noch viele weitere Untersuchungen, und mir wurde der Knoten entnommen und genauer untersucht. Danach stand fest, es war Krebs. Ich war am Boden zerstört und wusste nicht, was auf mich zukommt. Ich war 18 Jahre alt, als ich die Diagnose bekam. Es ging los mit der Chemotherapie. Mir war immer so schlecht, und ich musste mich sehr oft übergeben. Natürlich verlor ich meine langen Haare. In dieser Zeit ging es mir wirklich sehr, sehr schlecht, das kann sich keiner vorstellen, der das nicht selber erlebt hat. Natürlich ist es für die Angehörigen auch nicht leicht. Es folgten eine Bestrahlung und viele weitere Untersuchungen. Bevor ich mit der Therapie anfangen konnte, wurde ich nochmal operiert und bekam einen Port gesetzt, da meine Venen nicht so gut sichtbar waren.

Nach den Bestrahlungen war dann die große Enduntersuchung. Bei der Befundbesprechung bekam ich die Rückmeldung, dass ich es geschafft habe und den KREBS besiegt habe! Ich war so erleichtert und überglücklich, jetzt konnte ich wieder zu leben anfangen. Ich besuchte eine Reha und kam wieder zu Kräften und begann wieder zu arbeiten.

Dann ging es zuerst bergauf, doch ich bemerkte schnell, dass ich nicht mehr derselbe Mensch war wie vorher.

Ich bin körperlich und psychisch nicht mehr so stabil wie früher, und mein Immunsystem ist sehr geschwächt durch die Therapien. Ich bin nicht mehr so belastbar. Ich ging 1 Jahr arbeiten und dann war mir alles zu viel. Danach habe ich abgebrochen und war eine Zeit lang zu Hause. Ich ging nochmal auf Kur. Und dann fing ich wieder an, und jetzt konzentriere ich mich auf die LAP, weil ich den Abschluss unbedingt haben möchte! Es ist zwar alles schwer, und es wird nie mehr so sein wie früher, aber ich habe schon so viel hinter mir, dass ich die LAP auch noch schaffen werde. Es gibt auch was Positives an meinem Weg. Ich habe einen Freund, der mich mehr oder weniger begleitet hat. Ich bin aber erst nach der Erkrankung mit ihm zusammengekommen. Meine Familie und mein Freund unterstützen mich immer, während der Erkrankung und jetzt auch noch!

Sebastian, 15

Solche Menschen findet man leider selten

Ich war schon als Kleinkind ein Entdecker und ein Pechvogel. Mit 3 Jahren bin ich in den Kindergarten gekommen. Ich habe die Vorschule, die Volksschule und die Hauptschule gemacht. Mit 14 habe ich das erste Mal geraucht. Mit 15 die erste Freundin. Wie sich herausgestellt hat, war sie eine Bitch. Dann habe ich eine Lehrstelle bekommen.

Ich bin froh, Single zu sein, weil ich so mehr Freiheiten habe.

Ich bin bei der Freiwilligen Feuerwehr Hallein. Ich lerne viel bei der Feuerwehr. Ich würde mich in der Zukunft sehr freuen, wenn ich eine Freundin finde, die mich nicht betrügt und die ehrlich zu mir ist. Solche Menschen findet man leider selten. Ich war schon sehr oft im Krankenhaus auf der Unfallstation und musste schon fünfmal genäht werden.

In Salzburg

Wir.
Berichte aus dem neuen OE
Woher kommen deine Eltern?
N
W
O
S
Klasse: 8A
Schule: Doppelgym. Salzburg
WIR.
BERICHTE
AUS DEM
NEUEN OE

Woher kommen deine Eltern?
N
W
O

ARE FROM AUSTRIA
SCHAFFEN DAS!
WIR KÖNNEN. WIR WERDEN.

LAUTER AUSLÄNDER

WIR.
BERICHTE
AUS DEM
NEUEN OE

4b Wendestellen
Wir.
Woher kommen deine Elte
BERICHTE AUS DEM NEUEN OE

Wo bist du geboren?
WIR.
BERICHTE AUS DEM NEUEN OE

NORDIC HERITAGE

startfrei
WIR SCHAFFEN DAS!

Mohammad Reza, 17

Das Leben der Menschen ist unwichtig

Ich bin seit zwei Jahren in Österreich. Zwar bin ich in Afghanistan geboren, habe aber im Iran gewohnt. Im Iran hatte ich eine schwierige Situation wegen unserer Nationalität (Rasse), so ähnlich wie in der Zeit, als Hitler herrschte und die Juden unterdrückte. Ein Afghane hat kein Recht zu arbeiten oder zu lernen. Die Menschenrechte gelten nicht. In der Nähe von unserem Haus gibt es Menschen, die an einer Krankheit leiden, aber sie können nichts tun. Sie haben keine Krankenversicherung und können nicht ins Krankenhaus gehen.

Als ich 8 Jahre alt war, arbeitete ich nach der Schule auf der Baustelle. Im Iran durften Afghanen nicht in iranische Schulen gehen und mussten selber oder gar nicht lernen.

Jeden Tag hatte ich Angst, dass die iranische Polizei mich sieht und festnimmt, bestraft und am Ende nach Afghanistan abschiebt. In Afghanistan machen die Diebe unter dem Titel „Taliban", was sie wollen, Menschen töten usw.

Meine Familie ist in den Iran mit Schleppern. So schlimm. Wo sie unterwegs waren, haben sie viele Leichen gesehen, und die Schlepper denken nur an Geld. Das Leben der Menschen ist unwichtig. Das Leben im Iran funktionierte gar nicht gut, dann hat mein Vater entschieden, dass ich mir ein besseres Leben irgendwo außerhalb Afghanistans und des Irans ermöglichen kann.

Ich bin optimistisch in Österreich, weil Österreich mir viele Möglichkeiten gibt. Österreich respektiert mich. Sie haben mich zuerst in Deutsch unterrichtet, deswegen bin ich sehr dankbar.

Umut, 15
Ich will mich nach oben arbeiten

Mit 5 Jahren bin ich in den Kindergarten Burgfried gegangen. Dann fing ich in Hallein mit der Vorschule an und dann mit der Volksschule, mit meinem besten Freund Kerimcan. Ich gehe jetzt mit ihm in dieselbe Klasse in der HS Hallein-Stadt. Mit 10 Jahren habe ich von meinem Vater einen Hirtenhund aus meiner Heimatstadt bekommen. Er hieß Gurbet. Meine Eltern konnten sich nicht gut verstehen, daher haben sie sich scheiden lassen. Jetzt wohnt mein Vater mit seiner Frau und seinen beiden Stiefkindern in München. Ich und meine zwei Geschwister und meine Mutter leben zusammen hier in Hallein. Ich habe den Mopedführerschein gemacht und von meinem Vater ein Moped bekommen.

Am 1. August fange ich meine Lehre als Einzelhandelskaufmann beim Billa an. Ich will mich nach oben arbeiten und Chef werden, denn das ist wichtig für mich. Mit 18 Jahren will ich meinen Autoführerschein gemeinsam mit dem Motorrad-Führerschein machen, mit 21 dann eine Maschine kaufen. Ich stell mir vor, dass ich mit 23 Jahren heirate und mit 25 Jahren 2 kleine Kinder bekomme. 1 Junge und 1 Mädchen.

Mein Bruder geht in die 4. Klasse HS. Er wird 17 Jahre alt. Jetzt macht er den L17 mit seinem Onkel. Mein anderer Bruder ist 14 Jahre alt, er geht in die 2. Klasse HS, er musste wiederholen. Ich wohne neben dem Poly, bei den neuen Häusern. Mein Haus ist sehr bequem, ich fühle mich wohl dort. Wir haben eine Garage, dort stelle ich mein Moped ab.

Ich bin verliebt in das schönste Mädchen.
Am liebsten würde ich ein berühmter Mensch sein.

Ich bekomme von meinen Eltern, Brüdern, meinem Onkel und Opa das Benzingeld für mein Moped, manchmal auch von meiner Freundin. In vier Tagen bin ich 450 km gefahren.

Ich habe Freunde, die ich seit der Kindergartenzeit kenne. Heute habe ich Freunde aus meiner Gegend und aus Deutschland und der Türkei. Ich schreibe mit denen übers Internet.

Florian, 15

Dann haben sie aufgehört, mir zu helfen

Meine Schulzeit war schrecklich! In der Volksschule wurde ich nur gequält. Ich wusste nicht, was ich den Leuten getan hatte, dass sie mich immer gequält haben. Lag es an meinem Übergewicht, an meinem Aussehen oder an meinem Charakter? War ich nicht nett genug zu ihnen? Ich dachte, eventuell könnte mir meine Klassenlehrerin weiterhelfen, aber die hat mich auch nur gequält. Als ich in die Hauptschule kam, dachte ich mir, es würde besser werden. Vielleicht würde ich hier nicht verascht, gemobbt und geschlagen werden. Aber es begann alles wieder von vorne und ich wurde wieder 4 Jahre lang gequält. Ich hoffte erneut auf die Hilfe der Lehrer. Zwei Jahre lang haben sie mir geholfen, aber dann haben sie aufgehört, mir zu helfen. Ich freute mich, als die Hauptschule zu Ende war.

Im Poly war es etwas anders. Die Leute verarschten mich am Anfang nicht mehr so sehr. Dann, im dritten Schulmonat, wurde es anders. Da wurde ich urplötzlich verarscht. Ich wusste nicht, was ich ihnen getan hatte.

Das Einzige, was ich in meinem Schulleben wollte, waren ein paar Schulfreunde, doch daraus wurde leider nichts.

Ich hoffe, dass manche Leute diesen Text lesen werden. Es wäre mir eine Freude.

Umejr, 14

4 Tage lang Bajram

Ich wurde in Tetovo, Mazedonien, geboren. Ich bin aber Albaner, aufgrund der Wurzeln meiner Eltern. Mit 4 Jahren bin ich nach Österreich umgezogen. Ich fing an, hier in den Kindergarten zu gehen. Am Anfang hatte ich keine Freunde, weil ich die Sprache nicht konnte, doch das änderte sich. 2 Jahre später beherrschte ich die Sprache fast perfekt. Im selben Jahr zogen wir um, und zwar nach Hallein. Ein Jahr später fuhren wir nach Albanien auf Urlaub.

Dort rannte ich unabsichtlich in eine Glastür und musste 6 Stunden lang operiert werden.

Ich hatte lange Zeit Schmerzen und musste oft zu Therapien. Die Schmerzen wünsche ich keinem. Doch ich wünsche jedem Bedürftigen eine Möglichkeit, operiert zu werden und die nötigen Medikamente zu bekommen. Im selben Jahr ist mein Opa gestorben.

Ich habe mit 12 Jahren angefangen, im Ramadan zu fasten. Wir fasten 18 Stunden täglich, wobei wir nichts essen und nichts trinken dürfen. Wir Muslime machen das einmal im Jahr, um den Körper und die Seele zu reinigen. Am Ende vom Ramadan feiern wir 4 Tage lang Bajram mit der Familie und Verwandten.

Nach der Hauptschule werde ich die HTL besuchen, um Wirtschaftsingenieur für die Sparten Maschinenbau und Mechatronik zu werden. Wenn ich die HTL abgeschlossen habe, möchte ich in einer Firma für Präzisionsmaschinenbau arbeiten. Nach ein paar Jahren möchte ich gerne eine eigene Firma eröffnen und außerdem heiraten. Ich möchte mit meiner Familie viel um die Welt reisen und mit ungefähr 50 Jahren wieder nach Albanien ziehen und dort leben. Falls ich bis dahin nicht sterbe, setze ich meinen Plan um.

Nadile, 18

Die Unterschiede in der Kultur brachten mich durcheinander

Ich bin Kurdin und bin in Mardin geboren. Mit 4 Jahren hat sich mein Leben verändert. Mein Vater ist aus politischen Gründen nach Österreich geflüchtet. Meine Mutter und ich sind 2006 nachgekommen, natürlich illegal über Russland. Mein Leben in Österreich hat am Flughafen in Wien begonnen. Dort habe ich zum ersten Mal Rolltreppen gesehen und bin ständig rauf- und runtergefahren. Am nächsten Tag haben wir einen Asylantrag gestellt, und so hat die schlimmste Zeit in meinem Leben angefangen. Ich musste mich wieder an meinen Vater, den ich seit 3 Jahren nicht gesehen hatte, gewöhnen. Wir hatten viele Schulden und wenig Geld.

Wir sind 8 Mal umgezogen. Ich habe 7 Mal die Volksschule gewechselt.

Meine Mutter hat schwarz gearbeitet, die Stunde 3 Euro, und trotzdem haben wir es geschafft, unsere Schulden zurückzuzahlen. Ich hatte bis zu meinem 12. Lebensjahr kein eigenes Zimmer, denn wir konnten uns nie eine größere Wohnung leisten. Wir haben mit vielen verschiedenen Menschen zusammengewohnt, manchmal waren wir zu siebt in einem Zimmer. 2008 haben wir einen positiven Bescheid bekommen.

Nichts in meinem Leben war einfach. Ich musste immer hart – viel härter als andere – um das, was ich wollte, kämpfen. 2014 haben wir die österreichische Staatsbürgerschaft bekommen. Ich war seit 8 Jahren nicht mehr in meiner Heimat gewesen und konnte endlich den Rest meiner Familie sehen. Ich dachte, alles ist noch wie früher, genau wie ich es verlassen hatte, aber so war es nicht. Die Welt hatte sich weitergedreht und auch die Menschen. Ich habe mich damals zum ersten Mal gefragt: „Wer bin ich eigentlich?“. Die Unterschiede in der Kultur brachten mich durcheinander. Ich werde wahrscheinlich mein ganzes Leben damit verbringen, die Mitte der beiden Kulturen zu finden. Ich bin in eine politische Familie geboren, und so wurde auch ich politisch aktiv. Politik wird immer ein wichtiger Punkt in meinem Leben bleiben, weil ich immer den Willen haben werde, etwas zu verändern.

Anonym, 17

Ich sah in ihm den Tod

Ich wurde in eine Hotellerie-Familie hineingeboren. Zu meinen Ehren feierten meine Großeltern zwei Tage durchgehend mit unseren Stammgästen. Meine Mutter ging nicht in Mutterschutz, sie war noch sehr jung und vollkommen überfordert mit mir. Sie arbeitete Seite an Seite mit meinem Opa, meiner Oma und einem Frühstücksmädchen und einer Abwäscherin namens Milena. Ich bin förmlich in der Küche aufgewachsen, in den Anfangsjahren saß ich in meinem Hochstuhl in der Nähe der großen Kücheninsel. Ich wusste nicht, wie es ist, ein richtiges Weihnachten zu feiern oder Ostern, meine Familie war beschäftigt mit der Arbeit. Außer im Frühling und Herbst, bis zu meinem Schulbeginn. Mein Opa brachte mir zusammen mit meiner Mama das Schwimmen bei, das erforderte 1 ganzen Herbst, bis ich es draufhatte. Ich liebte diese Zeit, deshalb wollte ich auch nie, dass der Kindergarten aufhört. Ich wollte weiterhin im Frühling 6 Wochen zuhause in der Steiermark verbringen und im Herbst 9 Wochen. Die ersten Schuljahre waren die schlimmsten für mich und meine Mama. Wir waren es beide nicht gewohnt, alleine in diesem riesigen Haus zu sein mit so viel wertloser Zeit, da wir beide nichts miteinander anfangen konnten. Damals war ich der Meinung, sie hätte mich nicht lieb, weil ich sie in ihrem Leben einschränke, doch heute kann ich sagen, es war nicht so. Sie hatte eher Angst vorm Alleinsein, und das waren wir im Pongau. Meine ersten richtigen Freunde hatte ich in der Hauptschule und dadurch wurde mein Leben in den Zwischensaisonen auch einfacher. In den Osterferien 2013 fuhr ich mit meiner Mama nachhause in die Steiermark zu meiner Tante. Ich kann heute nicht mehr genau sagen, wie diese Zeit war. Doch dieser Osterdienstag prägt mein Leben bis heute. Wir warteten im Gasthaus meiner Tante auf meine Großeltern, da ich sie noch sehen wollte, bevor ich wieder zurück nach Salzburg musste. Zuerst kam meine Oma herein, sie weinte. Keiner wusste zuerst, warum, doch nach 15 geschlagenen Minuten kam mein Opa nach, leichenblass, ich sah in ihm den Tod. Am Tag danach ging ich in die Schule, und als ich zurückkam, stand meine Mama im Garten und wartete. Sie versuchte mir schonend beizubringen, dass ich recht gehabt hatte. Mein Opa lag im Koma, 28 Tage. In diesen 28 Tagen besuchte ich vielleicht ganze 8 die Schule. Ich war ein menschliches Wrack, doch meine Familie sah es nicht. Ich weinte nur alleine und übernahm viel Verantwortung, da alle anderen im Kreis rannten und eigentlich nur noch im Krankenhaus waren.

Als er zurückkam, war es der schönste Tag meines Lebens, meine wichtigste Bezugsperson war wieder da.

Ich dachte, alles wird gut, doch dann kamen monatlich Alkoholexzesse meiner Oma, die sie letztes Jahr zum ersten Mal in die geschlossene Psychiatrie brachten. Diesen März ein zweites Mal. Ich bin unter ständigen Verlustängsten großgeworden, doch heute kann ich nach sämtlichen Vorfällen sagen, ich bin ein 17-jähriges Mädchen, das mit beiden Beinen im Leben steht und in der Lage ist, jede Situation zu meistern. Unseren Hotelbetrieb haben wir am Osterdienstag 2017 verkauft und meine Großeltern zogen nach Hause. Ich bin unendlich dankbar für so eine eigenartige Familie. Sie gibt mir alles mit, was ein Mensch zum Leben braucht: Charakter, Anstand und die Fähigkeit, sich mit der Zeit miteinander zufriedenzugeben.

David, 15

Ich fahre täglich mit dem Zug nach Hallein

In meinem 3. Lebensjahr haben sich meine Eltern getrennt, aber davon habe ich damals nicht viel mitbekommen. Zu der Zeit kam auch meine Schwester auf die Welt, die heute 12 Jahre alt ist. Wir lebten bis zu meinem 5. Lebensjahr in Burgfried-Süd und zogen dann nach Neualm, wo ich noch ein Jahr in den Kindergarten ging und dann die Volksschule besuchte. Nach der Volksschule besuchte ich die Musikhauptschule in Burgfried. Dort lernte ich Gitarre. Ich habe aber damit aufgehört, weil mir das Interesse fehlte. Während dieses Abschnitts passierte in meinem Leben nicht viel. Ich habe normal gelebt und mit meinen Freunden Playstation oder meist draußen im Wald gespielt.

Doch als ich das Poly fast fertig hatte, musste ich zu meinem Vater ziehen, weil meine Mutter finanzielle Probleme hatte.

Nach der Polytechnischen Schule fange ich eine Lehre als Koch im Kurzentrum in Bad Vigaun an. Seit 3–4 Jahren spiele ich mit meinen Freunden am Computer. Ich habe auch vor, das fortzuführen. Alkohol und Zigaretten habe ich trotz meines nicht ganz leichten Lebens noch nie konsumiert. Im Urlaub war ich schon dreimal in Kroatien und einmal auf Mallorca. Trauer habe ich in meinem Leben schon viel erlebt. Ich habe schon viele Katzen verloren, die bereits sehr alt waren. Meine Mutter hat noch zwei Katzen und einen Hund, den ich sehr gern habe. Mein Vater hat zwei Katzen.

Als ich im Juni 2015 zu meinem Vater nach Werfen zog, hat sich manches geändert. Ich fahre täglich mit dem Zug nach Hallein und wieder zurück. Nachdem die Situation nicht ganz leicht ist, freue ich mich schon darauf, ausgelernt zu sein, dann kann ich mein eigenes Leben leben. Ich habe auch noch einen Halbbruder, der momentan zwei Jahre alt ist und auch bei meinem Vater und meiner Stiefmutter lebt.

Aliakbar, 16

Ich will jetzt meine Zukunft aufbauen

Ich wohne in St. Gilgen, Salzburg, in einem Flüchtlingscamp. Ja, ich bin ein Flüchtling aus Afghanistan. Meine Eltern kommen aus dem Herzen des Landes, Bamiyan. Ich bin im Iran geboren und habe Afghanistan noch nie gesehen. Es ist mein Traum, mein Land zu sehen. Ich bin Ende 2015 mit vielen Menschen vom Iran nach Österreich geflüchtet. Es ist nicht so schön, mit 14 Jahren alleine, ohne deine Familie zu flüchten: eine gefährliche Reise.

Ich war 1,5 Monate unterwegs. Auf dem Weg in die Türkei bin ich mit einem PKW gefahren. Ich musste im Kofferraum schlafen, weil ich klein war. Es waren 6 Personen im Auto, und es gab zu wenig Platz. Wir haben es geschafft, die Grenze zwischen dem Iran und der Türkei zu überschreiten. Der schwierigste und gefährlichste Teil meiner Reise war Griechenland. Mehr als 40 Personen in einem kleinen Boot.

Von Griechenland bis nach Österreich war es besser bzw. leichter zu reisen. Die Polizei, das Rote Kreuz und sogar die normalen Leute haben uns geholfen. Unterwegs habe ich immer meine Familie vermisst: meinen kleinen Bruder Abolfazl, der damals 3 Jahre alt war, meine Schwester Khadije, die 5 Jahre alt war, und meine große Schwester Shirin. Sie ist mir am nächsten und am liebsten in meiner Familie.

Sie ist mit meinem Onkel einen Monat nach mir nach Österreich geflüchtet.

Es war sehr traurig, die Verabschiedung von meiner Familie zu erleben.

Meine Eltern haben sich scheiden lassen, als ich 6 oder 7 Jahre alt war. Ich kann mich nicht so gut erinnern, wann das genau war. Ich habe meine Kindheit nicht genossen. Ich habe bei meinem Vater gelebt und habe meine Mutter nicht oft gesehen. Trotzdem liebe ich meine Mutter. Leider habe ich sie seit 3 Jahren nicht gesehen. Ich gehe in die HAK in Bad Ischl und war vorher in der NMS in St. Gilgen. Ich spiele auch Fußball in einem Verein. Ich möchte noch studieren und in der Zukunft Businessman werden. Die Vergangenheit ist schon vorbei, und man kann nichts ändern. Ich will jetzt meine Zukunft aufbauen. Ich habe viele Freunde in Österreich.

Anonym, 17

Seit ich denken kann, gehe ich in die Schule

Wenn ich mit der HAK fertig bin, möchte ich in die Krankenschwesternschule gehen. Als ich zur Rettung gekommen bin, hatte ich nicht wirklich viele Freunde, da mein Ex-Freund sehr eifersüchtig war. Das hat sich aber nach unserer Beziehung schnell geändert, und inzwischen gibt es mehrere Leute, auf die ich mich immer verlassen kann. Seit ich denken kann, gehe ich in die Schule. Zuerst Volksschule, dann ins Gymnasium und jetzt in die HAK. Wenn man immer in der Schule ist, ist es oft schwierig, erwachsen zu werden. Wie soll man wissen, was für ein Job einem gefällt, wenn man noch nie etwas anderes getan hat, als stundenlang auf einem Stuhl zu sitzen und jemandem zuzuhören, der selber noch nie etwas anderes als Schule & Studium erlebt hat?

Ich hatte eine sehr schöne Kindheit, und meine Eltern haben sich immer, manchmal zu viel, um mich gekümmert.

Trotzdem wollte ich schon immer Geschwister haben und habe Angst, irgendwann alleine zu sein.

Ich liebe es, mit meinen Freunden auf Urlaub zu fahren und mit ihnen viel zu unternehmen. Auch Ausgehen gehört zu meinen Vorlieben, wobei ich jetzt öfter mal nichts trinke, da ich oft die Fahrerin unserer Gruppe bin. Es gibt nicht viele Dinge, die ich in meinem Leben ändern würde, außer vielleicht öfter rauszugehen und eigene Entscheidungen zu treffen.

David, 15

Genau das Richtige für mich

2007 hatten mein Vater und ich einen schweren Autounfall und waren für ein knappes halbes Jahr im Krankenhaus. Die Verletzungen, die mein Vater davongetragen hat, verfolgen mich bis heute. Zusätzlich habe ich noch eine 34-jährige Schwester. 2010 hat meine Schwester beschlossen, in die Steiermark zu ihrem Freund zu ziehen. Mittlerweile ist sie glücklich verheiratet und hat ein 3-jähriges Kind.

Dieses Ereignis war in den ersten Monaten sehr schwer zu verarbeiten für mich.

Von 2008 bis 2012 besuchte ich eine Volksschule, dann die Neue Mittelschule in unserer Umgebung. Von 2016 bis Juli 2017 besuchte ich eine Polytechnische Schule im Zweig Handel und Büro und merkte schnell, dass der Beruf im Büro genau das Richtige für mich ist. Am 7. Juli 2017 endete meine Pflichtschulzeit. Da mein Berufswunsch ziemlich klar war, schauten wir um eine Lehrstelle als Bürokaufmann. Ich bekam daraufhin von mehreren Firmen die Zusage. Am Ende entschied ich mich für eine Firma ca. 20 km von uns entfernt. Ich begann meine Lehrzeit am 4. September 2017 und werde sie am 2. September 2020 abschließen. Ich habe dank dieser Lehrstelle viele neue Freunde kennengelernt und bin sehr froh darüber. Seit 11. September 2017 besuche ich die Landesberufsschule 6 in Salzburg. In meiner neuen Schulklasse habe ich ebenfalls sehr nette Menschen kennengelernt. In meiner näheren Zukunft will ich mich viel mit Freunden treffen und viel reisen.

Elor, 15

Sie schlagen uns keinen Wunsch ab

Ich bin in Salzburg geboren, ursprünglich komme ich aus dem Kosovo. Meine Eltern leben seit 1992 in Salzburg. Mit 3 Jahren habe ich meine Schwester bekommen und mit 5 meinen kleinen Bruder, mit ihm verstehe ich mich gut. Mein Vater und meine Mutter sind beide berufstätig. Sie schlagen uns keinen Wunsch ab. Meine Geschwister und ich mögen es sehr, wenn wir in den Kosovo fahren, weil wir dort ein großes Haus und einen großen Garten haben, wo wir immer mit der Familie grillen und Zeit verbringen. Im Großen und Ganzen können mein Bruder und ich unser Hobby ausüben (Fußball), uns macht es sehr viel Spaß. Falls wir in die Stadt gehen wollen, haben wir dort eine große Wohnung mit einem guten Blick über die Stadt.

Die Wohnung haben sich meine Eltern nur gekauft, damit wir auch im Winter in den Kosovo fahren können.

Ich hab viele Verwandte im Kosovo, aber auch in anderen Ländern, wie z. B. Schweiz, Kanada, Mazedonien, Finnland und Deutschland, die ich nur selten sehe. Derzeit besuche ich die NMS, und mein Ziel ist es, die HTL für Computertechnik abzuschließen. Nach dem Abschluss der HTL hab ich vor, eine Weltreise zu machen. Und, und, und. In der Woche, wo ich in einer Firma geschnuppert habe, hab ich bemerkt, wie wichtig eine gute Ausbildung ist, weil es in der Firma so anstrengend und schwer zu arbeiten war, und dass man mit einer guten Ausbildung viel erreichen kann.

Anonym, 17

Er war ein Kämpfer

Ich habe, schon als meine Mutter noch schwanger war, jemanden verloren. Denn eigentlich wäre ich Zwilling gewesen und meinen Zwillingsbruder Michi vermisse ich immer noch. Für manche mag das lächerlich klingen, trotzdem habe ich die erste Zeit, als ich entstanden bin, mit ihm verbracht. Dieses Gefühl von einer gewissen Leere in mir und Schuldgefühle, dass er wegen mir gestorben sein könnte, verfolgen mich bis heute.

Als Kind in der Volks- und Hauptschule bin ich aufs Übelste gemobbt worden, so dass ich vieles davon schon verdrängt habe. Doch die Angst, wieder von allen gehasst, fertiggemacht zu werden & alleine zu sein, besteht immer noch und wird auch bis zum Schluss ein Teil von mir sein. Wie wichtig Freunde im Leben sind bzw. sein können, weiß sicherlich jeder. Deshalb ist dieses Gefühl, niemanden zu haben, und das nur wegen Schüchternheit, auf jeden Fall kein schönes, und ich wünsche es auch keinem. Doch diese Zeit damals hat mich sehr geprägt, und auch wenn jetzt alles anders ist, fühle ich mich in meiner Haut immer noch nicht wohl. Kaum höre ich jemanden leise reden, denke ich sofort, dass über mich gelästert wird. Auch wenn es während einer Schularbeit oder irgendwo stattfindet, wo mich niemand kennt. Obwohl ich weiß, dass ich nicht dick bin, fühle ich mich so, auch wenn ich von allen Seiten Komplimente höre, hasse ich mein Gesicht sowie alles andere an mir – und das wegen meinen Jahren in der Schule. Zum Glück hatte ich immer meine Familie an meiner Seite; alle versuchten mich, wo es nur geht, zu unterstützen, auch wenige, dafür gute Freunde, auf die ich vertrauen konnte. Doch meine innersten Gefühle und Gedanken blieben immer unausgesprochen, bis auf Tränen, die ich nicht immer verstecken konnte.

Wie gesagt, bedeutet mir Familie sehr viel und ist eines der wertvollsten Geschenke, die es gibt. Doch ich hatte oftmals ein schwieriges Verhältnis zu meinem Dad. Öfters machte er fiese Bemerkungen über mich, die er dann durch „Du sollst nicht alles so ernst nehmen“ wieder versuchte aus der Welt zu schaffen, doch seine Worte werden mir nie aus dem Kopf gehen. Ich habe natürlich in den vielen Streitereien Worte fallen lassen, die ich mittlerweile sehr bereue und gerne wiedergutmachen würde. Doch vor einem Jahr und ein paar Monaten erlitt mein Vater einen sehr starken Schlaganfall und musste sogar einmal wiederbelebt werden. Er kam auf die Intensivstation, und uns wurde mehrmals gesagt, es sei hoffnungslos, denn er lag im Koma. Der Anblick, ihn das erste Mal an so vielen Geräten u. Schläuchen hängen zu sehen, hat sich in meinem Kopf verankert. Diese Situation, meinen Vater so zu erleben, war für die ganze Familie sehr schwer, vor allem, da er ein sehr lebensfroher Mensch und auch immer auf den Beinen war. Aber er war ein Kämpfer, und das zeigte er den Ärzten, indem er nach einiger Zeit ins Wachkoma kam.

Als er nach langer Zeit auf der Intensivstation in die Reha kam, war endlich sicher, er bekommt alles um sich herum mit. Die Frage, ob er vorher alles mitbekommen hat oder zumindest unsere Stimmen gehört hat, liegt mir immer noch auf der Zunge, aber darauf werde ich wahrscheinlich nie eine Antwort bekommen. Ich besuchte ihn wirklich jeden Tag, egal ob ich Zeit hatte oder nicht, und auch noch, als er verlegt wurde, nahm ich mir die Zeit.

Nachdem sein Zustand immer gleich blieb, durfte mein Vater nachhause, da wir umgebaut u. eine 24h-Pflege angestellt hatten.

Er litt an einem Locked-in-Syndrom, konnte also selber nichts machen: nicht reden, essen, atmen oder sich bewegen, aber er bekam alles mit.

Letztens, als ich mit meiner Mum Streit hatte, bin ich von zu Hause abgehauen und zu meinem Freund gezogen. Dies hat mein Papa zwar zum Glück nicht mitbekommen, dennoch war das Gefühl, als ich hörte, dass er an diesem Abend verstorben war, unfassbar schlimm. Sofort bin ich nach Hause, um ihn noch vor den Bestattern zu sehen. Eine Leiche, die schon kalt ist, schon blau anläuft und dann noch dein Vater ist, so etwas Schlimmes hatte ich bis dahin nicht erlebt. Dieser Anblick in so jungen Jahren wird mich auch für immer prägen, und meine Gewissensbisse werden auch für immer an meiner Seite bleiben.

Hamza, 15

Ich bin sehr ehrgeizig

Ich bin Österreicher, komme ursprünglich aus dem Irak, aber bin in Salzburg geboren. Meine Hobbys sind Fußballspielen, war mal in einem Verein, der war scheiße, Klettern und Tischtennis. Am liebsten treff ich mich mit meinen Freunden und wir hängen herum. Am liebsten esse ich Garnelen mit Reis und ich liebe über alles Tiramisu! Seit ich 10 Jahre alt war, kann ich kochen. Meine Mutter hat es mir damals beigebracht, und immer wenn ich Zeit habe oder keiner zuhause ist, koche ich für mich selber. Ich kann viele Gerichte. Viele sind selbst erfunden, viele sind von der Mama. Ich kenne mich auch sehr gut mit Computern aus. Meistens helfe ich den Lehrern beim Computer. Ich kann drei Sprachen, Deutsch, Arabisch und Englisch. Ich war einmal Grillen mit der Familie und Verwandten, und dann bin ich zu dem heißen Grill gegangen und hatte Hunger. Hab aus Versehen mit dem Spieß meine linke Hand durchbohrt, ich war da 4 Jahre alt, und bis heute hab ich eine Narbe, die mich daran erinnert.

Als kleines Kind war ich sehr ruhig, aber alles fing an, als ich in den Kindergarten kam. Ich lernte einen Jungen kennen namens Aleks und wir kennen uns bis heute. Mit 6 kam ich in die Volksschule, das war die schönste Zeit meines Lebens. Ich war beliebt in der Klasse. Wir haben unser Leben in vollen Zügen genossen, bis ich in die zweite Klasse kam, dann wurde ich mit Mobbing infiziert. Es wurden viele Schüler gemobbt und ich Idiot habe nichts dagegen gemacht.

Ich hätte es verhindern können, denn ich hatte einen sehr großen Einfluss auf andere, aber ich habe meistens zugeschaut und sogar mitgemacht.

Wir waren dumm und haben gedacht, dass es „cool" wäre, das war ein sehr schlimmer Fehler, den ich nicht mehr machen wollte. Als ich 11 war, kam ich in die NMS Liefering. Meine Noten waren gut, ich wollte in eine andere Schule gehen, doch die waren weit entfernt. Meine Noten verschlechterten sich und ich wurde schlimm. Heute versuche ich, sie zu verbessern, mit kleinen und großen Sprüngen. Ich bin sehr ehrgeizig. Wenn ich etwas erreichen will, erreiche ich es auch. Ich will Mechaniker werden, mit einer eigenen Werkstatt. Ich will mal heiraten und ein oder zwei Kinder haben (nicht mehr!).

Danielle, 15
Nicht gerade ein Frauenberuf

Ich komme aus Hallein. Ich habe eine Schwester, die 22 Jahre alt ist und schon zwei Kinder hat. Sie wohnt gleich um die Ecke. Wir haben zwar nicht denselben Papa, aber das ändert gar nichts. Meine Mama ist in Hallein geboren und mein Vater in Mondsee. Leider ist es meinem Vater nicht sehr gut gegangen, und er hat am 2. 8. 2000 beschlossen, die Welt zu verlassen. Da ging es meiner Mutter sehr schlecht und ich und meine Schwester kamen ins Kinderheim. Dort war ich ein paar Monate, danach bin ich zu einer Pflegefamilie gekommen. Seit 12 Jahren lebe ich wieder zu Hause bei meiner Mutter.

Durch meinen Schwager bin ich zu dem Beruf Installations- und Gebäudetechnikerin gekommen, was nicht gerade ein Frauenberuf ist. Es hat mir aber schon beim Probearbeiten gut gefallen. Seit mehr als 9 Monaten habe ich einen Freund, mit dem ich schon so gut wie zusammenwohne. Ich bin sehr froh, dass ich ihn habe. Ich werde erst mit 20 Jahren meine Lehrabschlussprüfung machen, da ich 4 Lehrjahre haben werde. Danach möchte ich noch viel reisen und etwas von der Welt sehen. Wenn ich mich ausgelebt habe, dann möchte ich gerne eine Familie gründen. Meine „Pflegemutter" wohnt in St. Johann und ich habe noch viel Kontakt zu ihr. Mein Opa lebt in Amerika, genau genommen in El Paso. Mit ihm habe ich keinen Kontakt.

Wir haben noch mehrere Verwandte in Amerika. Dort möchte ich auch gerne wieder hin.

Meine beste Freundin wohnt 10 Minuten von mir entfernt und wir sehen uns fast jeden Tag. Sie ist 16 Jahre alt und wir gehen jedes Wochenende fort. Sie arbeitet bei der Gemeinde. Zu meinem 16. Geburtstag lasse ich mir sofort ein Tattoo stechen. Ich will mir überhaupt noch viele Tattoos stechen lassen. Ich bin froh, wenn ich zur Arbeit gehe und mein eigenes Geld verdiene.

Denis, 14

Natürlich muss ich mir ein bisschen was gönnen

Ich habe die bosnische Staatsbürgerschaft. Ich wurde in Bad Ischl geboren (Kaiserschnitt). Nach 2 Monaten bin ich nach Salzburg gezogen. Ich habe zum damaligen Zeitpunkt „nur" drei Geschwister gehabt. Es gab viele Umzüge (innerhalb Salzburgs), bis wir nach Liefering gezogen sind. Da lebe ich schon seit fast 10 Jahren. Und mit ca. 6 Jahren bekam ich meine kleine Schwester, die mittlerweile schon 8 Jahre alt ist. Ich kam in die Schule, erst mal in die Vorschule, weil ich so einen Test vermasselt habe. In dieser Zeit hat sich meine Mutter von meinem Vater getrennt und mein Vater hatte nur 10 €, hahaha.

Irgendwie hat er es geschafft, dass wir gemeinsam aufwachsen können.

Als ich ca. 11 oder 10 war, kam ich in die NMS Liefering, wo ich „viele" andere Leute kennengelernt habe. Nach meinem Hauptschulabschluss habe ich vor, in die Polytechnische Schule zu gehen. Und wenn's da gut läuft, dann gehe ich in eine weiterführende Schule, & nebenbei mach ich 'nen Samstagsjob. Mein Wunsch ist es, nach Madrid zu fliegen & einmal ein Real-Madrid-Spiel zu schauen. Aber wenn es nicht gut läuft, such ich 'ne Lehre, aber ich weiß noch nicht, welche. Und mit 20–25 Jahren will ich Kinder. Und wenn ich Glück hab, gewinn ich ja im Lotto und werde reich. Und ich hoffe, ich lebe bis in die Ewigkeit. Wenn ich irgendwann mal reich werden sollte, schaue ich auf meine Familie & Freunde, tu ein bisschen spenden, und natürlich muss ich mir ein bisschen was gönnen.

Patrick, 17

Warum habe ich so was?

Ich bin 1999 in St. Pölten geboren. Ich hab früh mitbekommen, dass zwischen meinen Eltern irgendwas nicht passte. Am Ende der ersten Klasse Volksschule trennten sich meine Eltern. Ich war danach noch zwei Jahre bei meinem Vater. Als er nach Deutschland zog, kam ich zu meiner Mutter nach Weiten (Bezirk Melk). Das Erste, was ich mir dachte, war: „Oha, wo bin ich jetzt?" Ich hab mich sehr schnell an das Ländliche gewöhnt und wurde zum kleinen Naturburschen. Es fiel mir damals sehr schwer, mich zu konzentrieren. Es kam eine Psychologin in die Schule, um mit mir zu reden. Nach ein paar Tests kam das „Ergebnis": Ich habe ADHS. Ich dachte mir damals, warum habe ich so was?

2013 lernte meine Mutter ihren zukünftigen Freund kennen. Im selben Jahr zogen wir nach Salzburg. Am 30. April 2014 wurde mein kleiner Bruder Felix geboren. Ich begann im September 2015 eine Lehre als Einzelhandelskaufmann bei Spar, wo ich nach zwei Monaten rausflog. An alle, die sagen, dass man bei Spar gut behandelt wird: Bitte vertraut mir, es ist nicht so. Im Jänner 2016 flog ich aus der Wohnung meiner Mutter. Ich ging damals in die Jugendnotschlafstelle „Exit 7". Ich merkte schnell, dass es ziemlich schwer wird, ein normales Leben zu führen ohne Geld etc. Im April 2016 kam ich mit den ersten kriminellen Aktivitäten in Kontakt. Gleich im Voraus: Ich nehme keine Drogen, rauche nicht etc. Ich distanzierte mich sehr von allen Menschen. Im Oktober desselben Jahres kam ich in eine WG in Hallein.

Dort fand ich durch einen Betreuer meinen Traumberuf. Ich werde Fotograf!

Vorübergehend bin ich in der PS Hallein. Ich versuche hier, mich auf das Berufsleben vorzubereiten. Ich habe schon bald ein Praktikum als Fotograf und versuche, eine Lehre als Berufsfotograf zu machen. Auch wenn das Jobangebot sehr gering ist: Ich weiß, dass ich es locker schaffe.

Kevin, 21

Ehre, Tapferkeit und Gerechtigkeit

Ich bin in Salzburg geboren, und mein Vater kommt aus Berchtesgaden und meine Mutter aus Hallein. Mein Vater war vor meiner Geburt anscheinend bei einer damals sehr erfolgreichen volksmusikalischen Band als Klarinettist tätig. Wie die Band geheißen hat, weiß ich leider gerade nicht mehr, ich vermute, sie hieß „Die Willis“, bin mir aber nicht ganz sicher, und meine Mutter hatte gerade mal ihre Ausbildung als Verwaltungsassistentin im Landesgericht abgeschlossen. Sie haben sich damals bei einem Konzert kennengelernt, mein Vater hat sich sofort in meine Mutter verliebt. Dann haben sie geheiratet und ich kam schon sehr bald ins Spiel. Dass mein Vater ein sehr erfolgreicher Musiker war, weiß ich erst seit einem Jahr, meine Eltern verraten wirklich spät etwas über ihre Vergangenheit. Nachdem ich geboren war, kam nach 2 Jahren auch gleich mein Bruder zur Welt. Angeblich waren meine ersten Worte zu ihm, und jetzt kommt's: „ Was ist das denn, das brauchen wir nicht, weg damit.“ Ich war anscheinend eifersüchtig auf ihn und habe ihn ständig ins Auge gepiekt, wenn meine Mom nicht auf ihn schaute. Sie erzählte mir, sie hätte ihn nie aus den Augen lassen können wegen mir. Das kann ich selbst noch gar nicht glauben, dass ich so zu ihm war. Unsere Bruderliebe bestand aus vielen Streitereien, aber ich bin sehr froh, dass ich ihn als Bruder habe.

Ich war als Kind immer sehr abenteuerlustig und wollte alles sehen und habe sehr gerne Filme nachgespielt, z. B. Lucky Luke. Ich war Luke, und mein Bruder war das Pferd, mein armer Bruder, aber er mochte die Rolle als das Pferd. Dann habe ich SingStar entdeckt und konnte nicht aufhören, es zu spielen. Ein wichtiger Moment in meiner Kindheit war auch, als meine Eltern eine eigene Volksmusikband gründeten und in Freilassing bei einem Song-Wettbewerb gewonnen haben. Ich war richtig stolz auf meine Eltern, als sie dann im Radio ein Interview gegeben haben. Mein Vater hat den Song geschrieben und die Musik gemacht, meine Mutter hat gesungen.

In der Volksschule hatte ich keine Probleme, aber ich war schon immer ein kleines Träumerlein. Blöd wurde es dann, als ich ein Computerspiel namens Starcraft entdeckte, es hat sehr viel Spaß gemacht, und ich habe es ziemlich oft mit meinen Freunden im Hort gezockt (der Hort heißt übrigens INSEL). Das Problem war, dass ich vom Lernen abgebracht worden bin und die 2. Klasse wiederholen musste, und es kam noch schlimmer, ich habe mich in der neuen Klasse unsterblich in eine meiner Klassenkolleginnen verliebt, ihr Name war Daniela, und sie hatte wirklich einzigartig schöne Augen und einen noch tolleren Charakter. Nur leider war ich ein sehr schüchterner Kerl und konnte ihr nicht sagen, was ich für sie empfinde. Dieser Liebesschmerz ging noch bis zum Ende der Schulzeit.

Ich hatte endlich einen Job gefunden und war 1 Jahr als Restaurantfachmann tätig, dann hat es mir gereicht, und ich habe die Lehre abgebrochen. Ich war dann längere Zeit arbeitslos, und es wurde immer schlimmer, immer mehr ging ich in Untätigkeit und Antriebslosigkeit unter. Ich habe dennoch viel gelernt. Es ist nicht wichtig, coole Markensachen zu tragen oder angesagt zu sein oder generell cool sein zu wollen, viel wichtiger ist es, so zu sein, wie du nun mal bist, und ich bin ein toleranter, gerechtigkeitsfanatischer und ehrenhafter Mensch und würde niemals unfair spielen oder handeln und nie jemanden im Stich lassen.

Denn zu helfen ist nicht nur mein Wille, sondern meine Pflicht, und ich wünschte, es würde mehr Menschen geben, die zusammenhalten und helfen.

Ich lebe ein wenig nach dem Ritterkodex: Ehre, Tapferkeit und Gerechtigkeit. Ich habe wieder einen Job gefunden, doch ich weiß immer noch nicht so ganz, wer ich bin. Ich weiß nur, wie ich leben will, mit Ehre und Fairness, und ich will nie jemandem was zuleide tun.

Natalia, 14

Jetzt sind wir beste Freunde geworden

Mein Vater hat sich, auch als ich klein war, eine Menge um mich gekümmert. Als sich meine Mama und mein Vater getrennt haben, war ich jedes Wochenende bei ihm. Jetzt nicht mehr. Ich habe viel zu tun (Schule, lernen, zu Hause) und habe keine Zeit mehr, um mich mit meinem Vater zu treffen. Als ich 6 Jahre alt war, wurde meine kleine Schwester Anna-Lena geboren. Ich war echt glücklich, als ich kein Einzelkind mehr war. Wir streiten zwar echt viel, aber ich glaube, das ist normal bei Geschwistern. Mit 6 Jahren hatte ich auch meinen 1. Schultag. Ich habe mich voll gefreut und war mega aufgeregt. Jetzt denke ich mir, ich würde gerne arbeiten gehen und mein Geld selbst verdienen. Andererseits ist die Schule echt toll, man hat viele Ferien, und man lernt etwas.

Mit 9 Jahren wollte ich bei den Heiligen 3 Königen dabei sein. Das ging dann doch nicht, weil wir umgezogen sind. Diese Zeit war echt stressig, wir mussten innerhalb von 3 Tagen umziehen. Als meine kleine Schwester 6 Jahre alt wurde, hatte sie auch endlich ihren 1. Schultag. 2010 wurden ein paar Katzen geboren. Wir bekamen 2, eine rote und eine schwarz-weiße. Im Herbst 2013 ist ein tragisches Unglück passiert, mein Opa ist gestorben. Als ich das erfuhr, ist für mich die ganze Welt zusammengebrochen. In dieser Nacht sind wir sofort ins Altersheim gefahren und haben meinen toten Opa noch besucht. Es war sehr schwer, mich von meinem Opa zu verabschieden. Ein paar Tage darauf war dann die Beerdigung, das war ein trauriger Moment.

Für meine Oma war es noch schlimmer, denn sie hatte ihre Mama und ihren Vater verloren. Sie hatte gar keinen mehr.

Jetzt kommen dann bald die Sommerferien. Nach den Ferien komme ich in eine neue Schule, eine Modeschule. Ich freue mich schon sehr. Diesen Mai hatte ich eines meiner tollsten Erlebnisse. Ich hatte Weihnachten im Jahr zuvor eine Karte für ein Konzert meiner Lieblingsband in München bekommen. Die Band heißt 5 Seconds of Summer und ich bin mit meiner Tante und einer Freundin von meiner Tante hingegangen. Das Konzert machte einen Riesenspaß.

In der Hauptschule habe ich Sandra kennengelernt. Am Anfang haben wir uns wegen einem kleinen Streit gar nicht verstanden. Aber jetzt sind wir beste Freunde geworden. Wir möchten in ein paar Jahren einen eigenen Betrieb eröffnen. Wir machen so gut wie alles gemeinsam.

Hassan, 16

Ich fahre jeden Tag 2 Stunden hin und zurück

Ich bin Afghane, aber ich war nie in Afghanistan. Ich war mit meiner Familie im Iran, in Isfahan. Meine Eltern sind in Afghanistan in Sar-i Pul geboren, aber sie sind vor dem Krieg in den Iran geflohen. Wir waren illegal im Iran und haben ein schweres Leben gehabt, aber jetzt habe ich ein leichtes Leben, und meine Familie hat ein schweres Leben wie früher.

Es war so, meine Eltern sind in den Iran gekommen, und sie haben nach 2 Jahren ein Kind bekommen. Es war mein Bruder. Er ist 24 Jahre alt und er ist schon verheiratet. Nach 3 Jahren haben meine Eltern wieder ein Kind bekommen, meine Schwester. Sie ist auch verheiratet. Sie ist 21 Jahre alt. Mein kleiner Bruder ist 11 Jahre alt. Er geht, wie ich damals, in eine illegale Schule. Ich habe mit 8 Jahren meine Schule begonnen. Ich war von der Früh bis zu Mittag in der Schule, dann kam ich zu unserem Heim, hatte eine kurze Pause, 1 Stunde um zu essen, dann ging ich in ein Geschäft und arbeitete. Ich habe im Geschäft gearbeitet bis um 9 Uhr. Mit 13 Jahren bin ich nicht mehr in die Schule gegangen, weil ich nicht mehr durfte, und habe angefangen als Maurer zu arbeiten.

Ich habe auch später viele Probleme gehabt. Mein Bruder hat ein Kind bekommen und nach einer Woche war das Kind tot. Meine Freunde haben einen Unfall mit dem Motorrad gehabt und sind beide gestorben. Mit 14 Jahren bin ich aus dem Heim rausgekommen und bin nach Europa geflüchtet, weil im Iran die jungen Menschen schwer leben können. Ich hatte viele Probleme mit den Iranern und der Polizei. Sie haben mir gesagt, dass ich nach Afghanistan zurückgehen muss oder in den Krieg in Syrien.

Deswegen bin ich schnell aus dem Iran verschwunden, weil ich noch leben möchte.

Ich war zwei Monate unterwegs nach Österreich. Ich bin vor 22 Monaten angekommen und habe ein neues Leben angefangen. In Österreich habe ich 20 Monate Deutsch gelernt und jetzt gerade gehe ich in eine Höhere Schule. Ich freue mich, dass ich in Österreich lebe. Meine Schule ist eine HAK, die ist in der Stadt Salzburg. Ich fahre jeden Tag 2 Stunden hin und zurück. Ich stehe jeden Tag um 5:30 Uhr auf und gehe einmal duschen und dann frühstücken, und um 6:30 Uhr fahre ich mit dem Bus nach Salzburg. Ich freue mich, dass ich wieder in die Schule gehe.

Nikola, 14

Jeden Sommer fahren wir zur Familie in Serbien

Als ich 13 Jahre alt war, hatte ich einen Unfall mit einer Glastür. Ich wollte etwas aus der Küche holen, als ich in den Socken ausrutschte und gegen die Glastür fiel. Mein Arm war aufgeschnitten und voller Blut, der ganze Boden mit Blut bedeckt. Mein Vater fuhr mich ins Krankenhaus, wo sie mich nähten und nach Salzburg schickten. Ich wachte im Intensivraum auf, wo ich dann zwei Wochen lang blieb.

Mit 10 fing ich an, in die Hauptschule zu gehen. Während der Osterferien fuhren wir nach Serbien. Mein Großvater arbeitete in einem Sägewerk. Jetzt kann er nicht mehr, weil er vor ein paar Jahren einen Herzinfarkt hatte. Jeden Sommer fahren wir zur Familie in Serbien. Dort, wo meine Eltern herkommen, ist es flacher als hier. Meine Eltern wurden beide in derselben Stadt geboren und wohnten beide in nicht weit voneinander entfernten Dörfern. In Serbien gibt es viele Dörfer, die miteinander verbunden sind. Dort fahren auch nur selten Polizeiwagen durch.

Obwohl es in den Dörfern nicht direkt eine Polizeiwache gibt, gibt es dort kaum irgendwelche Probleme.

Serbien ist ein schönes Land, aber man verdient dort nicht viel Geld. Deswegen ziehen auch viele Serben nach Österreich, um Geld zu verdienen.

Ich kann Serbisch und Deutsch, beide Sprachen spreche ich gut. Zuhause spreche ich immer Serbisch. Nur mit meinem Bruder nicht, denn der beherrscht die Sprache noch nicht so gut. In der Schule und mit meinen Freunden spreche ich Deutsch.

Elvis, 14

Mit ihr hat sich mein Leben verändert

Ich bin in Bad Ischl geboren. Im Kindergarten lernte ich viel. Als ich in die Vorschule kam, lernte ich sehr viel. Es überraschte mich, was man alles lernen kann, und ich habe über die Welt auch sehr viel erfahren. Nach der Zeit kam ich in die Volksschule, es war sehr schön, weil ich neue Freunde kennengelernt habe, die sehr nett zu mir waren. Als ich in der Ersten war, starb mein anderer Opa. Der 1. starb wegen einer Lungenentzündung und der andere hatte einen Autounfall. Ist sehr schade!

Ich bekam eine Katze, die heißt Silvester. Sie ist sehr süß, ich spielte immer mit ihr. Wenn es mir schlecht ging, munterte sie mich immer auf, das fand ich sehr schön.

Von der ersten bis zur zweiten Klasse fand ich die Lehrer sehr nett. Aber dann, in der dritten, verlor man den Respekt vor denen, weil sie auch keinen mehr hatten, kommt mir vor.

Ich will einfach nur aus der Schule, weil dir manche Lehrer hier die Zukunft verbauen wollen. Eine Lehrerin sagte zu mir, dass ich meinen Traumberuf aufgeben soll, und ich höre manchmal, dass sie anderen sagen, dass sie es nicht schaffen würden, in eine weiterführende Schule zu kommen.

Aber Gott sei Dank hatte ich meine Klassenkameraden, die mich immer wieder aufbauten. Wir waren eine sehr gute Klassengemeinschaft.

Laura ist meine beste Freundin. Mit ihr hat sich mein Leben verändert, weil sie mir immer geholfen hat, egal, was war, als es mir schlecht ging. Wir lachten viel, wir treffen uns immer. Sie hat jetzt einen Mopedführerschein und gibt mir die Kraft, auch einen zu machen. Wir bauten viel Scheiße und machten Blödsinn. Gestritten haben wir uns auch oft, aber das gehört ja dazu. Ich hoffe, dass wir in Kontakt bleiben.

Für mein Berufsleben wünsch ich mir, dass ich Erfolg habe und viel Geld verdiene! Ich will Koch werden, weil mein Vater auch Koch ist und es mich sehr interessiert, weil ich Kochen einfach liebe, aber wenn das nicht klappt, würde ich gerne auch IT-Techniker werden, weil ich mich bei Computern auskenne. Familie ist das Wichtigste im Leben, sie gibt mir immer sehr viel Kraft. Und sie ist immer für mich da. Meine Mutter ist leider weggezogen, aber ich sehe sie immer wieder. Mein Vater und meine Geschwister lieb ich auch sehr. Wir Kinder versuchen, meinem Vater immer irgendwie zu helfen, weil es sehr schwer ist, alleinerziehend zu sein. Deshalb tut er mir auch manchmal leid.

Maurice, 19

So sind die Bayern

Meine gesamte Familie bis zu meinen Großeltern kommt aus Berlin, genau genommen aus West-Berlin. Berlin ist für mich die Definition von Heimat, ich bin großer Fan von Hertha BSC Berlin, und auch mein Zweitname, Felice, hat etwas mit einem kleinen italienischen Restaurant am Breitenbachplatz in Berlin zu tun. Meine Eltern haben dort meinen Patenonkel Felice, damals Kellner, kennengelernt, und dieses Restaurant wurde zu unserer zweiten Familie. Ich kann mich daran erinnern, dass wir am Anfang nicht viel hatten. Es fehlte uns zwar an nichts, aber der alte, rostige Golf von meinem Vater hatte die besten Jahre schon hinter sich, um ein Beispiel zu nennen. Ich habe meine Großeltern, zumindest die meines Vaters, geliebt. Die Eltern meiner Mutter waren schon lange geschieden und hatten nicht diese innige Wärme, die mir meine anderen Großeltern gaben.

Man sagte mir schon immer, dass ich recht intelligent sei, ohne jetzt überheblich zu wirken. Ich sollte zum Beispiel die erste Klasse in der Grundschule überspringen, was jedoch meine Eltern nicht wollten. Eigentlich war alles schön, ich spielte Hockey, hatte einen besten Freund, mein Vater verdiente auf einmal sehr, sehr viel Geld, fuhr einen großen Audi und zog mit mir und meiner Mutter in eine neue, große Wohnung. Die war auch notwendig, denn ich bekam eine kleine Schwester. Rechnet man unsere große Familie, unsere Freunde und unsere zwei Katzen ein, waren wir eigentlich ziemlich komplett.

Mittlerweile bin ich 8 Jahre alt, gehe auf eine Privatschule und stehe bei den 12-Jährigen als Hockeytorwart im Tor. Sogar Aussichten auf die Bundesliga bescheinigte man mir, bis ich nach einem Hockeyspiel plötzlich mit meinem Dad in den Urlaub fuhr. Er sagte nicht wohin, aber ich vertraute ihm, er war und ist mein großes Vorbild, brachte mir Hip-Hop näher, kam zu jedem meiner Hockeyspiele und arbeitete jeden Tag, auch am Wochenende, Stunde für Stunde, damit es uns gut ging. Das Ziel der Reise war Piding, ein 5000-Seelen-Dorf kurz vor der österreichischen Grenze, im tiefsten Bayern. Dieses Dorf war nämlich unser neuer Wohnort, da meine Eltern der Meinung waren, dass Berlin der falsche Ort sei, um Kinder aufzuziehen. Gesagt, getan, und so zogen wir im Sommer 2007 in ein großes Haus in Piding.

Das war das erste große Kapitel in meinem Leben, der zweite Teil sollte sich 700 km weit entfernt zwischen Salzburg und Piding abspielen. Da mein neuer Hockeyclub in Bad Reichenhall sich ebenso schnell auflöste, wie er entstanden war, begann ich mit dem Fußball. Mein Papa war selber großer Fußballfan, hätte mal fast in der deutschen Bundesliga gespielt und freute sich darüber sehr. Allerdings sind die Bayern, vor allem die Erwachsenen, wie soll man sagen, egozentrisch, selbstverliebt und schlichtweg arrogant. Natürlich nicht alle, Schubladendenken ist niemals gut, und es wäre auch falsch, da ich in den letzten 10 Jahren ganz viele nette, weltoffene Menschen getroffen habe, aber ich wurde halt für mein Herthatrikot beim ersten Fußballtraining gnadenlos ausgelacht. So sind die Bayern, alles was neu und unbekannt ist, frisst der Bauer nicht.

Manchmal kamen mir die neuen „Freunde“ meiner Eltern wie ein beschränkter Selbsthilfeverein vor, in dem die Mitglieder ihre Komplexe durch Fremdenhass abbauen.

Ansonsten waren die ersten Jahre aber eigentlich nicht schlecht. Ich fand, wie immer eigentlich, viele Freunde und war auf dem überdurchschnittlich schweren Karlsgymnasium unterdurchschnittlich gut. Warum? Faulheit! Ach ja, ich ging davor 2 Jahre auf die Pidinger Grundschule, während mein Vater noch seine Firma in Berlin leitete, bekam einen Hund namens Timmi und ließ mir die Haare etwas länger wachsen. Nach 4 Jahren auf dem Karlsgymnasium, auf dem ich übrigens auch meinen besten Freund Jonas kennenlernte, mit dem ich heute noch befreundet bin, wechselte ich aufs Christian-Doppler-Gymnasium in Salzburg, auf dem ich gleich mal sitzenblieb. Warum? Faulheit! Wobei ich in Deutsch immer eine 1 hatte. Ich habe mir lange überlegt, ob ich später Journalist werden will, aber wahrscheinlich wird es doch eher etwas in Richtung Wirtschaft. Das ist jetzt mein 5. Jahr auf dem Christian-Doppler-Gymnasium, und in den letzten Jahren ist viel passiert, aber das muss ich dann wohl wann anders erzählen.

Milena, 15

Er hat nicht mehr angerufen

Mit 6 Jahren bin ich mit meiner Mutter und meinem Bruder in Österreich eingewandert. Mit 7 Jahren bin ich das erste Mal in die Volksschule gegangen und habe Deutsch gelernt. Als ich 10 Jahre alt war, sind wir nach Hallein gezogen, und ich habe viele Freunde kennengelernt. Das erste Mal in die Hauptschule bin ich mit 12 Jahren gegangen. Dort habe ich meine beste Freundin kennengelernt. Mit 13 Jahren habe ich ein Handy bekommen. Mit 15 Jahren habe ich meinen Hauptschulabschluss und mit 16 werde ich eine Lehre anfangen. Mit 16 Jahren will ich auf ein Shindy-Konzert gehen. Mit 18 Jahren will ich meinen Führerschein machen und ein Auto kaufen. Mit 21 will ich meine eigene Wohnung haben und mit 25 Jahren will ich heiraten und eine Familie gründen. Mit 30 Jahren will ich mit meinem Mann ein Haus kaufen.

Als ich 6 Jahre alt war und meine Mutter gesagt hat, dass wir nach Österreich auswandern, war das der schlimmste Tag meines Lebens. Ich habe sehr geweint und war jeden Tag traurig. Am letzten Tag, bevor wir auswanderten, war ich so traurig und habe mich gefragt, warum das so passiert. Ich hatte Angst, was mich erwarten würde. Ich hatte Freunde, eine beste Freundin, die ich seit meiner Geburt gekannt habe, und Haustiere hatte ich auch. Ich wollte nicht von meiner Oma und meinem Opa weg. Dann, als ich 7–8 war, habe ich meine Mutter immer gefragt, warum mein Vater nicht gekommen ist. Wann er kommt. Wo er ist. Er hat manchmal angerufen, und ich habe ihn immer gefragt, wann er kommt. Er hat gesagt, im Sommer. Dann ist der Sommer gekommen, und er hat gesagt, im Herbst.

Viele Jahre vergingen, und ich erkannte, dass mein Vater nie mehr wiederkommt und dass meine Eltern geschieden sind.

Er hat nicht mehr angerufen. Nichts mehr. Wir haben keinen Kontakt mehr. Bis heute weiß ich nicht, wo er ist, was er macht. Und wenn ich meine Mutter frage, warum sie getrennt sind, sagt sie immer, dass er nicht nach Österreich übersiedeln wollte. Sie sagt immer das Gleiche. Ich hoffe, dass ich ihn irgendwann mal sehe und frage, WARUM er sich nicht mehr gemeldet hat. WARUM er sich hat scheiden lassen. WARUM er mich angelogen hat.

Felix, 17

Das Schulsystem muss sich eindeutig ändern

Ich mache eine Lehre als Bürokaufmann. Ich bin Lehrling in einem Autohaus, Akquise und Verkauf interessierten mich immer schon. Der Weg von der Bestellung bis zur Übergabe, das ist meine Welt. Der Grund, warum ich die Schule abgebrochen habe, ist, weil meiner Meinung nach jeder die Zentralmatura macht. Jeder braucht Matura, das Wort Matura begleitet dich rund um die Uhr in einer höheren Schule. Ob deine Stärken gestärkt oder deine Schwächen gestärkt werden, spielt keine Rolle. Nach der Zentralmatura kann jeder dasselbe, und dann? Ach ja, studieren. 8 oder 10 Semester studieren und nebenbei versuchen, sich über Wasser zu halten – unmöglich. Ohne Unterstützung der Eltern chancenlos. Das Schulsystem muss sich eindeutig ändern. Es geht nicht darum, eine Gedichtanalyse in 4 Sprachen zu können, sondern zu lernen, wie es im Leben wirklich ist. Fixkosten, Arbeit, selbständig zu sein, das Beste aus einem Menschen zu holen, ohne ihn einfach abzufertigen wie jeden, der Matura macht. Jetzt, da ich mir den Beruf ausgesucht habe, den ich interessant finde, steht man morgens gerne auf und geht mit Freude zur Arbeit. Eigenes Geld zu verdienen, die ersten Schritte in ein selbständiges Leben. Ich stamme aus einer Arbeiterfamilie. Meine Eltern, mein Onkel, meine Tante, niemand hat Matura, und sie sind trotzdem weit gekommen. Fleiß und Motivation bringen dich ganz schnell nach vorne. Und der wichtigste Punkt in dem Ganzen ist – überlegen Sie kurz – anders zu sein als andere.

In unserer Generation muss sich einiges ändern. Ist ein Mensch ohne Matura weniger wert als andere, die Matura haben? Traurig, dass in unserer Gesellschaft von keinem Jugendlichen die Stärken gestärkt werden. Viele Jugendliche bräuchten das, gestärkt zu werden und zu wissen: Ja, darin bin ich gut. Ich hatte die Chance, die Matura zu machen, doch ich warf mir selber Steine in den Weg.

Versuchen, so wenig wie möglich zu machen, Schummeln – all das sind Dinge, die dir im späteren Leben nichts bringen.

Aber aus Fehlern lernt man. Genauso wie aus Schicksalsschlägen oder Ereignissen, die dein Leben prägen. Man sollte das Beste daraus machen und in die Zukunft blicken. Jeder sollte seinen Weg gehen, ob Tischler, Arzt, Unternehmer oder Lehrer. Jeder sollte seinen Traum verfolgen und ihn durchziehen. Denn nur so, wenn jeder anders ist als der andere, ist das Leben vielseitiger.

Anonym, 18

Meinen Promillepegel kontrolliere ich wie der Lehrer die Klasse

Meine Mutter ist gebürtige Deutsche, genauer gesagt aus Jena. Glücklicherweise lernte sie meinen Vater, der aus St. Johann ist, an der Grenze zwischen Deutschland und Österreich kennen, sie arbeiteten nämlich zusammen bei meinem zukünftigen Arbeitgeber. Er überredete sie schlussendlich, zu ihm nach St. Johann zu ziehen. Ein paar Jahre vergingen und meine Mutter wurde schwanger. 9 Monate darauf erblickte meine ältere Schwester das Licht der Welt. Bis heute bereue ich es kein bisschen, dass ich jünger bin als sie, denn so wird sie für jeden Blödsinn zur Verantwortung gezogen, und ich bin aus dem Schneider. Jedenfalls, als meine Schwester 2 Jahre alt war, kam ich zur Welt und fungiere immer wieder als Retter in der Not, wenn meine „kleine" große Schwester in der Patsche steckt.

Mein Vater wollte immer, dass ich einmal Fußball im Verein spiele, und so meldete er mich an und lehrte mich das Fußballspielen, wo ich bis heute mit meinen besten Freunden zusammen bin. Leider erkrankte mein Vater an Krebs, schweren Herzens mussten wir ihn gehen lassen, als ich gerade einmal 6 Jahre alt war. In dieser Zeit rückte die Familie so eng zusammen, dass nicht einmal ein Blatt Papier dazwischen passte. Ein paar Wochen darauf hat uns unsere Tante, die ebenfalls aus Deutschland kommt, eine Katze geschenkt, die uns bis heute begleitet und besonders mir und meiner Schwester das Gefühl gab, dass wir den Kummer bekämpfen können. Auch meinem besten Freund, der zugleich mein Nachbar ist, bin ich sehr dankbar. Bei ihm zuhause werde ich bis heute wie der 2. Sohn behandelt und kann kommen und gehen, wann ich will. Leider hatte ich mit ihm eine kleine Funkstille, als wir beide in verschiedene Hauptschulen gingen, aber irgendwie haben wir uns immer zusammengerauft. Die Volksschulzeit zusammen mit ihm war unvergesslich, denn keiner schaffte es, so oft seinen eigenen Namen falsch zu schreiben, wie er.

Am Ende der Volksschule freute ich mich besonders auf neue Aufgaben in der HS St. Johann, auch dort habe ich viele neue Freunde kennengelernt. Stets an meiner Seite meine Mutter, die nach einigen Jahren wieder bereit für eine Beziehung war und bis heute noch mit ihrem Freund zusammen ist. Auch meine Schwester ging an die gleiche Schule und hatte immer ein Auge auf mich, dass ich ja keinen Blödsinn mache, tja, hätte sie besser schauen sollen. Nein, Spaß beiseite, die Jahre an der Hauptschule verflogen, und ursprünglich habe ich mich gegen die HAK entschieden, so ging ich 1 Jahr auf die Polytechnische Schule. Dort wurde ich nicht richtig glücklich.

Deshalb bin ich älter als ein paar meiner Mitschüler, dies ist aber kein Problem, denn so bring ich ein bisschen Vernunft in das aufgescheuchte Wolfsrudel.

Hier an der Schule war Freunde zu finden keine Hexerei, da viele den gleichen Humor besaßen. Auch im Fußball gab es Highlights, wie z. B. der Sieg bei den Landesmeisterschaften, den haben wir natürlich ausgiebig gefeiert: im McDonald's.

Als ich 16 wurde, bekam meine Mutter immer mehr Sorgen um mich, denn ich war im Fortgeh-Alter angekommen, aber stets sagte ich ihr, sie soll keine Angst haben, denn ich bin der sicherste Trinker meines Freundeskreises. Das hat sich bis heute nicht geändert, zwar bin ich immer für einige Runden „Beer Bong" offen, aber meinen Promillepegel kontrolliere ich wie der Lehrer die Klasse. Und wenn einer meiner Freunde mal zu tief ins Glas geschaut hat, bringe ich ihn sicher nach Hause. Zurzeit läuft alles ziemlich rund im Leben, im Fußball läuft's, die Mannschaft ist sehr erfolgreich, auch die Beziehung zu meiner Mutter und Schwester ist wie geschmiert. Danke, das war's.

Kerim, 14

Ich will ein eigenes Geschäft

Ich habe 3 Geschwister. Als ich 5 Jahre alt war, bin ich in Hallein in den Kindergarten gegangen, ein Jahr später bin ich in die Volksschule gegangen, da habe ich auch meinen besten Freund Muharrem kennengelernt. Ich dachte immer, dass ich ein Fußballtormann werde. Ich habe vieles erlebt, sie haben mich immer verarscht, weil ich stottere. Mein Ziel ist, dass ich viele Bücher lese und meinen Autoführerschein mache. Mit 20 will ich eine Familie gründen, mit 21 will ich mein 2. Kind, danach will ich meinen Beruf als Tischler oder Installateur machen. Ich will dann ein eigenes Geschäft und alleine Chef sein. Mit 30 Jahren will ich mein 3. Kind haben. Mit 31 Jahren will ich den Menschen helfen, die sich schwertun. Meine Zukunft ist, dass ich mit meiner Familie glücklich bin und auch mit meinen Eltern. Eine Schwester von mir ist verheiratet. Sie hat einen Bub und ein Mädchen, die sind sehr glücklich. Nach der Hauptschule werde ich in die Polytechnische Schule gehen, um meine Noten zu verbessern, und vielleicht gehe ich in die HTL.

Ich hab auch mal beim Maurer geschnuppert, da habe ich bemerkt, dass dieser Beruf für mich nicht geeignet ist.

Ich habe Freunde, die mich immer glücklich machen, die mir helfen und manchmal auch nerven. Wenige davon rauchen, die hab ich in der Volksschule kennengelernt. Mein bester Freund macht mich am glücklichsten, weil er für mich ein persönlicher Freund ist.

Elif, 15

Ich kann meine Mutter und meine Geschwister nicht hier alleinlassen

Im Jahr 2000 war die Scheidung meiner Eltern. Ich wuchs ohne meinen Vater auf. Ich lebte mit meiner Mutter und meinen Schwestern in Oberalm. Im Jahr 2008 sind wir nach Hallein gezogen, wo ich in die Schule gegangen bin und meine beste Freundin kennengelernt habe. Wir gingen damals wie heute in die gleiche Klasse. Am 3. August werde ich, wie meine großen Schwestern vor mir, eine Lehre als Friseurin beginnen. Mit 17 Jahren will ich den Führerschein machen. Mit 18 Jahren werde ich meine Lehre beenden. Danach will ich mit meinen Schwestern einen Betrieb gründen. Ich will die Stars in der Türkei und in Österreich frisieren. Mit 20 Jahren wünsche ich mir meine Traumhochzeit. Sie soll in Österreich stattfinden.

Ich wünsche mir eine richtig große Hochzeit mit sehr vielen Leuten. Mein Brautkleid wird sehr groß und weiß sein.

Ca. mit 23 Jahren will ich 3 Söhne. Die Namen der Kinder denke ich mir jetzt schon aus. Ich will meine Söhne Mohammad, Mustafa und Kareem nennen. Die Namen sind arabisch und islamisch. Wenn ich meine Söhne großgezogen hab, will ich weiter arbeiten. Eigentlich will ich für immer in der Türkei leben, aber ich kann meine Mutter und meine Geschwister nicht hier alleinlassen. Meine große Schwester will nicht in der Türkei leben, weil sie hier ihre Familie hat. In der Türkei leben meine Onkel und die Töchter meiner Onkel. Ich vermisse die Leute in meiner Heimat, weil ich sie nicht oft sehe. Manchmal fliegen wir im Sommer in die Türkei und danach vermisse ich meine Verwandten und die Nachbarn.

Nasar, 16

Viele Straßen sind kaputt

Ich habe 6 Geschwister. In Afghanistan habe ich keinen Job gehabt. Ich bin nur zur Schule gegangen. Ich habe Volleyball und Cricket gespielt. In Afghanistan spielen viele Leute Volleyball.

Viele sind krank, weil das Wetter schlecht ist.

Viele Straßen sind kaputt. Von Afghanistan bin ich nach Pakistan gegangen. Von dort in den Iran. Über Serbien und Ungarn bin ich nach Österreich gekommen.

Spartak, 14

Ich will meinen Eltern ein Haus kaufen

Als die Direktorin mich meinen neuen Mitschülern vorstellte, lachten mich einige aus. Ich setzte mich auf den Sessel und machte beim Unterricht mit. In den 4 Jahren in der Volksschule habe ich mich gut integriert und habe Deutsch gelernt. Mit einem mittelmäßigen Zeugnis wurde ich in die HS Hallein-Stadt aufgenommen, wo ich viele Freunde fürs Leben getroffen habe. Ich bin in der Zeit auch zum Fußballtraining gegangen. Das hat mir dann doch nicht so viel Spaß gemacht und ich bin wieder ausgetreten.

Nach einiger Zeit beschloss ich, dem Box-Club in unserer Stadt beizutreten, wo ich jetzt noch immer trainiere.

Meine Eltern kommen aus Armenien. Ich habe eine Schwester, die 18 Jahre alt ist. Wir leben in einer kleinen Wohnung in der Altstadt von Hallein. Meine Mutter kocht und bäckt sehr gerne armenische Gerichte und Mehlspeisen. Wenn ich die 4. Klasse abgeschlossen habe, dann will ich in die HAK Hallein gehen und die 5-jährige HAK mit einem positiven Zeugnis abschließen. Als Beruf will ich dann vielleicht Architekt werden. Ich will mit 20 Jahren heiraten und mein erstes Kind mit 21 Jahren haben. Ich will meinen Eltern ein Haus kaufen, wo sie bis an ihr Lebensende wohnen können. In meiner Familie hatten wir öfters Geldprobleme in Armenien. Wir konnten uns nicht viel leisten, weil wir arm waren. Trotzdem versuchten meine Eltern, meiner Schwester und mir ein besseres Leben zu verschaffen.

Jakob, 16

Eine Art Bootsfahrt

Ich hatte nie ein wirklich interessantes Leben. Ich bin geboren und aufgewachsen in Salzburg, komme aus einer kleinen Familie: Mutter, Vater, Schwester und ich, der Jüngste der Familie. Ich war stets höflich und freundlich, aber schüchtern. Mir waren damals Tiere, vor allem Hunde, Katzen und Hasen, immer lieber als Menschen. Das kommt wahrscheinlich daher, dass meine Mutter Tierärztin ist. Deshalb war ich es nicht anders gewohnt, als Tiere in meiner Umgebung zu haben. Das Ding mit der Schüchternheit ging mit dem ersten Tag im Kindergarten. So viele Menschen an einem Ort gleichzeitig war ich 4-jähriger Hosenscheißer nicht gewohnt. Also musste ich mich an die Situation anpassen. Ich lernte schnell Freunde kennen und genoss jeden Tag im Kindergarten. Nach zwei wundervollen Jahren im Kindergarten kam ich in die Schule. Gott, war das ein Theater nach dem letzten Tag im Kindergarten. Ich hatte keine Lust auf die Volksschule. Ich hatte von meiner Schwester immer nur Schlechtes über die Schule gehört. Nein, ich hatte nicht nur keine Lust auf die Schule, ich hatte Angst. Der erste Schultag kam immer näher und näher, und dann war es so weit. Es war 7:00, als meine Mutter mich weckte. Ich stand auf, ging ins Bad und putzte meine Zähne. Als ich dann wie gewohnt die Kleidung anziehen wollte, die meine Mutter für mich rausgelegt hatte, lagen da nicht wie sonst T-Shirt und Hose, sondern ein Hemd und eine Lederhose. War nicht lustig, das einzige von 22 Kindern zu sein, das schicke Kleidung getragen hat. Gott sei Dank erinnerte sich niemand daran, und am nächsten Tag ging alles seinen gewohnten Gang.

Auch meine Volksschulzeit habe ich größtenteils genossen. Ich lernte meinen bis heute besten Freund dort kennen. Der Rest der Zeit war nicht wirklich spektakulär. Lange verlief mein Leben sehr ruhig. Leider blieb das nicht so. Es muss wohl Anfang des zweiten Semesters der vierten Klasse gewesen sein, als es wohl zum schlimmsten Tag meines Lebens kam. Meine Oma lebte bei uns im Haus. Eines Tages rief sie meine Mutter, um ihr zu sagen, dass ihr Herz wehtat. Meiner Mutter fiel das Telefon aus der Hand, und sie rannte zu meiner Oma. Sie rief sofort einen Krankenwagen. Meine Oma hatte einen Herzinfarkt, den sie überlebte. Vier Tage, nachdem sie ins Krankenhaus kam, durfte ich sie endlich besuchen. Es ging ihr „gut". Wir haben viel geredet und viel gelacht.

Als wir wieder gingen, machte ich mir keine Sorgen mehr und war mir sicher, dass sie bald wieder nach Hause kommen würde.

Am gleichen Abend kam mein Vater um 9 nachhause, was sehr untypisch war. Fünf Minuten, nachdem mein Vater wieder da war, hörte ich meine Mutter laut weinen und schreien. Ich und meine Schwester liefen sofort in unser Wohnzimmer. Mein Vater stand in der Tür und hielt meine Mutter in den Armen. Er sagte: Meine Mutter, eure Oma, ist gestorben. Das war das einzige Mal, dass ich meinen Vater weinen gesehen hab. Meine Oma ist eine Stunde nach unserem Besuch friedlich eingeschlafen. Bis heute denke ich fast jeden Tag an sie. Zwei

Monate später ging mein Opa von uns, einer der klügsten und liebevollsten Menschen, die ich je kennenlernen durfte. Ich vermisse beide sehr.

Sieben Monate nach dem Tod meines Opas begann mein Gymnasium. In diesem lernte ich meine zweite „Familie“ kennen. Letztes Jahr schlug wieder eine dunkle Stunde in der Geschichte meiner Familie. Der Lebensgefährte meiner Tante, der für mich mehr Onkel war als mein echter Onkel, ging von uns. Auch wenn er nicht verwandt war, wird er immer einer der wichtigsten Menschen in meinem Leben bleiben. Wie gesagt, mein Leben ist nicht spannend, es ist mehr eine Art Bootsfahrt, die von guten sowie schlechten Wellen getragen wird.

Gamze, 15

In der Türkei haben wir viele Verwandte

Ich habe den Kindergarten eigentlich nicht so gerne gehabt, und einmal habe ich so richtig geweint, als mich meine Mutter in den Kindergarten brachte. Kann mich noch ganz gut an den Tag erinnern. Mit 6 Jahren war ich dann endlich in der Volksschule Hallein-Stadt. Wir kamen nach Hallein, als meine Mutter mit meinem Bruder schwanger war. Ich, mein Vater und meine Schwestern wurden in Vorarlberg geboren. Meine Mutter und meine beiden Brüder sind in Hallein geboren. Nach meiner 4-jährigen Volksschulzeit kam ich in die HS Hallein-Stadt. Ich habe mich sehr gefreut, da ich endlich auch ein Hauptschulkind war. Ich habe in dieser Schule sehr nette, aber auch schlechte Momente gehabt. Im Sommer werde ich diese Schule verlassen. Ich bin traurig deswegen, aber ich freue mich auch auf meine Zukunft.

Am 1. 8. werde ich eine Lehre als Einzelhandelskauffrau beginnen. Nach meiner 3-jährigen Ausbildungszeit werde ich ausgelernt sein. Nach vielen Jahren, so etwa mit 23, will ich heiraten. Ich wünsche mir ein gesundes, glückliches und erfolgreiches Leben. Mit 24–25 will ich Kinder kriegen. Ich hätte am liebsten eine Tochter und einen Sohn.

Ich will am Ende eine große und glückliche Familie haben und in der Türkei leben.

In der Türkei haben wir viele Verwandte. Mein Vater kommt aus Zonguldak. Aber die Familie meines Vaters ist über die ganze Welt verteilt (Deutschland, Holland). Meine Mutter kommt aus Sakarya, dort haben wir auch viele Verwandte. Aber ich würde gerne in Istanbul wohnen, weil ich es dort sehr schön finde und mich auch sehr wohlfühle. Es gibt sehr schöne Einkaufszentren, vor allem wohnen dort viele türkische Stars (Fußballspieler, Sänger). Ich bin ein richtiger Fan von einer türkischen Fußballmannschaft namens Beşiktaş. Ich will die Fußballer von meinem Verein unbedingt mal treffen. Das ist einer meiner größten Träume.

Domenique, 16

Ich finde es in Berlin besser

Ich bin in Berlin geboren. Ich wohne seit einem halben Jahr mit meiner Mama und meinem Stiefvater in Österreich. Ich finde es in Berlin besser, weil ich die Großstadt gewohnt bin und weil ich es vermisse, etwas Zeit mit meiner Familie und meinen Freunden zu verbringen. Ich werde in Österreich gleich behandelt wie in Berlin. Ich spreche zuhause Deutsch und lerne Spanisch, weil mein Stiefpapa und meine Stiefgeschwister aus Spanien kommen, damit ich mich mit ihnen auf Spanisch unterhalten kann.

Meine Hobbys sind Fußballspielen, Krafttraining und generell sehr viel Sport.

Ich mache gerne etwas mit meiner Familie. Mir ist die Familie wichtiger als alles andere. In meiner Freizeit zeichne ich gerne oder mache etwas mit Freunden. Ich mache auch gerne viel mit meinen großen Geschwistern. Die Familie unterstützt einen, wenn es einem nicht so gut geht oder wenn etwas ist.

Anonym, 18

Man kann in vielen Menschen Freunde finden

Mein Leben beginnt an einem Tag im März, ich bin sozusagen das Geburtstagsgeschenk meiner Mama. Als Baby habe ich wenig geschlafen, und das ist auch jetzt noch so, ich stehe sogar am Wochenende, eher untypisch für einen Jugendlichen, um 7:00 Uhr auf. Deswegen konnte ich auch am Palmsonntag nie der Palmesel werden, obwohl ich glaube mich zu erinnern, dass ich einmal extra gewartet habe, bis alle Familienmitglieder munter waren, bis ich aufgestanden bin.

Meine Kindheit verbrachte ich wohlbehütet und mit meiner besten Freundin an meiner Seite. Wir waren wie Yin & Yang oder Sonne & Mond. Ich eher die Zurückhaltende, immer Brave und sie die, die sich auch einmal etwas traute. Wir ergänzten uns perfekt, sie half mir, mich zu öffnen, und ich holte sie auf den Boden der Tatsachen zurück. Doch wie es mit allen Dingen im Leben ist, hält nichts ewig. Ich verlor den Kontakt zu meiner Freundin nach der Hauptschule, als wir getrennte schulische Wege einschlugen.

Für mich war das besonders schwer, weil ich generell ein Mensch bin, der nur schwer jemandem vertraut.

Doch das Leben geht weiter, und ich fand neue Freunde, vielleicht keine besten, aber zumindest solche, mit denen ich über viele Dinge reden kann. Dazu gehört auch meine kleine Schwester. Sie ist, genauso wie ich, für meine Mama ein wortwörtliches Geburtstagsgeschenk. Als sie geboren wurde, war ich besonders stolz. Warum ich sie jetzt im Zusammenhang mit meiner ehemaligen besten Freundin erwähne? Ganz einfach, meine kleine Schwester und ich sind ebenfalls ziemlich verschieden, aber ergänzen uns auch in gewisser Weise perfekt. Man sieht also, man kann in vielen Menschen Freunde finden.

Nessar Ahmad, 16

Ich habe mit vielen Leuten gespielt

Ich bin in Afghanistan geboren. Ich habe 14 Jahre in Kabul gelebt. Ich bin mit 8 Jahren in die Schule gekommen.

Meine Familie ist klein: ich und meine Mutter und mein Vater.

Ich habe in Afghanistan 5 Jahre gearbeitet. Meine Hobbys in Afghanistan waren Fußball und Volleyball. Ich habe mit vielen Leuten gespielt. Ich spreche Dari, Paschto und ein bisschen Deutsch.

Zümra, 15

Es ist nie zu spät

Ich bin in Hallein geboren. 2001 kam mein Bruder auf die Welt. Im Alter von 4 Jahren bin ich in den Kindergarten gegangen, dort haben ich und mein Bruder immer gemeinsam gespielt, natürlich auch geschlafen. Im Alter von 6 Jahren hatte ich in der Volksschule eine Prüfung, die eigentlich sehr leicht für mich war. Im Jahr 2006 habe ich meine beste Freundin kennengelernt. Im Jahr 2011 war mein erster Schultag in der Hauptschule, am Anfang hatte ich Enttäuschungen. Ich habe sehr viele Freunde kennengelernt, die immer sehr nett waren. Ich habe sehr viele Ziele, die ich erreichen will, wie z. B. studieren, Führerschein, einen guten Beruf.

Als Vorbild nehme ich mir meine Schwester, die heuer studieren wird, und natürlich auch meine Eltern, die immer für mich da sind.

Natürlich will ich auch die Welt bereisen. Ich will andere Menschen sehen, wie sie leben und wie alles funktioniert. Ich geh jetzt weiter in die Schule und freu mich sehr. Ich lerne auch neue Sprachen, z. B. Italienisch. Dadurch fahren wir öfters nach Italien. Hier in Österreich hat man viele Chancen, z. B. Ausbildung, jedoch nutzen sie viele nicht. Man kann alles schaffen, wenn man etwas will, man muss nur lernen. Ich wünsche mir, dass die Menschen das wissen und sich noch ausbilden lassen. Es ist nie zu spät!

Anonym, 17

Ohne Geld ist es auch nicht schön

Ich wohne in einem Haus mit meinen Eltern und meiner älteren Schwester und ihrem Sohn. Seit der Volksschule mag ich es nicht, in die Schule zu gehen, aber ich gehe in die HAK, weil ich einmal einen guten Beruf haben möchte. An die Volksschulzeit kann ich mich kaum erinnern und meine Freunde von damals sind mir heute fremd. Die Hauptschule hat mir Spaß gemacht, dort lernte ich auch meine beste Freundin kennen, die bis heute noch meine beste Freundin ist. Die Schule wurde immer anstrengender in der HAK. Ich habe mir schon zahlreiche Male überlegt, mit der Schule aufzuhören und arbeiten zu gehen, aber dann wäre die schon überstandene Zeit umsonst gewesen. Ich hasse es, gestresst zu sein, aber leider bin ich es immer öfter. Immer wieder tue ich nichts, anstatt zu lernen. Ich bin selbst schuld an meinem Stress, denn meist fange ich zu spät an zu lernen oder lerne gar nicht.

Ein paar wenige Nachprüfungen machen das Schuljahr sowieso spannender.

Im Großen und Ganzen ist es okay, in die Schule zu gehen, ich komme jeden Tag um eine tolle Uhrzeit nach Hause und habe genug Zeit, unzählige Serien zu sehen. Manche Lehrer sind nicht sehr okay, aber dagegen kann man nichts machen. Jedes Schuljahr ist es wieder der gleiche Kampf um das Aufsteigen in die nächste Klasse, aber die Idee, mich mehr zu bemühen, konnte ich noch nie umsetzen. Ich bin nicht besonders zufrieden mit meinen Noten und meine Eltern auch nicht, aber die Motivation fehlt bei mir.

Es ist nicht viel Wichtiges in meiner Kindheit passiert. Als ich 8 Jahre alt war, kam mein Neffe auf die Welt. Damals war meine Schwester 17. Der Vater des Kindes wohnte im oberen Teil von Deutschland, und so ging sie mit ihm, für ein Jahr ungefähr. Ich kann mich nicht so genau erinnern, aber der Abschied für über ein Jahr war schwer für meine Familie. Die Schwiegereltern meiner Schwester waren nicht sehr begeistert von ihr. Nach einem Jahr fuhr sie heimlich, ohne dass ihr Freund das wusste, wieder nach Hause. Seitdem hört sie kaum etwas von ihm, und mein Neffe kennt seinen Vater leider nicht. Vor 3 Jahren ist mein Opa gestorben. Damals war mir die Familie nicht so wichtig, aber heute wünschte ich mir, meinen Opa besser kennengelernt zu haben. Mein Opa und meine Oma wohnten damals in der Steiermark und wir sahen uns nur zu besonderen Anlässen. Meine Oma wohnt immer noch dort, mit meiner Cousine und meinem Onkel. Mein anderer Onkel starb vor kürzerer Zeit. Wir versuchen immer öfter die Familie zu besuchen. Meinen älteren Bruder sehe ich nicht mehr oft, seitdem er nach Salzburg gezogen ist. Als ich klein war, hatte ich immer meinen Bruder am liebsten. In meiner Zukunft möchte ich gerne heiraten und viel Geld verdienen. Meiner Meinung nach ist Geld im Leben sehr wichtig; Freunde oder Liebe sind auch wichtig, aber ohne Geld ist es auch nicht schön.

Abbas, 15

Mein Vater ist im Krieg gestorben

Ich bin in Kabul, Afghanistan, geboren. Ich bin mit ungefähr 5 oder 6 Jahren mit meiner Mutter und meinem kleinen Bruder von Afghanistan weggegangen und mein Vater ist im Krieg gestorben. Wir sind in den Iran, nach Isfahan, gegangen. Ich bin mit meiner Familie mit dem Bus gefahren, weil mein Onkel da war. Mein Onkel heißt Ali. Er ist verheiratet und hat zwei Kinder, einen Sohn und ein Mädchen. Ich habe mit meiner Familie kein gutes Leben dort gehabt, und im Lauf der Zeit ist mein Leben sehr schlimm geworden. Ich konnte im Iran nicht in die Schule gehen. Meine Mutter hat in einem großen Haus als Putzfrau gearbeitet. Ich bin auch zur Arbeit gegangen und habe zu wenig Geld bekommen. Meine Mutter ist krank geworden. Sie hat überlegt, dass wir im Iran nicht leben können.

Darum haben sie entschieden, dass ich den Iran verlassen muss, und ich bin allein nach Österreich gekommen.

Ich bin ungefähr ein Jahr in Österreich. Ich habe den großen Wunsch, dass ich sehr gut Deutsch sprechen kann. Ich will in der Zukunft eine gute Arbeit finden und mit meiner Familie ein ruhiges Leben haben.

Ich bin traurig, weil mein Vater gestorben ist. Ich weiß nicht, wer ich bin: Afghane oder Iraner. 5 Jahre in Afghanistan, 8 Jahre im Iran. Ich wohne hier alleine. Meine Mutter und mein kleiner Bruder sind dort.

Emir, 15

Das Poly ist eine sehr brauchbare Schule

Ich bin in Schwarzach geboren. Meine Eltern kommen aus der Türkei. Als ich drei Jahre alt war, habe ich eine kleine Schwester bekommen. Mit fünf hab ich mich für Fußball sehr interessiert. Ich hatte mit 9 einen Fahrradunfall. Meine Eltern machten sich große Sorgen um mich. Als ich in den Kindergarten gegangen bin, habe ich sehr viele überragende Sachen erlebt. Ich und ein paar Freunde haben mit Schneebällen die Fenster von unserer Klasse abgeschossen und deswegen mussten wir bis 4 in der Klasse bleiben und den Boden putzen. Mit 11 hab ich mit Fußball angefangen. Am Anfang hab ich mich vor jedem geschämt, aber nach einer Zeit waren sie sehr nett zu mir, und ich habe mein erstes Tor geschossen, gegen St. Veit. War ein Kopfballtor. Ich habe mich sehr gefreut. Mit 14 hatte ich meine erste Freundin. Sie war sehr hübsch. Wir waren 11 Monate zusammen.

Mit 11 war ich in der Hauptschule. Meine Noten waren nicht schlecht, aber auch nicht gut. Meine Eltern sagten mir, wenn ich die 1. Hauptschule mit guten Noten abschließe, bekomme ich ein Handy. Wir haben die Zeugnisse bekommen, ich habe gute Noten gehabt und habe auch mein erstes Handy bekommen. Jetzt bin ich im Poly. Das Poly ist eine sehr brauchbare Schule, du lernst viel über deinen Beruf, kannst immer wieder schnuppern gehen, die Lehrer sind chillig und so weiter. Mit 20 möchte ich gerne eine Villa mit Ferrari haben, und mit 21–22 möchte ich eine Familie gründen, mit 2 Kindern, Junge und Mädchen.

Mein Sohn Fußballer und meine Tochter weiß ich noch nicht.

Wenn es so weit ist, möchte ich mit meiner Familie nach Mekka fahren und für unsere Soldaten in der Türkei beten und 1 von 5 Pflichten erledigt haben.

Weil mein Sohn ein Fußballfanatiker wird, möchte ich mit ihm nach Madrid fahren und das Spiel zwischen Real Madrid und Barcelona anschauen.

Maria, 16

Ich reise schon mein Leben lang gern

Ich wurde in Bratislava geboren. Meine Mutter kommt aus der Slowakei und mein Vater aus Italien, daher beherrsche ich beide Sprachen gut. Als ich 3 Jahre alt war, zogen wir nach Österreich, weil mein Onkel aus Italien eine Pizzeria aufmachte und Hilfe brauchte von meinem Vater. So lebe ich seit meinem 3. Lebensjahr in Österreich, in den Alpen. Wir zogen derweil in eine Wohnung über der Pizzeria. Als ich 4 Jahre alt war, zogen wir in eine andere Wohnung in der Nähe der Pizzeria, danach bin ich wieder umgezogen, im gleichen Ort. Da hab ich meine beste Freundin, die meine Nachbarin war, kennengelernt. Als ich 6 war, begann ich mit der Schule: Vorschule und Volksschule, danach Hauptschule und Poly. Derzeit gehe ich in eine Produktionsschule.

Mit 15 Jahren erfuhr ich, dass ich nicht mehr viel wachsen werde. Ich war mein ganzes Leben schon kleiner. Ich war viel im Krankenhaus und bekam die Diagnose Knorpel-Haar-Hypoplasie.

Das ist eine Knochenkrankheit, die meine Knochen nicht mehr wachsen lässt.

Derzeit bin ich 1,31 m groß. Was ich noch nicht erwähnt hab, ich reise schon mein Leben lang gern und würde gerne wieder in die Slowakei ziehen.

Mo Bree, 19

Das ist jetzt mein Ziel

Ich komme aus Somalia, meine Eltern auch beide, und ich hab 4 kleine Brüder. Ich bin der älteste Sohn für meine Mom und Papa. Ich bin seit 2010 in Österreich und ich bin auch froh. Da war ich 12 Jahre alt und bin in die NMS Liefering gekommen. Mein Vater und meine Mom mussten nach Österreich kommen, damit sie uns ein besseres Leben ermöglichen konnten. Sie sind weggegangen, als ich 4 oder 5 Jahre alt war. Ich habe erst wieder was von ihnen gehört, als ich 10 Jahre alt war. Ich bin dann hergekommen und hab in die Schule gehen müssen, und da hat es jeden Tag Stress gegeben. Weil ich die Sprache nicht konnte, hatte ich immer Probleme. Und da wollte ich es umso mehr und hab nach 6 Monaten voll perfekt sprechen können. Es war aber immer noch schwer, weil ich davor nicht in der Schule war.

Ich hab mir alles selber beigebracht, Schreiben, Lesen, Deutsch.

Ich hab mein Bestes gegeben, aber trotzdem hat mein Lernen für meine Mom nicht gepasst, und auf einmal war die Schulzeit vorbei. Kein positiver HS-Abschluss, aber darauf arbeite ich jetzt hin, dass ich ihn nachmache. Das ist jetzt mein Ziel.

Iva, 18

Trachten, Bierzelte, richtig österreichische Lieder

Wo bin ich daheim? Immer und immer wieder werde ich gefragt, ob ich mich wie eine Österreicherin oder wie eine Kroatin fühle. Sage ich dann, die Frage sei unmöglich zu beantworten, sehe ich nur verwirrte und verwunderte Gesichter. 1998 wurde ich in Schwarzach geboren und lebe seither im Pongau. Mehrmals jährlich fahre ich mit meiner Familie oder mit Freunden nach Kroatien. Im Süden angekommen mit dem österreichischen Kennzeichen, und schon hört man die ersten Kommentare, wie zum Beispiel: Ah, die Österreicher, auch wieder mal da. Im eigenen Heimatland werde ich als Ausländerin gesehen, obwohl ich die kroatische Sprache perfekt beherrsche. Bin ich dann wieder zurück in Österreich, geht es mir nicht viel anders, jedoch besser als in Kroatien. Dadurch, dass ich in Österreich geboren wurde und ich keinen Akzent habe, meinen die meisten, ich sei keine Ausländerin, doch dann werde ich nach meinem Namen gefragt und als Ausländerin abgestempelt.

Abgestempelt von Menschen, die mich bzw. meine Person nicht gut genug kennen.

Die Personen, die mich schon lang und gut genug kennen, wissen, dass ich mich für Sachen wie Trachten, Bierzelte, richtig österreichische Lieder oder für die Trachtenmusikkapelle interessiere. Meine Freunde und Freundinnen sind hauptsächlich Österreicher und Österreicherinnen, da ich mich mit der österreichischen Mentalität besser identifizieren kann. Was nicht bedeutet, dass mir die kroatische nicht gefällt. Meine beste Freundin sagte mal: „Oft kommt es mir vor, du seist mehr Österreicher als ich."

Schade finde ich es, dass, egal ob Österreich oder Kroatien, man nirgends wirklich daheim ist, da man als Ausländer gesehen wird. Ich selbst kann nicht sagen, was ich jetzt bin, denn ich fühle mich in beiden Ländern wohl und bin froh, dass ich zweisprachig und mit zwei Mentalitäten erzogen wurde. Da ich römisch-katholisch bin, gibt es zwischen den zwei Ländern für mich keinen religiösen Unterschied, worüber ich sehr erfreut bin, denn so wird man leichter in die österreichische Gesellschaft aufgenommen.

Wenn man die Sprache beherrscht, sich selbst integriert und nicht allzu sehr durch den Kulturunterschied auffällt, wird man problemlos von der Gesellschaft akzeptiert. Meine Eltern würden sich mit allergrößter Sicherheit als Kroaten bezeichnen. Ich bin im Herzen Kroatin sowie Österreicherin und werde somit auf die Frage, ob ich mich wie eine Österreicherin oder wie eine Kroatin fühle, nie eine Antwort geben. Ich bin beides und stolz auf beide Länder!

Nelson, 15

Besser werden in der Schule

Ich bin in Salzburg geboren. Meine Mutter heißt Joyce, sie geht noch zur Schule. Mein Vater heißt Edison. Er arbeitet bei Parma Glas. Meine Hobbys sind Fußballspielen und Rausgehen mit Freunden. Ich bin mit 6 Jahren nach Salzburg gekommen. Meine Ziele sind gute Noten, besser werden in der Schule, und dass es meiner Familie gut geht.

Dass ich ihr helfe, wenn sie Hilfe braucht, und sie unterstütze.

Anonym, 17

Dann ist man rein

Was ist das Wichtigste im Leben? Ich möchte niemandem zu nahe treten, aber meiner Meinung nach ist es die Familie. Meine Eltern haben mich zu einer starken, freien und emotionalen Frau erzogen. Sie haben mir gesagt, dass man nicht lügen, niemanden verletzen oder jemandem Schlechtes wünschen soll. Alles kommt im Leben zurück, ob man es glaubt oder nicht. Ich habe von ihnen gelernt, dass ich machen soll, was für mich wichtig scheint, und dass ich dazu stehen und vor niemandem zurückweichen soll. Ich verliere nie den Mut oder den Willen. Man kann alles im Leben erreichen und schaffen, wenn man es wirklich will. Andere Menschen zu akzeptieren und zu lieben, wie sie sind, unabhängig von deren Körperfarbe, Gewicht, sexuellen Einstellung, Religion, Herkunft, Lebensweise oder Sonstigem. Mensch ist Mensch; solange er mich nimmt, wie ich bin, ist es okay. Grenzen zu setzen, aber auch zu erkennen.

Dass Bildung eine der wichtigsten Sachen im Leben ist. Klar, als Schüler hat man andere Interessen, aber wenn die Eltern einem von Anfang an sagen, welche Sachen im Leben zählen & wichtig sind, wird einem bewusst, je mehr man weiß, desto mehr an Wert hat man. Dass die Familie als Einzige hinter einem steht, hilft und einen auffängt. Mir ist bewusst, dass einige Kinder schreckliche oder gar keine Eltern haben. Ich bin froh und einer der glücklichsten Menschen dieser Welt. Ich habe Eltern, mit denen ich über alles sprechen kann, denen ich vertraue, die ich liebe und für die ich alles tun würde. Denn diese Dankbarkeit & Liebe habe ich auch von ihnen mitgenommen in mein Leben. Jemandem zu vertrauen & ihm diese Liebe zu zeigen, wie auch die Dankbarkeit, ist etwas ganz Besonderes.

Man sollte immer hilfsbereit sein & Menschen Sachen im Leben gönnen.

Erfolg, Freunde & Geld, das alles kommt & geht im Leben, aber eine gesunde Familie bleibt für immer. Dieses Gefühl, dass man immer gehalten, beschützt & unterstützt wird & immer jemanden hinter sich hat – unbeschreiblich. Meine Schwester & meine Eltern sind alles für mich. Vor 1 Jahr habe ich meine Großmutter verloren. Sie war einer der wichtigsten Menschen in meinem Leben und zum ersten Mal spürte ich einen Schmerz in mir und eine Leere. Ich fürchte mich vor dem Tag, an dem mir Gott meine Eltern und meine Schwester nimmt. Ich sehe, wie sehr mein Vater meine Mutter liebt, schätzt & respektiert. Ich hoffe, auch mal so jemanden zu finden und mit ihm eine Familie zu gründen, die genauso stark, liebevoll und gesund ist. Dass ich mich bei ihm fühle wie bei meiner Familie und dass meine Kinder auch mal so von mir sprechen. Ich habe so viele tolle Sachen von meiner Familie gelernt & mitgenommen für meine Zukunft. Ich wünschte, jeder hätte so tolle Eltern & Geschwister. Wenn man für seine Ziele kämpft, macht man die Eltern stolz & zu den glücklichsten Menschen. Man soll nicht egoistisch sein, aber man soll sich auf sich – & was einem wichtig ist – konzentrieren & nicht auf Sachen, die einen nicht betreffen oder berühren. Denn dann ist man rein, lebt sein Leben und es wird besser. Diese vielen Punkte habe ich von meiner Familie gelernt & bin sehr dankbar & glücklich darüber. Ich wünsche allen eine gesunde und tolle Familie – auch dir!

Hazal, 17

Mein Name lautet Hazal

Geboren im Nirgendwo
In niemandes Händen
Eigentlich als niemand.
Eingeprägt in die Frauenklischees
Aufgewachsen als junge Dame
Trotz allem Kind geblieben
Die Kindheit nur begrenzt ausgelebt
Gewalt gehasst
Doch in dieser aufgewachsen
Trotz allem Kind geblieben
Nachts durch Schreie aufgeweckt worden
Nachts mit Streitereien eingeschlafen
Bis 12
Da ist er gegangen
Geflohen klingt besser
Jahrelang trotzdem gewartet
Jahrelang gewusst, er wird nicht zurückkommen
Versucht, seine Rolle zu ersetzen
Versucht, Menschen zu lieben, die seine Rolle ersetzen
Den großen Bruder im Unbewussten als ihn betrachtet
Enttäuscht gewesen, als dieser auch ging
Keinen Mut gehabt, zu sagen, er soll bleiben
Doch den Jungen, in den ich mich verliebt habe, angefleht, er soll bleiben
Erneut enttäuscht worden, als er auch ging
Lebe immer noch im ständigen Warten
Bis ich mich selbst verliebt hatte, nicht an Liebe und an das „Endlose" geglaubt
Zugelassen, dass mich jemand an das glauben lässt
Zugesehen, wie dieser auch gegangen ist
Auf Änderung gehofft
Im Monotonen weitergelebt
Mein Name lautet Hazal.
Im „Ghetto" aufgewachsen
Das Ghetto mit Kinderspielen verschönert
An Wünsche geglaubt
Daran geglaubt, dass Pusteblumen unsere Wünsche verwirklichen werden
Pusteblumen beneidet
Sich Gründe gesucht, an etwas zu glauben
Viele Sternschnuppen gesehen
Immer darauf gewartet, welche zu sehen
Nächte immer wieder anders definiert
Nächte immer am meisten geliebt

Jede Jahreszeit bewundert
Lange Spaziergänge immer geliebt
Musik als Muss gesehen
Musik mehr geliebt als die Stimme mancher Menschen
Immer versucht zuzuhören
Mit der Zeit zu erschöpft gewesen
Nie richtig geredet
Nie richtig erzählt
Nutzfreundschaften geführt
Präsent für jeden geblieben
Sich selbst im Stich gelassen
An das Gute im Menschen geglaubt
Sich mit Jungs immer besser verstanden
Sich nie mit Gleichaltrigen verstanden
Jede Ideologie hinterfragt
Das Erwachsenendenken nie verstanden
Die Tränen der eigenen Mutter gesehen
Mit gebundenen Händen nie agiert
Sie versucht zu verstehen
Sie versucht zu unterstützen
Die volle Liebe erwartet
Den Willen gehabt, geliebt zu werden
Es nie richtig geschafft, als die gewünschte Tochter zu erscheinen
Alles getan dafür
Doch immer im Hintergrund geblieben
Zu stark für das Umfeld
Zu schwach im eigenen Inneren
Immer wieder gelogen
Es immer wieder bereut
Doch keinen Schritt zurück gewagt
Mit einem Blutschwamm unter dem linken Auge aufgewachsen
Die Volksschulzeit mit Mobbing verbracht
Nie die Kraft gehabt, sich zu wehren
Die Akne schon mit 11 gehabt
Bis 12 immer das Mobbingopfer geblieben
Mit 14 das erste Mal geschwänzt
Am selben Tag erwischt worden
Mit 13 aus Neugier angefangen zu rauchen
Es niemals bereut
Keine Drogen ausprobiert
Doch nie nein zu Alkohol gesagt
Aber nie oft getrunken
Mit 15 Komplexe bekommen
Mit verschiedenen Diäten angefangen
Diagnose Schilddrüsenunterfunktion
Erst dann angefangen, das Mädchen im Spiegel zu lieben – trotz allem

Die erste Herbstprüfung nach der 7. gehabt – knapp geschafft
Zugesehen, wie meine Mitmenschen an Depressionen leiden
Mit 15 versucht, der besten Freundin rauszuhelfen
Mit 16 dem großen Bruder geholfen
Im selben Jahr der Mutter geholfen
Zu stolz gewesen, um Hilfe aufzusuchen
Immer versucht, alles selbst zu regeln
All die Last getragen
Doch am Ende alles losgelassen
Mittlerweile mich von fast allem und jedem distanziert
Zu müde, um zuzuhören
Zu fit, um einzuschlafen
Nie den Mut gehabt, zu gehen
Doch eigentlich nie richtig Nerven gehabt, zu bleiben.
Mein Name lautet Hazal.
In der ständigen Flucht gelebt
Nie gewusst, wovor ich fliehe
Nie gewusst, was ich suche
Trotzdem in der ständigen Suche gelebt
Mein Name lautet Hazal.

Sebastian, 14

Weiter habe ich noch nicht geplant

Mit 3 Jahren kam ich in den Kindergarten, am Anfang wollte ich nie von meiner Mutter weg. Deswegen saß ich immer, bereit zu gehen, bei der Eingangstür. Danach habe ich mich daran gewöhnt (hat eh sicher ein Jahr gedauert). Dann hatte ich den Spaß meines Lebens, ich weiß noch genau, ich war in der Mäusegruppe. Endlich hatte ich auch meinen ersten Freund gefunden, er war ca. 4 Jahre älter als ich und hieß Thomas (ich habe noch immer Kontakt zu ihm). Mit 5 Jahren zogen wir in die Rehhofsiedlung um, in ein größeres Haus, da ich einen Bruder habe und wir in der alten Wohnung zu wenig Platz hatten.

Als ich 6 Jahre alt wurde, begann eine stressige Zeit, denn mein Onkel starb bei einem „Autounfall“ (erst heute habe ich erfahren, dass es Selbstmord war). Endlich war auch der allererste Schultag. Ich habe mich wirklich sehr darauf gefreut, bis ich die Lehrerin ein paar Tage hatte und sich herausstellte, dass sie die strengste und fieseste Lehrerin war, die es je gab. Sie war so fies, dass jeden Tag ca. 2 Kinder weinten und eines einmal sogar weglief.

Jetzt ist sie zum Glück schon entlassen worden, und ich weiß bis heute nicht, was mit ihr passiert ist.

Endlich war die Volksschule vorbei. Ich wollte sogar ins Gymnasium, konnte aber wegen meiner schlechten Noten nur in die Hauptschule. Also ging ich in die HS Hallein-Stadt. Der erste Tag war schockierend, weil so viele Ausländer in der Klasse waren (ich hab nichts gegen Ausländer, hatte nur nie mit denen zu tun gehabt). Das erste Jahr verlief eigentlich ohne Probleme und war schnell vorüber und endlich habe ich meinen besten Freund namens Sandro gefunden. Mit ihm hatte ich viel Spaß und auch mehr Freunde kamen dazu, z. B. Kevin, Lukas, Julia und Sophie. Jetzt bin ich in der 4. Klasse und hatte vor kurzem Firmung, und das Geschenk meiner Oma war ein bisschen übertrieben, nämlich 5000 €. Nach der HS besuch ich nur mehr die Polytechnische Schule, dann will ich eigentlich eine Lehre als KFZ-Techniker beginnen. Weiter habe ich noch nicht geplant. Nur eines, ich wollte schon immer eine WG mit meinen 3 besten Freunden Sandro, Sophie und Julia gründen.

Valentina, 17

Nichts zu tun

Meine Eltern wurden in Bosnien geboren, flüchteten dann aber nach Österreich, aufgrund des Bürgerkrieges. Im Jahre 2005 kam mein Bruder Valentino auf die Welt, und wir zogen nach Bischofshofen in eine größere Wohnung. Kurze Zeit später wurde ich eingeschult und begann eine Karatekarriere, die mich bis zum braunen Gürtel führte. Jedoch musste ich diese kurz vor Abschluss der Unterstufe, aufgrund von sehr viel Schulstress, beenden. Nach dem 8. Schuljahr entschloss ich mich, das neunte Jahr in der HAK St. Johann zu vervollständigen. Weil ich in zwei Fächern, nämlich Geografie und Französisch, keine positive Note bekam, verlor ich die Motivation zum Lernen und entschied mich dazu, mir eine Lehrstelle als Bürokauffrau zu suchen.

In dieser Zeit fing ich leider mit dem Rauchen an, doch es war kein Gruppenzwang. Wenn ich heute sehe, wie viel von meinem Lohn auf den Konsum geht, denke ich mir sehr oft: „Hättest du es damals doch gelassen." Mittlerweile rauche ich schon vor meiner Mutter. Leider blieb ich ein ganzes Jahr mit meiner Lehrstellensuche erfolglos. Den ganzen Tag über hatte ich nichts zu tun, erhielt ständig nur Absagen. Dies führte oftmals zu Depressionen, denn keine Ausbildung bedeutet, man hat nichts zu tun und somit auch kein Geld. Dazu kamen auch oft Streitereien mit meinen Eltern. Doch ich dachte mir, ich nutze diese Zeit jetzt aus und melde mich für den Führerschein an, da ich ja genügend Zeit zum Lernen hatte. Also meldete ich mich für den L17-Schein an, absolvierte die 3000 km mit meiner Mutter und meinem Vater, und im Mai bestand ich beide Module beim ersten Versuch.

Zwischendurch kam sie! Endlich eine Zusage, aber leider nicht in meinem Wunschbereich. Ich hatte das Angebot, eine Lehre als Zahnarztassistentin anzutreten. Natürlich ließ ich mir das nicht entgehen, aus Angst, nichts anderes zu finden. Schnell merkte man, dass es nicht das Richtige für mich war. Nach sieben Monaten Beschäftigung löste ich den Vertrag mit einer einvernehmlichen Kündigung und begann intensiv im Raum Salzburg nach meinem Wunschberuf (Bürokauffrau) zu suchen. Jetzt war auch schon die Urlaubszeit da, und ich plante mit meinen zwei besten Freundinnen einen ersten gemeinsamen Urlaub in Medulin (Kroatien).

Wie man sich schon denken kann, machten mir meine Eltern einen Strich durch die Rechnung – ohne Arbeit kein Urlaub!

Fünf Tage bis zum Urlaubsantritt lagen vor mir, das bedeutet, fünf Tage hatte ich Zeit, eine Arbeits- bzw. Lehrstelle zu finden. Nachdem mich genau in dieser Zeit Herr XY zu einem Vorstellungsgespräch eingeladen hatte, konnte ich meinen Ohren nicht glauben, als er mir schon beim Gespräch eine Zusage ab September erteilte. Für mich hieß es damals: ab in den ersten gemeinsamen Urlaub. Was ich durch diese ganzen Sachen in meinem Leben bis jetzt gelernt habe? Nicht traurig sein, wenn etwas gerade nicht so läuft, wie man gerne will, denn es hat alles seinen Grund, warum es passiert. Wahrscheinlich wartet etwas Besseres auf euch!

Loriola, 13

Albaner sind höflich und liebevoll

Ich bin im Kosovo geboren und habe dort auch drei Jahre lang gelebt. Ein Jahr nach meiner Geburt ist mein Vater nach Österreich ausgewandert. Ich hab ihn daher nicht mehr so oft gesehen. Im Kosovo habe ich mit meinen Großeltern, meiner Tante, meinem Onkel und mit meiner Mutter gelebt. Als Kind war ich sehr lebensfroh, ich hab es geliebt, in unserem Garten zu spielen, und ich konnte sehr viele albanische Gedichte auswendig. Die Jahre vergingen und bald war mein dritter Geburtstag. Ich vermisste meinen Vater sehr, und als Kind sah ich immer in den Himmel, und immer wenn ein Flugzeug vorbeiflog, war es mein einziger Wunsch, dass dieses mir meinen Vater zurückbringt. Schon als Kind hatte ich eine besondere Verbindung zu meinem Vater. Obwohl er so weit weg war, spürte ich ihn neben mir. Er fehlte mir immer. Aber irgendwann hatte sich das Warten gelohnt, denn mein Vater war wieder zurück. Ich stellte fest, dass er nicht nur in Österreich gewesen war, sondern auch in Deutschland, in der Schweiz und ganz kurz in Frankreich. Aber er war nicht gekommen, um wieder im Kosovo zu wohnen, sondern er wollte, dass wir mit ihm gehen. Er meinte, in Österreich hätten wir bessere Chancen auf einen guten Schulabschluss, und er meinte auch, unser Leben würde besser werden.

Meine Mutter war sich nicht ganz sicher, ob sie mit ihm gehen soll. Mein Vater konnte nicht mehr warten, da er nicht so lange Urlaub hatte. Trotz dem ganzen Überlegen entschied sich meine Mutter dafür, dass das für mich gut ist, und wir zogen nach Österreich. Damals realisierte ich nicht, dass ich meine ganzen Verwandten lange nicht mehr sehen würde.

Die ersten Monate wohnte ich bei meiner anderen Tante. Wir zogen dann nach Salzburg. Wir sind sehr oft umgezogen, und deshalb musste ich auch oft Schule und Kindergarten wechseln. Und dann ist es passiert! Ich war kein Einzelkind mehr. Mein Bruder war zur Welt gekommen. Es war der beste Moment meines Lebens! Jahr um Jahr verging, wir wurden immer älter. Ich lernte immer neue Leute kennen. Ich wohnte jetzt in Lengau, Oberösterreich. Dieses Jahr werd ich niemals vergessen, denn wir flogen wieder in den Kosovo. Dieses Gefühl, wenn man vom Flugzeug aussteigt und Gänsehaut bekommt, unbeschreiblich!

Eine Woche verging wie im Flug, und wir waren wieder in Österreich. Das Leben war wieder megalangweilig. Schulwechsel – wieder! Diesmal in die NMS Liefering. Hier lernte ich wieder neue Leute kennen. Und dann wurde unser Leben wieder verändert. Wir bekamen noch einen Bruder!

Ich habe noch große Pläne für die Zukunft, und ich danke meinem Vater, dass er das möglich gemacht hat.

Mein Blut fließt für meine Flagge und mein Land. Obwohl ich nicht im Kosovo wohne, liebe ich mein Land und seine Einwohner. Albaner sind höflich und liebevoll. Einfach ein perfektes Volk. Ich bin stolz, albanische Wurzeln zu haben.

Daniel, 17

Sie ist alles für mich

Ich komme aus Radstadt. Geboren bin ich in Schladming. Ich bin mit 6 Jahren in ein Kinderheim gekommen und in die Volksschule in Bruck a. d. Großglocknerstraße gegangen. Mit 7 Jahren bin ich aus der Volksschule geflogen, weil ich nicht der Bravste war, habe immer kleine Streiche gespielt, und bin dann mit 7 Jahren in die Allgemeine Sonderschule gekommen. Da war es leichter für mich. Bin nach Sonderlehrplan unterrichtet worden, habe eine sehr nette Lehrerin gehabt, die mal meine Betreuerin in der WG war. Die habe ich 3 Jahre gehabt. Sie war die beste Lehrerin auf der Welt, und mit 12, 13, 14 habe ich viele Probleme mit der Polizei gehabt, bin mal von meiner WG davongelaufen, aber die Polizei hat mich wieder eingefangen. Dann habe ich über alles nachgedacht und ein neuer Tag hat begonnen.

Mit 15 Jahren war ich mit der Schule fertig, dann bin ich nach Oberrain gekommen. Da war ich 5 Monate. Im Oktober bin ich dann gegangen, weil es für mich nichts war, ich möchte lieber bei meinem Papa sein. Ich war dann von Oktober bis April arbeitslos. Am 4. April 2016 bin ich in die Produktionsschule in Bischofshofen gekommen.

Ich bin schon 1 Jahr und 1 Monat in der Produktionsschule und hab verlängert bis Oktober 2017.

Am 10. 5. habe ich ein Vorstellungsgespräch gehabt beim LZHS *(Landeszentrum für Hör- und Sehbildung – Anm.)* in Salzburg, da mache ich vielleicht eine Lehre als Gärtner. Die Lehrzeit dauert 3 oder sogar 5 Jahre. Ich will gerne in der freien Natur arbeiten, das wünsche ich mir. Und wenn ich 18 Jahre alt bin, möchte ich alles übernehmen und mehr in der Familie helfen und vielleicht mit 25 oder 30 Jahren eine Familie gründen. Ich bin seit 1 Jahr und 5 Monaten in einer Beziehung und bin sehr glücklich darüber und möchte gerne mit meiner Freundin länger zusammen sein. Sie ist alles für mich.

Anonym, 16

Ich bereue nichts

Meine Story beginnt im Krankenhaus Schwarzach im Pongau. Nach 2 Monaten, als sich die Freude von Eltern, Verwandten und Bekannten über ein Mädchen wieder etwas gelegt hatte, wurde bei mir eine sehr dramatische Krankheit festgestellt. Ich weiß nicht, ob ich das als Krankheit bezeichnen kann, auf jeden Fall war ich monatelang in Innsbruck im Landeskrankenhaus. Ich hatte im Herzen eine Art Loch, das schnellstens wieder zugenäht werden sollte. Mein Zustand verschlechterte sich, und es war nun an der Zeit, den gefährlichen Eingriff zu wagen. Es glich einem Wunder, dass ich es überlebt habe.

Ich hatte eine wundervolle Kindheit, damals noch 2 Geschwister. Mit meinen großen Brüdern hatte ich immer Spaß. Kindergarten und Volksschule folgten, eine lustige Zeit. Dann bekamen wir noch einen Bruder. Freude kam über mich! Alles war perfekt, bis die Hauptschulzeit da war. Ich wurde Gott sei Dank nie gemobbt. Doch meine Noten verschlechterten sich, falsche Freunde. Dann bekam ich zu meinem 13. Geburtstag ein Buch, Sissi! Ich freute mich so sehr.

Doch als ich die Seiten durchblätterte, merkte ich, dass Sissi viel dünner ist als ich, also neues Ziel: Abnehmen.

Natürlich war dies nicht der einzige Grund. Da war so eine Lehrerin, die machte mich fertig. Jetzt denke ich, das war doch nur Spaß, aber damals war ich leicht kleinzumachen und sensibel. Ich gebe euch ein Beispiel: Ich hatte etwas genäht und bemühte mich wirklich, es richtig zu machen. 2 Wochen hatte ich daran gearbeitet. Dann, bei der nächsten Nähstunde, nahm sie den Stoff und sagte: „So wie sie dürft ihr es nicht machen“, und zerriss es. Es verletzte mich einfach! Als meine Mutter dann merkte, dass ich immer dünner und dünner wurde und immer kotzen ging, zerrte sie mich ins KH. Ich war extrem untergewichtig. Ich wollte doch nur wie Sissi sein, ich hatte keine Probleme. Doch es war zu spät. Es war schon so weit, dass, immer wenn ich etwas aß, es mir von selbst raufkam. Nach 2 Monaten hatte ich die sogenannte Ess-Brech-Sucht vom Hals. Ich hatte nie Probleme, erst im Krankenhaus fingen sie an. Richtige Freunde? Nicht einmal besucht, geschrieben oder sich gemeldet. Nach dem wechselte ich die Schule und ging in die NMS St. Johann. Mein Leben war wieder perfekt. Ich bekam noch ein Geschwisterchen, ein Mädchen. Ihr müsst wissen, meine kleine Schwester und ich sind so ziemlich die einzigen Mädchen in der Familie. Die Freude war groß. Vom Bauernhof in St. Veit zogen wir in ein von meinem Vater gebautes Haus. Ich fing bald eine Lehre als Floristin an, die ich abbrach, da es doch nicht das Richtige war. 2 Monate später begann ich die nächste, als Kellnerin in Bad Gastein, die ich abbrach, da ich immer zu spät oder gar nicht kam, da ich immer in Diskotheken unterwegs war und die Zeit oft übersah. Nun bin ich in der Produktionsschule, bin glücklich vergeben an einen wundervollen jungen Mann, fange am 20. Mai eine Lehre an, die ich durchziehe, habe richtige Freunde, die immer für mich da sind, und habe die beste Familie, die es gibt. Ich bereue nichts, denn all diese Dinge haben mich zu dem Mädchen gemacht, das ich jetzt bin.

Viktoria, 13

Zum Glück war gleich ein Arzt da

Am 18. 05. 2003 bin ich als erste Tochter meiner Eltern auf die Welt gekommen. Ich denke, für meine Eltern war dies ein sehr anstrengender Tag, denn während meiner Geburt wickelte sich die Nabelschnur um meinen Hals. Zum Glück war gleich ein Arzt da, damit hatte ich es geschafft. Die ersten Jahre meines Lebens musste ich in Kroatien verbringen, obwohl ich in Österreich geboren wurde. Ich weiß aber leider nicht, warum. Laut meiner Oma war ich ein sehr gutes Kind, da ich so gut wie nie geweint habe, außer ich hatte Hunger. Mit drei kam ich wieder zurück und kam dann sofort in den Kindergarten. Am Anfang gab es Probleme. Da ich die ersten Jahre in Kroatien war, habe ich kein bisschen Deutsch gelernt. Das erste Jahr sprach ich so gut wie gar nichts. Nach einem Jahr wurde es besser. Mein Vater, der hier schon seit seiner Geburt ist, gab sein Bestes, mir Deutsch beizubringen.

Mit sechs konnte ich fließend Deutsch sprechen und hatte daher auch keine Probleme in der Volksschule.

Was mich zu der Zeit am glücklichsten gemacht hat, war, glaube ich, dass meine Cousine und ich in die gleiche Klasse kamen und seitdem unzertrennbar waren, bis die Hauptschule kam. Sie entschied sich, in die Musikmittelschule zu gehen. Da ich aber ganz und gar nicht singen kann, wollte ich es nicht mal versuchen und entschied mich daher für die normale Neue Mittelschule. Ich war froh, dass ein paar Freunde aus der Volksschule in die gleiche Klasse kamen. In den ersten Wochen freundete ich mich mit ganz vielen an. Bis dahin war ich ein Einzelkind, meine Eltern hatten daher viel Zeit für mich. Als ich in der zweiten Hauptschule war, genauer gesagt am 7. 2. 14, kam meine Schwester auf die Welt. Ich freute mich sehr, dass ich nicht mehr alleine war. Natürlich merkte ich auch, dass meine Eltern nicht mehr allzu viel Zeit für mich hatten, aber dies ist selbstverständlich. Nun bin ich in der vierten Klasse und komme nächstes Jahr in die HTL Hallein.

Anonym, 17

Irgendwann Bad Gastein verlassen

Meine Eltern sind in Bosnien geboren und später nach Österreich gekommen. Aufgewachsen bin ich in Bad Gastein. Obwohl meine Eltern nur Serbisch mit mir geredet haben, tat ich mir beim Deutschlernen nie wirklich schwer. Mit 6 Jahren fing die Volksschule für mich an, was eine tolle Zeit war. Die Hauptschule besuchte ich ebenfalls in Bad Gastein und konnte diese auch mit gutem Erfolg abschließen. Anfangs wollte ich sofort mit dem Arbeiten anfangen, doch aufgrund meiner Freunde habe ich mich doch dazu entschieden, in eine weiterführende Schule zu gehen. Mit 6 Freunden, die ich seit dem Kindergarten kenne, ging ich in die HAK.

Heute sitze ich in der 3. HAK und muss leider sagen, dass jeder dieser 6 Freunde mit der Schule aufgehört hat.

Ich überlegte lang, ob die Schule für mich einen Sinn hat, da ich ein sehr fauler Schüler bin. Mittlerweile ist mir klar geworden, dass ich die Schule schaffen kann und werde. Nach der HAK möchte ich sofort arbeiten und mir irgendwann so viel Geld zusammensparen, dass ich Bad Gastein verlassen kann.

Erik, 16

Quasi versklavt

Ich wurde in Salzburg geboren und wir wohnten in einer kleinen Wohnung in der Altstadt. 3 Jahre später wurde mein Bruder Liam geboren. Ab da sollte sich viel bei mir ändern. Wir zogen aufs Land, nach Seekirchen. Doch ich begriff erst am Ende, dass ich nicht mehr zurückkehren würde. Es war eine sehr depressive Phase für mich. Während mein Bruder plötzlich überglücklich war, wurde ich nur noch am Boden zerstört vorgefunden. Meine Eltern sagten, dass ich ganze 3 Monate nicht gelacht hätte. Doch ich habe mich an die neue Umgebung gewöhnt und liebe sie nun über alles.

Der Kindergarten war eine sehr entspannende Zeit. Ich lernte neue Leute kennen, zu denen ich immer noch den Kontakt pflege. Die Volksschulzeit warf mich zurück. Ich kannte niemanden, und ein Außenseiter war ich eigentlich auch. Ich hörte nicht wirklich auf die anderen und das war gut so. In der 4. Klasse kam ein Neuer in unsere Klasse. Ich setzte mich zu ihm und wir teilten sehr viele Hobbys und verstanden uns perfekt. Dann waren mir alle egal und ich war glücklich. So hatte ich überall eine Eins. Doch nicht in Mathe. Ich hatte bei der Schularbeit bei einer Rechnung aus Versehen das abgeschriebene Datum mitgerechnet.

So endete mein Schuljahr 2010 mit einer nicht erwähnenswerten 2, die sich jedoch unglaublich rächen würde.

Natürlich wollte ich meinem Freund auf das Bundesgymnasium Seekirchen hinterher. Doch dann kam diese eine 2 ins Spiel. Diese spezielle 2. Ich wurde abgelehnt, verworfen, nicht als qualifiziert angesehen. Ich war erschüttert und ich weinte sogar. Mein Vater kam durch seinen Freund auf die Idee, das Christian-Doppler-Gymnasium zu probieren. So tat ich es und wurde aufgenommen. Ich musste mit dem Zug in die Stadt. Ungewohnte Situation. Auch weil ich eine Brille bekam. Doch noch viel schlimmer waren wieder die unbekannten Gesichter. Ein bekanntes Gesicht aus der Volksschule war vorhanden. Wir unterhielten uns und saßen nebeneinander. Danach lernte ich auch neue Leute kennen. Diese Freunde waren wichtig für meine Prägung.

Mit 13 haben wir 2 Katzen bekommen, Geschwister: „Hausmeister“ und „Fee“. Damals hassten und stritten sie sich fast zu Tode. Mittlerweile waren 2 Schwestern dazugekommen, Judith und Violetta. Nach 2 Jahren war eine neue Katze dran. Seine Mutter war gestorben, also zogen wir ihn auf. Die Katze war ein winziges, getigertes Fellknäul. Wir einigten uns auf den Namen Willi. Die anderen beiden würden auch mit ihm keine Freunde werden. Es war ein Dominanzkampf. Doch nach 2 Jahren wurde dieser Kampf entschieden. Es war der Hund, das neue Familienmitglied, und er nannte sich Chewbacca. Er war so verspielt, dass er jeden ansprang. Auch die Katzen, doch die wehrten sich. Außer Willi. Er gab sich sofort hin, wurde quasi versklavt. Sobald der Hund ihn sieht, heißt es Spaß. Sie sind gute Freunde, auch wenn er manchmal zubeißt. So wie ich. Ein guter Freund, auf den man sich verlassen kann und der dich definitiv nicht im Stich lässt, auch wenn er sehr faul ist.

Nemanja, 19
In der Eiseskälte des Nordpols

Aus meiner frühen Kindheit weiß ich noch, dass ich sehr gerne meine Schuhe in den Mülleimer geworfen habe. Meine Mutter hat mir erzählt, dass sie mir mal neue Schuhe gekauft hat und die am selben Tag im Mülleimer gelandet sind, und als wir die Schuhe gesucht haben, war der Müll schon von meinem Vater zum Container gebracht worden. Somit war wieder mal ein Paar neue Schuhe weg.

10 Jahre: Ich fing an, Yu-Gi-Oh!-Karten zu sammeln und Pokémonspiele auf meinem Nintendo zu spielen. Meine Sammlung dieser Karten wurde durch Geschenke, Tausch und manchmal auch Stibitzen erweitert. Ein guter Freund und ich hatten immer unsere eigene Taktik: Einer spielt und lenkt den zu Bestehlenden ab. Der andere schaut sich währenddessen die Karten des Opfers an und lässt die eine oder andere verschwinden. Eines Tages hatte ich durch unsere „Taktik" eine sehr seltene Karte ergattern können. Mein Freund und ich grinsten wie zwei Honigkuchenpferde, als wir die Karte in unseren Händen hielten. Wir malten uns schon aus, gegen welche starken und seltenen Karten wir diesen Schatz eintauschen würden. Doch wir hatten uns zu früh gefreut. Als wir am nächsten Tag in die Schule kamen, wurden wir vom eigentlichen Besitzer angesprochen und bedroht, die Karte zurückzugeben. Am Anfang stritten wir natürlich alles ab, aber der Besitzer war älter und stärker als wir, und so mussten wir ihm versprechen, die Karte zurückzugeben. Ich trauere dieser Karte heute noch nach.

15 Jahre: An diesem Punkt meiner Geschichte fing das Interesse am Rauchen und an Mädchen an. Ab dieser Zeit hatte ich viele verschiedene Freundeskreise (manchmal auch mehrere zur gleichen Zeit), die mich unterschiedlich geprägt haben. Von den einen Freunden habe ich gelernt, richtig zu rauchen und zu trinken, damit ich mich nicht blamiere. Was rückblickend betrachtet ziemlich dumm war. Aber was soll man machen, damals dachte ich nicht an meine Gesundheit und die möglichen Folgen.

Ich habe bis jetzt sehr viele verschiedene Menschen kennengelernt. Durch all diese Menschen habe ich gelernt, dass es egal ist, woher du kommst, dass es egal ist, woran du glaubst oder welche Hautfarbe du hast. Es ist nur wichtig, wie du als Person bist. Daran messe ich, ob du mein Freund, Feind oder Bruder bist. Ich hoffe, dass ich in meinem Leben noch mehr verschiedene Menschen kennenlerne, um meinen Horizont noch mehr zu erweitern, und mehr über Kulturen, Sprachen und Traditionen lerne. Ein Beispiel für dieses Denken findet sich in meiner Freundschaft zu einem meiner besten Freunde. Dieser Freund ist Albaner, und ich bin Serbe.

Normalerweise „sollten" wir uns auf Grund unserer Nationalitäten hassen, aber wir sind die dicksten Freunde.

Einer meiner größten Träume wäre, mit ihm zusammen einen Trip zum Nordpol zu machen und mir dort die Nordlichter anzusehen. Und wenn ein Albaner und ein Serbe in der Eiseskälte des Nordpols sich die Nordlichter zusammen ansehen können, könnten die restlichen Völker unserer Erde vielleicht auch miteinander auskommen.

In der edition IMPORT/EXPORT bisher erschienen:

„DIESE GESCHICHTEN SIND WICHTIG." Ruth Wodak

„HIER IST DER JUNGE MENSCH NICHT OBJEKT VON UNTERSUCHUNGEN, SONDERN RÜCKT ALS SUBJEKT INS ZENTRUM DES LESERINTERESSES." Heidi Schrodt

„ES SIND GESCHICHTEN, DIE MICH FANGEN UND NICHT LOSLASSEN." Doron Rabinovici

„INDEM WIR ANDEREN UNSERE GESCHICHTEN ERZÄHLEN, ERZÄHLEN WIR UNS SELBST HERBEI." Paulus Hochgatterer

„DIESE GESCHICHTEN MÜSSEN UM JEDEN PREIS GELESEN WERDEN – DAMIT MAN SICH SELBST UND DIE ANDEREN BESSER VERSTEHT." Susanne Scholl

„DIESE GESCHICHTEN WERDEN AUCH EINE GRUNDLAGE FÜR EINE VIELSTIMMIGE GESCHICHTE UNSERER ZEIT SEIN, WENN DIE SPÄTER EINMAL GESCHRIEBEN WIRD." Dirk Rupnow